叶敬忠　陈世栋　主编

RESEARCH REPORT ON CHINA'S RURAL VITALIZATION

中国乡村振兴学术报告
（2019—2020）

社会科学文献出版社
SOCIAL SCIENCES ACADEMIC PRESS (CHINA)

前　言

党的十九大强调农业农村农民问题是关系国计民生的根本性问题，提出"实施乡村振兴战略"，着力弥补全面建成小康社会、全面建设社会主义现代化国家的乡村短板。2018 年，中共中央、国务院印发《关于实施乡村振兴战略的意见》，提出乡村振兴"三阶段"目标，即，到 2020 年，乡村振兴取得重要进展，制度框架和政策体系基本形成；到 2035 年，乡村振兴取得决定性进展，农业农村现代化基本实现；到 2050 年，乡村全面振兴，农业强、农村美、农民富全面实现。乡村振兴战略的提出和统筹部署，是新时代我国"三农"工作的新旗帜和总抓手，也为"三农"研究提供了前沿聚焦。

与以往关于"三农"的顶层设计和政策安排相比，乡村振兴战略不仅仅是延续更是超越，在理论框架和战略部署上都做出了历史突破性判断。例如，《乡村振兴战略规划（2018—2022 年）》明确指出乡村本身是具有多重功能的地域综合体，其与城镇共同构成人类活动的主要空间，这是对乡村作为国家组成的根本性地位的重要定位。进而，在全面建设社会主义现代化国家新征程中，乡村与城市是融合发展的关系，是资源均衡配置、要素平等交换的命运共同体关系。同时，乡村的振兴是一项系统性的、综合性的工程，是超越经济主义的全面的振兴。这些在新时代中国特色社会主义背景下对"三农"发展乃至国家建设的总体性部署都在提醒我们，在乡村振兴语境之下，"三农问题"研究也面临着主题延续、拓展与转换的挑战。

我们在此呈现的这一份《中国乡村振兴学术报告（2019—2020）》即展现了 2018—2020 年乡村振兴研究的部分图景。全书共六个部分，第一部分"乡村振兴的整体性逻辑"从宏观的和历史的视角审视乡村及乡村振兴议题，第二部分"乡村振兴与农业现代化"聚焦乡村振兴战略下农业农村现代化发展的转型与新思路，第三部分"乡村振兴与小农户发展"讨论以"小农"和"小农户"为基础的乡村实现振兴的可能路径与突破，第四部分"乡村振兴与治理现代化"提出乡村治理现代化对于乡村振兴实践的引领与促进作用，第五部分"乡村振兴与城乡融合发展"探索新型城乡关系模式下乡村振兴的具体方案，第六部分"脱贫攻坚与乡村振兴的有效衔接"则在政策、制度与实践等方面提出思考和建议。

本书所选文章来源于《中国农业大学学报》（社会科学版）2018—2020年刊发的乡村振兴研究主题论文，以及中国农业大学人文与发展学院师生2018—2020年发表的乡村振兴研究主题论文。《中国农业大学学报》（社会科学版）以乡村与发展研究为主题领域，是我国农业农村农民研究的重要学术交流平台。《中国农业大学学报》（社会科学版）于2018年第1期率先开办"乡村振兴"专栏，随后连续开办"乡村振兴"专刊和专栏，有力推动了乡村振兴主题学术研究的交流与对话，取得了良好的社会反响。中国农业大学人文与发展学院是中国"三农"与发展研究的学术中心和重要"智库"，学院师生长期从事"三农"问题和发展主题研究，有着敏锐的学术洞察力和踏实的研究作风。党的十九大提出实施乡村振兴战略之后，学院迅速开展全面投身乡村振兴战略的"四个系列"行动（系列研究、系列试验、系列研讨、系列培训），取得了一批具有代表性的学术和实践成果。

尽管这些论文此前已经发表，但结集成书过程依然繁复，幸有多方支持和帮助，才得以顺利完成。我们感谢作者应允并协调原发期刊授权收录论文，感谢王为径博士和唐成玲、刘京雨、卜斯源在编排过程中的细致工作，感谢责任编辑韩莹莹在出版过程中的出色工作。

叶敬忠　陈世栋

2021 年 6 月

目　录

第一部分

乡村振兴的整体性逻辑

1

乡村振兴战略：历史沿循、总体布局与路径省思[*]

叶敬忠^{**}

党的十九大报告赋予"乡村振兴战略"贯彻新发展理念和建设现代化经济体系的关键地位。将"乡村振兴"提升至战略高度，既是对中国共产党将解决好"三农"问题作为重中之重思路的根本延续，也体现出全党对乡村在现代化发展进程中功能定位的再一次突破性认识。而置于中国现代化的"大历史"中，从乡村建设运动到乡村振兴战略，不同的乡土重建方案始终关注"发展"议题的不同侧面。梳理中国乡土重建的历史脉络，可以发现乡村振兴战略的时代价值及其总体布局的丰富内涵。

一 "发展"议题的时代切换：从乡村建设运动到乡村振兴战略

乡村振兴战略作为中国现代化进程中的深刻实践，其所立基的问题意识和现实命题只有置于中国现代化这一"大历史"中才能完整地再思。在中国现代化的不同阶段，有两次乡土重建的方案，构成新时代下乡村振兴战略的历史前奏，即民国时期的乡村建设运动和改革开放后的社会主义新农村建设。不同的时代情境规限了乡土重建的现实任务和成就规模，而在这接近百年的乡土重建探索中，无论是乡村建设运动、社会主义新农村建设，还是乡村振兴战略，始终离不开"发展"这一主题词。三次不同的实践分别侧重于关注"发展"的不同方面。

---

* 原刊于《华南师范大学学报》（社会科学版）2018年第2期。本文的部分观点曾发表于《农民日报》2017年11月20日，第3版。
** 叶敬忠，中国农业大学人文与发展学院教授。

（一）乡村建设运动：乡村如何实现发展？

民国时期的乡村建设运动回答的是"乡村如何实现发展"的问题。这里的"发展"更多具有"社会转型"的意味。在 20 世纪前半叶，西方现代化的冲击引发中国社会结构全面震荡，乡村表现出政治失序、经济破产以及文化失调的整体性颓败。晏阳初甚至认为，中国农村问题表现为"愚、贫、弱、私"四大病症，而"愚"是其他三种病症的根源……在这几个缺点之下，任何建设事业都是谈不上的（宋恩荣，1989：247）。"拯救乡村"成为这一时期知识分子的现实关怀。以晏阳初、梁漱溟等为代表的知识分子推动的乡村建设运动开始在各地勃兴。乡村建设运动的核心是"人"的建设，而改造"人心"是"人"的建设的原点。晏阳初将"平民教育"楔入乡村建设实验中，目的是再造具有"知识力、生产力、强健力和团结力的新民"（宋恩荣，1989：12）。而梁漱溟不仅坚持"以文化人"的理念，更力图将"乡村建设"作为兼蓄中国儒家伦理本位和西方职业本位的综合方案，以此实现中华文化"老衰性"的创造性转化，以"新的礼俗"为乡村建设存在的基础，继而实现乡村自救和社会结构再造。梁漱溟认为，中国农村的根本出路在于"中西具体事实之沟通调和"，这需要以建设一个新的社会组织构造——建设新的礼俗为具体途径（梁漱溟，2006：118 - 120），其建设的路径并不是激进式革命，而是"逐步地让社会自身发生作用，慢慢地扩大起来，解决社会自身的问题"（梁漱溟，2006：238）。

费孝通也以乡村建设运动的根本问题，即"以什么文化及其价值为准则或目标确立中国社会、文化、国家的变革方向"，来审视中国乡村自救的现实路径（汪晖，2008）。承袭"社区研究法"的费孝通主张乡村建设或乡土重建不能破坏原有社会的有机性，必须在剖析社区的基础上实现总体性变革。据此，费孝通提出关于中国乡村建设的方案，即在农民合作的基础上实现公平的乡村工业化，并以分散化和自下而上的乡村工业化道路逐步恢复中国乡土社会的完整性，进而实现乡村的现代化转型。这种以保存乡村总体性和主体性为原则的乡土重建道路，力图在中国向西方式现代化模式的直接转渡和传统复旧之间创造乡村社会新的现代性。因此，有学者将费孝通的乡村建设思想称为"反西方现代性的现代性"方案（陈占江，2016），其目标为在保存主体性和总体性的基础上实现乡村与"发展"的接续，并依托乡村工业化的发展动力，渐次实现中国社会结构的还原和对社会变迁的引导，而乡土改造必须建立在科学认识乡村有机性的基础上。相比早期的乡村建设实验者，坚持社会有机体论的费孝通拥有一套从文化价值到社会系统相对综合的乡土重建方案，并为乡村实现什么样的"发展"（基于乡村总体性和主体性的"发展"）以及如何"发展"（乡村工业化）设定了理想的演化进路。

旨在实现"旧邦新命"的乡村建设运动与费孝通的乡村建设方案最终都流于失败。许多亲身参与的知识分子在反思乡村建设运动的经历时，得出这样的定论：乡村建设"高谈社会改造而依附政权，号称乡村运动而乡村不动"（梁漱溟，2006：368）。依附于旧政权的乡村建设运动，只能寄托于渐进式改良的道路推行实验，而不能实现全盘的社会改造；知识分子则未触动农民根本的利益，知识分子"动"而农民"不动"，乡村建设运动在很大程度上脱离了社会基础。费孝通的乡村现代性方案也因抗日战争和国共内战而失去了实验的时间和空间，未能实现从理论到实践的成功转换。这一历史任务由中国共产党彻底翻转底层社会而完成。中国共产党认为中国的根本问题在于土地，而土地问题的完全解决"有待于中国现代广大的农工阶级，依革命的力量以为之完成"（李大钊，1925）。激进的革命运动完全颠覆了乡村建设运动的原初设想，革命的运动为乡村变更财产所有制关系进而为乡村接续发展秩序创造了有利条件。乡村建设运动与费孝通的乡村现代性方案虽然具有改良主义的色彩，但是与实现乡村土地所有制再造的革命运动相比，其共同性在于均高度重视农村农民问题，并指出中国乡村现代化的发展道路不能完全效法西方国家。中国共产党以"耕者有其田"的农民运动，获得了"足以战胜一切敌人的最基本的条件"（《毛泽东选集》第四卷，1991：1252），以此开启了乡村现代性重建的大门。

（二）社会主义新农村建设：乡村如何更快发展？

中华人民共和国成立后，中国共产党先后开展土地改革和农业集体化运动，而农业集体化运动以人民公社为终点。因忽视农村生产力落后的现实，违背生产力和生产关系的基本规律，农村建设被赋予极强的政治运动色彩，人民公社制度最终瓦解。1979年后，中国农村开启经济体制改革，家庭联产承包责任制的实施赋予农民以土地使用权。与农村经济体制改革相适应的是农村政治制度的改革即实现政社分开，公社一般改为乡，设乡人民政府；大队一般改为行政村，设村民委员会，而原生产队改为村民小组（中共中央、国务院，1983）。随着乡镇行政权力的逐渐上收，以"全能主义"统合乡村的力量不再具有合法性，但乡镇政权依然保留人民公社制度的路径依赖即向农民汲取税费，而为逃避农业税费负担，农民土地抛荒严重。在同一时期，国家通过经济的非等价交换和工农产品的"剪刀差"，向农村汲取高额的城市建设资金，"农民真苦，农村真穷，农业真危险"成为 20 世纪 90 年代"三农"问题的真实写照（李昌平，2009）。改革开放后，城市偏向的发展战略不断拉大城乡差距，农民的生活水平提升缓慢甚至停滞。面临日益严重的"三农"问题所引发的经济危机和社会危机，2002 年中共中央农村工作会议以"多予、少取、放活"为解决"三农"问题的指导思想，并连续几年将其确立为中央一号文件农村工作的指导方针。在"多予、少取、放活"原则的指导下，中央和地方开始探索多元化的税费改革模式，最终于 2006年彻底废除农业税。在此期间，国民经济基础已经具有相当程度的积累，"以工促农""以城带乡"的历史条件更加成熟。因此，与废除农业税相衔接的"社会主义新农村建设"成为系统性的农村发展干预工程。"社会主义新农村建设"是在社会主义初级阶段的主要矛盾（即人民日益增长的物质文化需要同落后的社会生产之间的矛盾）下的重大历史任务，其内容综合"生产发展、生活宽裕、乡风文明、村容整洁、管理民主"不同维度的范畴，其目的在于"加快改变农村经济社会发展滞后的局面"（中共中央，2005），即通过农村生产力和生产关系的综合改革，提高农民的生活质量，改善农民的生活环境，实现农村的经济发展。与民国时期的乡村建设实验不同，"社会主义新农村建设"是在统一的国家政权驱动下改造农村社会结构的系统方案，是在由国家主导的"发展"战略已经具有制度正当性和意识形态合法性条件下产生的历史任务。因此，"社会主义新农村建设"回答的不是"乡村如何实现发展"的问题，而是"乡村如何加快发展"的问题。

（三）乡村振兴战略：乡村如何更好发展？

"乡村振兴战略"是在对中国社会主要矛盾和发展状况进行科学研判的基础上提出的。当前中国社会主要矛盾为"人民日益增长的美好生活需要和不平衡不充分的发展之间的矛盾"（《人民日报》，2017）。基于中国经济发展的巨大成就，当前的主要任务不再是单纯追求发展速度，而是着力解决不平衡、不充分发展及发展质量的问题。发展的不平衡在很大程度上表现为乡村和城市之间不平衡，发展的不充分更多地表现为乡村发展的不充分，发展质量问题更多地体现在发展过程中的社会代价大、生态环境不可持续以及不公平等方面。为此，乡村振兴战略被置于贯彻"创新、协调、绿色、开放、共享"的新发展理念以及建设现代化经济体系的内容框架中，以"产业兴旺、生态宜居、乡风文明、治理有效、生活富裕"为总要求，其目的在于"支持农村优先发展，实现城乡融合发展"（《人民日报》，2017）。因此，与当前主要矛盾的内容变化相契合，乡村振兴战略的实施既是当前解决主要矛盾的必然产物，也是突破不平衡和不充分发展困局的关键出路。乡村振兴战略是以乡村为主体的发展战略，其目标是在保持乡村独立性和差异化的基础上实现城乡融合，以此消解发展的不平衡性和不充分性。如果说社会主义新农村建设的目标是解决"如何加快乡村发展"问题，那么作为新时代下对社会主义新农村建设历史任务的延续和新发展理念的内化，乡村振兴战略试图回答的是"乡村如何更好发展"的现实命题。

在中国现代化的"大历史"中，从乡村建设运动到乡村振兴战略的演进谱系中可以看出，乡村的发展始终与中国的现代化进程紧密相关。在乡村建设运动到社会主义新农村建设再到乡村振兴战略的三次飞跃中，中国百年的乡土重建探索终于在中国特色社会主义新时代下得到真正的价值实现。乡村振兴的实现过程是国家政权统一和综合国力显著增强的现实映射，同时乡村振兴战略作为"关键部分"，又对民族振兴具有重要作用。三次乡土重建的方案始终没有改变追求乡村现代化的问题意识，乡村"发展"从无到有、从量到质的转化，标志着中国共产党人对农民命运和乡村前途认识的又一次深化。

二 乡村振兴战略的理论内涵和实践布局

乡村振兴战略体现出中央对"三农"问题根本性地位的判断和全党工作重中之重的部署。乡村振兴战略是一项系统性和综合性工程，不可将其局限于仅仅对村庄经济发展或某些局部性问题的解决上。乡村振兴战略以农业农村优先发展和城乡融合为目标，以产业兴旺、生态宜居、乡风文明、治理有效、生活富裕为内容要求，在农业、农村、农民、农地、人员配置五个方面总体布局。

（一）乡村振兴战略中的农村与城市：孰先孰后？

城市偏向抑或农村偏向构成发展战略的经典论争。在城市偏向的发展战略中，城市化和工业化作为推进经济发展的主导方式和价值目标，将农业农村视为单纯的原料和劳动力的后援站以及工业产品转移市场。"城市偏向"的理论假设农业农村为城市化和工业化服务，而城市和工业通过"增长极"效应带动农村，最终使农民获得较高收入。改革开放后，中国政府一直奉行城市偏向的发展战略，其后果并不是城乡差距的缩小而是城乡二元结构的不断强化，从汲取农村税费支援城市建设，到鼓励农民劳动力外出务工从而为经济建设提供廉价劳动力，农村"空心化"趋势日益加重。城市偏向的发展战略并未产生促进农村发展和农民生活水平提高的涓滴效应。社会主义新农村建设虽然具有"建设乡村"之名，但其目的在于"统筹城乡经济社会发展"，"加快改变农村经济社会发展滞后的局面"（中共中央、国务院，2005）。社会主义新农村建设仍然是肯定城市偏向基础上的"以工促农"和"以城带乡"。

而农村偏向的发展战略以政府对工业产品的"价格扭曲"和"城市偏向"财政分配的消极后果立论，并指出相比工业增长，农业增长所产生的涓滴效应更大，因为农业中的单位投资能创造更多的就业，并且农村地区的收入分配比城市更公平。部分学者被指具有"农业浪漫主义情怀"，他们认为农村是传统文化价值保留的圣地，而工业是对农村社会的瓦解和玷污（党国英，2016）。有学者指出，固守农业主义和农村偏向的发展战略并不能自动化地消除贫困，而是往往会陷入要素均衡的低物质供给结构（王英姿，2014）。

因此，城市偏向和农村偏向并未显现发展的全部图景。建立工业与农业的关系联结、城市与乡村的主体协同是良性的发展战略，但可以在工农和城乡协同发展的基础上根据实际情况调整相应的发展重点。乡村振兴战略是反思地继承中国城乡发展经验的必然产物，在中国城乡差距扩大、统筹城乡发展、城乡一体化再到当前的城乡融合的演化模式中，城乡协同发展的体制机制日趋成熟。同时，乡村振兴战略在城乡融合的发展体制机制中坚持农业农村优先发展，这不是向农业主义或农村偏向发展策略的简单复归，而是在城乡协同论基础上坚持农业农村优先发展的"重点论"。

（二）乡村振兴战略为何是社会主义新农村建设的"升级版"？

乡村振兴战略和社会主义新农村建设具有承继关系，具体体现为"发展"议题的转换和内容要求的提升。对比社会主义新农村建设与乡村振兴战略的总体要求，结果如表1所示。

表1 社会主义新农村建设和乡村振兴战略的内涵对比

	社会主义新农村建设	乡村振兴战略
物质基础	生产发展	产业兴旺
设施条件	村容整洁	生态宜居
精神要求	乡风文明	乡风文明
政治保证	管理民主	治理有效
中心目标	生活宽裕	生活富裕

从物质基础角度来说，乡村振兴战略以"产业兴旺"替代"生产发展"。这既表明在社会主义新农村建设到乡村振兴战略的演变时期，乡村已经具有一定程度的经济基础，也表明乡村振兴战略在乡村生产已有所发展的基础上继续推进"产业兴旺"和一、二、三产业融合发展，是对乡村物质基础再一次的强化塑造，目的是为乡村振兴战略其余事项的开展提供持久动力。

从设施条件角度来说，乡村振兴战略以"生态宜居"替代"村容整洁"。这既是"五位一体"中生态文明建设在乡村的具体落实和践行，也是从"村容整洁"这一外在环境设施的评价转向"生态宜居"这一更加注重农民内在生活质量层面的评价的体现。保证农民居住的舒适度和幸福感是乡村振兴战略的应有之义。

从精神要求角度来说，乡村振兴战略和社会主义新农村建设都突出强调"乡风文明"。这是在振兴乡村物质基础的同时对乡村精神文明建设的要求，体现出乡村振兴战略中统筹经济建设和文化建设的必要性。

从政治保证角度来说，乡村振兴战略以"治理有效"替代"管理民主"。这表明乡村振兴战略更加重视乡村治理体制改革和治理效果，而非仅仅强调具有程序正义的"管理民主"。在由社会主义新农村建设向乡村振兴战略转变的时期，乡村民主管理制度的规范化程度有所提高，而对乡村多元主体进行利益资源配置和稳定乡村秩序成为当前乡村治理的突出任务。因此，乡村振兴战略以建立综合自治、法治和德治的乡村治理体系为手段，以治理的有效性为实现目标，这是对"管理民主"的继承和超越。

从中心目标的角度来说，乡村振兴战略和社会主义新农村建设都体现出"以人民为中心"的意识形态合法性，二者均以农民生活水平提高为检验工作的价值尺度。但从"生活宽裕"转变为"生活富裕"，表明乡村振兴战略力图实现农民生活水平更大的提高。而依托乡村"产业兴旺"的物质基础，乡村振兴战略积极创造条件以使广大农民共享更大程度的发展成果。

（三）乡村振兴战略的实践布局是什么?

首先，在农业方面，既要加快推进农业农村现代化，又要努力将小农户生产与现代农业有机衔接起来。农业发展尤其要确保国家的粮食安全，要把中国人的饭碗牢牢端在自己手中。为此，需要在产业体系、生产体系、经营体系等方面加强社会化服务和政策支持。

其次，在农村方面，要实现生态宜居、乡风文明、治理有效，尤其强调加强农村基层的基础性工作，强调自治、法治和德治相结合的治理体系。此外，还要深化农村集体产权制度改革，壮大集体经济。

再次，在农民方面，要实现农民生活的富裕，尤其强调促进农村一、二、三产业的融合发展，支持和鼓励农民就业创业，拓宽农民增收渠道，并保障农民财产权益。

同时，在农地方面，要深化农村土地制度改革，完善承包地"三权"分置制度，保持土地承包关系稳定并长久不变，尤其是第二轮土地承包到期后再延长30年，将保证小农农地权利作为农村土地制度改革的主线。

另外，在人员培养方面，要培养造就一支懂农业、爱农村、爱农民的"三农"工作队伍，从而为乡村振兴注入新鲜活力。

综合来说，乡村振兴战略的实践布局既是综合农业、农村、农民、农地和人员培养的系统工程，也是乡村振兴内源动力和外源动力的双重结合。从所立基的理论变革、随时代转换的内容升级再到现实层面的具体布局，乡村振兴战略具备了综合性和先进性。民国时期的乡村建设运动、中华人民共和国成立后的社会主义新农村建设的目标价值都在乡村振兴战略中得以反思性地继承，乡村振兴战略实现的正是乡村的"新时代"。

三 乡村振兴战略的路径省思

党的十九大报告已经提出乡村振兴战略的总体理论框架和战略部署，而在具体落实过程中，重点是要充分理解中国特色社会主义进入新时代的历史判断，全面贯彻"创新、协调、绿色、开放、共享"的新发展理念。在乡村振兴战略的统一部署下，不同地区应因地制宜地探索出多元化的实施方案，不必苛求全国乡村按照同质性的标准实施。但是，在乡村振兴战略的实施路径中，应注意坚守"五不"原则。

（一）乡村振兴不是"去小农化"

在农业方面，长期以来，人们习惯于将现代农业和资本进入农业的规模经营看作农业发展的唯一途径。然而，在中国，基于人多地少的国情，小农农业仍是农业生产的主要方式，且为农民家庭生活提供了生计保障。在现实中，由行政手段和资本主导的"去小农化"过程将小农生产方式视为"落后生产方式的残余"予以清除，而自上而下和自下而上的农业资本化动力正在加剧农村社会分化，小农农业经营方式被纳入资本化农业的低端环节抑或消亡（严海蓉、陈义媛，2015）。应予以明确的是，振兴乡村的关键在于振兴小农，而非振兴资本，乡村振兴战略所力求实现的小农户与现代农业发展的有机衔接是在坚持小农户和小农生产方式与现代农业具有平行主体地位基础上的有机衔接。因此，切不可通过行政手段或是鼓励下乡资本加速小农生产方式的消亡，在推进农业现代化的同时，应给小农生产方式留以足够的生存空间。

（二）乡村振兴不是乡村过度产业化

在农村方面，长期以来"城市主义"的发展战略主导公共资源分配并持续汲取乡村现有的物质资源和人力资源。农村劳动力的抽离、"三留守"问题以及农村虚空的出现等，刻画了现代化图景中的乡村之殇。一系列以扶贫为名的产业项目或"公司＋农户"的纵向一体化将乡村再次推入自由市场竞争之中，而地方政府专于"造点"，乐于"示范"（李云新、袁洋，2015），使产业经营往往脱离地方实践和贫困群体的实际需求，脱嵌于乡村社会（孙兆霞，2015）。企业只有在满足利润最大化的前提下，才会以涓滴效应惠及农户；而在企业经营不善时，损失也常常由农民负担（叶敬忠，2015）。因此，乡村振兴战略应深刻反思现行的产业推进和企业下乡举措，在坚守农民主体性地位的基础上推进农村一、二、三产业融合发展，让农民享有产业链环节中的绝大部分附加收益。而依托"产业兴旺"的物质基础，以综合基础设施建设、文化建设、环境治理和社会工作等活动来恢复乡村活力，将是振兴乡村的重要行动。

（三）乡村振兴不能盲目推进土地流转

在农地方面，由权力和资本协力推动的土地流转以所谓"规模经济"和增加农民收入等名义剥夺农民的土地使用权，由政策文本和学术话语所构设的土地流转的农业经营规模效应并未出现，出现的却是大量土地的"非农化"和"非粮化"（冯华，2014）。究其原因，在于资本化企业无法通过规模经营在种植环节赢利，因此它们力图在农业的上下游环节实现资本增殖（陈义媛，2013）。但这并不妨碍资本化企业以"规模经济"为名推进土地流转，在农产品流通和生产环节排挤小农。然而，土地流转无法完全吸纳原有土地转移的劳动力。基于劳动力替代型的生产方式，农业企业无法形成持续的雇工需求，最终结果是农民在"失地后又失业"（陈成文，2012）。因此，在"三权分置"和土地承包关系稳定并长久不变的基础上，尊重农民土地流转或不流转的意愿，避免采取经济力量的无声强制或超经济强制的方式推进土地流转（叶敬忠等，2016），应当是乡村振兴战略中需要特别重视的方面。

（四）乡村振兴不能消灭农民生活方式的差异

在农民方面，继续探索适合贫困小农户脱贫增收的长期有效措施，为老弱病残人口、留守人口等提供有效的社会支持和社会保障服务，是让国家发展成果惠及农村弱势人口的重要手段，这是乡村振兴战略的基本立场。此外，乡村人口的生活方式既有与现代都市化生活方式连续相通的方面，也有其特殊之处。农民在维护社会稳定、食品安全、乡村复兴和文化保护等方面依然具有重要价值（付会洋、叶敬忠，2017）。因此，要警惕商品化思维和现代化生活方式对农民生存空间和生活方式的过度挤压。

（五）乡村振兴不应轻视基层的"三农"工作

在人员培育方面，长期形成的"贱农主义"形塑出政策话语和学术话语对"三农"价值的偏颇态度（张玉林，2012），与"农"相关的工作被视为低社会价值的事业，社会形成一种轻视从事"三农"工作人员的总体风气。因此，在进行乡村振兴战略顶层设计的同时，也应关注基层"三农"工作的重要功能。具体来说，应从农业技术推广体制改革、"三农"价值导向的媒体宣传和深化农村农业价值教育的具体措施方面，开创"懂农""爱农""支农"的新局面。总而言之，乡村振兴战略应具有明晰的主线意识，并应与各种不当干预行为划清界限。乡村振兴战略回应的是"乡村如何更好发展"的议题，而这具体体现在乡村振兴战略的内容升级与实践方案的系统性方面。乡村振兴战略是对乡村价值在中国现代化发展进程中的再次定位，要实现的不仅是乡村的振兴，更是国家和民族的振兴。

参考文献

陈成文，2012，《论促进农村土地流转的政策选择》，《湖南社会科学》第2期。

陈义媛，2013，《资本主义式家庭农场的兴起与农业经营主体分化的再思考——以水稻生产为例》，《开放时代》第4期。

陈占江，2016，《旧邦新命：乡土重建的现代性方案——以费孝通早期著述为中心》，《中国农业大学学报》（社会科学版）第4期。

党国英，2016，《农业浪漫主义批判》，《学术月刊》第6期。

冯华，2014，《防范土地"非粮化""非农化"》，《人民日报》2月21日，第2版。

付会洋、叶敬忠，2017，《论小农存在的价值》，《中国农业大学学报》（社会科学版）第1期。

李昌平，2009，《我向总理说实话》，陕西人民出版社。

李大钊，1925，《土地与农民》，《政治生活》第62—65期。

李云新、袁洋，2015，《项目制运行过程中"示范"断裂现象及其解释》，《华中科技大学学报》（社会科学版）第5期。

梁漱溟，2006，《乡村建设理论》，上海人民出版社。

《毛泽东选集》第四卷，1991，人民出版社。

《人民日报》，2017，《决胜全面建成小康社会 夺取新时代中国特色社会主义伟大胜利——在中国共产党第十九次全国代表大会上的报告》，10月28日，第1版。

宋恩荣，1989，《晏阳初全集》第一卷，湖南教育出版社。

孙兆霞，2015，《脱嵌的产业扶贫——以贵州为案例》，《中共福建省委党校学报》第
　　3 期。

汪晖，2008，《现代中国思想的兴起》下卷第二部，生活·读书·新知三联书店。

王英姿，2014，《中国现代农业发展要重视舒尔茨模式》，《农业经济问题》第 2 期。

严海蓉、陈义媛，2015，《中国农业资本化的特征和方向：自下而上和自上而下的资本化
　　动力》，《开放时代》第 5 期。

叶敬忠，2015，《发展的故事：幻象的形成与破灭》，社会科学文献出版社。

叶敬忠、吴惠芳、许惠娇、蒋燕，2016，《土地流转的迷思与现实》，《开放时代》第
　　5 期。

张玉林，2012，《流动与瓦解：中国农村的演变及其动力》，中国社会科学出版社。

中共中央、国务院，1983，《关于实行政社分开建立乡政府的通知》。

中共中央、国务院，2005，《关于推进社会主义新农村建设的若干意见》。

中共中央，2005，《中共中央关于制定国民经济和社会发展第十一个五年规划的建议》。

2

新时代的中国乡村振兴之路[*]

陆益龙　陈小锋^{**}

中国乡村社会变迁与发展进入一个新时代，乡村面临继续衰落还是重新振兴的巨大挑战。乡村振兴战略的提出，表明中国在发展战略上的选择是后者。为顺利推进和实施乡村振兴战略，可能还需要在乡村振兴的必要性和可行性方面凝聚更多的共识。当越来越多的人真正理解为何要振兴乡村以及乡村振兴是可行的，支持和参与乡村振兴的社会力量就会越来越广泛。本文将主要结合笔者对乡村社会的调查研究经验，探讨和阐述乡村振兴的现实条件、乡村振兴与城镇化的关系、乡村振兴的路径选择和乡村振兴的大方向四个问题。

一　空心化抑或"新常态"

在乡村开展观察和调查活动过程中，常会听到乡村基层干部和民众向我们提出这样一些问题："乡村能振兴吗？""村里都没什么人了，怎么振兴？"解读基层社会的这一话语体系，不难发现推进和实施乡村振兴所面临的现实困境。那么，乡村振兴是在什么样的现实基础上推进？如何看待当前乡村社会发展的现实状况？

对当前中国乡村社会现实的理解，有不同的理论视角。笔者曾尝试用"后乡土中国"来概括当下中国乡村社会的基本性质，意指费孝通所概括的乡土社会在经历土地革命、社会主义改造、农村改革和市场转型等几次关键性历史变迁之后，已经迈入"后乡土社会"。如今的中国乡村在保留着村落共同体、熟悉社会和小农经营等部分乡土性特征的同时，也伴随"大流动"时代的到来而形成了"后乡土性"特征（陆益龙，2017：1 – 15）。后乡土

---

* 原刊于《中国农业大学学报》（社会科学版）2019 年第 3 期。

** 陆益龙，中国人民大学社会学理论与方法研究中心教授。陈小锋，中国人民大学社会与人口学院博士研究生，延安大学公共管理学院讲师。

中国的视角所强调的是乡村社会流动这一兼具结构性和过程性的社会事实，由此抓住当前乡村社会的一个突出特征，即乡村流动带来变化和挑战。

也有学者从"城乡中国"的视角来看乡村社会的性质，认为中国已经"从以农为本、以土为生、以村而治、根植于土的'乡土中国'，进入乡土变故土、告别过密化农业、乡村变故乡、城乡互动的'城乡中国'"（刘守英、王一鸽，2018）。"城乡中国"的理论概括突出了中国社会转型过程中乡村社会主体和产业结构所发生的巨大变迁，以及城乡关系的变化，强调要从城市与乡村所构成的社会新格局的角度来理解和认识当前乡村社会的现实。

无论是从后乡土中国还是从城乡中国的视角，都可看到乡土中国的转型和变迁。如果从社会学的角度来看，变迁的乡村目前最为突出的形态和特征就是流动，在这个意义上，也就出现了"流动的乡村"。乡村社会的流动不只是人口与劳动力的向外流动（migration），也包括职业的流动（mobility）与分化，类似于刘守英和王一鸽（2018）所说的"农二代引发代际革命"。

在某种意义上，乡村人口与劳动力的流动可以说是乡村变迁的一个最为明显的表征。每年春节之后，村庄里多数的青壮年劳动力要向城镇流动，由此构成了全国规模 2.8 亿左右的"农民工"群体或流动人口。乡村劳动力外流后，留守在村庄里的主要是老人、妇女和儿童。如今，举家流动的现象增多，越来越多的妇女和儿童一起流动，这样，村庄里的留守人群则变成以老年人为主，一年中的大多数时间里，很多村庄看上去空荡荡的，显得非常寂静和萧条。或许，正是基于这样的现实景象，学界流行的观点是将乡村人口大量外流的事实概括为乡村的"空心化"（刘彦随等，2009），田毅鹏则将这一现状概括为乡村社会的"过疏化"（田毅鹏，2011）。在笔者看来，乡村"空心化"的概括并不十分准确，因为"空心化"有着衰竭和终结之趋势，就如同老树空心之后，将面临慢慢死亡。目前乡村社会确实普遍存在青壮年劳动力外出打工和营生问题，而且人口向外净流出的趋势较为明显，但无论是从抽样调查的事实来看，还是从理论上看，中国的村庄、中国的乡村在相当长的时期内是不会走向终结的（陆益龙，2013a）。将乡村社会流动的现状视为"空心化"，显示出对乡村发展和乡村未来过于悲观。有意突出"空心化"也可能造成唱衰乡村的传播效果，甚至可能误导政策决策。

诚然，乡村社会流动不论是人口外流还是职业流动，所产生的社会影响都是巨大的。对乡村社会流动所带来的社会影响，不宜片面地理解为是乡村

"空心化"或乡村走向终结的表征,而是需要辩证和理性地加以分析和认识。对乡村人口外流所带来的社会后果,或许可以从乡村"空巢社会"来临的角度加以中性地理解(陆益龙,2015)。

就社会学意义而言,乡村"空巢社会"的出现并非指乡村已经"空"了或"空心"了,而是指乡村在现代转型与变迁过程中呈现一种新的形态,在这个意义上可以将其视为乡村社会的"新常态"。就如同"空巢家庭"是家庭结构变迁的一种形态一样,乡村"空巢社会"就是乡村年轻人或青壮年劳动力从农业和农村分离出来之后,本质上是生计或职业与家庭生活相分离之后而形成的一种社会结构状态。以往,乡村居民的生计和职业嵌入社会生活和家庭生活之中;如今,他们为了营生,需要"离乡背井"。

作为一种"新常态",乡村"空巢社会"的形态如图1所示,在时间、空间和结构三个重要维度上都具有二元化的特征。在时间上,乡村社会主体的生活周期分为团聚周期与流动周期,外出的人们会在重要节假日、特殊日子和农忙时间回乡村团聚,而在一年大部分时间里甚至长年处于流动在外的状态。在空间上,乡村居民的生活空间实际上有两个,一个是家庭所在的乡村家居空间,另一个则是在城镇打工生活的栖居空间。有较多乡村居民在村里盖起非常气派的楼房,而外出打工期间为了少付房租只能蜗居在城镇狭小的空间里。在结构方面,乡村社会成员实际上已分化成两个群体:留守人群和流动人群,而且两个群体的分化是动态的而非固定的,当家庭成员进入适宜流动阶段并选择流动之后,他们也就进入乡村"流动大军"这一群体之中,与此同时总会有人选择留守在村里。正是留守人群支撑起乡村社会常规的运转,尽管乡村平常时间里显得空落、凋敝,但实际上仍然处于持续的运

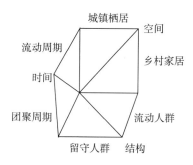

图1 乡村"空巢社会"二元形态示意

行状态，只不过大多像"空巢家庭"那样，显得有点"老态龙钟"而已。

之所以说流动是乡村社会的"新常态"，是因为这是新时代的大背景、大趋势所决定的，现代化、市场化社会的一个基本特征就是高流动性。因此，考量"三农"问题的解决路径或乡村振兴之路，需要把这一客观事实作为一个重要前提。我们或许在局部可以减少乡村社会流动，但流动的大趋势是不可逆的。

尽管乡村劳动力与人口流动以及职业的分化在较大程度上削弱了乡村内部发展动能，但我们也要看到乡村社会流动给乡村居民创造了更多的市场机会，乡村居民通过"闯市场"的机制，获得了经济收入水平和生活水平的大幅提高（陆益龙，2011）。倪志伟（Victor Nee）也通过实证研究发现，改革开放后随着"市场社会"的兴起，农民明显从市场中获得了更多的收入增长机会（Nee，1996）。所以，乡村社会流动对于乡村振兴而言，既是一种现实基础，也是一种路径选择。向外流动与乡村振兴并非决然对立。从现实经验中，我们也能发现，大量村庄虽然平时并没有多少人，但一幢幢楼房不断地建立起来。较多农民盖起楼房，正是靠外出打工或经营所挣得的收入。从这个角度看，乡村劳动力和人口的外流对于乡村振兴而言，既是一种挑战，也创造了一些机会。

二 城镇化还是乡村振兴

乡村振兴路径的选择，面临如何看待和处理城镇化与乡村振兴的关系问题。由于加快推进城镇化也是一项宏观战略，因而一些经济学者和地理学者质疑乡村振兴的必要性，认为若要通过城镇化来实现城乡一体化，也就没有必要专门实施乡村振兴战略。按照西方经济学效率优先的思维逻辑，随着大量乡村劳动力向城镇非农业转移，居住生活在乡村的人口越来越少，乡村出现所谓的"空心化"，如果再向乡村基础设施和公共服务增加投入，那么公共物品的供给效率将会很低。与其增加乡村振兴的投入，不如大力推进城镇化。例如，一些乡村小学就读学生非常少，不如拆除向城镇合并。此类观点看似合理的逻辑推论，实际上遮蔽了很多推论的前提。

首先，一个国家、一个社会的发展，并不只有经济的发展，而是需要经济、社会、历史、文化和政治协调发展。经济发展虽具有基础性的作用，但其本质是要为更广大的人群带来更多的福利。其次，效率原则在经济领域很重要，但效率优先原则并不适宜所有领域。特别是在公益领域、公共服务领域，公平、正义的原则需要得到充分的体现。虽然留守在乡村社会的人口并不多，但这并不能成为其不享受公共物品供给和公共福利的正当理由。相反，正是由于乡村社会在现代化和城镇化进程中处于发展弱势的地位，才更需要获得公共资源的支持和赋能。在某种意义上，随着城镇化步伐的加快，实施乡村振兴战略的必要性和重要性更加凸显，因为从更长远的眼光看，乡村重建及保护性的社会文化建设将有助于规避城镇化带来的吉登斯所说的"现代性意外后果"（吉登斯，1998：423）。此外，实施乡村振兴与推进城镇化并不是一个问题的两个对立面，而是新型发展的"两条腿"，两者具有互补和相互促进的作用。传统的牺牲乡村来发展城镇的模式或放弃城镇化的模式，都是不健全、不均衡的发展模式。在新时代的城镇化大背景下，注重乡村振兴战略的实施，是实现均衡、协调发展的必要选择。尤其是对于一个人口大国而言，乡村振兴与发展的意义更加重大。

对城镇化与乡村振兴关系的认识，也会影响到乡村振兴战略的具体实践。如果振兴乡村的目标是实现乡村城镇化，或把乡村振兴视为城镇化的组成部分，也就是把乡村建设和发展成为与城镇一样，那么这样的乡村振兴行动实际上是在加速乡村的终结，是在将乡村改造成城镇而不是让乡村社会恢复自身的发展生机。

目前，无论是在观念上还是在具体实践中，按照城镇化的逻辑来推进乡村振兴较为流行，甚至成为主流。然而很显然，实施乡村振兴战略所要振兴和发展的是当下的乡村社会，而不是将乡村变为城镇，犹如吴重庆和张慧鹏所概括的那样："主流发展理念和发展模式具有浓厚城市中心主义色彩，乡村振兴必须重建乡村的主体性。"（吴重庆、张会鹏，2018）如果乡村失去主体性，即不再是整个社会的有机组成部分，社会结构变成由城镇构成的单一化结构，那么也就不会存在乡村的振兴。

或许人们会问，为何乡村振兴不宜把乡村变为城镇？这个问题需要从战略的视角来加以理解。城镇化是现代社会发展的不可逆的大趋势，城镇正在以其资源配置效率、市场效率和公共品供给效率等方面的优势快速地发展，而且迅猛发展的城镇正在削弱乡村发展动能甚至吞噬大量的乡村。城镇快速发展是大势所趋，其带来的后果也是不可逆的。因而，从战略角度看，当我们无法预知乡村全部消失后社会将会怎么样时，需要有保护性的发展。就像生态学中的生物多样性保护理论一样，当一个物种难以适应大环境变化带来的挑战时，人类需要采取一些干预性的保护策略。

乡村社会、小农经营在当前全球化、市场化和现代化的大环境中确实显示出在效率上的劣势，但这并不意味着乡村社会已失去价值。推进乡村振兴就是要从战略的高度来看待乡村的潜在价值，在城镇化的大潮中找到乡村生存与发展之道。

对乡村振兴的价值和战略意义的认识，关键在于要跳出城市中心主义和现代性的陷阱，发现乡村社会在经济、效率之外的价值，也就是孙庆忠所说的"重新认识乡村社会生态系统和自然系统的价值"。所谓社会生态系统的价值，实际就是乡村社会所具有的人类社会与文化历史方面的价值。乡村社会是一个历史的连续统，如果乡村走向终结，那就如同历史连续统的中断。而"如果一个村庄、一个民族、一个国家把历史忘却了，也就意味着没有可以期待的未来了"（孙庆忠，2018）。

目前，按照城市中心主义理念来推进乡村振兴的具体实践主要表现为随意的拆村并村、颠覆性的土地整治、以扶贫为理由的易地搬迁、"新社区"的建设即"赶农民上楼"等。这些措施可能冠以"乡村振兴"之名，而实质上是在人为地加快乡村社会的终结和"家园""乡愁"的消失，从而导致乡村社会进一步受到"损蚀"（费孝通，2012：54-65），让乡村成为彻底"回不去"的地方。乡村振兴战略的一个核心价值就在于追求并努力实现社会的公平、正义，弥补农村不均衡、不充分发展的缺失。乡村振兴需要在城乡融合发展的大格局下推进，但不是按照城镇化模式来"改造"或"消灭"乡村。

当然，在推进乡村振兴战略的过程中，不能忽视发展小城镇的重要性，因为乡村与农村之区别就在于乡村社会本身包含着小城镇，促进小城镇的发展、发挥小城镇在乡村振兴中的积极功能有着重要的意义。正如费孝通所指出的那样，"小城镇，大问题"（费孝通，2007：27）。也就是说，在乡村振兴与发展的进程中，小城镇的发展问题可能是一个大问题。同样，促进小城镇发展为振兴乡村做贡献，并不等同于推进农村的城镇化，而是要加强小城镇建设在乡村重建和发展中的综合性功能，增强乡村社会的凝聚力和内在发展动能。

合理地推进和实施乡村振兴战略，让乡村社会在新时代获得新的发展，需要正确处理乡村振兴与城镇化、现代化战略的衔接问题，既要顺应城镇化、现代化发展之大势，又要从长远战略角度来维持乡村社会的多样性发展以及乡村社会和文化历史的延续。既要充分发挥城镇化的反哺作用，又要防止乡村社会被改造、被同化为单一性的城镇。

三　理想化还是多样化的道路

对乡村振兴之路的探讨，还有一个问题尤为值得辨析，那就是通往乡村振兴目标之路，有没有一条可以效仿的模式或理想化的捷径？如果有，那么这种理想化的道路是什么样的？如果没有，那么研究乡村振兴问题的意义何在？

乡村振兴的路径选择问题，实质上是乡村发展的道路问题。在此问题上，经济社会学和经济人类学领域一直存在两种观点之争：一是形式主义的观点，二是实体主义的观点。像亚当·斯密和马克思的"经典模式"，强调乡村发展遵循着市场经济的发展规律，通过大力发展商品经济，即可实现乡村社会的整体发展（黄宗智，2000）。形式主义的发展观并不强调乡村发展的特殊性和差异性，而是把乡村社会置于一般社会之中来加以认识，用社会发展的一般原理来解释乡村社会发展问题。雷德菲尔德（Redfield）则是"实体主义"的典型代表，其观点强调乡村社会具有自身的独特性。乡村社会的"小社区"或"小传统"本身就是一个相对完整的社会系统（Redfield，1973：7），因而乡村发展会遵循自身的法则，而不一定是普遍性的规律。

针对有关乡村发展道路问题的"形式主义"与"实体主义"观点之争，黄宗智提出一种"中间道路"或"第三条道路"的观点，认为在 20 世纪 80 年代后，中国通过扩大自主权和建立市场机制，实现了乡村工业化，这一农村发展经验"代表了一种新的农村现代化的道路"（黄宗智，1992：168）。然而，乡村工业化的发展经验只是局部的，主要出现在东南沿海地区，并未在农村地区普遍产生。这种"工业下乡"的发展模式，需要具备一些先决条件，如周边城市的工业转移、农村具备承接工业生产的基础和便利的市场环境。乡村工业化的发展路径虽解决了农村劳动力转移问题和人口向城市聚集问题，即通过"离土不离乡"的方式实现了乡村工业化和收入水平的提高，但随着产业的转型升级和生态环境保护压力的增大，乡村工业化的发展道路将受到更多约束条件的制约。乡村振兴包括产业的振兴，但乡村产业发展并不意味着都要实现工业化，而且并不是所有乡村都具备工业化的条件。

目前，乡村振兴路径选择问题已成为一个热点问题，有较多不同的观点。韩俊（2018）提出，乡村振兴要抓八个关键问题，包括绿色发展、农业生态治理、生态保护和修复、生态补偿机制建立、人居环境整治、乡村精神文明建设以及乡村治理和善治等。叶敬忠（2018）则提出乡村振兴的"五不"原则，认为乡村振兴不是"去小农化"、不是乡村过度产业化、不能盲目推进土地流转、不能消灭农民生活方式的差异、不应轻视基层的"三农"工作。而赵旭东（2018）认为，乡村振兴关键是要重建一种循环社会体系，即让乡村复振起来，最终要把乡村建设成热爱家乡的人能够回得去的乡村。

不论是关于乡村发展道路问题上，还是关于中国的乡村振兴之路，学者都有不同的见解和主张，这表明如何发展乡村、如何振兴乡村是开放的、复杂的问题。各种不同的观点和主张，是在丰富对这一问题的认识，提供多种可能的选择。因此，在这个意义上，并不存在理想化的、唯一的乡村振兴之路。

然而，在乡村发展或乡村振兴的理论研究与实践中，往往会出现一种寻求理想化发展模式和最优化路径的幻想，想象着通过找到一种最优的模式或捷径并推广复制即可实现乡村普遍的振兴。

对理想化、最优化振兴乡村之路的幻想实际是科学主义、主观主义方法论的产物，因为在科学主义看来，通过科学地、人为地规划、计划和设计，即可构建一条最优化的路径。事实上，乡村社会发展与乡村振兴是一个系统的、动态的过程，虽然一些规划设计对指导某些具体实践有一定作用，但并不能涵盖所有的发展与振兴之道。如果用单一的发展模式来统领所有的发展实践，极易在具体实践中产生巨大的偏差，甚至出现与基本目标的完全背离。

之所以说寻求乡村振兴理想化的唯一路径是一种幻想，还因为中国乡村社会内部有着巨大的差异性，试图用一种模式来推动乡村振兴，或让不同的乡村走一条设计好的"理想大道"，这些努力其实是乌托邦式的想象，结果不仅达不到振兴之目标，还可能会造成"瞎指挥"的意外后果。从历史的角度看，此类教训可以说很深刻。例如，"大跃进"运动的兴起，就是幻想着通过"一大二公"的模式来实现农业、农村跨越式的发展，最终的结果却是导致了严重的危机。

既然没有所谓理想化、最优化的模式和唯一路径可寻，那么研究乡村振兴的路径选择问题又有何意义？乡村振兴路径选择问题的研究虽难以发现和寻求到理想化的唯一路径，但重要意义在于从基层变革实践中发现振兴乡村的一些必要条件，揭示各种不同振兴实践和振兴过程的具体机制，由此倡导乡村振兴实践的多种可能性。

乡村振兴之所以有多种可能，是因为处于现代性困境中的乡村，所面对的问题各式各样，解决这些问题可能需要具体问题具体对待，而不能指望有放之四海而皆准的标准化路径。所以，笔者认为，"对中国农村发展道路问题的探讨，需要跳出二选一或三选一的认识范式，同时也需要走出乌托邦式的理想化的困境"（陆益龙，2013b）。在推进和实施乡村振兴战略的过程中，尤其要警惕模式的复制和不切实际的路径设计。

差异性是认识乡村社会发展的一个重要视角。农民、农户、村庄、集镇是乡村社会的主体构成。在乡村社会的广阔天地间，每个农民、每个农户、每个村庄和每个集镇既具有自己的独立性，彼此之间的差异性也十分明显。乡村的差异性不仅仅源自自然生态环境的差异，也包括社会文化历史乃至个体性的差异。要让差异性极大的乡村社会全面振兴起来，用一种模式、走一条道路显然是行不通的，而只能因地制宜，发挥地方性社会的主体能动性和创造性，摸索和探索出与本地实际相适应的乡村振兴之路。

因地制宜的原则虽被有关"三农"政策一直强调，然而在具体的政策实践中，常常会受到理想主义的一元化思维逻辑的支配，亦即通过强制推行统一的发展模式达到某种共同目标。如果按照一种模式来振兴乡村，那么最终的结果可能并不是乡村社会的振兴，而是乡村社会的消失，因为所有乡村可能被"格式化"为单一的城市社会。

当然，乡村社会的发展和振兴需要与时俱进，乡村社会也要推进现代化，但乡村社会现代化并不只有一条城镇化的路径。从人类社会文化生态系统的角度看，乡村社会现代化必须规避单一的城镇化路径和结局，想方设法维持社会文化系统的多样性。或许，在未来的发展中，我们可能并不稀罕发达的城市社会，反而会因为看不到像样的乡村社会而感到无比的遗憾。基于此，振兴乡村必须坚持多样性的原则，走多样化的发展道路，真正让各地乡村恢复、重建和维续其各具特色的社会文化系统，尽最大可能地保护和保留乡村社会的差异性和多样性。

在城市中心主义和现代性发展指标的话语霸权下，多样性原则与乡村振兴道路多样化的声音可能是微弱的，因为越来越多的人受到数字化指标和"活在当下"的现代性价值的控制，那种"前人栽树，后人乘凉"的心性已淡漠。传承历史、保留特色、重建乡土的选择由于并不契合注重眼前的效率原则，而在实践中越来越被轻视甚至抛弃。乡村振兴要走多样化的道路，就是要对这样的现实进行反思和提出挑战，为子孙后代的发展留点余地。

四 产业融合：乡村振兴的大方向

探寻乡村振兴之路，强调坚持多样性、差异性原则的重要性，并不意味着要排斥对乡村振兴共性之处的认识。对乡村振兴具体实践和路径选择问题的研究可能是一个探索性过程，一时并不可能总结出一般性的规律，更不可能提供所谓最优化的路径。然而，我们可以结合历史经验和社会转型的大势，对乡村振兴的大方向做出一种判断。实施乡村振兴的路径可以有多样的选择，但在探索振兴道路的过程中，需要与时代特征和大方向保持一致。在新时代，乡村振兴整体上可以沿着产业融合的大方向往前推进。

对于乡村产业融合，经济学界的界定是："通过产业联动、要素集聚、技术渗透、体制创新等方式，将资本、技术以及资源要素进行跨界集约化配置"，以实现农业产业链延伸、产业范围扩展和农民增收（夏荣静，2016）。从历史角度来看，传统乡村社会中的产业实际上是融合在一起的，手工业与农业是相辅相成、相互融合的，犹如波兰尼（Polanyi）所说的经济活动嵌入社会之中，而不存在大转型带来的经济"脱嵌"问题（波兰尼，2013：129）。当前劳动力流出乡村，根本原因就在于非农产业脱嵌于乡村，迫使乡村劳动力为了获得理想收入而不得不走出乡村，到外面"闯市场"。

新时代的乡村振兴，既包括恢复和重建的任务，也面临变革与创新的重任。在经济转型和社会现代化的大背景下，乡村要适应新形势的发展需要，就必须进行变革，其中产业结构的调整和改革是基础与关键。乡村社会如果仅仅依靠单一化的农业，将难以适应现代社会的发展需要。

尽管农业发展面临诸多挑战，但农业仍将是乡村振兴的基础和中心，乡村产业融合发展需要在农业发展方面进行变革，也就是要推进中国特色的农业现代化。乡村社会的农业发展需要现代化，但农业现代化的路径和方式并不是只有一种，而是可以因地制宜地推进。如叶敬忠等（2018）强调，在"大国小农"的国情下，农业现代化的过程要注重小农户与现代农业发展的"人格衔接、组织衔接和关系衔接"，要注重小农户与小农的差异性，发掘小农自身所蕴藏的丰富自然社会关系。也有研究基于四川省的经验，提出乡村产业融合可优先考虑集体资源开发型的发展模式，因为这一开发模式具有资源内生驱动与自主发展的优越性，以及可持续性强、长期效果好等优势（史敦友、段龙龙，2019）。

诚然，农业现代化不仅仅是要实现业态的现代化，而且要解决千千万万个小农户的增收问题。要实现农民增收以满足其对美好生活需要的目标，乡村农业的现代转型就要走融合发展之路，小农户必须找到与市场衔接的路子，并在市场中争取到更高的经济效益。在这个意义上，乡村产业融合实际上就是农户与市场的融合。

乡村社会要提高农业的经济效益，促进农户增收，一个重要的变革方向就是在农产品加工方面发掘潜力，以及将农业、农产品加工业和商业服务业有机结合起来。乡村工业发展之于富民而言很重要，但乡村全面工业化不仅不现实，而且带来的潜在环境风险非常巨大。对于多数乡村来说，发展第二产业需要与农业紧密结合，在农产品深加工和提升农产品附加值上多做文章。这样不仅可以促进乡村农业创新发展，也有助于解决乡村劳动力的就业和收入增长问题。

要提高乡村社会农业的经济效益，另一个重要方向就是实现第一产业与第三产业的融合，亦即促使小农户与大市场对接。以往的小农户只要关注和负责自家的农业生产即可，然而在市场化的社会里，小农户需要根据市场行情变革自己的生产经营方式。要让农业资源在市场中获得更多的收入机会，需要将农业与乡村第三产业的发展有机融合起来。目前，一些乡村发展起来了观光农业、旅游农业、休闲农业、特色农业等，正是发挥了农业的综合功能，通过将农业及乡村社会文化资源化，进一步拓展旅游服务业等第三产业的发展，有效地解决了农民就地转移就业和农民增收问题。

乡村产业融合发展是实现乡村振兴的一个大方向，也可以说是理想型目标。现实情况可能与理想目标有较大距离，如何缩小这个差距也就是乡村产业振兴所面临的困境。而要走出这一结构性的困境，不是一蹴而就的事情，可能需要一个探索、变革和适应的渐进过程。在这个过程中，仅依靠某一种机制和力量难以助推乡村产业融合。如市场机制可能有助于解决乡村产业发展的资源配置效率问题，但并不能解决乡村社会中一些小农户与市场的衔接及发展问题；政府的投入通常是有选择的而非全面的，因而对乡村产业融合发展的作用是有限的而不是全面的。对于农户和乡村社区而言，在面对现代性的困境问题时，其能动性也会受到较大限制，因而也难以完全依靠自主的和内生的动能实现产业融合发展。面对这一困局，人们往往会期望有一个理想模式供大家效仿，其实简单地模仿和复制模式经验并不一定可取，可靠的方法还是要因地制宜，发现传统，创造特色，动员和运用乡村社会的自然、生态、历史、文化资源，并将农业生产资源化，通过政府打造的平台和提供的基础设施，充分发挥市场的配置和联动作用，把乡村社会中的产业与大市场有机衔接起来，实现乡村产业的振兴。

五 余论

新时代的乡村振兴是一项国家战略，那么在振兴乡村的路径选择问题上，可能存在国家意志与农民主体性的关系、顶层设计与基层实践的关系等问题。对于乡村振兴中农民主体性问题，不仅在理论和实践中，而且在体制和政策上都还没有清晰的界定，也一直没有得到很好的解决（王春光，2018）。虽然乡村振兴在方针政策上强调要尊重农民的主体地位，充分调动广大农民群众的积极性、主动性和创造性，维护农民的根本利益，不断增强农民的获得感、幸福感和安全感，但在基层实践中，乡村居民期望什么样的乡村振兴，以及会选择什么样的振兴路径均不够清晰，似乎仍缺乏有效的机制来体现和调动农民的主体性，总体的环境和更多的实践好像是在形式化地执行一个笼统的战略原则。

随着村庄劳动力的大量外流和人口的减少，如今的乡村社会呈现周期性的空落化景象。这种景象是否意味着农村"空心化"并走向终结？是否意味着乡村居民向往的是城镇并走向城镇化？乡村振兴是不是就是要解决这些问题以阻止或减缓这一进程？这些问题实际上涉及对乡村振兴战略意义的理解。推进新时代的乡村振兴，可能不只是关心村庄的未来，不只是关心农民的出路问题，更重要的是关心现代化背景下乡村社会的走向问题（卢晖临，2019）。对于村庄而言，或对于农民而言，只要不受不合理的管制，各自都会遵从理性选择的原则而得到相应的发展。然而对于乡村社会而言，在大环境发生巨变的背景下，作为一种自然的、历史的和社会文化的系统，究竟向何处去是一个大问题。

乡村振兴的路径选择所涉及的是社会系统调整和协调的大问题，不仅仅是一些主体的选择问题，更不是个体的选择问题，而是系统的选择问题。就像生态系统的保护那样，不能只遵从自然选择的法则，而是需要引入人文主义的保护法则。在推进乡村振兴战略的过程中，顶层设计需要更多地体现出在将保护性原则与尊重主体性选择有机结合的基础上，尽可能地修复和重建乡村社会系统，促进乡村社会与现代化、城镇化更加协调地发展。在基层的振兴实践中，尤其需要正确地将乡村振兴与城镇化区分开来，不可按照城镇化的逻辑来改造乡村、改造农民，而是要在变革中探寻乡村、小农户与现代社会和市场进行有机衔接和互动的机制。由于乡村在自然、历史、文化和社会等多方面存在较强独立性和差异性，因而各地的乡村振兴需要根据自身的条件，利用自身的独特资源，在实践中探索符合实际的道路。如果过于强调甚至强制推行统一的规划、唯一的模式，那么在实践中往往会出现一些背离现象。因此，在乡村振兴的路径选择上，坚持差异性和多样性原则格外重要。

参考文献

波兰尼，卡尔，2013，《巨变：当代政治与经济的起源》，黄树民译，社会科学文献出版社。

费孝通，2007，《志在富民——从沿海到边区的考察》，上海人民出版社。

费孝通，2012，《乡土重建》，岳麓书社。

韩俊，2018，《关于实施乡村振兴战略的八个关键性问题》，《中国党政干部论坛》第4期。

黄宗智，1992，《中国农村的过密化与现代化：规范认识危机及出路》，上海社会科学院出版社。

黄宗智，2000，《长江三角洲小农家庭与乡村发展》，中华书局。

吉登斯，安东尼，1998，《社会的构成：结构化理论大纲》，李康、李猛译，生活·读书·新知三联书店。

刘守英、王一鸽，2018，《从乡土中国到城乡中国——中国转型的乡村变迁视角》，《管理世界》第 10 期。

刘彦随、刘玉、翟荣新，2009，《中国农村空心化的地理学研究与整治实践》，《地理学报》第 10 期。

卢晖临，2019，《村庄的未来——来自田野的观察和思考》，《学海》第 1 期。

陆益龙，2011，《关系网络与农户劳动力的非农化转移——基于 2006 年中国综合社会调查的实证分析》，《中国人民大学学报》第 1 期。

陆益龙，2013a，《村庄会终结吗？——城镇化与中国村庄的现状及未来》，《学习与探索》第 10 期。

陆益龙，2013b，《制度、市场与中国农村发展》，中国人民大学出版社。

陆益龙，2015，《农村劳动力流动及其社会影响——来自皖东 T 村的经验》，《中国人民大学学报》第 1 期。

陆益龙，2017，《后乡土中国》，商务印书馆。

史敦友、段龙龙，2019，《供给侧改革视域下农村产业融合发展模式比较研究——以四川省为例》，《农业经济》第 1 期。

孙庆忠，2018，《田野工作与促进生命变革的乡村研究》，《中国农业大学学报》（社会科学版）第 3 期。

田毅鹏，2011，《乡村"过疏化"背景下城乡一体化的两难》，《浙江学刊》第 5 期。

王春光，2018，《关于乡村振兴中农民主体性问题的思考》，《社会发展研究》第 1 期。

吴重庆、张慧鹏，2018，《以农民组织化重建乡村主体性：新时代乡村振兴的基础》，《中国农业大学学报》（社会科学版）第 3 期。

夏荣静，2016，《推进农村产业融合发展的探讨综述》，《经济研究参考》第 30 期。

叶敬忠，2018，《乡村振兴战略：历史沿循、总体布局与路径省思》，《华南师范大学学报》（社会科学版）第 2 期。

叶敬忠、豆书龙、张明皓，2018，《小农户和现代农业发展：如何有机衔接?》，《中国农村经济》第 11 期。

赵旭东，2018，《乡村何以振兴？——自然与文化对立与交互作用的维度》，《中国农业大学学报》（社会科学版）第 3 期。

Nee, Victor. 1996. "The Emergence of a Market Society: Changing Mechanism of Stratification in China." *The American Journal of Sociology* 101: 908 – 949.

Redfield, R. 1973. *The Little Community, and Peasant Society and Culture* (Chicago: The University of Chicago Press).

3

近一百年来现代化进程中的中国乡村[*]

——兼论乡村振兴战略中的"乡村"

吴理财[**]

对乡村振兴战略，尤其是对乡村振兴战略中"乡村"概念的认识，应运用历史的视野进行慎思。在近百年中国现代化进程中，乡村不断衰败凋敝。这与近百年来中国所选取的经济发展道路不无关系，更与人们对"乡村"和"乡村发展"的认识紧密相关。在相当长的历史时期内，人们简单地将"乡村"与"农业"、"乡村发展"与"农业发展"相提并论，鲜有人把"乡村"视为一个社会（学）的概念加以理解和认识，遑论将此认识上升为一个共识性政策（并加以实施）。如果不能着力于社会建设来推进乡村振兴，实施乡村振兴战略极有可能沦为地方政府推动的经济发展行为，从而衍生更多的社会问题[①]。总之，如果不能将"乡村"视为一个社会（学）的概念，并将乡村作为一个社会（共同）体进行建设，那么即便在（农业）经济发展上用尽全力，也将事倍功半，甚至做出无用功来。

一

近代以来，自中国踏上现代化道路，中国乡村即出现凋敝衰败之势，由此引发了乡村往何处去、中国经济走怎样道路的争论。这一争论从 20 世纪 20 年代开始，盛行于 30 年代，并持续至中华人民共和国成立之前。

20 世纪二三十年代，关于乡村的争论（罗荣渠，2008），大致形成四种

---

[*] 原刊于《中国农业大学学报》（社会科学版）2018 年第 3 期。

[**] 吴理财，华中师范大学政治与国际关系学院教授，湖北经济与社会发展研究院副院长，中国农村综合改革协同创新研究中心主任。

[①] 对此，我们已有专文论述，在此不再赘论。请参阅吴理财、吴侗（2018）。

主要意见：第一种主张复兴农村，振兴农业以引发工业，这以章士钊和当时搞乡村建设运动的梁漱溟等为代表；第二种主张发展工业，认为只有振兴都市工业才能救济农村，这以吴景超、张培刚等为代表；第三种主张先农后工，即首先使农业工业化，在农村培植小规模农村工业作为向工业社会的过渡；第四种是调和论点，主张农工并重，提出发展民族工业和实行民主主义的计划经济。抗日战争爆发以后，这一争论暂时中断。40 年代初，又有人写文章重弹以农为本的老调，于是一场论战又起。翁文灏提出"以农立国，以工建国"二者相辅相成的新观点。1945 年，许涤新在《中国经济的道路》一书中阐述了关于新民主主义发展道路的观点，提出"建设现代化工业和推动合作经济"的思想（罗荣渠，2008：740）。这些争论处在中华民族内忧外患的特定历史时代，夹杂着如何救（立）国图强的想法。尽管如此，争论的焦点在于中国到底是选择工业化道路还是农业化道路。

当时参与论战的学者，要么批评西方工业化的弊端而主张农业化，要么针砭中国农业之痼疾而提倡工业化。譬如，章士钊提出"业治与农"，主张"以农立国，文化治制，一切使基于农"。他以欧洲工商业的弊端来论证其观点，"十八世纪以还，欧洲之工商业，日见开发。其本国之农业，大被剥蚀，以成畸形。所有道德、习惯、政治、法律、浸淫流衍，有形无形，壹是皆以工商为本，……盖前此为农者，久已辞伦，好弃乡里，毁锄犁，空身手与工厂相依而为命。一厂朝闭，夕流离于道左，攫面包一片而不可得者，辄十数万人。所有农田次第沦于牧场、棉场、工矿市集，一去而不复返"[1]。孙倬章反对章士钊的这一观点，认为"国计民生之病源，咸在于农业太盛，工业不振之故；当此之际，若复为重农之说，是不啻恶醉而强酒，救缢而引其足也"。显然，他主张发展工业。他以为"至于农业，则为保守的，少进化的，与现代社会之进化潮流，当相反；工业为进化的，且速进化的，与现代社会之进化潮流相适应。……倘仍保守农业，则农业必为工业的附庸"。"欲求农业发达，必先求工业发达；盖工业愈发达，则农业亦愈进步。"[2] 又譬如，董时进主张"中国不宜工业化"。"然观农业国可以不需工业国而独立，工业国

---

① 行严：《业治与农》，原载《新闻报》1923 年 8 月 12 日。转引自罗荣渠（2008：741 - 742）。

② 孙倬章：《农业与中国》，原载《东方杂志》第 10 卷第 17 号（1923 年 9 月 16 日）。转引自罗荣渠（2008：748、757、767）。

不能离农业国而存在，前者不啻后者之寄生物。"他认为，"随世界工业化之增进，农国之需要加大，工国之需要加〔减〕少。达于一定程度以外时，农国求过于供，工国供过于求。农国过多尚与时无尤。工国过剩则病象立征。……中国处此工国多余之时，尚可工业化乎？"同时，他指出："农业之优点，在能使其经营者为独立稳定之生活。其弱点在不易致大富。然可以补贫富悬殊之弊。此短正其所长。农业国之人民，质直而好义，喜和平而不可侮。其生活单纯而不干枯，简朴而饶生趣。农业国之社会，安定太平，鲜受经济变迁之影响。"① 董时进的农业国仿佛"桃花源"之国，杨铨认为"不特彼所渴望之农业化，不能完全实现，即其所恐惧之工业化，亦将永无完全实现之可能"，为此，他提出："今世之立国，农业与工业不可偏废者也，而在中国为尤甚。"② 恽代英不但针锋相对地批驳董时进的农业国思想，还进一步论述了当时中国工业化的急迫性，认为"中国亦必化为工业国然后乃可以自存"③。再如，龚张斧分列工业（化）六弊、农业六利，而支持"以农立国"。他认为，"为挽救贫弱计，不得不提倡农业，倘及此不为，则不独吾国工业市场，将为外资席卷而去，甚至非得外国接济，莫能生活矣。至于都市之淫侈，盗贼之充斥，人心之浇漓，风俗之颓败，尤非提倡农业，使之返朴还淳。国性必至渐灭以尽，而国亦将不国矣"④。吴景超则认为，除了工业化，中国没有歧路。他分析了一些人不愿意主张工业化道路，主要分四种类型。一是"夸大派"，这一派的人以为中国的文化，无论从哪一方面，都比外国强，不必学别人，还是以农立国为佳。二是"禁欲派"，认为工商纵欲，"农业的生产，虽然不能满足我们衣食住行各方面的欲望，但是解决这个问题的方法，不在加增生产，而在节制欲望"。三是"因噎废食派"，这一派的人对于工业化的好处，是有相当认识的。可是他们看到欧美各国种种不景气的现象后被吓到了，认为与其把中国工业化之后要遇到这些难解决的问题，不如不走

---

① 董时进：《论中国不宜工业化》，原载《申报》1923 年 10 月 25 日。转引自罗荣渠（2008：768 - 770）。

② 杨铨：《中国能长为农国乎》，原载《申报》1923 年 10 月 28 日。转引自罗荣渠（2008：771 - 772）。

③ 戴英：《中国可以不工业化乎》，原载《申报》1923 年 10 月 30 日。转引自罗荣渠（2008：774 - 777）。

④ 龚张斧：《农化蠡测》，原载《甲寅周刊》第 1 卷 19 号（1926 年）。转引自罗荣渠（2008：797）。

上工业化的路。四是"畏难退缩派"，这一派的人以为工业已经被帝国主义包办，市场已被帝国主义垄断，关税已受帝国主义支配，在这种种的压迫之下，本国的工业实无发展的余地，不如回转头来，整理农村，过固有的农民生活。对于上述四种类型，他逐一做了批驳，并提出工业化才是唯一的活路，"虽然这条活路上的困难是很多的"[1]。此外，还有人主张农工调和。例如，陈宰均认为，"吾国农业，自当彻底改革。就农民个人为单位，以增进其产力，业农之人虽减，农产之量犹昔，或且以此而更增多。此势所必至，非人力所可强抑，农化云者，即作如是解。……然而，农民数减，失业人夥救济之方，惟有工化。……是故欲图利用剩余之农产，提高人民之生活，则又非工化不为功。然就他方面言之，工业原料大半仰给于农，农产未振，工业不能充量发达。皮之不存，毛将焉附，此固尽人知之。……若农若工，不啻生产机中之一轮一轴耳，必分配相宜，轻重平衡，而后其经济组织始健全。设若徒囿于局部之发展，未察及全体之均势，则非头重脚轻，亦必尾大不掉"[2]。然而，主张农业与工业并重的学者毕竟只有少数。这场论战前后持续二十余年，直至人民政权的建立才一时终结。这场论战的最终结果是工业化论调渐居主流。

从这些争论来看，当时人们对"乡村"的认识，大多局限于农业或农业发展这一产业或经济的维度，要么将乡村的衰败简单地归因于农业本身的弱势或者农业发展的问题，要么将农业与工业相对立，把农业发展的问题归咎于工业（化）的阻挠、侵扰或掠夺。无论是主张农业化（乃至农业立国）还是主张工业化（或者工业立国），绝大部分人把农业的发展与乡村的发展相等同；尤其是前者，简单地认为发展农业（或者农业立国）便能复兴乡村（乃至拯救中国）。

在这场论战之中，只有极少数学者把乡村视为一个社会的概念加以认识，从社会方面探寻乡村凋敝的原因。其中，以乡建派梁漱溟为代表。他自己宣称并不反对工业化，但认为"我们的目的可以是振兴中国的工业，却要紧的，眼前用力须在农业"，"中国根干在乡村；乡村起来，都市自然繁

---

[1] 吴景超：《我们没有歧路》，原载《独立评论》第 125 号（1934 年 11 月 4 日）。转引自罗荣渠（2008：799 – 812）。

[2] 陈宰均：《工化与农化》，原载《甲寅周刊》第 1 卷第 29 号（1926 年 1 月 30 日）。转引自罗荣渠（2008：792 – 793）。

荣"，"救济乡村，亦即救济都市"①。对于乡村，他强调"更须知道的，我
们要解决的是社会问题"。这一社会问题，具体而言便是"千年相沿袭之社
会组织构造既已崩溃，而新者未立，或者说是文化失调"。因此，他提出：
"乡村建设运动，实为吾民族社会重建一新组织构造之运动。——〔此〕乃
乡村建设真意义所在。"并且，他认为，"乡村建设，实非建设乡村，而意在
整个中国社会之建设，或可云一种建国运动"。他甚至指出："政治问题实为
总关键。撇开政治问题，而谈建设，求进步（经济建设，国防建设，乃至任
何建设），无非瞎撞。……而不知政治问题系于整个社会构造问题，撇开整
个社会构造问题去想办法，完全是无根的，不但不能应急，恐怕更耽误事。"
"整个社会构造问题是一根本问题，既深且远，仿佛非危迫眉睫的中国所
能谈。"②

难能可贵的是，这些乡建学派的代表人物在当时的历史背景下竟能深入
乡村亲身践行其学说，开展各种乡村建设实验，试图重新振兴乡村，复兴中
国。其中最具代表性、有影响的，当数山东邹平、河北定县、江苏无锡和江
苏昆山四地的乡村建设运动，尤以1931—1937年梁漱溟主持的邹平实验最
具影响。不过，乡村建设运动犹如近一百年来中国现代化大潮之中昙花一现
的细碎浪花，很快便消弭于历史的烟尘里，如今在这些地方几无任何历史
痕迹。

二

如果说之前还主要停留在论战层面，那么人民政权建立以后便开始大力
推进社会主义现代化，工业化成为这一现代化的基调。

近代以来，中国人民不但遭受帝国主义、封建主义和官僚资本主义的盘
剥，而且经受着长期的战争摧残，国民经济也逐渐凋敝。而且，国民党政权
退败台湾之前，将国库洗劫一空。留给新生人民政权的，只是一个国民经济
破产、城市工业破败的"烂摊子"。在当时帝国主义的经济封锁之下，经过

---

① 梁漱溟：《往都市去还是到乡村来？——中国工业化问题》，原载《乡村建设》第4卷第28
期（1935年6月1日）。转引自罗荣渠（2008：900–902）。

② 梁漱溟：《乡村建设理论》，原载《乡村建设》第5卷第1、2期（1935年8月16—30日）。
转引自罗荣渠（2008：941、954、956、959）。

社会主义改造以后，中国确立了工业化发展道路，依靠自力更生重建国民经济体系。

在这种特定的历史条件下，发展工业只能从农村汲取资源。据牛若峰所言，1952—1989 年，国家通过工农业产品价格"剪刀差"[①] 和税收，从农村汲取资金 7000 多亿元（扣除国家支农资金），约占农业新创造价值的 1/5，超过当时国有工业固定资产原值。虽然学界认为到 20 世纪 90 年代初，国家工业化资本原始积累已告结束，并已进入中期发展阶段，但是国家从农村汲取发展资金的政策并未改变。1990—1998 年，国家通过财政渠道、工农业产品价格"剪刀差"和金融渠道，又从农村汲取资金 1.9 万亿元。另有人估计，1950—1996 年，中国农民为国家工业化和城市发展提供资金积累（农村资金净流出）超过 2 万亿元，大约相当于中国社会资本存量的 2/3（牛若峰，2003）。严瑞珍等（1990）也指出："从 1953 年到 1985 年全国预算内的固定资产投资共 7678 亿元，平均每年 240 亿元左右，大体相当于每年的剪刀差绝对额。可以说，30 多年来国家工业化的投资主要是通过剪刀差取得的，是剪刀差奠定了中国工业现代化的初步基础。"而根据国务院农村发展研究中心 1986 年的推算和温铁军的引用，"1953—1978 年计划经济时期的 25 年间，工农业产品价格剪刀差总额估计在 6000 亿—8000 亿元。而到改革开放前的 1978 年，国家工业固定资产总计不过 9000 亿元。因此可以认为，中国国家工业化的资本原始积累主要来源于农业"（温铁军，2000）。尽管不同学者的计算方法不尽相同，计算的具体数据也有所出入，但结论几乎是一致的，中国工业化的原始积累来自农业，以牺牲农民的利益为代价。换言之，"这一时期乡村价值和乡村建设被定义为：农业为工业化和现代化提供积累，乡村为城镇发展提供服务，并逐步形成了工业主导农业、城市主导乡村的工农城乡关系和工农城乡不平等的利益交换格局"（张军，2018）。这在特定的历史时期，确有其一定的现实合理性。

但是，这一特定的工业化发展方式形成了路径依赖，被锁定在相应的制度安排和社会结构之中。通过农村税费改革，国家最终在 2006 年废止了农

[①] 黄达认为，1950 年工农产品比价与抗日战争前的 1930—1936 年相比，扩大了 34.4%，农民在交换中吃亏很多。叶善蓬则指出，直到 1957 年"剪刀差"基本缩小到抗战前的水平。参见武力（2001）。

业税的征收，但是工农业产品剪刀差问题至今仍然存在。除此以外，"改革开放以来，出现了国家汲取农村资金的新形式。最近20年间，国家在征用农民集体所有土地1亿亩的运作中，利用垄断一级土地市场，通过土地价格'剪刀差'（市场价格—征地补偿费），从农民手里拿走土地资产收益2万多亿元。许多地方官商勾结，非法占用农民的承包地，在新近城市化土地中约70%是地方政府从农民手里夺取的。过去10年中，大约2000万农民在现代化进程中失去了土地"（牛若峰，2003）。其实，还有其他形式的工农"剪刀差"存在，譬如，全国2.7亿农民工并未脱离农业户口，他们的收入水平实际上也与城市工人之间存在一个类似的"剪刀差"，并未享受到同等的工资福利待遇。诚如牛若峰（2003）所论，"中国的'三农'问题是国家工业化进程中城乡经济社会变革不同步造成的结构偏差问题，现已构成当今中国改革与发展中的最大难题"。总之，国家从农村汲取资金，取之过度且持续时间过长，由此形成的工业和农业、城市和乡村之间的严重不均衡发展，只会导致乡村进一步衰败。

锁定这一工业化道路的制度安排和社会结构，便是中华人民共和国成立以后逐步建立起来的城乡二元分割体制。该体制由城乡分立的户籍和人口管理制度、社会福利制度以及社会管理体制等耦合而成。其中，在农村实行的人民公社制度尤具代表性。农村土地改革以后，4亿农民成为土地所有者和经营者，纳税的主体由原来10%的农村人口一下子变成了90%的农村人口，其征税的成本大幅提升。为了解决这一问题，新中国成立后不久，国家不得不在农村地区推行农业合作化、集体化乃至公社化，使土地由农民私有转变为集体所有，纳税主体也随之由4亿农民变为400万个合作社和随后的7万个人民公社（温铁军、朱守银，1999）。这样一来，不但可以大大减少征税的成本，而且可以更加方便、隐蔽地从农村汲取资源。众所周知，人民公社"是政社合一的组织，是我国社会主义社会在农村中的基层单位，又是我国社会主义政权在农村中的基层单位"[1]，实行"三级所有、队为基础"的管理体制。在人民公社时期，人民公社组织"取代了一切的行政和非行政组织。除此以外，不再有任何民间的生产、生活、娱乐组织，农村社会几乎就

---

[1] 《农村人民公社工作条例修正草案》（1962年9月27日经中国共产党第八届中央委员会第十次全体会议通过）。

是一个军事化的社会"（李守经、邱馨，1994），究其实质，乃是组成一个"政治吸纳社会"或政治、社会一体化的体系。除了可以直接满足政治整合的需要，还可以从乡村社会隐蔽性地汲取资源，以服务于国家工业化和现代化建设的需要。"人民公社20多年时间，通过政社合一、党政合一、三级所有、队为基础的组织结构，为国家提供了进行现代化建设所需要的人财物资源，并最终将中国由一个基本上的农业国（建国之初农业产值占国民生产总值约80%），建成了一个工业国（人民公社解体时农业产值占国民生产总值约20%）。应该说，在无法从国外获取资源的前提下，人民公社制度为完成中国工业化的原始积累，立下汗马功劳。"（贺雪峰、苏明华，2006）通过人民公社这种体制构造，国家从农村高强度地汲取资源。因为不是直接以农户为计征单位，农民往往难以直接地感同身受。有学者指出，在人民公社时期，农民负担要比20世纪八九十年代沉重得多，农民负担占上年农民纯收入的比例最高达35.2%（1970年），最低也有20%（1962年），一般在25%左右，而且这些数据尚未将那一时期极为严重的工农业产品"剪刀差"和大量无偿调用的农业劳动力计入在内（林万龙，2002）。只是在那时，这些极为沉重的农民负担是通过农村基层集体组织间接征收的，被人民公社制度所掩盖。

随着农村土地"大包干"的普遍推行以及人民公社制度的最终废除，农民负担问题与农民逐渐产生了直接的利益关联。一开始，农民尚沉浸在土地家庭承包经营的欣喜之中，而且，农民的实际收入相对于过去确有极大的提高，他们对负担问题尚未来得及感同身受。1978年，中国粮食总产量6095亿斤，1984年达到8146亿斤，增长了33.7%；人均粮食占有量从1978年的633斤增加到1984年的781斤，增长了23.4%；农民人均纯收入从1978年的134元增长到1984年的355元，扣除价格因素后实际增长了1.5倍，年均增长16.2%。1978年，中国农村贫困人口［标准为100元/（人·年）］为2.5亿人，贫困发生率为30.7%；到1985年农村贫困人口下降为1.25亿人［标准为206元/（人·年）］，贫困发生率降为14.8%（陈锡文，2018）。然而，到了20世纪80年代中后期，农业发展进入徘徊期，农业增产不增收，农民负担问题日显突出。值得一提的是，到了80年代中期，中国农村乡镇企业"异军突起"，在一定程度上缓解了农民负担问题。据有关研究，1984—1988年，乡镇企业每年转移1300万—1400万农村劳动力。1988年，乡镇企业总产值占农村社会总产值的比重上升到 58.1%。1985—1991 年的 7 年间，全国乡镇企业支付的工资总计达 3500 多亿元。"七五"期间，全国农民人均纯收入增加 232 元，其中 35% 来自乡镇企业。1991 年，全国乡镇企业已从农民中吸收了 9600 多万剩余劳动力。"七五"期间，乡镇企业用于以工补农、以工建农、兴办农村各项公益事业的资金约 550 亿元，高于同期国家用于农业的基本建设投资，成为这一时期中国农村社会经济发展的重要资金来源（中国乡镇发展报告课题组，2004）。可是好景不长，进入 90 年代中后期，乡镇企业普遍不景气，农民负担再次凸显，农民因此怨声载道，并开始动摇对农村基层政府的合法性认同。农民抗税抗粮、集体上访和群体性事件不断发生，一时成为中国农村的普遍现象和主要问题（陈文胜，2017）。于是，2000 年国家开始在农村地区进行税费改革。

这一历史过程，反映在城乡居民收入的波动上。改革开放以来，中国城乡居民收入差距经历了逐步缩小又重新拉大的过程：以农民收入为 1，1978 年城乡居民收入名义比率为 2.56，以后连续 6 年下降，1984 年降到最低点 1.7，然后重新上升，1994 年出现新高 2.86，经过数年下降又重新上升，2001 年为 3.1，超过改革初期的水平。如果考虑到农民纯收入中约有 30%—40% 需用于生产性投入和城市居民享有的多种福利因素，那么目前城乡居民收入可比较的真实比率应当是 4.5—5.1（牛若峰，2003）。总之，在工业化进程中，国家对农村、农业、农民和城市、工业、市民实行不同的经济社会发展政策，使资金、资源、技术、知识的配置持续地向城市、工业、市民倾斜（牛若峰，2003）。并且，中国的改革并没有因为工业化中期阶段的到来而做出政策安排上的适应性变化和战略性调整，相反，仍然保持甚至放大了工业化原始积累时期特定条件下的政策扭曲，持续地向工业和城市倾斜[①]。

尽管肇始于普遍推行的家庭联产承包责任制的农村改革逐步拓展和深化，但是维持城乡二元分割的土地、户籍、治理等诸制度安排（虽有松动或变化）并未得到彻底变革。随着城乡人口的自由流动，不但各种资源要素被城市、工业吸纳，而且越来越多的农村青壮年劳动力、乡村精英被城市吸引，产生所谓的城市"虹吸效应"，加剧了农村"空心化"和衰败。就像马

---

① 李成贵：《国家、利益集团与三农困境》，《牛若峰工作室通讯》总第 28 号（2003 年 6 月 30 日）。转引自牛若峰（2003）。

克思所指出的那样，"城市本身表明了人口、生产工具、资本、享乐和需求的集中，而在乡村所看到的却是完全相反的情况：孤立和分散"（中央编译局，1957）。长期实行城乡二元分割体制，必然导致城乡差距不但不能缩小，反而日趋扩大。

三

在中华人民共和国成立初期至改革开放之后 10 年间，在特定的历史条件下，大力进行工业化建设无可厚非，有其历史合理性。但是，随着工业和城市的快速发展，在达到现代化中期水平以后，就必须适时对工业化和城市化的发展政策进行调整，以避免工农、城乡之间的差距越拉越大。进入 20世纪 90 年代以后，原有的工业化、城市化政策不但没有适时进行调整，反而有加强之势。在这种情况下，湖北省监利县棋盘乡党委书记李昌平按捺不住在 2000 年春节之时上书总理，反映"农民真苦，农村真穷，农业真危险"，得到中央领导的高度重视。

2000 年，中央开始在安徽等地进行农村税费制度改革。这项改革前后持续了六七年。在农村税费改革的同时，中国共产党认真总结中华人民共和国成立以来特别是改革开放 20 多年的城乡发展经验和教训。

2002 年 11 月召开的党的十六大首次提出"统筹城乡经济社会发展"，到 2020 年全面建成小康社会，"工农差别、城乡差别和地区差别扩大的趋势逐步扭转"。党的十六大首次跳出以往就农业论农业、就农村论农村的发展思路，把农村的发展放到城乡关系、全域发展之中进行全新思考。

2005 年 10 月，党的十六届五中全会明确提出"建设社会主义新农村"。这次会议形成的《中共中央关于制定国民经济和社会发展第十一个五年规划的建议》提出"建设社会主义新农村是我国现代化进程中的重大历史任务。要按照生产发展、生活宽裕、乡风文明、村容整洁、管理民主的要求，坚持从各地实际出发，尊重农民意愿，扎实稳步推进新农村建设"，并再次强调"积极推进城乡统筹发展"。

2007 年 10 月，党的十七大又提出，"建立以工促农、以城带乡长效机制，形成城乡经济社会发展一体化新格局"。2008 年 10 月，党的十七届三中全会通过的《中共中央关于推进农村改革发展若干重大问题的决定》进一步提出构建城乡经济社会发展一体化体制机制，形成城乡经济社会发展一体化新格局，并做出一系列部署。由此可见，中国共产党对城乡统筹发展的认识及其政策调整经历了不断深入和推进的发展过程。

2017 年 10 月，党的十九大报告基于我国社会主要矛盾已经转化为人民日益增长的美好生活需要和不平衡不充分的发展之间的矛盾的科学判断，适时提出乡村振兴战略。并且这个战略首次提出"建立健全城乡融合发展体制机制"。这不仅为今后农村工作指明了方向，而且重新定义了城乡关系——从"统筹"转向"融合"。这是中国共产党对新时代城乡关系在思想认识和政策取向上的进一步升华。

乡村振兴战略既是对中国共产党"三农"工作一系列方针政策的继承和发展，又是对以前乡村发展、城乡关系政策的超越。中国共产党历来重视"三农"工作，始终认为"三农"问题是关系国计民生的根本性问题。没有农业、农村的现代化，就没有国家的现代化。党的十八大以来，以习近平同志为核心的党中央坚持把解决好"三农"问题作为全党工作重中之重，贯彻新发展理念，勇于推动"三农"工作理论创新、实践创新、制度创新。在此基础上，提出乡村振兴战略，站在国家战略高度对"三农"工作进行了全新论述，认为农业强不强、农村美不美、农民富不富，决定着亿万农民的获得感和幸福感，决定着我国全面小康社会的成色和社会主义现代化的质量；如期实现第一个百年奋斗目标并向第二个百年奋斗目标迈进，最艰巨、最繁重的任务在农村，最广泛、最深厚的基础在农村，最大的潜力和后劲也在农村。这一系列论述，为新时代中国乡村振兴描绘了一幅美好的蓝图。

尽管如此，如果仔细地辨别不难发现，即便是长期研究"三农"的学者，对乡村振兴战略的理解也有较大分野。其中，大多数人认为乡村振兴战略最终是服务于城市化发展需要的。城市化是国家实现现代化的必由之路和强大动力，他们提出振兴乡村绝不是不要城市化，而是乡村的某些功能可以弥补城市化的不足（或者消解城市的弊端）。他们的判断是：中国的城市化将是一个较长的历史发展过程，乡村不可能一下子被消灭。中国的特殊性在于人口总规模巨大，即使乡村人口的比重降到 30% 以下，其总量仍将达到几亿人。有着几亿人生活的地方，怎么能不把它建设好？如果城乡差距过大，怎么能建成惠及全体人民的全面小康社会和现代化国家？持这种立场的人，或可称为城市化趋向的乡村振兴派。

只有少数人认为乡村振兴战略是与城市化相对的一种发展战略（二者构成国家发展战略之"两翼"，应该比翼齐飞），其根本用意和着力点在于"乡村"本身。这一战略鲜明地体现着一种乡村主位的发展理念，它站在乡村大地上思考中国乡村发展的方向和路径，而不是片面地主张将乡村融入并最终消弭于城市化之中。乡村作为一种典型的人类社会生活形态，在相当长的历史时期内不会被城市取代，亦无须被城市取代。乡村和城市都是值得人类珍视的重要生活方式，均有自己独特的社会价值。城市有城市的特点和优势，乡村有乡村的特点和优势，两者应该共生共荣（而不是扩张城市，减少农村、减少农民）。他们认为，应该在城乡各自充分发展的基础之上，最终把城乡社会的特色和优势结合起来，推进城乡的融合发展。持这种立场的人，或可称为乡村主位的乡村振兴派。如果不能站在乡村主位的立场，就不会提出"农业农村优先发展"的政策思路，更不可能将中国城乡关系定位在"融合发展"上。

当然，坚持乡村主位的战略立场，不是简单地主张乡村主义，对乡村生活抱有田园牧歌式想象。实际上，这种想象只能是生活在乡村之外的他者的浪漫而不切实际的想法，因为他们不可能深切体味乡村人民的辛劳与苦痛。秉持乡村主位的战略立场，就是因为真正地体味到乡村人民的辛劳与苦痛，期望通过发展乡村、振兴乡村（而不是消灭乡村）来提高他们的生活品质，让乡村人民无须离土离乡也可以过上有尊严的美好生活（吴理财、吴侗，2018）。

之前，不少人热衷于城市化，对城市主义抱有图腾式崇拜，认为城市化是中国乡村发展的唯一出路，舍此别无他途；天真地以为一路高歌猛进的城市化，必将迎来现代化光明前景；认为"三农"问题要靠城市化来解决，只要让农民都进城，"三农"问题自然就解决了（陈锡文，2018）。然而，现实给出冷峻且相反的答案。从这个意义上而言，提出乡村振兴战略实际上是对前一个时期片面强调城市化的适度纠偏和政策调适，以重新回归到乡村主位的战略立场。

四

纵观近一百年中国现代化历程，乡村不断衰败凋敝。乡村何去何从，成为现代化进程中的一道需要解决的难题。乡村衰败莫非是现代化的症候，或是现代化的前奏，抑或是乡村必然要在现代化进程之中经历的一场痛苦的蜕变和重生？

建设什么样的乡村、怎么建设乡村，是近代以来中华民族面对的一个历史性课题。面对这一课题，20世纪二三十年代掀起过一场论战。在这场论战中，绝大多数人将中国的乡村问题简化为农业问题，要么主张农业化，要么主张工业化，要么主张工农并举。1949年以后，中国在特定的历史条件下选择了工业化道路。在工业化初期乃至中期阶段，以农业支持工业发展，导致工农、城乡之间的发展严重失衡，乡村沦为工业和城市的附庸。总之，近百年来的现代化基调是工业化，工业剥夺农业、城市剥夺乡村不仅成为一种常态，而且固化为一种社会体制。乡村振兴战略，是中国共产党对近百年现代化经验、教训进行认真总结和反思后提出的具有深远战略意义的国家发展之策，是对前一个时期将现代化简化为工业化并片面强调城市化战略的适度纠偏和政策调适。城乡互融、农工互促，理应成为未来中国现代化的主基调。

如果说在1949年之前，关于中国经济发展走怎样道路，尚有不少知名学者站在乡村的立场主张"农业化"，那么1949年以后，能够站在乡村立场提出自己主张的学者少见，能够鲜明地在积极意义上提出"农业化"乃至"乡村化"主张的学者几乎没有。直到20世纪90年代以后，才有研究"三农"的学者开始站在乡村立场思考中国发展问题，但是他们基本上是在消极意义上（诸如减轻农民负担、破解乡村"空心化"困局等）提出自己的观点。这一状况直到2017年10月习近平总书记在党的十九大报告中明确提出"乡村振兴战略"以后，才有越来越多的学者开始在正面或积极的意义上论述乡村（包括农业）的价值。

不过，从现有的论述来看，大多数人还主要是从产业、经济或者技术层面来论证乡村的价值[①]，极少人从社会（包括文化）的视域来审视乡村的积极价值，即乡村作为人类一种不可替代的、值得珍视的生活方式，不但需要得到保护和传承，而且需要得到不断发展。因此，在这个意义上而言，把乡村振兴战略放置在着眼于实现中华民族"两个一百年"奋斗目标、顺应亿万乡村人民对美好生活向往的高度，来认识和把握其深远意义，确不为过。

---

① 譬如，乡村的功能或价值是"保障粮食安全""社会稳定的'蓄水池'"，具有"生态涵养功能""休闲观光功能"，等等。这些论述其实是城市指向的，不是乡村主位的。

参考文献

陈文胜，2017，《中央一号文件的"三农"政策变迁与未来趋向》，《农村经济》第 8 期。

陈锡文，2018，《从农村改革四十年看乡村振兴战略的提出》，《行政管理改革》第 4 期。

贺雪峰、苏明华，2006，《乡村关系研究的视角与进路》，《社会科学研究》第 1 期。

李守经、邱馨，1994，《中国农村基层社会组织体系研究》，中国农业出版社。

林万龙，2002，《乡村社区公共产品的制度外筹资：历史、现状及改革》，《中国农村经济》第 7 期。

罗荣渠，2008，《从"西化"到现代化：五四以来有关中国的文化趋向和发展道路论争文选》（下册），黄山书社。

牛若峰，2003，《中国的"三农"问题：回顾与反思》，《古今农业》第 4 期。

温铁军、朱守银，1999，《中国农村税费改革试验研究》，载迟福林主编《中国农民的期盼：长期而有保障的土地使用权》，外文出版社。

温铁军，2000，《中国农村基本经济制度研究》，中国经济出版社。

吴理财、吴侗，2018，《乡村振兴社会建设应先行》，《江汉论坛》第 4 期。

武力，2001，《1949—1978 年中国"剪刀差"差额辨正》，《中国经济史研究》第 4 期。

严瑞珍、龚道广、周志祥、毕宝德，1990，《中国工农业产品价格剪刀差的现状、发展趋势及对策》，《经济研究》第 2 期。

张军，2018，《乡村价值定位与乡村振兴》，《中国农村经济》第 1 期。

中国乡镇发展报告课题组，2004，《中国乡镇发展报告》，《农民日报》11 月 23 日。

中央编译局，1957，《马克思恩格斯全集》（第二卷），人民出版社。

4

乡村振兴：谁在谈，谈什么？[*]

叶敬忠　张明皓　豆书龙^{**}

党的十九大报告将乡村振兴战略作为贯彻新发展理念的实践方案，并对乡村振兴战略的总体要求和实践路径做出重要部署。按照"产业兴旺、生态宜居、乡风文明、治理有效、生活富裕"的总体要求，乡村振兴战略不仅对农业、农村、农民、农地各子系统做出细致的布局安排，也对纠正城市偏向发展战略和促进城乡融合发展体制机制提出切实要求。《中共中央、国务院关于实施乡村振兴战略的意见》（2018 年中央一号文件）对乡村振兴战略的实施做出具体的目标规划和任务分解，以 2050 年为完成点，乡村振兴分为三大阶段渐次实现：至 2020 年，乡村振兴的制度框架和政策体系基本形成；至 2035 年，乡村振兴取得决定性进展并基本实现农业农村的现代化；至 2050 年，乡村全面振兴，"农业强、农村美、农民富"的目标最终实现^①。中央一号文件指出乡村发展 33 年的总体规划，保证了乡村振兴战略实现的整体性和连续性。长时段横亘中国特色社会主义现代化建设历史中的乡村振兴战略，因此具有影响乡村发展走向和重塑中国社会结构的深远意蕴。

乡村振兴战略一经提出，立刻引起社会各界的关注和讨论，成为社会各界探讨和争论的焦点议题。乡村振兴之所以引起社会的广泛关注，有以下三个方面原因。第一，乡村振兴战略是对以往农村发展政策的升华和重新创制。不同于社会主义新农村建设和美丽乡村建设，乡村振兴战略具有高度的战略性和严密的系统性，是对既往农村发展政策的行动总结和经验提升，具有极大的政策包容力和向心力。第二，乡村振兴战略顺应了亿万人民对美好

---

　*　原刊于《中国农业大学学报》（社会科学版）2018 年第 3 期。

　**　叶敬忠，中国农业大学人文与发展学院教授。张明皓，中国农业大学人文与发展学院博士研究生。豆书龙，中国农业大学人文与发展学院博士研究生。

　①　《中共中央、国务院关于实施乡村振兴战略的意见》，中华人民共和国中央人民政府网，2018 年 2 月 4 日，http://www.gov.cn/zhengce/2018 - 02/04/content_5263807.htm。

生活的期待（高云才等，2018）。新时代社会的主要矛盾已经转化为人民日益增长的美好生活需要和不平衡不充分的发展之间的矛盾，发展的不平衡在很大程度上表现为乡村和城市之间不平衡，发展的不充分更多地表现为乡村发展的不充分，而乡村振兴战略作为反作用于社会主要矛盾的上层建筑，具有提高发展质量、顺应人民美好生活需要的功能，具备深厚的群众基础。第三，乡村振兴战略是对乡村价值的真正复归（朱启臻，2018），为深层次的"乡愁"提供了寄托的现实载体。乡村振兴战略是对长期以来城市偏向发展战略的纠正，是重识乡村价值基础的重要举措。乡村振兴可使乡村的经济建设、政治建设、文化建设、社会建设和生态文明建设达至和谐自治的高度，实现"农业强、农民富、农村美"，从而回归乡村本色，为"乡愁"的落地提供现实条件。因此，乡村振兴战略在政策的重新创制、群众基础的广泛性和乡村价值的复归方面不断强化自身的焦点价值，从而在社会各界刮起探讨乡村振兴的"旋风"，并赋予不同的主体以不一样的乡村振兴"想象"。乡村振兴究竟谁在谈？谈什么？面对不断丰富的乡村振兴论述，亟须对不同探讨思路进行廓清和归并，以此为乡村振兴战略的进一步讨论提供思想引领。

一　主流政策派：如何保证乡村振兴的顶层设计？

主流政策派首先构成解读和讨论乡村振兴战略的旗手。主流政策派以供职于国家政府部门的学者型官员或研究人员为主，其探讨思路是以乡村振兴战略的内容阐释为基本依据，主要对乡村振兴战略产生的历史必然性、乡村振兴战略提出的必要性、乡村振兴战略的内容阐释、乡村振兴战略的实施机制以及乡村振兴战略的规避误区做出具体论述，重点聚焦于如何保证乡村振兴的顶层设计。主流政策派探讨乡村振兴的议题包括以下五个方面。

（一）乡村振兴战略产生的历史必然性

中国的基本国情决定城乡之间只有形成功能互补才能健康推进整个国家的现代化进程，因此乡村不能衰败，实现乡村振兴是由中国国情所决定的。同时，改革开放40年以来，中国经济发展已经进入重视发展质量的"新常态"，中国城镇化进程必须跳出高增长时期形成的惯性思维，乡村发展要靠城镇化，但不能只靠城镇化，乡村振兴是适应新发展阶段的必然选择（陈锡文，2018a），乡村振兴战略实质反映的是历史发展的基本规律（陈锡文，2018b）。同时，中国农业农村发展已经进入现代化后半程，农业农村现代化正进入产能透支、成本倒挂、二兼滞留和保护有限的发展阶段，亟须使农业生产从增产导向向竞争导向、从重生产向重生态、从劳动力单向流动向双向流动、从重土地的保障功能向重土地的要素功能转变，而农业农村现代化阶段性的发展态势使乡村振兴战略的产生具备历史必然性（叶兴庆，2018a）。

（二）乡村振兴战略提出的必要性

第一，从乡村振兴战略对当前社会主要矛盾的缓解维度来说，乡村振兴战略关系到中国现代化的发展全局，乡村落后，全局被动，实施乡村振兴战略将从根本上解决"三农"问题，从而反作用于不平衡不充分发展矛盾（韩俊，2018a）。第二，从乡村振兴战略对城乡关系的变革维度来说，城乡社会的不平衡发展构成社会主要矛盾的突出表现，党的十六大以来虽然提出"城乡统筹"的发展方略，但其实质是在未触动城市偏向发展战略的基础上以城统乡，并未改变城乡空间不平等以及资源非公正分配的体制机制，其结果是造成农村发展日益窄化的局面。而乡村振兴战略所推动的"城乡融合"的核心是城市和乡村共存共荣，是解决城乡"两张皮"和强化城乡对流体系连接性的突破性实践（刘守英，2018）。第三，从理论必要性来说，乡村振兴战略是为全球解决乡村问题贡献中国智慧和中国方案（人民日报评论员，2017）。根据西方国家的历史发展经验，在工业化和城镇化的过程中，乡村衰败在不同层面存在，因此如何保持乡村活力成为这些国家关注的重点。而乡村振兴战略与中国基本国情和发展阶段转化态势相结合，是中国特色社会主义现代化进程中的深刻实践，内含"中国乡村现代化走向"和"中国乡村振兴道路"两大基本命题。乡村振兴战略的理论必要性正在于其可以概括为解决乡村问题的"中国经验"，从而增进全球乡村发展的经验交流。可见，乡村振兴战略事关中国现代化的发展全局，具有缓解当前社会主要矛盾和变革城乡关系的现实必要性，同时具有将乡村问题的解决方案提炼为"中国经验"的理论必要性，以此强化中国特色社会主义乡村振兴思想在国际发展经验交流中的话语权和示范效应。综合上述方面，乡村振兴战略开启了"三农"发展的新征程，具有充分的现实必要性和理论必要性（乔金亮，2018）。

（三）乡村振兴战略的内容阐释

按照"产业兴旺、生态宜居、乡风文明、治理有效、生活富裕"的总体要求，主流政策派依据党的十九大报告和 2018 年中央一号文件的基本精神对乡村振兴战略涉及的各子系统做出具体的内容阐释。①在农业方面，推进质量兴农和绿色兴农，提高农业绿色化、优质化和品牌化水平，并运用现代化技术和管理方式，加强全域农产品质量安全监管，走生态循环发展之路，加快发展都市现代农业，并通过做大做强高效绿色种养业、农产品加工流通业、休闲农业和乡村旅游业、乡村服务业、乡土特色产业、乡村信息产业，培育农业发展新动能（韩长赋，2018a），同时推进农村一、二、三产业深度融合，增强增收链，打造效益链，重做环境链，以此作为产业兴旺的动力支撑（尹成杰，2018）。②在农村方面，以绿色发展引领乡村振兴，治理农业生态突出问题、加大农村生态保护和修复力度、建立健全生态效益补偿机制、推动农村人居环境整治构成生态宜居的重要内容（韩俊，2018b）；而针对乡村异质性分化的事实，乡村振兴要分类施策，具体表现为：对城郊型乡村，要改造提升，建设现代化的新兴社区；对宜业宜居的乡村，要激活产业，提振人气；对一些自然文化遗产资源丰富的村庄，要坚持保护优先，把改善农民的生产生活条件与保护自然统一起来；对地处边远、环境恶劣的村庄，要循序渐进地撤并一批衰退的村庄（韩俊，2018c）。而乡村振兴除物质基础振兴方面，还必须在精神层面提升农民精神风貌，不断提高乡村社会文明程度，并在治理体制方面加快形成自治为基、法治为本、德治为先"三治"合一的治理格局，形成乡村善治和乡村振兴的辩证统一（韩俊，2018b）。除此之外，巩固和完善农村基本经营制度、深化农村集体产权制度改革也相应构成乡村振兴的制度性保障（陈锡文，2018a）。③在农民方面，切实发挥农民在乡村振兴中的主体作用，把维护农民群众根本利益、促进农民共同富裕作为出发点和落脚点，促进农民持续增收，持续缩小城乡居民生活水平差距，"让农民成为大家抢着干的职业"（韩长赋，2018b）。④在农地方面，党的十九大报告指出，"保持土地承包关系稳定并长久不变，第二轮土地承包到期后再延长三十年"（习近平，2017）。在乡村发展的历史转型期，农村土地制度和经营制度仍然是基础性安排，土地承包关系的长久不变使农民和土地的关系更加稳定。但"期限问题"只回答土地制度要不要稳定以及稳定多久的问题，农业投资问题、经营权的效果问题、农民土地承包权的保障问题则由农地"三权分置"的产权设置来安排（刘守英，2017）。

可见，乡村振兴战略中的"四农"内容是落实农业农村优先发展的关键举措和具体路径，其目标在于以"四农"各子系统的优先性和综合性部署改造农村社会结构，进而促进城乡社会关系的总体变革。具体来说，是通过政府"有形之手"的作用推动公共资源向农业农村优先配置，通过市场"无形之手"的作用推进城乡需求的双向灵敏对接和城乡产业发展融合化（叶兴庆，2017），从而消灭城乡差别和不均衡现象，使城乡成为更高级的社会综合体，进而达至城乡形态融合、城乡要素融合、城乡产业融合、城乡市场融合以及人与自然融合（陈文玲，2017）。综上所述，乡村振兴在打造强势农业方向、实现共同富裕和城乡融合发展方面开创了革命性的变革（张红宇，2018）。

（四）乡村振兴战略的实施机制

首先，乡村振兴的实施体制是坚持党对农村工作的领导体制。各级党委和政府要健全农村工作领导体制，实施乡村振兴战略领导责任制。党的领导是实施乡村振兴战略的根本保证（人民日报评论员，2018）。其次，乡村振兴的实施原则是"四个优先"。乡村振兴应在干部配备上优先考虑，在要素配置上优先满足，在资金投入上优先保障，在公共服务上优先安排，具体解决"人、地、钱"三个方面的优先安排问题（韩长赋，2018c）。同时，将乡村振兴的"四个优先"纳入政府绩效考核制度，并作为各级政府的硬约束切实落到实处（张天佐，2018）。再次，乡村振兴的实施重点是"五个振兴"，即产业振兴、人才振兴、文化振兴、生态振兴和组织振兴，通过产业、人才、文化、生态和组织五个方面的统筹联动实现乡村发展的良性循环（高云才，2018）。最后，乡村振兴的实施框架是"四梁八柱"。乡村振兴的"四梁八柱"可以概括为"八个有"，即有国家战略规划引领，有党内法规保障，有日益健全的法治保障，有领导责任制保障，有一系列重要战略、重大行动、重大工程做支撑，有对农民关心的关键小事的部署安排，有全方位的制度性供给，也有对资金来源问题的全面谋划（韩俊，2018d）。另外，构建主体功能区供给制度体系，构建要素交换上满足农业农村优先发展的制度体系，构建资源配置上优先保障农业农村发展的制度体系，这些构成乡村振兴"四梁八柱"的制度体系补充（张合成，2017）。可见，乡村振兴战略在实施体制、实施原则、实施重点和实施框架方面已形成高度系统的运行机制，是一项管长远、管全面的重要战略规划（韩俊，2018e）。

（五）乡村振兴战略的规避误区

首先，在指导思想方面，乡村振兴不能固守农业农村两个"蓄水池"的思想。农业农村领域长期被当作剩余劳动力的"蓄水池"和贫困人口的"蓄水池"。若将两个"蓄水池"与农业农村相捆绑，乡村振兴就无从谈起。乡村振兴应将两个"蓄水池"转化为常规的国民经济变量，使农村经济部门和城市经济部门实现真正融合（党国英，2017）。其次，在内容方面，乡村振兴不只是乡村经济振兴。乡村振兴是在乡村进行一场推动乡村政治、社会和人现代化的"新进步运动"，单独谈振兴乡村经济没有意义（姚洋，2018）。再次，在实施方式方面，乡村振兴应规避战略问题战术化倾向、发展目标浪漫化和理想化倾向、振兴方式单一化和"一刀切"倾向、体制机制改革工程化和政策支持盆景化倾向、支持重点错乱化和"三农"配角化倾向（姜长云，2018）。同时，乡村振兴应重点防止政府意志替代农民主体地位、简单用工业化思路来发展农业、照搬城镇化要求来建设乡村、脱离工业化和城镇化来推进农业农村现代化、单纯以土地面积来评判农业规模经营、战略短视损害乡村价值以及对资本下乡妖魔化的误区（陈文胜，2018a）。可见，上述规避误区主要集中于乡村振兴实施理念和实施路径两个方面。

综上所述，主流政策派在乡村振兴的大政方针方面保持强烈的共识，基本在既定的政策框架内对乡村振兴的基本内容和实施机制进行较为细致的阐释，聚焦于如何完善乡村振兴战略的顶层设计。受制于专业背景和机构，主流政策派对乡村振兴的社会动力、乡村振兴的地区差异性以及乡村振兴的理论概括等方面关注不足。但是，主流政策派在强化乡村振兴的焦点价值和学术方向引领方面依然发挥着重要的作用。

二　学界理论派：乡村振兴的立论基础和基本模式是什么？

乡村振兴战略提出后，如何对其进行学理阐释成为学界理论派的热门话题。学界理论派以大学和科研机构的学者为主，主要对乡村振兴的内涵和历史定位、乡村振兴的立论基础以及乡村振兴的基本模式进行探讨。

（一）乡村振兴的内涵和历史定位

首先，对乡村振兴内涵的解读。学者普遍认为，乡村振兴是党对过去提出的农村战略的系统总结，在新时代具备农业农村现代化的新任务、城乡融合发展的新思路、乡村治理的新秩序和乡村人才发展的新方向等内涵，其中产业兴旺是乡村振兴战略的重点，生态宜居是关键，乡风文明是保障，治理有效是基础，生活富裕是根本（刘晓雪，2018）。乡村振兴的五大目标具有逻辑关联性，实现了"四化"同步发展与农业农村优先发展的政策性链接，也宣告了城乡统筹、城乡一体化到城乡融合发展的历史性转轨（罗心欲，2018）。

其次，在历史定位上，乡村振兴需要处理好与社会主义新农村建设、农业供给侧结构性改革、新型城镇化和脱贫攻坚之间的关系。乡村振兴是对社会主义新农村建设主体对象（张晓山，2017）、内涵要求（王亚华、苏毅清，2017）以及城乡发展理念的全面升级（廖彩荣、陈美球，2017）。而"去库存、降成本、补短板"的农业供给侧结构性改革是实施乡村振兴战略的重要举措，是乡村振兴和产业兴旺的新动能（吴德慧，2018）。从乡村振兴与新型城镇化的关系来说，新型城镇化离不开乡村人口和要素的融入，而乡村振兴离不开城镇对乡村的带动和城镇人口对乡村的向往，因此乡村振兴需要新型城镇化战略的引领（黄祖辉，2018）。乡村振兴与脱贫攻坚的关系则表现为脱贫攻坚为乡村振兴奠定组织和物质基础，而乡村振兴具有促进巩固脱贫攻坚成果的功能（吴国宝，2018）。

（二）乡村振兴的立论基础

乡村振兴的立论基础可以被归纳为"乡村病"根治论、城市化中后期规律发展论、内生动力不足提高论、输入性危机应对论和综合因素作用论等。

1. "乡村病"根治论

中国长期实行城乡二元体制和"重城轻乡"政策，在积极推动国家经济社会进步的同时，不可避免地导致了以农村空心化、农业边缘化、农民老龄化、乡村传统文化衰落、乡村治理存在隐患等为特征的乡村衰落或者"乡村病"现象的发生（姜德波、彭程，2018；郑小玉、刘彦随，2018）。为了解决城乡"发展不平衡不充分"问题，消解城乡二元结构之间的沟壑和罅隙，根治"乡村病"，以坚持农业农村优先发展和建立健全城乡融合发展体制机制为主要特征的乡村振兴战略应运而生。

2. 城市化中后期规律发展论

国际经验显示，生产要素在城乡之间的流动与城市化率的高低有关。当城市化率超过 50%，生产要素就会呈现向农业部门流动的趋势。乡村由于其所内含的历史文化、自然生态等特征而成为新的消费场所（乔鑫等，2018）。2008年，世界城市化率首次达到 50%，世界范围内的城乡关系进入一个新阶段。2017 年末，中国城市化率上升至 58.52%，中国工业化亦进入中后期，农村劳动力的流向发生改变。伴随着城市劳动力成本上升和"招工难"现象的发生，农村劳动力向城市流动已然接近"刘易斯拐点"（刘慧，2018）。由此，乡村振兴战略的提出和实施顺应了城市化中后期的历史发展规律。

3. 内生动力不足提高论

改革开放后，在以 GDP 为导向的激励结构下，政府官员将乡村有限的资源配置到不切实际的目标上，而不是配置到乡村真正需要的服务和内生能力的提升上，导致乡村内生能力的基础被瓦解。随着新发展理念的提出以及以人民为中心的发展思想的确立，强调包容性制度和乡村内生能力建设的乡村振兴战略产生（张丙宣、华逸婕，2018）。

4. 输入性危机应对论

2008 年，金融海啸的爆发引发了全球需求下降，中国进入新一轮生产过剩。面对输入性危机，中国必须依靠国家大规模的投资来带动经济发展。在此背景下，"一带一路"倡议、区域整合战略和乡村振兴战略均是中国应对输入性危机所做的安排。在乡村振兴战略实施过程中，中央会不断加大对农村的财政转移支付力度，主要表现为日益庞大的"三农"开支（温铁军，2018）。

5. 综合因素作用论

乡村振兴战略的提出是多重因素共同作用的结果。第一，乡村振兴是解决新时代社会主要矛盾的战略举措之一，既能解决发展不平衡不充分问题，也可以满足人民日益增长的美好生活需要。第二，乡村振兴战略具备现实实现条件。从农村内部来看，新农村建设取得很大进展；从国家发展进程来看，工业化和城镇化已进入中后期，两者共同作用，为乡村振兴战略的实施奠定了基础。第三，乡村振兴战略的实施是对其他国家经验教训的借鉴（叶兴庆，2018b）。

关于乡村振兴的不同立论基础，虽然论证角度不同，但是共同点在于将农村出现的发展不平衡不充分问题视为乡村振兴战略提出的时代背景。其实，乡村振兴战略的提出不是由单一因素决定的，而是多重因素共同作用的结果。

（三）乡村振兴的基本模式

学者将乡村振兴的基本模式归纳为以下三种：小农经济为底色的保底式发展模式、组织化的内生式发展模式以及政府和资本主导的依附式发展模式。

1. 小农经济为底色的保底式发展模式

当前中国不再存在一个抽象而统一的乡村，而是面临巨大分化。具体而言，中国乡村大致可分为三类，一是已经实现工业化的东部沿海农村，二是具备区位条件可以发展新业态的农村，三是以传统农业生产为主的一般农业型村庄（贺雪峰，2018）。相应的，乡村振兴可划分为三类，一是由地方政府打造的示范点，二是满足城市中产阶级乡愁的乡村，三是为农民提供保底的乡村振兴（贺雪峰，2017）。由于一般农业型村庄占绝大多数，故应该实施保底的乡村振兴。具体而言，在宏观规划上，国家不应该锦上添花，而应该更多做"雪中送炭"的事情，即将支农资源更多向一般农业型地区和弱势农民群体倾斜。而在具体产业发展上，由于"人均一亩三分，户均不过十亩"的小农经济是中国必须长期面对的现实（贺雪峰，2011），而"以代际分工为基础的半工半耕"和"中坚农民"结构共同构成了中国式小农经济的模型（贺雪峰，2013），因此应该积极充分发挥小农户的作用。然而由于小农户发展面临生产、市场、资本和政策弱势，因此应该采取各种措施实现小农户与现代农业的有机衔接（蒋永穆、刘虔，2018）。在具体落实乡村振兴战略时，应坚守"五不"原则，即乡村振兴不是"去小农化"、不是乡村过度产业化、不能盲目推进土地流转、不能消灭农民生活方式的差异、不应轻视基层的"三农"工作，应在坚持乡村和农民主体地位的基础上实现农业农村与现代化发展的有机结合（叶敬忠，2018）。

2. 组织化的内生式发展模式

当下中国农民大多呈现一盘散沙的原子化状态，而农村实质成为"无主体的社会"，这样的农民和农村难以承接自上而下的资源输入以及满足作为乡村振兴主体角色的要求，因此乡村振兴首先要解决内生能力不足和农民组织化的问题。归纳起来，有如下组织化发展模式。一是内置金融发展模式。通过在村庄和县域尝试内置金融试验，把土地、组织、金融、社保和文化等统筹考虑纳入村社共同体之中，整合政府和社会资源，重新"激活"土地集体所有制，进而增强农民和村社主体的主体性与能动性，这种方法是"四两拨千斤"的乡村振兴之法（李昌平，2017）。二是股份合作发展模式。在新的时代背景下，通过股份合作制形式发展集体经济越来越成为许多村庄的实际选择。近年来，贵州六盘水市推行的"资源变资产、资金变股金、农民变股东"改革，本质就是通过增加农民的资产性收入，带动农村集体经济组织的再造（王东京、王佳宁，2017）。其中，闻名全国的"塘约道路"便是一条组织起来、采取股份合作制形式的集体经营道路。该村以"党建引领、改革推动、合股联营、村民自治"为发展思路，激发了村民的内生动力，实现了贫困村到小康村的快速飞跃，被称为"乡村振兴的典范"（彭海红，2017）。三是社区性、综合性的发展模式。在行政化集体经济和股份合作制集体经济之外，还存在组织化的第三条道路，即建立社区性、综合性的乡村合作组织。该类集体经济组织兼具经济性、公益性，以集体社会资本辖制集体经济资本，统合乡镇地域内规模化的社会与经济综合发展（杨团，2018）。蒲韩乡村社区联合社 20 年的实践经历表明，综合性乡村合作组织可以作为"统"和"分"之间的中间体，能够成功破解"统分结合"难题（杨团，2017）。

3. 政府和资本主导的依附式发展模式

当前中国乡村发展的主导模式，既不是小农经济为底色的保底式模式，也不是组织化的内生式发展模式，而是由政府和资本主导的依附式发展模式。依附式发展突出表现在资本化和行政化方面（熊万胜、刘炳辉，2017）。在资本化方面，小农经济由于具有与其他产业关联度低、商品率低、比较收益低等特征（张忠根、黄祖辉，1997），从而成为制约现代农业发展的最大障碍，因此"三农"问题的根本症结在于小农经济与市场经济的矛盾，应该鼓励和支持城市工业资本下乡，发展资本农业。在行政化方面，行政驱动的运动式治理依旧盛行（徐勇，2007），为了实现现代农业的建设目标，政府通过"再造水土""再造市场""再造服务"实现新型经营主体和现代农业的再造（冯小，2015）。因此，农业资本化是自上而下驱动力和自下而上驱动力共同作用的结果（严海蓉、陈义媛，2015），而广大的小农户却失语了。因此，在乡村振兴实践中，应更加强调以农民为主体的原则，按照农业农村优先发展的要求重塑城乡关系，在城乡平等的基础上尊重乡村，让广大农民成为乡村振兴的真正主体（陈文胜，2018b）。

综上所述，关于乡村振兴的未来发展路径，有保底式发展、内生式发展和依附式发展三种模式。保底式发展是从维护农村作为储水池和稳定器的角色出发，强调为占绝大多数的传统农业型村庄和小农户提供公共产品与公共服务，实现小农户与现代农业的有机衔接，而不仅仅是为仅占少数的东部沿海农村和具备资源禀赋的村庄投入过量资源而"造点"。这是乡村振兴战略实现底线公平和区域均衡发展的需要。内生式发展强调通过村民自组织能力建设和村庄统筹能力的提高，激发村民的内生动力，这是乡村振兴战略顺利实施的关键。依附式发展则强调政府和资本对乡村振兴的主导，这是多年来乡村发展的惯性力量，但是应该注意到这种发展模式忽视了农民作为乡村振兴主体的地位。在实现保底式发展的基础上，激发村民的内生动力，有效利用政府和资本的力量，并且维护村民的主体地位，应当是乡村振兴未来的发展路径。

三　基层实践派：乡村振兴如何落地实施？

打造一支懂农业、爱农村、爱农民的"三农"工作队伍是乡村振兴顺利实施的重要保障和发展动力。基层干部作为"三农"工作队伍中的重要组成部分，对于乡村振兴战略的实施和落地具有重大意义，因此需要充分调动和发挥其在乡村振兴中的积极性和主动性。负责乡村振兴落地的基层干部可归为"基层实践派"，对县级干部、乡镇干部和村干部视角下的乡村振兴战略进行讨论具有重要意义。

（一）县级干部与乡村振兴

乡村振兴需要明确县委书记的角色。县域是乡村振兴战略实施的主要场域，因此，县委书记承担了乡村振兴战略中"一线总指挥"和"施工队长"的角色。他们在具体落实县域乡村振兴行动的时候，需要对接习近平总书记

"三农"思想，按照中央、省委和市委目标，立足县域实际情况，确定目标，对准路（冉隆国，2018）。

在乡村振兴战略实施路径方面，县委书记普遍重视产业兴旺，因为只有产业发展起来，人才才有施展才能的舞台，从而形成人才、资金和产业的良性循环（周慧，2018）。为适应乡村振兴的要求，应创新县委书记任用制度，可采取越级和破例选拔的方式（赵秀玲，2018）。

（二）乡镇干部与乡村振兴

乡镇干部是加速乡村振兴战略落地的践行者。乡村振兴战略对乡镇干部提出"一懂两爱"新要求，即在"懂农业"方面，乡镇干部要处理好农民与土地的关系，加快农业供给侧结构性改革；在"爱农村"方面，乡镇干部要具备服务农村的责任担当和过硬的乡村治理能力；在"爱农民"方面，乡镇干部要做好政策宣传员和农民服务者（乔菲、李辉，2018）。另外，乡镇干部认为，在实施乡村振兴战略时，需要处理好人才"外流"与"回流"、传统产业与特色产业、超前规划与有序利用、前期建设与后期管护、组织功能与自治功能、乡村文化与城市文化等六个方面的关系（押朋桂，2018）。

（三）村干部与乡村振兴

实施乡村振兴战略，最基础、最坚实的力量便是基层村干部。新时代的村干部，必须正确认识村级组织的地位和作用，牢固树立大局意识、责任意识和担当意识（许海兵，2018），做好为人民服务的贴心人、以改善民生为志业的带头人以及把功名诱惑抛到身后的明白人（曾思诗，2018），打通乡村振兴的"最后一公里"。

目前，乡村振兴战略在地方还未全面展开，基层干部大多还处于学习和领悟阶段，有关基层实践派的文章只是散见于某些报纸和新闻报告，论述相对较少，但随着地方性乡村振兴规划的编制，基层干部将成为落实乡村振兴最主要的生力军。

四　结论与讨论

主流政策派、学界理论派和基层实践派对乡村振兴战略有不同侧重的关注。主流政策派立足于对乡村振兴战略的内容阐释，对乡村振兴战略产生的历史必然性、乡村振兴战略提出的必要性、乡村振兴战略的实施机制以及乡村振兴战略的规避误区做出论证，其焦点在于完善乡村振兴的顶层设计。主流政策派的乡村振兴思想具有引领学术方向的价值。学界理论派和主流政策派在乡村振兴的探讨内容方面保持基本一致，但重点集中于乡村振兴的立论基础和发展模式。乡村振兴具有多种立论基础，而乡村振兴的发展模式有保底式发展、内生式发展和依附式发展三种，分别关注"以小农户为主体的乡村振兴""乡村振兴的组织基础""权力和资本主导的乡村振兴"三大议题。不同于主流政策派，学界理论派在拓宽乡村振兴的机制分析和廓清乡村振兴的模式分析方面具有重要作用。基层实践派以保障乡村振兴战略的落地实施为发力焦点，不同的基层一线干部在乡村振兴的实施中扮演不同的角色。县级干部扮演乡村振兴"一线总指挥"和"施工队长"的角色，乡镇干部是加速乡村振兴战略落地的践行者，而村干部构成乡村振兴最基础和最坚实的力量。总而言之，目前乡村振兴战略已经形成综合政策、理论和实践的分析思路。

从乡村振兴政策、理论到实践的过程中，外部的政府部门和学术界基本主宰了乡村振兴的实施重点和规划方向以及这些方面的社会讨论，真正作为乡村振兴主体和成果持有者的农民却在这场关乎家乡建设和自身利益的乡村振兴讨论中集体失语。农民作为乡村振兴政策和理论上的主体，再次被政府和学者普遍"代言"，乡村振兴政策、理论和实践的关系也因此出现断联状态。因此，乡村振兴进一步的探讨方向应在强化政策、理论和实践的关联效应方面下足功夫。具体来说，首先，应深化乡村振兴战略的基础理论研究，提炼新时代中国特色社会主义乡村振兴思想体系，以此提高乡村振兴战略的理论合法性。其次，应推进乡村振兴战略的顶层设计和基层实践的"上下结合"，推动"政策入村"和"规划入村"，增强基层一线工作人员对乡村振兴战略的敏感度和执行力，引导农民积极参与乡村振兴的讨论、规划和行动，变"代言"为"发言"，从而开创乡村振兴合作治理的新局面。最后，应坚持乡村振兴的实践本位，保持对乡村振兴地方多元实践的包容心态，重点对乡村振兴的社会动力和乡村振兴实践的差异性原因等方面进行提炼与理论概括，最终形成乡村振兴政策、理论和实践的"大循环"。

参考文献

陈文玲，2017，《城乡融合发展会在哪些方面实现？》，搜狐网，12 月 25 日，http://
　　www.sohu.com/a/212713529_677514。

陈文胜，2018a，《实施乡村振兴战略要避开八个误区》，《湖南日报》5 月 26 日，第
　　7 版。

陈文胜，2018b，《实施乡村振兴战略要防范七个误区》，《经济日报》6 月 21 日，第
　　15 版。

陈锡文，2018a，《从农村改革四十年看乡村振兴战略的提出》，《行政管理改革》第 4 期。

陈锡文，2018b，《乡村振兴战略背后的历史发展规律》，中国社会科学网，3 月 26 日，
　　http://www.cssn.cn/jjx/jjx_gd/201803/t20180326_3887096.shtml。

党国英，2017，《乡村振兴长策思考》，《农村工作通讯》第 21 期。

冯小，2015，《去小农化：国家主导发展下的农业转型》，博士学位论文，中国农业大学。

高云才，2018，《乡村振兴，五个方面都要强》，《人民日报》3 月 25 日，第 9 版。

高云才、朱隽、王浩，2018，《乡村振兴，顺应亿万农民新期待——中农办主任韩俊解读
　　中央农村工作会议精神》，《人民日报》1 月 14 日，第 2 版。

韩长赋，2018a，《大力推进质量兴农绿色兴农加快实现农业高质量发展》，《农民日报》
　　2 月 27 日，第 1 版。

韩长赋，2018b，《要让农民成为大家抢着干的职业》，央广网，4 月 9 日，http://news.
　　cnr.cn/dj/20180409/t20180409_524192267.shtml。

韩长赋，2018c，《靠真金白银推动乡村全面振兴》，搜狐网，4 月 13 日，http://www.so-
　　hu.com/a/229780186_498982。

韩俊，2018a，《实施乡村振兴战略将从根本上解决"三农"问题》，《农村工作通讯》第
　　2 期。

韩俊，2018b，《关于实施乡村振兴战略的八个关键性问题》，《中国党政干部论坛》第
　　4 期。

韩俊，2018c，《乡村振兴要循序渐进地撤并一批衰退村庄》，《农村工作通讯》第 7 期。

韩俊，2018d，《确立乡村振兴战略的"四梁八柱"》，《群众》第 4 期。

韩俊，2018e，《新时代乡村振兴的政策蓝图》，《人民日报》2 月 5 日，第 4 版。

贺雪峰，2011，《简论中国式小农经济》，《人民论坛》第 23 期。

贺雪峰，2013，《关于"中国式小农经济"的几点认识》，《南京农业大学学报》（社会科
　　学版）第 6 期。

贺雪峰，2017，《谁的乡村建设——乡村振兴战略的实施前提》，《探索与争鸣》第

12 期。

贺雪峰，2018，《关于实施乡村振兴战略的几个问题》，《南京农业大学学报》（社会科学版）第 3 期。

黄祖辉，2018，《准确把握中国乡村振兴战略》，《中国农村经济》第 4 期。

姜长云，2018，《实施乡村振兴战略需努力规避几种倾向》，《农业经济问题》第 1 期。

姜德波、彭程，2018，《城市化进程中的乡村衰落现象：成因及治理——"乡村振兴战略"实施视角的分析》，《南京审计大学学报》第 1 期。

蒋永穆、刘虔，2018，《新时代乡村振兴战略下的小农户发展》，《求索》第 2 期。

李昌平，2017，《中国乡村复兴的背景、意义与方法——来自行动者的思考和实践，《探索与争鸣》第 12 期。

廖彩荣、陈美球，2017，《乡村振兴战略的理论逻辑、科学内涵与实现路径》，《农林经济管理学报》第 6 期。

刘慧，2018，《乡村振兴战略有何深意》，《中国经济时报》3 月 16 日，第 4 版。

刘守英，2017，《城乡融合，调整土地权利体系》，《中国自然资源报》11 月 9 日，第 5 版。

刘守英，2018，《乡村现代化的战略》，《经济理论与经济管理》第 2 期。

刘晓雪，2018，《新时代乡村振兴战略的新要求——2018 年中央一号文件解读》，《毛泽东邓小平理论研究》第 3 期。

罗心欲，2018，《基于本体性逻辑的乡村振兴战略内涵辨识》，《江汉学术》第 3 期。

彭海红，2017，《塘约道路：乡村振兴战略的典范》，《红旗文稿》第 24 期。

乔菲、李辉，2018，《乡村振兴战略对乡镇干部的新要求》，《中国党政干部论坛》第 4 期。

乔金亮，2018，《乡村振兴战略：新时代农业农村经济工作总抓手——访农业部部长韩长赋》，《农村工作通讯》第 1 期。

乔鑫、李京生、刘丽，2018，《乡村振兴的网络途径及其实践探索》，《城市发展研究》第 4 期。

冉隆国，2018，《走出有"垫江特色"的乡村振兴之路——专访全国人大代表、垫江县委书记蒲彬彬》，《重庆与世界》第 5 期。

人民日报评论员，2017，《实现中华民族伟大复兴的一项重要任务》，《人民日报》12 月 31 日，第 1 版。

人民日报评论员，2018，《实现乡村振兴关键在党》，《人民日报》1 月 2 日，第 1 版。

王东京、王佳宁，2017，《"三变"改革的现实背景、核心要义与推广价值》，《改革》第 8 期。

王亚华、苏毅清，2017，《乡村振兴——中国农村发展新战略》，《中央社会主义学院学报》第 6 期。

温铁军，2018，《乡村振兴的现实意义》，中国乡村发现网，3 月 26 日，http://www. zgx-cfx. com/zhubiantuijian/108766. html。

吴德慧，2018，《"乡村振兴"视阈下的农业供给侧结构性改革路径探析——以河南许昌为例》，《山西高等学校社会科学学报》第 4 期。

吴国宝，2018，《将乡村振兴战略融入脱贫攻坚之中》，《鄂州日报》1 月 18 日，第 6 版。

习近平，2017，《决胜全面建成小康社会 夺取新时代中国特色社会主义伟大胜利——在中国共产党第十九次全国代表大会上的报告》，新华网，10 月 27 日，http://www. xinhuanet. com/politics/19cpcnc/2017-10/27/c_1121867529. htm。

熊万胜、刘炳辉，2017，《乡村振兴视野下的"李昌平 – 贺雪峰争论"》，《探索与争鸣》第 12 期。

徐勇，2007，《"政党下乡"：现代国家对乡土的整合》，《学术月刊》第 8 期。

许海兵，2018，《振兴乡村需要有担当的村干部》，《贵州日报》1 月 5 日，第 5 版。

押朋桂，2018，《乡干部来信：乡村要振兴，乡镇基层务必处理好六大关系》，转自新三农，甘肃农工网，4 月 10 日，http://www. gsng. gov. cn/a/2018/0410/20180410100210. html。

严海蓉、陈义媛，2015，《中国农业资本化的特征和方向：自下而上和自上而下的资本化动力》，《开放时代》第 5 期。

杨团，2017，《从蒲韩经验看中国综合农协的发展》，《经济导刊》第 5 期。

杨团，2018，《此集体非彼集体——为社区性、综合性乡村合作组织探》，《中国乡村研究》第 1 期。

姚洋，2018，《乡村振兴是全方位的新进步运动》，《中华工商时报》5 月 8 日，第 3 版。

叶敬忠，2018，《乡村振兴战略：历史沿循、总体布局与路径省思》，《华南师范大学学报》（社会科学版）第 2 期。

叶兴庆，2017，《以改革创新促进乡村振兴》，《经济日报》12 月 28 日，第 1 版。

叶兴庆，2018a，《现代化后半程的农业变迁与政策调整》，《中国农业大学学报》（社会科学版）第 1 期。

叶兴庆，2018b，《新时代中国乡村振兴战略论纲》，《改革》第 1 期。

尹成杰，2018，《如何培育农村产业兴旺的新业态、新动能》，搜狐网，6 月 22 日，http://www. sohu. com/a/237316753_732804。

曾思诗，2018，《实现乡村振兴，基层干部要做好三种人》，搜狐网，4 月 27 日，http://www. sohu. com/a/229660356_99890391。

张丙宣、华逸婕，2018，《激励结构、内生能力与乡村振兴》，《浙江社会科学》第 5 期。

张合成，2017，《推动落实农业农村优先发展战略》，《学习时报》11 月 29 日，第 7 版。

张红宇，2018，《乡村振兴战略开创革命性变革》，搜狐网，6 月 19 日，http://www. sohu. com/a/236748847_774978。

张天佐，2018，《坚持农业农村优先发展 构建实施乡村振兴战略政策体系》，《当代农村财经》第 5 期。

张晓山，2017，《实施乡村振兴战略的几个抓手》，《人民论坛》第 33 期。

张忠根、黄祖辉，1997，《规模经营：提高农业比较效益的重要途径》，《农业技术经济》第 5 期。

赵秀玲，2018，《乡村振兴下的人才发展战略构想》，《江汉论坛》第 4 期。

郑小玉、刘彦随，2018，《新时期中国"乡村病"的科学内涵、形成机制及调控策略》，《人文地理》第 2 期。

周慧，2018，《"一线总指挥"县委书记谈乡村振兴：产业留人最关键》，《21 世纪经济报道》2 月 7 日，第 5 版。

朱启臻，2018，《科学认识乡村价值》，《人民日报》1 月 2 日，第 20 版。

5

东亚乡村振兴社会政策比较研究断想[*]

田毅鹏[**]

从 20 世纪五六十年代开始,国际学术界兴起东亚现代化比较研究的热潮。学界之所以醉心于对此问题的探讨,首先是因为从 19 世纪中叶开始,东亚各国面对西方资本主义列强的挑战,起而应战,历经坎坷,先后完成了现代化,形成了时间上"梯次行进"的现代化雁阵;其次主要是因为东亚社会向来被称为古代文明的"半个世界",受到儒家传统文化的影响,其区域的社会文化结构具有较强的关联性和同质性。学者常据此发出追问:为什么东亚在非西方世界中率先实现现代化?为什么在大致相同的历史文化条件下,东亚各国在某些时期形成了不同的现代化模式选择?由此,迄今学术意义上的东亚比较研究基本上锁定在早期现代化阶段和现代化发展推进阶段,而对此后阶段东亚社会发展的新变化关注甚少。但事实上,从 20 世纪晚期到现在,东亚社会发展经历了更为复杂而深刻的变化,值得我们给予特殊关注。其中,工业化、城市化背景下乡村社会的变迁以及乡村振兴政策的推进,是东亚社会发展所面临的关键问题。围绕东亚乡村振兴社会政策展开比较研究,具有特殊重要的意义。

一 东亚乡村振兴社会政策比较研究的基本前提

欲弄清东亚乡村振兴社会政策比较研究的独特意义和价值,首先必须清楚东亚现代化进程中城乡关系和乡村社会变迁的特殊性。

(一)东亚乡村变迁和振兴的特殊意蕴

历史上,东亚世界是人类最早从事农业活动的地域。植根于农业文明的

---

* 原刊于《中国农业大学学报》(社会科学版)2018 年第 3 期。

** 田毅鹏,吉林大学哲学社会学院教授。

东亚社会实际上是以村落社会为原型构建起来的，其在历史上形成的连续性村落传统对现代社会的文明结构产生了深远影响。故早在 19 世纪中叶，东亚思想精英便对工业化带来的乡村剧烈变迁保有较高的警惕性。他们共同的观点是，不能简单地将现代化看作一个以工业化、城市化和经济发展为核心的"物"的扩张过程，而是应将其看作一个关涉到城乡社会变迁的总体性的复杂变迁过程。在东亚走向现代化的进程中，许多思想家表达出类似的观点，将村落社会的变迁作为现代化社会总体变迁的核心问题。其中以 19 世纪下半叶日本思想家新渡户稻造的"乡土社会变迁论"和 20 世纪初期中国梁漱溟等的"乡村建设理论"最为典型。因学界对梁漱溟的乡村建设思想已比较熟悉，在这里主要就新渡户稻造的思想略作展开，以揭示东亚思想界对工业化、城市化带来的乡村世界的剧烈变迁做出的解释。

1868 年明治维新后，日本迅速走上了资本主义道路。伴随着资本主义工业化和城市化进程的展开，日本传统的社会结构和城乡关系都发生了巨大的变化。作为有着留学西洋经历的农学家和思想家，新渡户稻造敏锐地觉察到上述变化对日本传统社会所造成的剧烈影响和冲击。他试图从保守主义的视角激活"地方"的乡土性和社会性，寻找一种城乡均衡发展和调节之道。其核心观点包括两个方面。①城乡均衡论。新渡户稻造的城乡均衡论是建立在"农工商鼎立论"基础之上的。这里所说的"农工商鼎立论"，不是强调农工商之间的对立性，而是主张三者之间相互依存、相互支撑。在《农业本论》一书中，他认为"农如万年神龟，商如千岁仙鹤"，对于国家而言都不可缺少，一个国家的发展必须内借于农之力，外依商工勇飞。恰如鸟无树木岩石之巢，欲飞翔于海洋之上，唯有靠其两翼。新渡户稻造在对欧美个人主义和功利主义展开激烈批判的同时，对日本农业传统社会的共同体传统及其社会价值给予了积极的评价。他认为"虽然封建制度作为一种政治制度是失败的，但其作为社会制度却发展出许多令人珍惜的道德。与今日人际关系建立在金钱交换关系基础之上不同，封建制度却是建立在熟人伙伴关系联结基础之上的"（新渡户稻造，1985：311）。这一共同体传统构成了日本社会的原型和立国根基。以此为契机，他对日本农村社会和农村社会生活表现出积极的肯定和关注。新渡户稻造虽然意识到城乡关系的上述变化已成为一种不可逆转的发展趋势，但他并不认为可以放任这种变化。因为如果将国家—社会看作一个有机体的话，那么应注意在二者之间保持必要的平衡。如果将都鄙失衡的直接后果比作一种疾病的话，那么恰似一位患上充血病的患者，将其全身的血液充溢在身体的局部，导致农业劳动者减少，进而对整个社会结构产生根本性的影响。②地方学体系的建立。新渡户稻造以提倡农政学为契机，构建起"地方学"的理论体系。19世纪末20世纪初期，伴随着工业化和城市化的进程，日本农村社会的基础开始走向解体，农村的风俗、农民的心理、人情也随之发生变动。在上述情况下，新渡户稻造怀着一种对农村社会深深的危机感，开始致力于农政学的研究。他认为，夫因田舍衰落而导致国民体格衰弱的实例，古来甚多。大都市奢侈无度，必然造成严重社会问题。他认为，所谓地方，当然与土地的关联最为密切。但我们不能做出唯地面的理解。与土地直接联系在一起的农业、制度以及其他相关元素也都天然地包含在地方研究之中（新渡户稻造，1907）。可见，新渡户稻造在这里提倡的地方学，实质上包括地方的历史、文化和风俗研究，并试图发现都市中不存在的乡村优点，借以强调增强地方活力的重要性。

（二）东亚乡村振兴发展之复杂关联

东亚乡村振兴之所以可以作为比较研究的课题，主要是因为东亚现代化与乡村发展之间存在密切的关联。①时间关联：从时间上看，东亚各国乡村发展与变迁之间存在密切的关联。20世纪六七十年代以降，东亚社会陆续出现了以乡村振兴为主题的发展热潮。其中，在日本主要表现为20世纪60年代以来以"过疏对策"为中心的乡村发展战略的实践，在韩国则主要表现为以20世纪七八十年代新村运动为标志的乡村发展，而中国的乡村振兴运动基本上是在世纪交替之际开启的。中日韩三国围绕乡村振兴所展开的政策和行动前后相续，构成了20世纪中期以来世界范围内乡村发展的一条最为重要的线索。②理论关联：长期以来，东亚的发展是在"发展主义"主导下展开的。在发展主义的思路下，乡村振兴所遵循的主要是一种经济取向下的发展，即强调乡村振兴必须以产业振兴为主线。但在新发展主义的理论视域下，经济社会发展的协调性成为发展所追求的核心目标。由此，以社会政策为主线的乡村振兴战略成为关键的环节。③模式关联：就东亚现代社会发展的类型而言，其发展轨迹堪称一种典型的"赶超式现代化"，也有学者将其概括为"压缩式现代化"。与早发现代化的欧美国家相比，其所引发的乡村社会的变迁更为剧烈。而东亚关于乡村振兴社会政策理念的一个非常重要的特点，在于强调城乡社会发展的均衡性。这里所说的均衡性具有特殊性在于，作为赶超型的现代化，东亚各国的城乡之间普遍存在较为明显的差别，甚至曾经出现过典型的"城乡二元结构"。因此，如何改变上述这种不均衡的状态，成为东亚乡村振兴的一个核心理念。为此，政府必须制定出具有针对性的社会政策，以减缓乡村走向衰败，实现乡村复兴。

（三）迄今东亚乡村振兴比较研究的缺憾

从总体上看，国内外学界迄今关于东亚乡村振兴社会政策的比较研究虽然已有初步的学术积累，但在笔者看来，却存在以下几个重要缺憾。①迄今关于东亚乡村振兴社会政策的研究一般都是循着国别路径展开的，多注重研究中日韩等国乡村振兴相关政策的提出和实施，而没有从比较的视角展开研究。故我们应突破以往的国别研究框架，开阔视野，围绕东亚乡村振兴社会政策展开深入研究。②在东亚各国社会学学科体系内，农村研究是最具本土性的学术研究领域。在中国，自晚清民国以来，社会学的早期奠基者曾围绕乡村研究的主要领域，展开具有开拓意义的学术研究，其成果为深入理解现代化背景下中国乡土社会的变迁奠定了坚实的基础。但值得注意的是，从比较研究视角，以东亚为比较研究单元，植根于东亚本土经验的乡村研究理论体系尚未建立起来，亟待通过对东亚乡村振兴相关的"政策—体制—组织—制度—文化"的实证研究，形成对东亚乡村社会的新理解。鉴于此，我们应从比较研究的视角，以 20 世纪 50 年代以来东亚乡村振兴过程中的社会政策为研究对象，探讨东亚乡村振兴形成的背景、进程及其特殊过程和机制，以切实推进东亚本土的社会学研究。

二 东亚乡村振兴社会政策比较研究的内涵及其展开

如前所述，从比较社会政策研究的视角，结合东亚主要国家工业化、城市化变迁进程中乡村振兴的政策实践，对东亚国家的乡村振兴社会政策展开系统的比较研究，深入挖掘政策出台的历史背景，分析解读政策文本的内容，并注意政策文本之间的复杂关联，以实现对东亚乡村振兴社会政策的总体性研究提炼，可以为当下正在展开的中国乡村振兴战略提供有益的借鉴。

（一）关于东亚乡村振兴社会政策出台社会背景的比较研究

作为后发现代化和压缩式现代化的典型代表，东亚各国的现代化进程呈现明显的梯次性和阶段性。同时，其城乡社会变迁的幅度也是空前的，表现在城乡关系上，伴随着乡村人口的大量外流，东亚各国先后出现了极其典型的乡村过疏化和乡村留守人口现象。如何在现代社会快速发展的背景下，使乡村不至于因人口流失而迅速走向崩解，依然保持相对的秩序和稳定，成为东亚现代社会发展所面临的严峻挑战。在研究中，我们可以通过相关资料收集、实地调查、文献回顾等方式，对东亚乡村振兴社会政策出台的背景展开历时性的比较研究，对东亚各国相关的社会政策发展历程与现状进行总结概括，阐述和论证其特征，并针对其所存在的问题与矛盾进行探索性研究。

（二）关于东亚社会政策理念的比较研究

与欧美社会福利理念不同，早在公元纪年前，东亚便形成了以先秦诸子思想为核心内容的社会福利思想体系，对东亚社会政策的制定和特质产生了重大影响。如就东亚社会福利思想的总体特征而言，大部分思想家的社会福利主张带有典型的"王朝介入论"和"宗族福利保障"相结合的色彩，强调王朝、政府、家族的作用。一方面，在儒家从"仁"到"仁政"的演化图式中，王朝的统治者往往被赋予"保民""恤民"的责任。故在社会福利方面，虽然其目标在于社会控制，但"儒家是主张政府介入"（"民本""仁政"）的。上述种种社会福利思想和实践在中国一直延续到现代，儒家的国家积极干预思想一直得到贯彻，从而形成了与西方不同的文化传统。儒家福利思想强调的是社会整体和国家控制，而较少强调个人权利和国家义务（王思斌等，1998：5）。另一方面，在中国历史的发展演化进程中，其社会结构曾经发生种种变迁，但由血缘纽带维系的宗法制度及其遗存和变种长期保留下来。这使中国传统社会结构具有极其浓厚的宗法家族式伦理统治色彩。"家国同构"成为宗法社会的最大特点，基于宗法家族制的社会结构，形成了多重架构的宗族保障论。故在社会政策理念的问题上，东亚并不像欧美社会那样完全从西方的权利义务理论出发，而是从儒家的仁和仁政以及王朝政府的责任角度展开论证，是以民本思想为基础展开的。步入近代社会，虽然来自欧美的权利义务思想对东亚产生了一定的影响，但人们依然对政府和家族具有极强的依赖感，如在日本战前，人们认为"养儿防老"是理所当然的，所以社会保障问题根本不会产生。在"亲邻相助"的时代，社会福利也不可能充实起来。在农村，接受亲戚救济，即使是远房亲戚的救济，人们都会认为是一种耻辱。在城市，如果去登记救济卡片，就变成了沦为所谓"卡片阶层"的确凿证据，通常会被人们视为最下层的贫民。在这种情形下，"有权要求救济"的精神，丝毫得不到重视（福武直，1982：166）。受上述理念的影响，东亚乡村振兴社会政策基本上是围绕政府相关政策展开的，社会力量不强。

（三）关于东亚乡村振兴社会政策体系的比较研究

如前所述，与欧美早发内生型现代化的发展进程不同，在工业化、城市化以及城乡关系发生剧烈变迁的背景下，东亚农村的人口开始大量外流，形成了典型的农村人口留守现象，乡村世界的人口迅速减少，出现了所谓的"空心化"和"过疏化"问题。在空心化、过疏化问题发生的初期，人们似乎将其看作简单的人口学意义上的人口流动问题。但随着问题的演进，人们逐渐发现，虽然乡村世界的人口急剧减少，但村落并不可能迅速走向终结，而是出现了复杂的社会衰败问题，表现为大量留守人口的存在。与之相匹配的是，出现了相应的社会政策系统。其中最具典型性意义的是关于老人、妇女、儿童的社会政策。如20世纪七八十年代以来日本政府针对乡村过疏化而推出的一系列政策，包括《过疏地域对策紧急措置法》（1970—1979年）、《过疏地域振兴特别措置法》（1980—1989年）、《过疏地域活性化特别措置法》（1990—2000年）等。再如20世纪90年代以来，韩国政府也推出较为系统的乡村振兴社会政策，主要包括《农村居民生活保障对象标准》（1990年）、《农村社会保险政策》（1990年）、《农村社会救助政策》（1990年）、《农村社会服务政策》（1990年）、《社会整合服务政策》（1990年）、《第二轮多文化家庭政策基本企划》（2013—2014年）、《结婚移民者务农教育培训事业》（2016年）等。在系统梳理上述政策和计划的基础上展开比较研究，对于我们深入理解乡村振兴社会政策的政策脉络和政策间的衔接关系具有重要的意义。

（四）关于东亚乡村振兴中政府与社会组织联动的比较研究

众所周知，所谓社会政策，主要是指"研究国家与其公民的福利之间的关系，以及如何通过政策的制定与实施把国家和社会的作用纳入个人的'福利组合'中去的一门应用社会科学学科"（唐钧，2009）。在世界现代化发展的历史上，无论是早发现代化的欧美国家还是后发外生性现代化的亚洲国家，都毫无例外地需要通过政府和社会组织的努力，通过系统的社会政策的颁布实施，调节或改变其城乡关系，使乡村世界避免衰败，获得持续的均衡发展。但长期以来，东亚强政府背景下的社会组织发展处于比较滞后的状态，包括乡村社会在内的社会边缘人口及弱势群体基本上都是依靠家庭、家族以及政府的福利救助。从 20 世纪晚期开始，基于"国家—市场—社会"的基本理论框架设定，东亚各国开始意识到社会组织的重要性，力倡政府与社会组织的联结和联动，使乡村振兴社会政策的推进进入新的发展阶段。为此，我们可以通过东亚乡村振兴中政府与社会组织联动的比较研究，发现异同，促进相互借鉴。

（五）关于东亚乡村振兴社会政策实施效果评价的比较研究

从社会政策提出、实施的"过程理论"来审视乡村振兴社会政策的实施效果，我们会意识到问题的复杂性：①通过对东亚乡村振兴社会政策出台社会背景的比较研究，可以深入理解把握乡村振兴社会政策出台的历史背景，积极探寻东亚乡村振兴政策颁布的历史渊源，并由此形成深层次的理解；②通过比较研究，努力发现东亚不同国家乡村振兴社会政策产生原因之间的细微差异，进而在同中求异，获得新的理解；③由社会政策的静态评价提升为动态评价。迄今的社会政策过程评价基本上是循着静态评价体系展开的，但现代乡村社会的变迁是流动的。在此问题上，笔者曾提出"流动的公共性"概念，认为流动的公共性主要是指在现代城乡关系转换的进程中，为保障往返于城乡之间农村流动人口的基本权益而拓展和创生的公共性形态，主要表现为组织形态的流动公共性、拓展制度的空间涵盖力、作为观念形态的流动公共性构建（田毅鹏，2009）。

三 东亚乡村振兴社会政策比较研究的目标与启示

有比较，才有鉴别。比较研究的魅力主要在于，通过比较可以揭示问题及发展模式的异同，并从中获得有益的启示。

（一）比较研究的目标

从比较社会政策研究的视角，结合东亚主要国家乡村振兴社会政策实践，展开系统的比较研究，深入挖掘政策出台的历史背景，分析解读政策文本的内容，并注意政策文本之间的复杂关联，以实现对东亚乡村振兴社会政策的总体性研究概括，可为当下正在展开的中国乡村振兴战略提供有益的借鉴。①通过文献研究，系统整理东亚各国关于乡村振兴的社会政策，着重分析社会政策出台的背景及政策的具体文本。②通过东亚乡村振兴的案例研究，从动态研究的视角揭示东亚乡村振兴社会政策实施运行的动态演进过程，并展开理论提炼。③通过东亚社会政策的比较研究，对东亚乡村振兴社会政策及相关制度的体系，以及政策背后的理论依据展开研究，形成东亚乡村振兴的理论解释体系。

（二）比较研究的启示

第一，自人类步入现代社会以来，伴随着工业社会的来临，传统的以乡村为中心的文明结构开始发生根本性变化。由此，乡村变迁开始成为世人瞩目的焦点，因为所谓乡村问题实际上是一个集"传统"与"现代"于一体的复杂的社会发展变迁过程。作为世界城乡关系变迁史上重要的一环，自20世纪60年代发轫的东亚乡村变迁业已逐渐表现出自身的特性。围绕东亚村落变迁过程展开系统的比较研究，深度总结和汲取东亚国家乡村振兴的经验与教训，对于正处在快速城镇化和乡村振兴进程中的中国社会来说，具有特殊重要的借鉴意义。

第二，之所以强调东亚乡村振兴社会政策比较研究的重要价值，主要是因为东亚各国的乡村变迁与振兴具有明显的关联性和连带性。与欧美国家早期的城市化和村落变迁的情形不同，东亚的乡村变迁存在若干自身独有的视域，值得我们给予特殊关注。从时间上看，20世纪50年代中后期，伴随战后日本"经济奇迹"的出现，其产业化和城市化进程也大大加快。日本社会出现了史无前例的人口大迁徙和大流动，导致城市和农村同时出现了所谓"过密"和"过疏"问题。而继日本60年代出现"过疏"现象之后，韩国从70年代开始也患上了此种"病症"。中国的村落变迁实际上是伴随着20世纪末快速城镇化而拉开序幕的。在这一意义上，村落变迁与振兴是东亚主要国家经济社会发展进程中所共同面临的问题，其间的相互借鉴和启迪也就显得格外重要。对村落变迁迟发的中国而言，日本和韩国乡村振兴社会政策体系构建的经验尤其具有特殊重要的启示意义。

第三，以往的乡村振兴研究，多是从经济、产业的视角展开的，社会政策的视角往往被忽视。虽然乡村产业发展在乡村振兴中占有核心地位，但事实上乡村振兴是一个具有总体性、全局性的工程，政府围绕乡村振兴出台的一系列社会政策在乡村发展过程中占据着核心的地位。从比较社会政策的学科视域，对以中日韩为主体的东亚国家的乡村振兴社会政策展开系统的比较研究，既具有重大的学术意义，又具有切实的应用价值。

第四，迄今为止，中国、日本、韩国学术界对于其本国乡村振兴的问题已展开初步的研究。其中，以日本学者的研究成果最为丰富，如及川宏的《同族组织和村落生活》、福武直的《美国村：移民送出村的实态》、坂田期雄的《地域活性化及其战略》、岛崎稔的《关于战后日本的城市和农村研究的基本视角》、伊藤善市的《地域活性化的战略》、内藤正中的《过疏和新产都》、安达生恒的《村庄和人间的崩坏》等。韩国学者的研究成果，如朴仁镐的《韩国地域发展论》。中国学术界长期关注乡村振兴研究，以老一辈著名的社会学家费孝通、陆学艺为代表的中国乡村研究者取得了一大批影响深远的学术成果。但值得注意的是，迄今为止，学术界仍很少将乡村振兴问题置于东亚整体的视域中，以乡村振兴的社会政策为切入点，展开系统的比较研究，这不能不说是学术上的一个憾事。鉴于此，我们拟在东亚农村研究先辈学者和当代成果的基础上，努力实现一个整体性意义上的东亚乡村社会研究，以切实推进东亚乡村学术研究，为当下中国如火如荼的乡村振兴实践提供借鉴。

参考文献

福武直，1982，《日本社会结构》，陈曾文译，广东人民出版社。

唐钧，2009，《社会政策学导引》，《社会科学》第 4 期。

田毅鹏，2009，《流动的公共性》，《开放时代》第 8 期。

王思斌、唐钧、梁宝霖、莫泰基，1998，《中国社会福利》，中华书局。

新渡户稻造，1907，《地方之研究》，《斯民》第 2 期。

新渡户稻造，1985，《新渡户稻造全集》第 19 卷，教文馆。

第二部分
乡村振兴与农业现代化

1

实施乡村振兴战略，推进农业农村现代化*

陈锡文**

中国农业发展新年论坛每年都会引起很大的反响，很高兴能有机会参加
2018 年的新年论坛。今年论坛的主题是乡村振兴战略，党的十九大报告中关
于乡村振兴战略的篇幅虽然不长，但是内容非常丰富、非常重要。我想借这
个机会，就乡村振兴谈两点个人的认识，供大家参考。第一是为什么中央要
在这个时候提出实施乡村振兴战略；第二是在乡村振兴的过程中，怎样实现
农业农村的现代化。

一　为什么中央此时要提出乡村振兴战略

中国是一个农业大国，也是一个农民大国。在中华人民共和国成立之
初，党中央就提出要实现中国从一个农业国向工业国的转变，可以说，这是
中华人民共和国成立 60 多年来，党和政府、亿万人民一直在追求的一个愿
望。随着这个过程的持续推进，我们看到现实发生了很大的变化，产生了很
多深远的影响。改革开放初期的 1978 年，我们的城镇人口只占 17.9%，到
2016 年，常住人口的城镇化率已经达到 57.35%，估计到 2017 年底，40 年
来人口城镇化的比重能提高 40 个百分点以上，这是一件非常了不起的事。
从农业农村来讲，毫无疑问，如果不是这些年工业化、城镇化快速推进，有
这么多农民转移到二、三产业，转移到城镇就业，农民的收入、农村的建
设、农民的生活状况都不可能得到这么大的改善。所以在现代化的进程中，
城镇化可以说是推动现代化的一个主要的动力，当然这个过程还远没有结
束，还在不断地向前推进。

---

*　原刊于《中国农业大学学报》（社会科学版）2018 年第 1 期。

**　陈锡文，全国政协常委、经济委员会副主任，中央农村工作领导小组原副组长兼办公室主
　　任；中国农业大学国家农业农村发展研究院院长兼首席专家。

在这个时候，为什么中央要提出振兴乡村？我想这完全是对中国的国情、中国当前经济社会发展的阶段性特征做了深入的分析后得出的一个重大判断，也是今后中国发展中的重大战略。党的十九大报告一共提出七大战略：科教兴国战略、人才强国战略、创新发展战略、乡村振兴战略、区域协调发展战略、可持续发展战略和军民融合发展战略。其他六大战略在以前的中央文件中、中央领导同志的重要讲话中或多或少都出现过，有的都耳熟能详，比如科教兴国、人才强国等这些都被反复提过，唯独乡村振兴战略是第一次提出来。它提出的背景就像习近平总书记讲的那样，中国发展正处在一个重要的历史交汇点上，再过几年我们要实现全面小康，到 2035 年我们要实现基本现代化，到 2050 年我们要建成现代化强国。所以在这个时点提出乡村振兴战略确实有它的特殊背景，这个背景就是中国的特殊国情。

中国是一个人口大国，也是世界人口第一大国，2016 年是 13.8 亿人，到 2017 年底总人口大概会接近 14 亿。我刚才讲到，我们现在常住人口的城镇化率已经达到 57.35%，2016 年有 7.9 亿人被统计在城镇人口中，其中包括 2.2 亿户口在农村但在城镇工作生活超过半年的人。但是按这个口径计算，2016 年底常住在农村的人还有接近 5.9 亿，这是中国的基本国情，就是人口众多，其中农业人口的比重比较高。我们要做一些设想，就是在未来的发展中，无论是实现全面小康也好，还是实现基本现代化乃至建成现代化强国也好，那个时候中国的人口城乡分布大概是什么格局？很多专家做过预测。据我所知，中期的预测一般会做到 2030 年，普遍认为 2030 年前后中国的人口大概会达到 15 亿人。我记得，大概 10 年前人口学家认为，按照当时的政策测算下来，到 2030 年达不到 15 亿人，大概 14 亿人多一点。但是最近已经实行二胎政策，所以人口的增长率会有所提高，按照这个算法大概到 2030 年总人口还是在 15 亿左右。那时候城镇化率能达到多少？据我了解，大概能达到 70%。因为我们"十三五"规划的目标是，到 2020 年，常住人口的城镇化率达到 60%，户籍人口城镇化率达到 45%。按照这个测算，到 2030 年常住人口的城镇化率达到 70% 是一个普遍可以接受的比例。70% 的城镇化率，也就意味着农村还占 30%，而 15 亿人的 30% 是 4.5 亿人。可以设想，一个有着 4.5 亿人生活的地域，如果不把它建设好，不让生活在那里的人获得像城里人一样的幸福生活，那我们就对不起农民。所以正是从这个角度讲，农村一定要把它建设好，农业一定要让它更好地发展，这样才能促进整个中国现代化稳步地、有根基地向前推进。

很多人认为，在现代化进程中城镇化是一个最强大的推动力。这个观点我也非常赞同，但问题是中国要经过多长时间的努力才能使自己的人口基本上都实现现代化？我想这将是一个很漫长的过程。2013 年 12 月 12 日，习近平总书记在中央城镇化工作会议上讲过一句话："在人口城镇化问题上，我们要有足够的历史耐心。"这个讲话是公开发表的，我想"历史耐心"还要加上"足够的"，可见它不会是一个短暂的过程。

在这个比较长的过程中，如果农村还存在数量相当多的人口，那怎么可以让农村衰落？怎么可以让农村衰败？我想这是中国国情所决定的一个重大问题。确实，对这个过程，我也听到过一些议论。有些议论认为，既然是推进工业化、城镇化和现代化，那么农村的衰败就将是一个不可挽回的事实。所以有人认为农村衰败是国家现代化进程中的一个规律，这个问题我觉得是需要讨论的。第一，已经实现现代化的国家，它们那里的农村，我想当然不可能跟那里的城市相比，但农村至少说不上是衰败。所以现代化一定意味着乡村衰败，我觉得这个问题需要讨论。第二，即使有些国家在现代化过程中出现了农村衰败，这也是它们的规律，不一定是中国的规律。因为在世界上 200 多个国家和地区中，人口超过 1 亿的巨国一共有 11 个。在这 11 个国家中，人口超过 1 亿并且实现了现代化的国家大概就是两个：一个是美国，3.2 亿多人，还不到我们的零头；一个是日本，1.2 亿多人，相当于中国总人口的 9%。不去谈论美国和日本的农村是不是衰败了，如果衰败了，那也只是它们的规律，不是中国的规律。而一个人口超过 10 亿的大国，在实现现代化以后，城乡是什么格局？人口在城乡之间的分布到底是什么状态？我想这个规律世界还没有总结出来，只能靠中国自己去探索和总结。第三，如果到 2030 年，我们城镇化率达到 70%，农村还有 4.5 亿人；再设想一下，如果到 2050 年，城镇化率达到 80%，农村还有 3 亿人，在有这么大数量农村人口的背景下，我想中国是无论如何不能让农村衰败的，否则这个国家就会面临一种难以承受之重。

所以中央在这个时候提出要实施乡村振兴战略，实际上是在提醒我们，这是由中国的特殊国情所决定的，由中国在未来二三十年发展中的阶段性特征所决定的，我们在现代化的进程中，不能忽视农村，不能忽视农业，不能忽视农民。只有这个问题得到更多人的重视，在城镇和工业发展过程中，农村才真正不会衰败。这是我想谈的第一个认识。

二　如何在乡村振兴的过程中实现农业农村的现代化

在振兴乡村的过程中，如何实现农业农村的现代化，是一个非常大的课题。我想大家都多次读过习近平总书记在党的十九大报告中关于振兴乡村的这一段内容，我也反复读了多次。这段文字可以说不长，一共只有420多个字，10句话，但是内容极其丰富。我觉得这其中有两句话需要引起我们的特别重视：一是"要坚持农业农村优先发展"，二是要"加快推进农业农村现代化"。之所以要特别重视，是因为在党的重要文件、党代会的报告或者其他的重要文件中，都是第一次出现这两句话。

"坚持农业农村优先发展"这个话以前没有讲过，当然类似的话进过，比如要把解决好"三农"问题作为全党工作的重中之重，它实际上体现了这个意思。党的十九大报告中仍然强调了这个重点，但是明确提出坚持农业农村优先发展这是第一次，而且这是观念上、认识上、工作部署上的重大突破和重大创新。党的十九大报告通篇3.2万多字，其中战略讲了7个，"优先发展"讲了3处，一处是刚才讲的要坚持农业农村优先发展，一处讲的是教育要优先发展，还有一处是要坚持就业优先战略。但是我想教育优先、就业优先不仅仅适用于城市，同样适用于农村，农村也必须实行教育优先、就业优先的战略。所以强调农业农村优先发展，显然是有它特定的含义在里面。

第二句话就是特别强调要加快推进农业农村现代化。农业的现代化我们讲过多年，在改革开放之前，周恩来总理做的政府工作报告中提出的四个现代化就有农业的现代化，改革开放之后我们也一直在强调。但是明确提出农村也要现代化，这可能是第一次，我觉得意义非常重大。中国的"农"字，大家概括得好，叫"三农"。所以中国的农村，不仅仅是要解决农业的问题，更重要的是要解决数量如此庞大的农民的福祉问题。从这个意义上讲，我理解，农业现代化毫无疑问以提高效率为基本目标，因此农业的现代化一定是逐步减少在这个产业中就业的人口。但是如果在这个产业中就业的人口减下去，而到城市的非农产业一下子还进不去，那么农民就业问题怎么解决？而如果农民的就业问题解决不了，那么这个国家的全面小康也好，基本现代化也好，现代化强国也好，可能都是不够格的，含金量都是不足的。

所以这两句话值得我们对未来二三十年中国的农村发展予以更加高度的重视。只有同时实现农业、农村的现代化，才能给生活在农村的几亿农民带来更大的福祉。

（一）如何实现农业的现代化

关于农业的现代化，党的十九大报告里讲得非常完整，对一些重点方面都明确地提出要求。我自己理解至少提出以下三方面大的要求。

1. 构建现代农业的产业体系、生产体系和经营体系

从整个国家的农业发展来讲，明确提出要构建现代农业的产业体系、生产体系和经营体系。这个话 2015 年习近平总书记到吉林省考察时就讲过，但无论是学界还是实际工作部门，对于建立现代农业的三个体系问题，都关注得还不够。比如现在讨论什么叫现代农业产业体系，什么叫现代农业生产体系，什么叫现代农业经营体系，中央提出来是什么含义？我自己也在冥思苦想，也在总结农民的经验，这三个体系到底是什么？我觉得这方面的研究还是不足的，应当花大力气去研究。

我自己的理解，产业体系其实主要讲的是农业的产业结构和农业资源的有效利用。要建立一个现代的农业产业体系，首先要考虑这个国家的农业自然资源状况是什么样的？农业的这些自然资源能不能得到科学的、充分的、更好的开发和利用，从而形成农业内部各个部门的协调发展？比如农林牧渔现在的资源利用状况是不是真正能够促使农林牧渔各业比较协调、比较高效地发展？所以从大的结构来讲，资源会决定你的产业，我们对农业资源的合理开发利用，应当形成中国农业的合理产业结构。改革开放以来，这个结构是在不断调整的，也说明了我们已经意识到农业的资源具有多样性，因此它存在发展多种产业的可能性。

除了利用农业资源发展农业的各个部门或者农业的各个产业，其实农业的产业体系还有一层意思，就是不能止步于田间地头，农产品生产出来之后，特别是在现代社会，要有更大的比重进入加工和营销领域。所以农业的产业体系，应该包括两方面内容。一是如何充分地、科学地、合理地利用好农业资源，使农业资源的利用能够各得其所，产生最大效益。二是如此众多的农产品生产出来之后，如何适应社会需求的新变化，让它们进入加工、流

通、储运等领域，而且这些领域也必须现代化。所以发展农业的产业体系，第一讲产业结构的优化，第二讲产业链的延长和增值。

那么什么叫农业的生产体系？我自己的理解，生产体系其实主要讲的是运用什么样的手段去从事生产。现代农业应当运用现代化的手段去从事农业生产，所以毫无疑问这里着重讲的是农业的科技进步。从良种培育到栽培、养殖技术，到使用的各种技术装备，再到后面的加工和营销，都要加快从传统农业向现代农业转型。我们的农业已经从完全依靠手工、依靠畜力转向了依靠机械、依靠科技进步。农业科技进步对农业增长的贡献率现在是56%，农业全程机械化率大概是65%。小麦这个特定的产品，农业的全程机械化率已经突破90%，高的地方甚至能达到95%。这说明我们的农业生产过程运用的手段和技术是在不断进步的，所以需要认真考虑在发展现代农业的过程中，怎么使我们的农业生产手段和技术不断地现代化。今天早晨看到一个很受鼓舞的新闻，播报的是广西怎么努力结合本地的实际去发展各种小型的山地机械，来实现山区农业的现代化。当地大量水果种在山上，特别是柑橘，要把它种好不容易，收获的柑橘搬到山下来也是一个很艰苦的事情。当地的农业技术部门研究开发出一种单轨的轨道车，收获的水果装到筐里，通过轨道车一直运到山下，受到当地农民的欢迎。其实这个工程，单轨轨道车，大概二三十年前日本、我国台湾就已经在使用，但我们在这么长时间里一直没有开发利用。现在广西用上了，那个农村合作社负责人在电视里讲的几句话是很震撼的，他说同样的这些水果，如果没有这个单轨车，要运下山来，一天要用40个人工，现在一个人就够了。这对劳动生产率的提高是不得了的一件事情，可降低成本，提高效率。

从这个角度看，生产手段的变革是实现现代化一个非常重要的途径。所以讲生产体系，就是我们从育种开始，从最基本的投入开始研究，一直到最后农产品出来，进行加工、增值，都采取了一些现代的、不断进步的技术，这是农业的生产体系。

而农业的经营体系，在我的理解中，就是对于资源、资金、技术、劳动力等这些要素，如何能让它们优化组合。每一个要素都很好，但是不能把它们很好地组合起来的话，效率不会太高。所以我们讲经营体系，实际上是讲如何把这些已经开发出来、得到认可的资源、要素优化组合，形成一种现实的生产能力，投入生产、经营和运行。

坦率地说，两年多前看总书记在吉林的讲话的时候，我也有些发蒙：三个体系——产业体系、生产体系、经营体系到底有什么区别？三者之间的联系是什么？我觉得结合各地的实际情况，应该认真深入研究，我也希望农大的研究院能够在这个问题上多下一些功夫。通过这个过程，我想实际上就可以把社会上各种各样关注农业、热爱农业，愿意到农业领域来开发投资和工作的各方面人员组合起来，在产业结构优化上，在加工增值方面，在新技术、新设备开发研究方面，在利用资金、技术到农村去组合各种要素等方面，我觉得都有着非常广阔的天地。

2. 健全农业的支持保护体系

党的十九大报告关于现代农业的第二个层面就是要健全农业的支持保护体系。很多人都知道，其实在加入世界贸易组织（WTO）之前，中国的农业说不上享受了国家多少的支持保护，那时还征收农业税，而国家在资金上对农业的支持是很少的。我看到有的专家的研究结果认为，2000 年以前中国的农业支持保护是负的。加入世界贸易组织之后，我们逐步取消了农业税，实行了各种各样的补贴和支持政策，由此农业支持保护体系才逐步建立起来。所以从这个意义上讲，中国农业支持保护体系真正建立的时间不足 20 年，还很缺乏经验，但是它已经取得非常明显的成效。比如粮食生产，能够连续十几年增产丰收，实际上和国家的支持保护政策是分不开的。

你虽有心要支持，但是如果方法不对，可能也会带来负效应。比如我们的粮食产量自 2004 年以来一直在增长，当然最高点是 2015 年，连续 12 年增长，从 8614 亿斤增长到 12429 亿斤，增长幅度非常大，12 年间粮食产量提高了 3800 多亿斤，平均每年增长 300 多亿斤。这两年虽然有所减产，但这是我们主动调控的结果，都减得很有限，2016 年减了 104 亿斤，2017 年在 2016 年的基础上增长了 33 亿斤，都处在历史的最高水平。这个与技术进步、农民努力都有关系，与国家对粮食收购的定价机制也有关系。很多同志都知道，2004 年以后我们出台了对主要粮食品种的最低收购价政策，后来又有些品种纳入临时收储价范围。这个政策一开头是非常有成效的，2003 年底，当时粮食产量是 8614 亿斤，这个产量水平差不多已经回到 1990 年，再不增产粮食供求就会有问题。所以中央出台了一系列重大政策，包括减免农业税、直接补贴农民、设立粮食最低价等。但那个时候政府的最低价是略低于市场价的，就是给农民一个托底的心理价格，让农民放心，尽管种，最低跌到政府定的最低收购价，那由政府来收购，这样农民就会放心踏实种。实际上，这个政策在 2004—2007 年的 4 年时间里，是基本没有启动的，因为市场价一直比它略高，而且这 4 年中政府没有提高最低价。但是到 2008 年不行了，因为我们在经济的快速增长中没有管控好要素价格，土地、劳动力、资金的价格都快速增长，到 2008 年之后这个最低价就托不住了，农民强烈要求政府提价。于是 2008—2014 年，主要的粮食品种年年提价，无论是最低价还是临储价。提价对农民有好处，收入提高了，所以也带来了粮食的连年增产。

但是不断提高政府定价也有副作用。第一，把价格提得比市场价还高，就成了市场最高价，于是其他经营主体只好从市场退出，所以人们形容这个市场为"政策市"。因为其他的市场化流通主体不敢收，这么高的价格收来要购销倒挂，要赔本，所以政府的粮食部门成了市场上唯一的买主。农民得到的不是市场给他的价格，而是市场价格加政府给他的补贴。第二，把市场的收购价格提得这么高，于是出现了很多业内人士讲的——现在还存在的稻强米弱、麦强面弱。就是做面包的面粉价格已经高于面包价格，那这面包怎么做？所以很多加工企业也不得不关停并转。第三，价格不断提高，总有一天会明显高于国际市场价格，这就为国际市场的粮食进入中国市场打开了大门。所以既要看到最低价、临储价起到的积极作用，也要看到补贴不恰当可能会带来的后果。

所以，党的十九大报告特别强调要"完善农业支持保护制度"。在这个过程中，就需要认真学习发达国家通过什么方式补贴农业，因为对农业的补贴 WTO 规则是允许的，但又是有限制的。正在进行的东北玉米定价机制和收售制度改革，提出市场定价、价补分离，就是既要让市场充分发挥作用，又不能亏待农民。在这样的背景下，怎么完善各种大宗农产品的定价机制、补贴政策、收储制度，是未来发展现代农业的非常重要的方面。有一段时间，理论界在讨论有没有产业政策，要不要产业政策，我觉得其实农业支持保护政策就是一个产业政策，它决定农业在国民经济中的地位，决定农业各类具体产品的发展方向和技术应用，这对发展现代农业是具有重大意义的。

3. 发展多种形式适度规模经营，培育新型农业经营主体，健全农业社会化服务体系

　　第三层意思就是要努力培育各种新兴农业主体，发展农业多种形式的适度规模经营，同时还要大力发展农业社会化服务体系，要使小农户能够和现代农业的发展有机衔接。

　　关于现代农业的发展，我想包括我自己在内，最开始都比较多地想到必须走土地流转、集中、规模经营的道路，到现在看我想这也是对的。但是中国的国情很难做到让大量的农民，甚至是百分之八九十的农民都尽快退出农业、实现土地的大规模经营，即使能实现，也是一个很长的过程。问题不在于我们最终实现现代化以后，每个农业经营主体能经营多大规模的农业，而在于从现在迈向农业现代化的过程中，我们怎样来看待还有这么多数量的农民，他们的减少是一个渐进和逐步的过程。在这个过程中若要不引起大的社会动荡，就要保证农民能够有充分的就业。

　　大家也都知道，小农户的概念出现在党的文件里，这恐怕是改革开放以来的第一次。这次讲的不是要尽快消灭小农户，而是要让小农户和现代农业的发展有机衔接，这个含义就非常深刻。实际上这回应了为什么要推进乡村振兴，刚才从人口、农民转移的角度来看，这个过程不是一蹴而就的。因此我想到，总书记曾经讲过另一个要有足够的历史耐心的重大问题。2016 年 4 月 25 日，总书记在安徽省凤阳县小岗村主持召开的农村改革座谈会上讲过这个话。他说规模经营是现代农业的基础，这个认识大家都是一样的，但是他还讲了要改变中国农业这种分散的、粗放的经营方式，是需要条件和时间的。首先，条件讲了三个。第一就是城镇化，即人口的大规模转移，人走了地才能集中起来。第二就是农业科技要有明显的进步，更少的人种更多的地，要避免粗放经营，就必须有科技进步作为基础。第三强调一家一户办不了的事，要由农业社会化现代服务体系帮着办。倒过来的意思就是，要想搞土地规模经营，就要先创造这三个条件，而不是简单地驱赶农民离开土地。我觉得这个道理讲得好。其次，讲到时间多长。他说要把这个过程——就是改变中国农业分散的、粗放的经营方式这个过程，放在大的历史背景下去审视，对此要有足够的历史耐心。2013 年总书记对人口城镇化问题用了要有足够的历史耐心，2016 年对改变农业分散、粗放的经营方式问题又用了要有足够的历史耐心。这其实讲的是同一件事，都是在讲中国现代化进程中，农业人口的城镇化和农业劳动力转移不可能一蹴而就。正是从这个角度看，就能理解为什么不可以也不可能急着提出要消灭小农户，而是要让小农户在农业现代化的进程中融入现代农业的发展中去，让他们与现代农业有机衔接，成为现代农业的组成部分。所以规模经营也好，多种经营主体也好，以前讲了，现在仍然要强调。但是我觉得党的十九大之后，我们应当用更理性的态度来看待农村存在这么大数量的小规模经营农户的问题。

在未来相当长的时间里，这个局面不可能一下子改变。所以农村的政策、农业的经营方式等，都要按照党的十九大报告来解决。怎样让这么多的小农户和现代农业有机结合，我们要做大量的事情。特别是在座的很多是到农业农村投资发展的公司企业，要注意到这个问题。如果中国的"三农"问题变成"一农"，就是提高农业的生产效率，这件事好办，大规模的投资、现代化的技术、大规模的经营，让农民全走，效率就上去了。但是农民全走，他们上哪儿去？如果他们找不到更好的出路，是不是引出的问题会比现在更麻烦？在推进农业现代化的过程中，越来越多的专家开始关注这个问题。中国的农业现代化要因时因地去发展适合各地实际情况的具体形式，有一条路就是通过土地流转集中规模经营，这在有些地方是有条件的，也搞得很好；但是还有一条路，就是一时半会儿小农户不愿意放弃自己的土地承包经营权的时候，也得让他们融入或者与现代农业衔接，就是发展农业现代化服务体系，现实中托管、代耕、购买服务等形式都可以实现这样的一个目标。这对中国来说是一个非常重大，也是一个非常特殊的问题，因为大家看到，第三次农业普查资料报出来农业经营户有 2 亿多，这是中国的国情。如果哪天我们把农业经营户减到只相当于现在的 1%，就是 200 多万户的时候，跟日本、美国就差不多了。但是要减掉 99% 这个事那么容易吗？没有足够的历史耐心能做到吗？所以我们说要素下乡、资本下乡、下乡发展现代农业，一定要考虑到提高农业自身的效率，当然这里包括劳动生产率，更要考虑怎么给农民更多的就业机会，我们大家应该共同努力。

所以在全面振兴乡村的过程中实现农业的现代化，我理解至少这几个问题要处理好：一个是关于产业体系、生产体系和经营体系的问题；一个是关于支持保护政策的问题；一个是怎么样实现小农户与现代农业的发展有机衔接的问题，这个问题尤其要认真考虑。

（二）如何实现农村的现代化

1. 要认识到中央对乡村振兴的总要求，就是"五位一体"总体布局在农

村工作中的体现

对于乡村振兴，党的十九大报告将产业兴旺、生态宜居、乡风文明、治理有效、生活富裕这五句话作为总要求。大家读起来似曾相识，因为12年前党的十六届五中全会制定第十一个五年规划的时候，对农村建设也提了五句话，那时候叫社会主义新农村建设。12年过去了，这五个方面的要求也提高了。原来叫生产发展，现在叫产业兴旺；原来叫生活宽裕，现在叫生活富裕；原来叫管理民主，现在叫治理有效；原来叫村容整洁，现在叫生态宜居；唯独乡风文明没变。所以经过12年的努力，四个方面都有比较大的进步，乡风文明这件事我觉得问题可能还比较大，还要更加努力。但是这五句话提出来一比就知道，一方面我们12年来有了很大的进步，发展了；另一方面对未来提出的要求更高了。这五句话——过去有五句，现在也有五句——体现的是"五位一体"总体布局的要求，不是单方面的生产效率提高、生活富裕，这是一个非常重大的问题，单求某一方面的突破解决不了太大的问题。我记得，2005年制定"十一五"规划的时候，领导也给我们提出要求，说这是个大事，什么叫社会主义新农村建设，要解释清楚，不能产生片面性和盲目性，特别是要解释全面，同时要通俗，要让农村基层干部和农民都能听懂，这个很重要。所以2005年编的五句话也是费了很大劲。编出来之后，报中央审议的时候，中央还是表扬的，说五句话编得不错，很全面也很通俗。但是有的领导提出，最担心的是文件里讲了五句话，最后只干一件事：村容整洁。因为生产发展、生活宽裕、乡风文明、管理民主，不花上五年十年八年的时间是见不了效果的，村容整洁却能搞得很快。其实大家回顾一下，2005年提了社会主义新农村建设五句话，2006年、2007年、2008年的时候是不是存在片面性？确实存在。2006年3月，我在一次调研中，到一个村里跟一位大婶聊天。我问她知不知道社会主义新农村建设，她说知道，报纸上、电视里也有，村里的党支部书记也说了。我说村支书怎么说的？她说村支书讲新农村建设就是"有钱就盖房，没钱就刷墙"。新农村建设刚提出来时，确实有一段时间是这个状况，走过弯路。所以从这个角度回过头来讲，五位一体的建设哪个都不能偏废，其中首先要解决好产业兴旺，产业不兴旺兜里没有钱，只能像12年前那个老乡说的那样"刷墙"。

从这个角度来讲，下一步农村的现代化就是要全面实现这五句话的要求。当然其中最重要的，在我看来，如果农村出现所谓的凋敝，产业凋敝，就没人去，它就兴旺不了，也振兴不了。

2. 乡村社会的治理有效，是下一步实现农村现代化的关键

我觉得党的十九大报告对于当前农村存在的突出问题着重讲了两个，第一是农民的就业和收入问题，第二是农村的基层基础建设问题。

（1）促进农村产业融合发展

温饱足而知荣辱，农民就业和收入增长是实现乡村社会治理有效的基础。党的十九大报告强调要促进农村一、二、三产业融合发展，实际就是要为农民的创业就业开拓更大的空间，让他们有更多的收入来源。我曾经讲过，要为农民开辟第三就业空间。我们回顾改革开放以来近40年，农民就业的第一空间就是耕地，家家户户承包了土地，但是还不够，这能解决他们的温饱问题，但很难实现他们的富裕。于是第二就业空间开拓出来了，就是发展非农产业和向城镇转移。这个过程中也是有变化、有节奏的。一开始像小平同志讲的那样，乡镇企业异军突起。乡镇企业最兴旺的时候有2000多万家，在里面就业的农村劳动力有1.2亿多。我们当时都以为农民就业问题靠乡镇企业离土不离乡就可以解决了，但是乡镇企业红火了十几年之后退潮了。现在农村当然也有企业，但是和原来的乡镇企业完全不是一回事。那么农民就业怎么办？乡镇企业一退潮，潮起又潮落，涨上来的是大量农民工外出务工经商，大量进城，于是从90年代中后期开始，民工潮涨起来了，全国有近2.8亿的农民工，进城的就有1.7亿多。依靠民工潮是不是就可以解决农民的就业问题？原来我也这么想，但是这两年情况又不一样。最兴旺的时候一年增加外出农民工800多万人，但2015年只增加了63万人，2016年只增加了50万人，增长率已经降到0.3%。0.3%在统计学上大概就是个误差率。从这个意义上讲，继续依靠民工潮，至少在当前不可能带动更多的农民就业。农民的第二就业空间就是到城镇去务工经商，但现在看这个容量也不够，于是就要开拓第三就业空间，就是通过农村一、二、三产业融合，通过新产业、新业态的发展，在农村为农民创造主要不依赖于耕地又不必进城搞务工经商的就业机会。有没有呢？农民创造出来了。

近期的《人民日报》用很大的篇幅报道了河南省虞城县怎样从输出农民工的大县变成农民返乡创业的热土。在过去的3年中，这个县有10万农民工返乡就业创业。回乡农民创办各类企业8458家，除解决了回乡10万人的就业，还带动当地农民5万人进入这些企业就业。我不能说以后城市不会增

加新的就业，这不符合规律，以后城市的经济发展转型到位之后，还可以给转移农民提供大量的就业机会。但是至少在这一段时间不能让农民无所事事，没法就业，所以要开辟虽然在农村但主要不是依赖于耕地的新的就业机会，这就是要推动农村一、二、三产业融合，让农民在农村新产业、新业态中扩大就业，这是当前增加农民收入非常重要的途径。

（2）加强农村的基层基础建设

讲到农村当前存在的第二个大问题，就是明确要加强农村的基层基础建设。这个概念在党的文件里是第一次提出来，什么叫基层基础？我的理解，其实讲了两个方面。一个是怎样搞好农村的社会治理？这次明确提出来要"三治结合"，就是建立自治、法治、德治相结合的农村社会治理机制，显然我们在这方面有很大缺陷，还要进行很大的改进，才能把乡村社会治理做得更好。一个是要培养造就一支懂农业、爱农村、爱农民的"三农"工作队伍，这也是一个很高的要求。我想，这不仅仅是指党和政府专门从事"三农"工作的那些人，农村的基层干部也是"三农"工作者，各行各业中哪个行业和农业农村没关系？所以哪个行业都应当有自己懂农业、爱农村、爱农民的工作队伍。教育、医疗、金融、农产品流通和农产品加工行业等都应该培养自己的"一懂两爱""三农"工作队伍。

三 结束语

党的十九大报告中关于乡村振兴的这部分内容虽然文字不多，但非常丰富，而它的根本目的就是实现农业农村的现代化：第一，在这个过程中要始终坚持农业农村优先发展的理念和政策措施；第二，要让农业、农村、农民和整个国家一道实现现代化。

2

乡村振兴中的农业农村现代化问题[*]

陆益龙[**]

  党的十九大提出"实施乡村振兴战略","加快推进农业农村现代化"。这一宏观政策方针意味着乡村振兴将是新时代"三农"发展的基本战略,农业农村现代化将成为新时代农业农村发展的方向。那么,何为农业农村现代化?如何推进农业农村现代化?关于农业农村现代化的问题,需要结合中国农村的现实情况,做更加深入的理论辨析,以求更为科学合理地理解,这样才会有利于乡村振兴实践的有效推进。本文结合笔者以往农村研究所把握的现实经验,从现代化理论视角,分析和探讨在新时代乡村振兴过程中,农业农村现代化究竟有哪些实际的内涵,推进农业农村现代化有哪些切实可行的路径。

一 农业农村现代化的相关理论

  现代化是指传统前工业社会经历经济发展而发生的社会转型与社会变迁的过程。在这一过程中,具有现代性的要素如现代生活方式和组织结构等在社会中逐渐增多。现代化的早期支持者一般会持有一种趋同论的理论假设,即认为每一个社会都要经历现代化的过程,而且世界所有国家会因受现代化过程的影响而变得越来越相似(波普诺,1999:636)。然而,在经历几百年的现代化过程后,当今世界各国仍呈现不一样的发展状况和态势。尽管现代化的影响越来越显著,但世界各国的发展并未如趋同论所认为的那样走向单一化,而是表现出多种多样的发展路径和发展方式。

  在农业农村发展的未来走向问题上,有一种与现代化趋同论相似的"小

---

 [*] 原刊于《中国农业大学学报》(社会科学版)2018年第3期。

 [**] 陆益龙,中国人民大学社会学理论与方法研究中心教授。

农终结论"。孟德拉斯（1991：1）认为，随着现代化的推进，传统的小农生产方式和农民将逐渐消失，并最终走向终结，取而代之的将是现代化的农业和现代农业工人。然而从当前世界农业发展格局来看，小农户和小农生产方式依然广泛存在，并在现代社会的农业发展中占据重要地位，为农业发展继续做出重要贡献。甚至在一些地区如南美洲一些地方，出现"再小农化"的现象和趋势，即一些农业企业或农场将其土地分包给小农户来负责生产经营（范德普勒格，2013：1-5）。"再小农化"的趋势和事实表明，终结论的观点过于教条地、理想化地理解农业农村的现代化问题。尽管在现代化进程中，农业农村发展将受到相应影响，但这并不意味着农业农村发展只能按照一种统一模式来推进，而且最终达到同一的结果。

中国的农业、农村、农民问题一直备受关注。在农业农村现代化问题上，已有多种多样的观点和对策建议。综合起来看，中国特色的理论假设有较为广泛的影响。例如，关于农业农村的未来发展，陈锡文（2013a）认为关键在于应对和解决三大问题："地"的问题、"粮"的问题和"人"的问题，即粮食和主要农产品的供求关系问题，以及城镇化过程中农民转市民问题。至于农村"地"的问题，实际上就是要回答两大问题：将来"谁来种地"和"怎么种地"（陈锡文，2013b）。这一问题其实就是未来农业发展方向问题，也可以说是农业现代化问题。在此问题上，中国迫切需要走出一条有特色的农业现代化道路，需要不断提高耕地产出率、资源利用率和劳动生产率，为农业增产、农民增收、农村繁荣注入强劲动力。与此同时，农业现代化需要与工业化、城镇化有机联动，构建起一个适应国情、适应市场经济要求的组织和制度体系（陈锡文，2012）。

在如何发展现代农业问题上，温铁军等（2010）强调国情的特殊性及其制约性，认为人地关系高度紧张和城乡二元结构的基本体制矛盾对农业发展的制约作用会长期存在，这是讨论中国农业本体论问题的基本前提。从世界农业发展经验看，农业生产方式主要有三种类型：大农场农业、小农场农业和小农户农业。如果不顾客观条件推进规模化大农场，会造成生态环境和食品安全的双重负外部性。中国发展现代农业需要考虑到多功能性和综合价值，需要进一步探寻新的激励和补偿机制。韩俊（2010）也提出类似观点，他认为经过30多年的改革开放，中国总体上已进入以工促农、以城带乡的发展阶段，工业反哺农业、城市支持农村的能力显著增强，农业和农村发展面临重要的历史机遇。但同时，值得注意的是，在经济快速增长、发展方式加快转变、社会结构加快转型、利益格局深刻变化的大背景下，农业基础依然较薄弱。改变这一状况，需要发展现代农业，促进农民增收。其中，尽快建立起现代农村金融制度尤为重要，必须提高正规金融对农村的覆盖率，引导和推动农村金融由"抽血"向"输血"转变。在如何走中国特色农业现代化道路问题上，一些学者具体分析了中国基本国情，认为中国建设有特色农业现代化会面临诸多困难和问题。中国人多地少、农业基础薄弱，建设特色农业现代化没有现成经验可以借鉴，只能靠自己摸索和试验。沉积在农业领域的大量人口造成农业就业比重过高、农户土地经营规模过小、农业劳动生产率过低，要解决这些难题并非易事，需要通过较长时间和过程的努力。例如，蒋和平（2009）提出，中国要分地区、分阶段、分层次地推进有特色农业现代化建设，推进中国特色农业现代化建设可选择七大发展战略和四大具体技术路线。对中国特色农业现代化建设的评价，可运用多指标综合分析方法，从农业投入、农业产出水平、农村社会发展水平和农业可持续发展4个"准则层"，通过劳均农业投入水平、农业科技投入水平、城镇人口比重等15个指标，进行定量评价（蒋和平、黄德林，2006）。

农业农村现代化问题，还涉及农业基本经营制度的变革。创新和完善农业经营制度，建立新型农业经营体系，是实现农业现代化、建设社会主义新农村的制度保障。合作经营是农业经营方式之一，发展农业合作经营在现代农业发展中有重要作用。根据对农民专业合作社的考察和研究，张晓山认为多样化、混合型的农业现代化发展模式和经营形态将在农村长期存在。农民专业合作社的异质性和多样性特征也将长期存在，由农业大户领办和控制的合作社在一些地区是合作社的主要形式，原有农业产业化经营中的"公司+农户"形式要么内部化于合作社之中，要么公司越来越多地利用合作社作为中介来与农民进行交易，农民专业合作社和农村社区组织将更多地碰撞、交错和融合到一起。农民专业合作社未来能否健康发展，关键在于从事农产品生产或营销的专业农户能否成为专业合作社的利益主体（张晓山，2009）。而推进农业基本经营制度创新，一方面要坚持以家庭承包经营为基础、统分结合的双层经营体制不动摇，赋予农民长期而有保障的土地承包经营权；另一方面要处理好稳定与创新的关系。随着农业农村市场化的发展，农产品生产者的生产经营规模逐步扩大，农业生产经营活动各个环节的市场化、专业化和商品化程度逐渐提高，农产品生产与国内外市场的联系更加紧密，所要承受的市场风险和自然风险增大，预期收入的不确定性也增大。在新的形势下，农户家庭经营的内涵正在发生变化，以统分结合、双层经营为特征的农业基本经营体制也要不断变革和改善（张晓山，2006）。在某种意义上，农业现代化的发展过程自然也是农业生产经营方式根据实际需要而做出变革与调整的过程。随着现代化的推进，农户家庭经营在稳定农业基础地位的同时，也会发生一定的变革。这一变革可能是各地农村根据现代化变迁的实际情况和需要，走出的一条有效且可行的新型农业经营之路。

关于农业现代化中的农业基本经营制度创新与变革问题，孔祥智、刘同山则认为当前中国农村基本经营制度存在一些缺陷，主要表现为农村土地制度难以满足农业发展的需要，集体经济组织统一经营的职能发挥得不够。随着工业化和城镇化的推进，土地承包经营权若维持长久不变，农民土地流转需求将日益强烈，因此需要进一步完善农村基本经营制度（孔祥智、刘同山，2013）。对新型农业经营主体的考察和研究发现，近年来通过土地流转形成的、直接从事农业生产经营活动的农业经济组织主要有专业大户、家庭农场、农民合作社和农业企业等。到 2013 年底，中国土地流转面积占家庭承包经营总面积的比例超过 26%，其中流转入农户、合作社和农业企业的土地分别占 61.8%、18.9% 和 9.7%，转入土地的农户演变为专业大户和家庭农场。针对这一现实，宏观政策或顶层设计需要有积极的应对，让新型农业经营主体的发展在农业现代化中发挥作用（孔祥智，2014）。构建新型农业生产经营体系将是农业现代化的重要内容，至于新型农业生产经营体系的具体构成、具体方式和实现路径，仍需要掌握中国农业农村的实际情况，并需要在农业农村改革的具体实践中，不断地探索和检验。

中国特色农业农村现代化理论的多种观点，都关注并反映了中国农业农村在现代化过程中所受到的制约，但对农业农村未来发展持有不同的观点，也意味着对新时代农业农村现代化问题可以有多种多样的理解，而在多种观点中寻求更加合理、更贴近实际的理解，需要就此问题不断进行经验的和理论的探讨与研究，以增进和丰富对此问题的认识。

二 何为乡村振兴中的农业现代化

宏观政策把加快推进农业现代化作为新时代实施乡村振兴战略的重要内容，那么，如何理解农业现代化？对这一问题的准确把握与合理理解，直接关系到具体政策措施的有效性和合理性。

如果按照现代化的趋同论来理解农业现代化，就会把农业现代化简单地理解为发展现代农业，用现代农业取代传统农业。关于现代农业，人们通常会根据发达国家农业发展经验做狭义的理解，即把现代农业理解为由现代公司组织、运用现代农业科技、专门为市场而生产的规模化和集约化的农业，在生产经营中广泛运用现代工业化成果的农业，一方面按照工业企业的生产经营方式来组织农业生产和经营管理，另一方面大量使用工业制造的农业机械和现代农业科学技术。诚然，大力发展现代农业在推进农业现代化进程中具有重要的意义，也是农业现代化的重要构成，但农业现代化显然不简单等同于现代农业的发展。

关于现代农业和农业现代化问题，根据政治经济学的基本原理，可以从两个方面去理解其本质意义：一是生产力方面，二是生产关系方面。在生产力方面，发展现代农业与推进农业现代化，其根本意义都是要提升农业的综合生产力水平。通过发展现代农业和农业现代化，不断提高农业生产中的劳动生产率和单位土地的产出率。在生产关系方面，现代农业的突出特点体现在农业生产组织与经营管理方式上。现代农业通过调整和改革经营管理方式，使之更加适应现代社会的市场环境和社会生活的实际需要，以此不断提高农业生产效率和经济效益。在现代农业经营管理方式方面，目前有较多以家庭为单位或依托家庭而开展的农场，其虽然有别于现代大农场或现代公司，但同样可以达到提高生产经营效率和效益的目的。因此，现代农业在生产组织和经营管理方式上，并不一定存在某种固定的、理想化的模式。

在新时代乡村振兴中，农业现代化的实质是要不断推进和实现农业的变革，使之更加适应现代社会经济环境和社会生活需要。就本质目标而言，农业现代化要实现两个提升：一是提升农业经济的效率，二是提升农业经济的效益。效率的提升主要是指通过农业的变革来提高农业生产力的综合水平，主要表现为"增产"，即农业产量、产值不断增长，在国民经济中的地位和贡献得到巩固和提升。效益的提升主要是指农民"增收",即农业生产的社会经济效益得到提高。这两个根本目标的实现,都需要以变革为基础和动力,没有农业的变革,就不可能有效率和效益的提升。但是,新时代农业的变革并不是指采取一种统一的模式,而是需要多种多样因地制宜的变革途径和实践。在这个意义上,农业现代化并不等同于发展狭义的现代农业。

关于农业的变革问题,一些发展经济学理论倡导"改造传统农业",发展现代农业。所谓"改造",就是要让农民使用新型要素,而不使用他们世代使用的生产要素(舒尔茨,1987:148)。然而在现实社会中,改造传统农业和发展现代农业会面临诸多阻力和困境,其中最根本的困境就是现代农业与农村社会结构之间的两难困境。一方面,现代农业的发展难以改变和取代仍具有传统特征的农村社会结构;另一方面,农村社会由于仍有传统结构的存在,难以为现代农业的发展提供充分的要素供给。现代农业与传统结构之间的这种两难困境,既是一种社会事实,也是中国的一项基本国情(陆益龙,2016)。而农业经济活动仍或多或少地嵌入农村社会之中,承担着农村社会系统运行的综合功能,并不是脱嵌于农村社会的独立经济部门。因此,传统农业的改造并不能简单通过改变要素使用类型真正达到目标,推进农业的变革必须联系社会实际,只有从实际出发才能找到有针对性的、有效的途径。例如,在提升农业经济效益方面,并不一定需要所有小农户都改变传统生产方式,传统的农艺在现代社会也可作为一种独特的资源在提高经济效益方面发挥作用。

实现农业现代化需要变革,如约翰逊(2004:102)认为,"当经济增长发生时,农业必须变革","如果农民要分享经济增长成果的话,农业就必须调整或变革……为了经济的增长,农民所需做出的最主要也是最困难的改变就是减少从事农业生产的劳动力"。农业劳动力的减少具有两个方面的意义:一是意味着农业生产率得以提高,二是农民向非农业的转移可以使经济收益得以提高。农业在劳动力转移方面的变革并不会影响到农业产量和粮食生产,伴随着农业机械化和社会化程度的提高,农业劳动生产率得以提升,农业生产对劳动力的需求随之减少。不过,农业农村劳动力的转移并不一定是普遍的。在单纯发展种植业的地方,从事农业生产的劳动力需要调整,而在那些农业集约化经营或综合经营的地方,以及在种植经济作物为主的地方,农业劳动力并不富余,因而在农业变革中,虽然农业劳动力有序转移是一项重要的内容，但变革不全是让劳动力转移出去，更重要的可能是在提高市场效益方面进行一些变革。

在农业现代化过程中，技术变革显得尤为重要，因为科学技术是第一生产力。随着农业生产不断引入先进的科学技术，农业生产力水平得以不断提高。但是，农业的变革不仅仅是技术的革新，制度的变革也是重要的构成，因为制度也是一种生产力。制度创新和制度变迁同样会对农业发展产生重要影响，有效率的制度安排可对农业经济效率和效益的提高起到积极作用。要让制度安排促进农业效率和效益的提高，关键在于制度的创新和变革。正如诱致性制度变迁理论认为，并非所有制度都是有效率的，低效率或无效率的制度也不是自动发生变迁的，而是在创新成本低于收益时就会诱致制度变迁（林毅夫，2000：122）。因此，在推动农业制度变迁的过程中，让创新和变革的成本尽可能降低，让变革的收益尽可能提高，是制度变革的关键。

那么，新时代如何推进农业现代化？怎样变革农业？对这些问题的认识，首先需要把握当前农业发展面临的基本问题或根本问题。关于中国农业发展的基本问题，黄宗智（1992：77）认为主要是小农生产的"过密化"问题，也就是小农生产面临"有增长而无发展"的问题。所谓"过密化"，是指人口的增长导致小农家庭人均边际收入出现递减的现象，即便家庭农业总产量有所增长，家庭人口的增多也会降低家庭人均收入水平。如果从问题的成因角度看，"过密化"的根源在于农业人口的增长以及由此产生的紧张的人地关系。诚然，在一个相对不变的经济环境中，小农户在劳动力供给增长的情况下，可能会面临边际收益降低问题。但是，如果农业生产经营方式和农业制度环境发生改变，小农户的经济效益不一定会随着劳动力供给的增加而降低，而是可能提高。例如，如果市场制度的安排能够调整对小农户按照传统生产方式所生产农产品的价值的评价和定价体系，或者小农户能够根据市场价值体系调整自己的农业生产活动，那么小农户农业生产的经济效益可能在一定程度上得以提高。

从当前的经验现实来看，农业生产经营所面临的突出问题并非技术、土地的制约，农户可以通过一些改变措施实现产量和劳动生产率的提高。但是，由于较多农户难以在农业生产经营改变中获得理想的市场效益或经济收益，驱动农户增加农业生产经营投入以及进行变革的动力并不是很充足。在市场经济下，农户的理想经济收益并不局限于农业，而是会与其他生产经营进行比较。目前，农业农村一种较为普遍的现象是，大量农村劳动力向外流出，而不是坚守在农村走农业变革之道。这不仅仅因为农业劳动力富余，更因为农村劳动力外出打工的比较收益相对较高。

所以，新时代农业现代化或农业发展所面临的基本问题，既不是土地，也不是技术，更不是"过密化"，而是农民如何获得公平的市场机会（陆益龙，2015）。这一问题的核心是农民的经济收益增长实质上涉及农业与市场和政府的关系，即市场和制度安排如何让农业从业者获得公平合理的、理想的经济收益。这实质上是一种深层结构性的、系统性的问题，因为它关涉到整个利益结构和既有分配系统的变革与调整。农业经济效益的改变，会涉及食物供应价格系统的变化，而食物供应价格的上升会导致劳动力价格的提高，进而影响经济系统和利益结构。因此，基本问题的突破和解决并非一蹴而就之事，而是需要有系统的、配套的改革措施和渐进的变革过程。在宏观层面，需要构建起支持和激励农业变革与发展的社会经济环境和制度体系；在微观层面，需要基层社区和农户发挥创新和变革的能动性，积极主动地推进农业变革与农业现代化的实践。

三 何为乡村振兴中的农村现代化

在新时代乡村振兴中，中央提出要按照"产业兴旺、生态宜居、乡风文明、治理有效、生活富裕"的总要求，加快推进农村现代化。虽然乡村振兴的总体目标已经明确，但对于农村现代化的内涵和实现路径，仍需要拓展相关的研究以增进全面深入的认识和理解。

农村现代化究竟是什么？什么样的农村是现代化的农村？关于农村现代化的内涵，通常有两种观念：一是新农村建设，二是农村城镇化。新农村建设主要倡导在现代化背景下，通过国家力量或外部的力量来加强农村建设，使农村的面貌焕然一新，与现代社会发展水平相协调。新农村建设观念在晏阳初为代表的乡村建设学派的思想中就已体现出来，乡村建设思想主张重新建设乡村是一项"固本"工作（晏阳初，1992：35）。发展经济学根据韩国和我国台湾地区的"新村运动"经验，倡导在新的历史时期通过新农村建设来促进市场均衡和中国农村的新发展（林毅夫，2006）。新农村建设主要是针对现代化过程中传统乡村的衰落而实施的一种农村建设政策。政府为改变城市与农村之间发展的失衡状态，通过一些支持农村基础设施建设和增加农村公共品供给的优惠和补偿措施，改变农村发展滞后状态，让现代化中的农村社会有新面貌。

在现代化进程中，乡村发展通常会面临随着城市快速发展而出现衰退的挑战，如费孝通认为"都市的兴起和乡村衰落在近百年来像是一件事的两面"（费孝通，2007：254）。如果新农村建设主要是针对城乡发展不均衡问题，是为了改变农村发展旧的面貌，那么新农村建设就可能会成为一种被动的、补救性的发展，乡村发展的主动性、主体性将难以在新农村建设中体现出来。

从某种意义上说，新时代推进的农村现代化，离不开国家在农村推进的新农村建设。农村基础设施和公共服务的改善，将是农村现代化的重要物质基础。值得注意的是，无论是从历史还是从现实经验来看，如果把乡村发展和农村现代化等同于农村建设，都不会真正实现农村发展目标。

确实，新时代农村必须有新的发展、新的面貌，但是农村新发展、新面貌应该是广大农村居民在新的形势、新的环境下探索和实践出来的，而不应该是完全依靠外力建设和改造出来的。农村现代化是农村社会一种新的、综合性的发展形态和生活状态，而不仅仅是物质上的现代化。

农村城镇化其实就是现代化趋同论的一种观点。趋同论一般认为城镇化是现代化的一种发展方向和趋势，因而农村现代化也要朝着农村城镇化方向发展。如李强等主张的"就地城镇化"，就倡导农村通过多种模式实现就地城镇化，以让农村达到现代化的目标。所谓就地城镇化，是"指农村的就地改造和农民在世代居住的乡村完成生产方式、生活方式的城镇化、现代化的转型"。就地城镇化主要有三种典型模式："大城市近郊乡村的城镇化、地方精英带动的村庄城镇化、外部资源注入的乡村城镇化。"在推动农村就地城镇化过程中，可以通过培育产业、转变就业结构、促进土地资本化、整合地方精英的资源、实施交通机动化等措施来推动农村生产与生活方式的现代转型（李强等，2016）。

在乡村振兴战略实施过程中，需要有城乡融合的体制机制来助推农村现代化，也要求在工业化、信息化、城镇化和农业现代化"四化同步"的背景下推进农村现代化。然而，乡村的振兴、农村的现代化并非以城镇化为最终结果或终极目标。如果所有乡村都化为城镇，也就无从谈起乡村，更不存在乡村的振兴。因此，在这个意义上，农村现代化并不等同于农村城镇化。农村现代化需要农村社会发展与现代社会发展相协调、相一致，是农村社会现代化发展的结果，而不是城镇化发展的结果。乡村振兴所要振兴的是乡村，而非把乡村完全改造为城镇。虽然城镇化的力量在乡村振兴、农村现代化过程中可以加以利用，城镇化经验也可以在农村发展中加以借鉴，农村生活方式的现代转型可以吸收城镇化的一些先进成果和优势，但农村现代化的本质意义并不在于实现农村城镇化。

新时代之所以要实施乡村振兴战略，其本质意义实际包括两个方面：一方面是要保持和维续乡村主体性与乡村价值；另一方面是要促进乡村在现代化背景下进行新发展，即农村现代化发展。所谓乡村的主体性，是指乡村作为社会结构的主体构成之一，具有其存在的价值和独有的特征。现代化、城镇化的话语常常忽视甚至否定乡村社会的主体性及乡村价值。现代化的社会是不是可以不要乡村社会，城镇化是否要让所有乡村走向终结？很显然，乡村振兴战略就是要重新认识乡村价值，重视把乡村发展作为新发展理念的重要构成。

保持乡村主体性和乡村价值并不意味着乡村可以保持不变或不需要现代化发展。在社会现代化的进程中，乡村社会同样需要与时俱进，需要不断推进乡村新的发展，以实现乡村现代化的目标。新时代乡村社会新的发展，本质上就是根据社会经济发展的新形势、新环境，不断调整和改变生产与生活方式，以达到与现代社会发展相协调的和谐状态。农村新发展或农村现代化实质上就是农村在新时代的社会变迁与适应过程，因而农村现代化并不存在某个固定的、统一的模式。各地农村在现代化的过程中，需要根据实际情况，寻求并实践变革之道，以实现新的发展。

概括起来，农村现代化的真实内涵是，在社会现代化的大背景下，通过合理有效的方式维持农村社会的延续，并通过不断的变迁与发展，与现代社会总体发展相协调、相融合。既然乡村振兴中农村现代化的内涵已明确，那么如何推进新时代农村现代化？

要探寻农村现代化的有效实现路径，先要把握和了解当前农村社会的基本性质以及发展的基本状况。关于当前农村社会的基本性质，笔者曾用"后乡土社会"理论进行概括。经历历史转变和社会转型的中国农村社会，如今已经迈入后乡土社会，亦即当前的农村社会具有后乡土性特征（陆益龙，

2017）。所谓后乡土性特征，是指农村社会仍保留和维续着部分乡土社会的特征，但乡土社会在结构和形态上又有了新的特点。后乡土性有两个最为突出的表现：一是村落共同体的维续，二是人口的流动。即中国农村社会依然有大量的村庄或村落共同体存在，这意味着乡土社会依然部分维续；但与此同时，村庄里大量人口特别是劳动力外出流动，并以流动就业为基本生计模式，这说明村庄的形态和结构已发生改变，有了新的特质。

针对当前农村出现较为普遍的流动现象，有一种观点将农村这一现状概括为"农村空心化"，并认为农村空心化是统筹城乡发展与新农村建设的一大障碍，而农村空心化主要是内核推动力、外援拉动力和系统突变力三种力量作用的结果（王国刚等，2015）。然而，笔者认为，将当前农村人口流动现象悲观地看作"农村空心化"并不十分确切，因为农村空心化意味着农村的衰亡或即将消失，而农村人口的大量外流虽带来农村阶段性的空心化，反映了农村发展面临一些困境和问题，但是农村人口流动也在一定程度上蕴含着农村社会发展的生机，反映了农村社会潜在的生命力和较强的适应能力。从对农村的经验观察中可以看到，一些村庄虽然平时空荡荡的，只有很少的老年人、妇女和儿童生活其中，但一座座新建的楼房反映了它们的新发展。现实情况是，如果村庄人口不外出寻求新的机会，那么很多农户不可能新建起那些气派的楼房。因此，对农村人口的流动现象，需要辩证地、理性地看待，而不宜简单地视为农村空心化。农村劳动力外出寻求新的发展机会和增收机会，在某种意义上代表着后乡土社会的一种"新常态"，而不是所谓的发展障碍。开放与流动是现代社会的重要特征，农村现代化也需要在开放与流动的背景下推进。

农村人口外流既是一种现实，也是新时代农村发展的大环境与客观条件。推进农村现代化，必须尊重和考虑这一基本事实，各种政策措施需要根据这一基本国情来进行科学合理的设计和安排。一方面，要让农村外流人口在农村现代化中充分发挥作用，为外出流动的农村劳动力创造更加有利的发展环境，为农村居民收入水平的提高开辟一条新的途径。另一方面，要关注和重视农村留守人群与农村现代化的关系，通过有效的调控机制促进农村留守人口在农村现代化中发挥积极作用。在某种意义上，正是因为有一定的人口坚守在乡村社会，乡村社会的正常运行和价值延续才得以维持，乡村社会才不会走向终结。与此同时，乡村人口的外出打工也给农村发展带来一定的新动能。尽管有一定外出人口会从农村流失，但较多的流动者依然会回到家乡。因此，乡村振兴和农村现代化建设将给农村流动者增加对农村发展的信心，也为他们返回家乡提供一条更加便利的道路。

推进农村现代化，还需要从城乡统筹发展的角度加以考虑。在现代化、城镇化的背景下，需要调整和重建合理的城乡关系，实现"以工促农，以城带乡"，形成城乡共同发展、城乡融合发展的新格局。

四　中国特色农业农村现代化道路

农业农村现代化既是中国特色社会主义现代化的基本构成，也是重要的推动力。尽管现代化是当今世界发展的一个共同特征和趋势，但历史和现实反映出现代化有各式各样的道路。中国有着悠久、辉煌的农业文明，而且仍是一个农业大国，农村社会与文化历史源远流长，在农村依然居住和生活着大量的人口。中国的农业农村有着自己的特色，农业农村的现代化必须尊重这些特色，只有这样现代化的推进才会达到合理的效果。也就是说，在新时代乡村振兴中，加快推进农业农村现代化仍要选择走中国特色的现代化道路。

中国特色农业农村现代化道路并不仅仅是一个口号，而是有实质性的内涵。现代化趋同论以及科学主义的思潮，常常会否定"中国特色"的意义，认为现代化是共同发展方向，遵循着普遍规律，不存在特殊路径。然而事实上，所谓的现代化普遍模式其实是根据工业化国家的发展经验概括出来的。中国农业农村具有自己的实际情况和特征，在推进现代化的过程中自然要尊重这些客观条件和实际情况。离开基本国情，任何理想化的道路都难以行得通。就真实内涵和特征而言，可以从这样三个方面来理解中国特色农业农村现代化道路。

首先，中国特色农业农村现代化道路是以粮食安全为核心的。粮食安全属于国家战略问题，"中国人必须将饭碗牢牢地端在自己的手里"，所以农业发展涉及战略安全。因此，推进农业农村现代化需要在这一特殊战略框架下进行，而不能完全按照某种统一的现代化模式来推进，也不可能全部通过市场机制调节来实现。一方面，选择走中国特色农业农村现代化道路，是为了改善粮食安全的状态，通过农业现代化来增强农业综合实力，稳定和提高粮食产量，巩固粮食安全基础。另一方面，农业农村现代化也需要考虑确保粮食安全的要求，选择合理、有效的推进路径。

其次，中国特色农业农村现代化道路是以小农户发展为主体的。与欧美农业农村现代化的模式不同，中国农业农村现代化是在小农家庭、小农农业广泛存在且以小农户为主体的农村社会依然普遍延续的条件下推进的，因而必须走符合这些实际需要的道路。关于中国"三农"的未来发展，叶敬忠（2015：152）认为，我们需要"正视农业的本质和小农农业在尊重自然、尊重生命、尊重健康方面的特征，正视小农在农业中的主体性特征"。在农业农村现代化的进程中，规模化、合作化经营以及企业农业、公司农业等新型生产经营模式确实会发挥推动作用，但与此同时，不容忽视的现实是，保持农业农村基本生产经营制度的稳定、发挥小农户的主体性作用，既是农业农村现代化的重要动力，也是顺利推进农业农村现代化的根本保障。农业农村现代化并不等同于高科技、大规模、公司化，广大农户的广泛参与和现代化才是真正意义上的农业农村现代化。如果脱离实际，轻视小农户的价值和主体性，那种理想化的现代化不仅难以实现，还可能给"三农"发展带来一些负面的影响。走中国特色农业农村现代化道路，就是要尊重社会现实和基本国情，充分发挥农村社会主体的能动性、积极性，让广大小农户和广大农民群众更容易、更便捷地获得现代的、新的生产要素和资源，以达到由下而上的农业农村现代化。

最后，中国特色农业农村现代化道路是具有多样性的自主发展道路。中国农村的区域范围广阔，差异性非常大，这也是一种基本国情。在农业农村现代化路径选择上，有必要走出理想化、唯一性的樊篱，去探寻因地制宜的、自主选择的多样性发展道路（陆益龙，2012）。无论是新农村建设，还是农村城镇化，都会对农业农村发展起到一定推进作用，但并不是唯一的、普适性的道路。在广阔的农村地区，各地有自己的特色和发展条件，彼此之间差异性很大，任何一条发展道路或任何一种发展模式都难以普遍适用于所有的农村。因此，在探索中国特色农业农村现代化道路中，重要的是要发挥农户和农民的主体性、创造性，为他们的发展提供更加有利的制度和政策环境，而不是设计一个理想化的路径。从农业农村发展的历史和现实经验来看，无论是家庭承包责任制改革，还是乡镇企业的异军突起，抑或是当前农民的流动兼业行为，都充分体现出各地农民根据各自的实际情况和需要，走出一条改变现状的发展道路。恰恰相反，人民公社化、农业学大寨等运动，试图用理想化的、统一的模式统领农业农村现代化，结果事与愿违，不仅未达到促进农业农村发展的理想目标，还对一些地区的农业农村发展造成不利影响。关键的原因就在于单一化的、统一的模式并不一定符合各地的实际情况，甚至可能背离现实，消解各地农民在农业农村发展中的主体性，造成对农民积极性和创造性的限制，从而成为农业农村发展的障碍。因此，在乡村振兴的实践中，农业农村现代化的路径选择需要尊重广大农户的自主性，政策调整应主要着眼于引导和调动广大农民的主体性与创造力，而不宜用固定的、统一的模式去制约各地农民对各具特色的农业农村现代化道路的探索。

五　余论和讨论

新时代推进农业农村现代化，本质仍是为了更好地解决"三农"发展问题。实施乡村振兴战略，主要是按新发展理念来推进新时期的"三农"工作。

解决好"三农"问题，关键在于要探索并找到能够推动农业、农村和农民取得新发展的有效运作机制。这个机制需要在政府、市场和社区之间形成良好的协作与整合，以激活三种力量共同参与乡村发展并构成相互促进的合力（速水佑次郎，2003）。如果仅仅依靠一个方面的努力和强化，忽视政府、市场、社区和农民之间的协调配合，无法形成相互促进、共同作用的机制，那将难以实现问题的有效解决。

实施新发展战略，推进农业农村现代化，制度创新非常重要。从本质上看，农业农村现代化就是农村经济与社会的内在变迁过程。要实现变迁，创新是重要驱动力，而且制度创新之于经济与社会变迁来说，显得格外重要。旨在推动农业农村现代化的制度创新，重点在于构建支持农业农村优先发展、改变农业农村发展不均衡状态的有利制度环境和政策调控策略。

在实施乡村振兴战略、推进农业农村现代化的实践中，还需要注重对当前"三农"发展现实基础的把握和了解，发现和认识发展实践中所面临的突出问题及其形成机理，积累和总结"三农"工作的实践经验，以寻求符合实际需要的、切实可行的农业农村现代化推进路径。

参考文献

波普诺，1999，《社会学》（第十版），李强等译，中国人民大学出版社。

陈锡文，2012，《中国特色农业现代化的几个主要问题》，《改革》第 10 期。

陈锡文，2013a，《当前我国农村改革发展面临的几个重大问题》，《农业经济问题》第 1 期。

陈锡文，2013b，《构建新型农业经营体系刻不容缓》，《求是》第 22 期。

范德普勒格，扬·杜威，2013，《新小农阶级：帝国和全球化时代为了自主性和可持续性的斗争》，潘璐、叶敬忠等译，社会科学文献出版社。

费孝通，2007，《乡土中国》，上海世纪出版集团。

韩俊，2010，《统筹城乡发展，夯实农业农村发展基础》，《中国党政干部论坛》第 11 期。

黄宗智，1992，《长江三角洲小农家庭与乡村发展》，中华书局。

蒋和平、黄德林，2006，《中国农业现代化发展水平的定量综合评价》，《农业现代化研究》第 2 期。

蒋和平，2009，《中国特色农业现代化应走什么道路》，《经济学家》第 10 期。

孔祥智、刘同山，2013，《论我国农村基本经营制度：历史、挑战与选择》，《政治经济学评论》第 4 期。

孔祥智，2014，《新型农业经营主体的地位和顶层设计》，《改革》第 5 期。

李强、张莹、陈振华，2016，《就地城镇化模式研究》，《江苏行政学院学报》第 1 期。

林毅夫，2000，《再论制度、技术与中国农业发展》，北京大学出版社。

林毅夫，2006，《关于社会主义新农村建设的几点思考》，《中国国情国力》第 4 期。

陆益龙，2012，《多样性：真正理想的农村发展道路》，《人民论坛·学术前沿》第 10 期。

陆益龙，2015，《后乡土中国的基本问题及其出路》，《社会科学研究》第 1 期。

陆益龙，2016，《现代农业发展的困境与变革方向——河北定州的经验》，《华南师范大学学报》第 5 期。

陆益龙，2017，《后乡土中国》，商务印书馆。

孟德拉斯，H.，1991，《农民的终结》，李培林译，中国社会科学出版社。

舒尔茨，西奥多·W.，1987，《改造传统农业》，梁小民译，商务印书馆。

速水佑次郎，2003，《发展经济学：从贫困到富裕》，李周译，社会科学文献出版社。

王国刚、刘彦随、王介勇，2015，《中国农村空心化演进机理与调控策略》，《农业现代化研究》第 1 期。

温铁军、董筱丹、石嫣，2010，《中国农业发展方向的转变和政策导向：基于国际比较研究的视角》，《农业经济问题》第 10 期。

晏阳初，1992，《农村建设要义》，载宋恩荣主编《晏阳初全集》，湖南教育出版社。

叶敬忠，2015，《发展的故事：幻象的形成与破灭》，社会科学文献出版社。

约翰逊，2004，《经济发展中的农业、农村、农民问题》，林毅夫等编译，商务印书馆。

张晓山，2006，《创新农业基本经营制度 发展现代农业》，《农业经济问题》第 8 期。

张晓山，2009，《农民专业合作社的发展趋势探析》，《管理世界》第 5 期。

3

乡村振兴背景下的乡村产业[*]

——产业兴旺的一种社会学解释

朱启臻[**]

一　产业兴旺的含义

关于产业兴旺，人们已有多种解释。但大多是从经济和市场价值角度来理解，把产业兴旺等同于实现农业的现代化。我们认为，农业可以分为两类。一类是保证国家农业安全的农业。此类农业作为国家公共产品来体现，主要是由国家调控和支持，以保证国家农业安全为目的。如谷物类农业生产和供应就属于国家投入和保障的农业。这类农业可以与乡村发生关系，也可以不与乡村发生关系，如国营农场、农业产业园区等规模化农业。另一类是与乡村发生密切关系的农业。除了要为国家农业安全做出贡献，还要立足于满足农民自身需要，促进农民增收和乡村整体进步。实现乡村产业兴旺，不应理解为追求乡村产业经济的快速增长和对国民经济增长贡献的提升（李国祥，2018）。因此，农业现代化与产业兴旺具有不同的含义。产业兴旺是乡村多元经济相互渗透、融合、发展的一种状态。具体来说，乡村振兴的产业兴旺具有以下三个特性。

第一，产业构成的多样性。兴旺是与衰败相对应的概念，具有繁荣、昌盛、发达的含义，特别是指事物具有活力和生机，欣欣向荣，生机勃勃。谈到乡村产业兴旺，人们自然会联想到乡村春节期间贴出的"五谷丰登""六畜兴旺"的楹帖。乡村的产业兴旺是指乡村生产充满活力，这种活力来自乡村各类生产的相互促进和协调发展。一家独大不是兴旺，增产不增收也谈不

---

*　原刊于《中国农业大学学报》（社会科学版）2018 年第 3 期。

**　朱启臻，中国农业大学人文与发展学院社会学系教授。

上兴旺。外出打工挣钱再多，也不能称其为乡村产业兴旺。单一生产一般不用兴旺来形容，因为兴旺所蕴含的生机与活力通过多种产业的此消彼长或竞相发展来体现和表达。产业兴旺的前提是生产的多样性，乡村产业的多样性源于农民生活需求的多样性。农民不仅要吃五谷杂粮，还需要蔬菜和肉蛋奶等。去货币化的自给自足消费方式，造就了"小而全"的生产方式。恰恰是这种被认为落后的生产形式，成为维系乡村繁荣的重要条件。首先，生产的多样性有助于对乡村资源的充分利用。房前屋后种瓜种豆，见缝插针、精耕细作等都是在这样的条件下实现的。其次，多样性有助于满足低碳生活的需求。多样化的乡村产业构成减少了村民对市场的依赖，就地生产、就地消费免去了长途运输和贮存、保鲜等过程的能源消耗。再次，生产的多样性是实现有机循环的重要条件。特别是种植业与养殖业之间、乡村生产与生活之间的有机循环是可持续农业的重要内容。最后，生产的多样性有助于分散和化解农业风险。片面理解农业生产的专业化会导致产业单一，生产者过分依赖市场。在市场遇到问题后，农民损失惨重，增产不增收成为常态。而多样化产业构成，可以减轻自然风险，分散市场风险，农民称之为"东方不亮西方亮"。多样化不仅符合生态学原理，而且比单一化的产业构成更符合乡村的特点和农民需要。

在这种意义上说，产业兴旺是农民视角和乡村视角的产业兴旺。产业兴旺所追求的不是利润最大化，而是效用最大化。这就需要我们正确处理专业化与多样化的关系，处理满足市场需要和自身需要的关系。

第二，产业内容的综合性。产业兴旺不仅要求产业内容具有多样性，还要求产业具有综合性。这里的综合性不是指技术的综合，而是指每一个产业要素都不是纯粹的、单一的，而是相互包含、相互渗透的，表现为资源的综合功能与综合利用。比如种植业，不仅要为养殖业提供饲料，也要为禽畜的排泄物提供消化空间，实现种养业的有机循环。又如，农业除了具有提供农产品这一传统功能，还具有生态价值，还可提供景观和休闲环境，在此基础上可以衍生出诸如观光、休闲、度假等产业形态。乡村产业的综合性还指农业资源的综合利用，如农业收获物中的粮食用来食用，加工粮食的渣、皮、糠以及作物秸秆可以用作饲料、燃料，还可以作为手工艺品的原料，发展乡村手工业。乡村产业的综合性不仅实现了废物的利用，也延伸了产业链条。

在产业兴旺语境下，农业不是单纯的种植业和养殖业，它具有丰富的农业文化内涵，是传统文化的重要载体。农业不仅活态传承着有机循环文化，还承载着一系列农业制度文化和丰富的乡土知识，体现着农民尊重自然、利用自然的智慧。很多宝贵的乡土知识甚至成为现代科技新发现的重要源泉。同样，乡村文化不是孤立存在的单纯文化，它广泛地渗透于生产与生活中，与生产结合成为乡村产业的组成部分，如农产品品牌的建设离不开文化要素，丰富的农业文化遗产是乡村文化的重要组成部分。文化与生活的结合形成乡村特定的生活方式，不仅体现在衣食住行诸方面，也是地方民俗、习俗的重要内容。乡村习俗、风土人情、生活方式等又可以成为现代乡村产业的重要元素。因此，在理解乡村产业振兴时，切忌单纯片面的农产品观念。认为没有所谓的现代农业条件就不可能实现产业兴旺，既是对产业兴旺的误解，也是对现代农业的误解。

第三，产业要素的整体性。整体性强调的是乡村产业要素之间的关系。各产业要素不是分离的、独立的、互不相干的，而是具有高度的关联性、协同性和非线性关系。这些要素内容十分丰富，包括环境、生态、土地、水资源、物种、村落、民宅、劳动力、传统文化、生活方式、民间信仰与习俗等，既有物质的，也有精神的。它们相互依存、相互依赖、相互渗透，构成了不可分割的有机整体，形成了乡村特定的空间结构、社会结构和文化结构。由于忽视了乡村的整体性，过去在发展农业和建设乡村过程中走过不少弯路，碰到过许多挫折。如把本来不可分割的农民、农业、农村人为割裂开来，就会在重视农业的同时伤害农民利益，致使农业可持续发展受阻；当我们重视农民收入，鼓励农民外出打工时，往往会忽视农民与农业的关系，忽视农民的多种需要，以至于未来谁种地成为农业潜在的挑战；人们机械地理解农业的专业化，人为地割裂种植业和养殖业的关系，往往会致使循环农业难以为继，还会导致农业面源污染；单纯地重视粮食生产，会致使手工业失落；过分强调商品化生产，会导致农民的多样化需求受到限制。诸如此类，多在于人为地割裂了乡村整体性，导致乡村整体效益难以发挥。

维护乡村产业要素整体性，首先不要用线性思维方式制定乡村产业规划，而是要树立立体产业思维，把乡村的所有产业要素都纳入其中，使之彼此渗透、叠加，继而产生整体效应大于部分之和的效果。农户的多种经营对时间和空间的利用远远优于其他生产形式。其次，不能用封闭的思维方式设计乡村产业。封闭性和闭合性是传统乡村产业的特征之一，优点在于环境与内在循环的安全性和可控性，缺点在于整体运行效率不高，难以满足现代生活方式对生产的需求。因此，要在保持乡村生产整体性和闭合性优点的基础上，引进外部能量，为乡村体系注入活力。

二 乡村产业兴旺的构成

如何才能实现乡村的产业兴旺，是乡村振兴的重点和难点。以往乡村产业发展实践尝试过诸如产业结构调整、规模化、专业化、高效农业等措施，但这些措施都没有成为促进乡村产业兴旺和农民增收的普遍有效措施。乡村产业振兴要发挥乡村产业要素的整体优势，必须研究产业要素之间的关系。在乡村，除了种植业、养殖业，还有乡村手工业、乡村服务业和乡村文化产业等，这些产业共同构成产业兴旺的基础。就农业而言，可以从四个维度来讨论。一是产业链延伸，二是产业融合，三是产业功能的扩展，四是特色产业。

第一，产业链延伸。所谓农业产业链延伸，是指农业向农业生产的产前、产后环节延伸。向产前延伸，包括农资的生产与经营环节。向产后延伸，则涵盖贮存、加工、运输和销售等环节。按照经济学观点，农产品价格低和农民收入增长缓慢的一个重要原因是农业产业链太短（翟慧卿、吕萍，2010）。延长农业产业链，可提高农产品附加值，让农民充分享有农业生产、加工、流通等全链条的增值收益，是促进农业增效、农民增收的必然选择。实际上，农业产业链延伸并不必然增加农民收入，减少中间环节能使增收更有效，如农产品直接从田间到餐桌，当地销售，减少长途运输，更符合农产品消费规律。需要指出的是，农业产业链延伸不是一条直线，而是可以产生多个分支，如糯稻生产，可以把糯稻加工成糯米，糯米再做成米酒或其他糯米制品，再进入市场销售，这是一个链条；还可以衍生出稻田景观、草编手工艺品、秸秆制作成饲料发展养殖业等多种分支，形成类似"树状"的产业链结构；还可衍生出为产业链配套服务的相关产业。

第二，产业融合。日本学者今村奈良臣在1996年提出要推进与农业相关的一、二、三产业融合发展的主张，鼓励农户搞多种经营，不仅从事种养业，而且从事农产品加工、流通、销售以及观光旅游等二、三产业，从而提升农产品附加值和增加收入。这是对产业融合的较早表述。中国学者把产业融合界定为不同产业或同一产业不同内容相互渗透、相互交叉，最终融合为一体，逐步形成新产业的动态发展过程。产业融合的形式有产业渗透、产业交叉和产业重组等类型。所以有学者把农业产业融合界定为与农业紧密相关的产业或者农业内部不同行业之间，通过产业交叉和重组结合为一体的整合过程（王昕坤，2007）。其实，农业产业融合在乡村有多种不同类型和层次的融合方式。首先，可以在农业内部不同农业类型之间实现融合，如种植业与养殖业融合，形成有机循环农业，稻鱼共作，立体农业等，是可持续农业的重要条件；其次，产业融合可以发生在农业产业链不同环节，即我们常说的一、二、三产融合，实现产加销一体化；再次，产业融合也可以体现在农业与非农业之间，如农业与艺术结合形成创意农业、稻田艺术，与旅游结合形成旅游农业，与互联网结合形成互联网农业，等等；最后，产业融合可以发生在农业与乡村之间，农业与乡村本来是不可分割的整体，体现为农民生产与生活的融合、农产品与乡村文化的融合等。产业兴旺意义上的农业产业融合只有发生在乡村内部才有意义，产业融合发展的目的是让农民获得较以往更多的收益。这种收益可通过产业融合提高资源的利用率来实现，如发展农产品加工业、农业旅游等可以使因农业季节性而闲置的乡村资产和要素得到充分和反复的利用，进而给农民带来收入。产业融合也可以有效缩短农业生产与消费者之间的距离，形成供需一体化的倾向，从而降低交易成本，使农民获益（苏毅清等，2016）。

第三，产业功能的扩展。农业多功能理论提出以后，利用、开发和拓展农业功能就成为增加农民收入和增强乡村活力的热点。我们认为农业具有五大功能（朱启臻，2013a）。一是产品生产功能。这是农业的基本功能，产业兴旺意义上的农业生产以满足当地消费需求为主，突出质量提升和结构优化，强调农产品的地域特色。二是生态功能。农业生产本来是生态的，对涵养水源、净化空气、调节气候、防风固沙等均具有重要作用，还可以为人们提供多种多样的农业景观。长期以来对农业生态功能和农业文化的忽视，以及对现代农业的片面理解，导致了农业的面源污染，解决这些问题需要从传统循环农业理念中寻找智慧。三是生活功能。农业生产不仅为生产者提供优质农产品，满足其去货币化消费的需要，同时，农业劳动是人们获得情感寄托、满足心理需求的重要途径，是乡村生活的重要组成部分。四是文化功能。农业生产过程中蕴含着丰富的农业文化，是很多优秀传统文化的有效载体。传统农耕经验、耕作制度、优秀农耕文化遗产、乡土知识以及现代农业科技知识，与传统村落、民族村寨、传统建筑等一道可以成为产业兴旺的重要内容。五是教化功能。在农业生产过程中，人们可以深刻理解人与自然的关系，获得尊重自然和利用自然的智慧；可以体验劳动的艰辛，养成尊重劳动成果的品质。农业生产过程也是培养诚实守信、吃苦耐劳和勤俭节约品质的有效途径。因此，农业被教育学家认为是全人培养的重要载体。

实际上，农业产业链条每一个环节的功能都可以得到扩展，与乡村的各类产业要素实现融合，构成纵横交错的立体产业体系。

第四，特色产业。谈乡村产业振兴，不能不涉及特色农业。特色农业是指在特定地理环境下、凭借独特资源条件所形成的具有独特产品品质和特定消费市场的特殊农业类型。特色农业是天时、地利、人和在农业生产上的综合反映。不可替代和复制是其重要特征之一。其他地区或不能生产，或产品品质不能保障，或成本过高，使该农业类型在特殊区域保持着独特优势。过去发展农业有个误区，就是不顾客观条件一味地强调"做大做强"，在所有地区盲目复制，过于重视量的增长，结果是产量上去了，品质下来了，导致产品过剩，谷贱伤农。这是农民增收困难的重要原因之一。特色农业要在"特"字上下功夫，不是要盲目扩张面积和增加产量，而是要"少而精""精而强"，不是靠数量取胜，而是靠品质和特色取胜。这不仅符合国家农业供给侧改革的方向，也符合农民增收的需要。产业兴旺，要突出当地的环境特色，发展有机、绿色农产品；突出物种资源特色，充分利用丰富的珍、野、稀、名、特物种资源；突出气候特色，获得市场空间；在民族地区还可利用民族文化打造民族特色农产品品牌。

三　产业兴旺的主体

人们把承包大户、家庭农场、合作社、农业龙头企业等统称为新型农业经营主体。我们必须清楚这些农业经营主体在产业兴旺中所能发挥作用的领域和环节是不同的。承包大户和家庭农场主要在农业生产端发挥专用，合作社主要在购销和生产、生活服务领域发挥作用，而农业龙头企业应该在加工、销售等领域发挥作用。目前在农业实践中，有关概念比较混乱，如常听到这样的说法"把土地流转给合作社"。合作社是什么，根据《农民专业合作社法》的界定，农民专业合作社是指在农村家庭承包经营基础上，农产品的生产经营者或者农业生产经营服务的提供者、利用者，自愿联合、民主管理的互助性经济组织。简单地说，合作社是互助性经济组织，是农业生产经营者或服务的提供者等之间的联合。"把土地流转给合作社"中的概念不清楚，应该是流转给了合作社的某个成员，不应该是流转给了合作社整体。再有，人们制造出诸如"把农民变成既拿地租，又挣工资的农业工人""让农民变股东"等时髦口号，实际上都是要土地而排斥农民的做法。这些做法违背了农业生产的基本特点，也与乡村产业振兴的理念相悖。

乡村产业兴旺的基本主体只能是农户。这不仅因为农户的存在对社会稳定、粮食安全、食品安全、社区秩序、景观创造、乡村复兴和文化保护等发挥着积极的维护与促进作用（付会洋、叶敬忠，2017），也在于农户是适合农业生产特点的最有效组织形式。农业的季节性、周期性、地域性、自然风险性、劳动对象具有生命性等特点，决定了农业劳动需要丰富的生产经验、高度的责任感、较强自觉性和灵活性，而这些要求只有在家庭环境下才能满足。因此，家庭经营具有成本低、效益高和风险小等特点。只要农业生产特点不变，农业经营的家庭方式就不会发生变化。同时，家庭经营也是循环农业得以实现的重要节点，种植业与养殖业之间的能量交换是在家庭范围内完成的，乡村居民生产与生活的循环是在家庭范围内实现的。家庭经营是农业产业融合的理想空间，正是在家庭经营的意义上，才能最有效地实现产业融合并把增值收益留给农户。家庭经营还是专业化农业的基本单位，各类专业户的出现就是很好的例证。家庭经营同样是乡村多样化经济的单元。也就是说，农户可以是专业化的，不同专业农户可以构成多元化生产的乡村，满足乡村居民多样化的需求。我们强调农户经营的适应性，并不否认农户经营的弊端和问题。农业生产者的老龄化、普遍的农业兼业化现象，在一定程度上阻碍了农业科技的推广应用和农民组织程度的提高。但解决这些问题不能以否定农户经营制度为前提，否定农户经营的任何所谓"创新"都是对农业基本特点和规律的否定，不可避免要付出惨重代价。实施乡村振兴战略的农业发展，只有在坚持农户经营的基础上才能实现。

中央强调，乡村振兴要重塑城乡关系，走城乡融合发展之路。只有高度融合意义上的城乡关系，才能实现城乡发展要素的双向流动，才能为农户规模农业提供空间。应通过深化农村土地制度改革，完善承包地"三权"分置制度，把已经脱离耕地家庭的承包地流转给种地的农民，让他们种更多的地，培育出适度规模经营的家庭农场，作为中国现代农业的基本经营单位。家庭农场是指以家庭劳动力为主要劳动力，以农业经营为主要收入来源的农业生产单位。实际上家庭农场就是扩大规模的农户，最大的优点在于既可以保留农户经营的优势，又可以克服小农户的某些劣势。实践中人们对家庭农场的理解存在较大偏差，其中最为普遍的错误认识是受所谓"规模化"思维影响，认为农场规模要越大越现代化。实际上，人们想象的所谓规模效益在农业上根本不存在，大规模农业所积累的更多是规模风险。规模农业是必然趋势，但不是理想的结果。规模农业是必然趋势由两个因素决定：一个因素是年轻人不愿意从事农业，受城镇化与工业化的吸引，相当一部分年轻人离开农业和农村而到城镇生活，这在全世界是普遍现象；另一个因素是一个国家必须有人种地，特别是像我们这样的人口大国，必须把饭碗牢牢端在自己手上。因此，种地的人只能种更多的地，这就是规模农业是必然趋势的原因。但是这种必然趋势与理想目标并不一致，因为必然趋势中包含了不得已而为之的无可奈何（朱启臻，2018）。大规模农业不仅需要政府更多支持，而且需要特定社会技术条件。习近平总书记在中央全面深化改革领导小组第五次会议讲话中指出，发展农业规模经营要与城镇化进程和农村劳动力转移规模相适应，与农业科技进步和生产手段改进程度相适应，与农业社会化服务水平提高相适应。离开了这些条件，盲目推进规模化，结果将是既伤害农户，也伤害农业投资者，同时威胁国家农业安全。所以，中央一再强调农业的"适度"规模经营。我们认为这个适度规模就是家庭农场的规模。其规模下限可以用生计标准来确定，即能够满足一家人生活需求的水平。其规模上限是现有技术水平条件下家庭劳动力最大经营能力所能达到的水平（朱启臻，2013b）。地区不同、农业经营的内容不同，决定了家庭农场规模的差异。但是其共同特征是以家庭劳动力为主，即农民自己为自己劳动。当然，家庭农场与一般农户一样，都存在一些自身难以克服的问题，如市场交易成本问题、自然风险与市场风险问题、农业品牌建设问题等。这些问题难以通过其自身力量得以解决，需要更高层面的组织来解决。理论和实践证明，这种更高层次的有效组织形式是合作社。通过合作社把农户、家庭农场、农业企业等联合起来，与健全的农业社会化服务体系一起，构建现代农业产业体系、生产体系、经营体系。这样才能激活农业生产的微观活力，确保国家粮食安全，维护农民的利益，实现乡村的产业兴旺。

四 产业兴旺与乡村的关系

从某种意义上说，乡村是在适应生产过程中形成的。为了农业生产，人们定居下来形成了村落，村落的发展始终以方便生产为原则，衍生出诸多与生产相关的村落形态及其功能。比如村落选址遵守"近地原则"，村落建在离耕地最近的地方，不仅方便农业生产，还有助于产生并维持种养结合的循环农业模式，有助于维系村落生产与生活的有机循环。又如，形成了农家院落，为庭院经济和乡村多元产业提供了特殊空间。农家院落是用围墙或栅栏围起来的包括建筑、设施、空地以及特定生产生活内容的空间结构，是村落社会的基本单元，是农民祖祖辈辈生产、生活、娱乐和社会交往的空间，是乡村文化的重要载体。村民的生产与生活在院落里以微观的形式得以生动体现。2015年1月，习近平总书记在云南大理古生村农家院落里座谈时指出："这里环境整洁，又保持着古朴形态，这样的庭院比西式洋房好，记得住乡愁。""庭院比西式洋房好"体现了总书记对乡村农家院落价值的深刻理解。农家院落对乡村产业兴旺具有特殊价值，我们选择几个说明之。

第一，农家院落有利于发展庭院经济。农家院落除了有居住功能，还是高产出的生产用地。在农家院落里，可以"房前屋后种瓜种豆"，可以栽植果树，还可以饲养家禽家畜。所谓"五谷丰登，六畜兴旺"，描述的就是以农家院落为基础的乡村产业兴旺情景。许多地方甚至发展出利用立体空间的庭院经济，成为满足农民生活需要和农民增收的重要来源。除了种养业，农家院落还为乡村手工业传承和发展提供了重要空间。诸如编织、纺织、食品加工、木工制作等家庭手工作坊，都需要院落做支撑。乡村手工艺的振兴，没有农家院落的存在是难以想象的。无论是农业产业链延伸，还是农业功能拓展，抑或产业融合，农家院落都是其得以实现的基本单位。如目前广受重视的"农家乐"就是依托农家院落而存在的，这是一个集生产、生活、休闲、文化于一体的综合社会空间。

第二，农家院落具有储存与循环功能。农家院落可以储存农具，这是为方便农业生产而发展出来的功能。传统社会采取的是小而全的生产方式，农具从锄头、铁锹、镰刀到耕、耙、播、收的各种器械以及马车、手推车等运输工具应有尽有，缺一不可。除了农具，还要储存农产品，如谷物的晾晒和储存。在村落里，可以看到农家院落里的玉米垛、挂在树上和屋檐上的红辣椒。院落中拉起一条绳子，就可悬挂要晾晒的收获物。院落中还常常被挖出一口菜窖，储存蔬菜，满足生活需要。农家院落也是手工业品的制造和储存空间，无论是编织，还是酿造，或是木工制作，都需要较宽敞的储存空间。农家院落也常常用来堆放杂物，特别是那些被城市人视作垃圾的东西，农民会精心分类堆放在院落中或是留着备用，或是卖给废品回收者。农家院落的储存功能不仅体现得十分全面，还具有地下、地上、空中等立体空间利用特点。与储存功能相关联的是农家院落的循环功能。农家院落是种植业与养殖业实现能量交换的重要空间，也是乡村居民生产与生活实现有机循环的重要节点。由于院落的存在，农业收获物在这里得到充分的利用，农产品的废弃物在这里转化为家禽家畜饲料，人与动物的排泄物以及生活垃圾在院落里变成有机肥。这种有机循环的智慧只有在农家院落中才能得以体现。

第三，农家院落具有生产经验交流功能。乡村生产技术与生产经验的传播有其特殊途径，其中最有效的途径就是邻里间的示范与模仿，这与农家院落的存在不无关系。农家院落构成的物理空间、社会和文化空间为农业与手工业生产提供了有效的交流条件。新品种、新技术、新技能可以在院落里展示和示范，在此基础上实现扩散与推广。院落也是重要的人际交往和信息交流的公共空间。开放的院落形成熟人社会，使有效的经验交流和技能的代际传递成为可能。对于现代农业科技的推广，利用熟人社会的示范效应则可以取得事半功倍的效果。

除了院落，乡村其他要素也与产业兴旺密不可分，如村落形态、典型民居、特色民俗、生活方式、乡村文化等都是乡村产业的重要组成部分。乡村作为一个有机体，有其满足村民生活的各类要素。产业兴旺就是要发现这些要素的生产生活价值，并通过现代技术手段放大这些价值，实现乡村财富的增长。这就需要把乡村整体作为产业要素而不是人为地把乡村与产业割裂开来。乡村农业、手工业、休闲、体验等业态以及农产品品牌建设等，都只有以村落有机体、村落文化为载体才有生命力和可持续性。村落是绿水青山变为金山银山的转换空间，不论是提供特色、高品质的农产品，还是以享受优美环境为目的的乡村休闲、度假，都要依托村落才能实现。从这个意义上讲，村落结构是把乡村生态环境优势转变为生态经济优势的最有效的转换器。

在乡村建设实践中，存在一个严重的误区，就是看不到乡村价值，忽视村落与乡村产业的特殊关系。谈到环境卫生，就想着消灭乡村的家庭养殖业；谈到宜居，就想到拆掉农民的房子建成楼房；谈到生产，就想到流转农民的土地而排斥农户经营。特别是忽视农家院落的综合生产价值，仅仅把农家院落看成是一块"建设用地"，甚至通过"占补平衡"搞土地指标交易，这已经成为乡村消失的重要原因。片面地用城市建设思维改造乡村，机械地用发展工业的模式发展农业，结果凭美好想象建造了漂亮的民居，却永远消灭了农民的生计来源。拆村并点，使农民远离耕地，削弱了农业生产；让农民上楼，消灭农家院落，使包括乡村手工业在内的庭院经济难以为继，甚至迫使农民在排排楼上回到人畜同居状态，在改变住宅结构的同时也改变了乡村的社会结构和文化结构，使优秀的传统文化失去了载体，导致乡村文化产业无从谈起。无论是田园综合体，还是美丽乡村建设，都应该尊重乡村特点和发展规律。2018 年《中共中央、国务院关于实施乡村振兴战略的意见》中所强调的一系列促进产业兴旺的措施，都离不开对村落整体价值的认识与应用。如大力发展文化、科技、旅游、生态等乡村特色产业，振兴传统工艺，培育一批家庭工场、手工作坊、乡村车间，实现乡村经济多元化；扶持小农户发展生态农业、设施农业、体验农业、定制农业，提高产品档次和附加值；实施休闲农业和乡村旅游精品工程，建设一批设施完备、功能多样的休闲观光园区、森林人家、康养基地、乡村民宿、特色小镇；发展乡村共享经济、创意农业、特色文化产业。无论发展什么样的乡村产业，都要深刻认识乡村的价值所在及其对乡村产业的重要性。要坚持农民主体和乡村载体的原则，任何排斥农民和排斥乡村的做法都是与产业兴旺背道而驰。

参考文献

付会洋、叶敬忠，2017，《论小农存在的价值》，《中国农业大学学报》（社会科学版）第 1 期。

李国祥，2018，《实现乡村产业兴旺必须正确认识和处理的若干重大关系》，《中州学刊》第 1 期。

苏毅清、游玉婷、王志刚，2016，《农村一二三产业融合发展：理论探讨、现状分析与对策建议》，《中国软科学》第 8 期。

王昕坤，2007，《产业融合——农业产业化的新内涵》，《农业现代化研究》第 3 期。

翟慧卿、吕萍，2010，《农业产业链理论研究综述》，《甘肃农业》第 11 期。

朱启臻，2013a，《生存的基础》，社会科学文献出版社。

朱启臻，2013b，《新型职业农民与家庭农场》，《中国农业大学学报》（社会科学版）第 2 期。

朱启臻，2018，《当前乡村振兴的障碍因素及对策分析》，《人民论坛·学术前沿》第 3 期。

4

大农业：乡村振兴背景下的农业转型[*]

宁　夏[**]

习近平总书记在担任福建省宁德地委书记期间，提出以多功能、开放式、综合性为方向的"大农业"概念，并指出当时仍然属于贫困地区的闽东山区要从根本上脱贫致富，就必须走一条发展"大农业"的路子（习近平，1992）。"大农业"是相对于传统的、主要集中在耕地上经营的、单一的、平面的"小农业"而言的。由于在物质产品生产上的劳动生产率（以价值衡量）比其他产业部门低（马克思，1980），单纯供给初级农产品的传统小农业的经济效益比其他产业部门低，农业的生态效益、社会效益更是无从体现。在中国过小的农业经营规模和过高的农地人口承载压力下，功能单一的传统农业由于人均价值产出量低，必然只能沦为"吃饭农业""温饱农业"，无法形成足够推动农村发展的资本积累。在全面实施乡村振兴的大背景下，农村发展对资本要素投入的需求愈加迫切。农业作为农村形成资本积累的重要源泉，需要突破传统农业单一功能的限制，向全面充分利用乡村各种发展资源、全面实现乡村多元价值的多功能"大农业"转型。

一　农业的内涵不断扩展、外延不断丰富

1949 年以来的中国农业发展，经历了"农业"内涵不断扩展、外延不断丰富的过程，大体可分为三个阶段，即以种粮食为主的 1.0 版农业、以农产品供给为主的 2.0 版农业和供给农业多功能性的 3.0 版"大农业"。

（一）"以粮为纲"的1.0版农业

1958 年，毛泽东提出农业"以粮为纲"的方针。在这个方针的指引下，

---

[*]　原刊于《中国农业大学学报》（社会科学版）2019 年第 6 期。

[**]　宁夏，国务院发展研究中心农村经济研究部副研究员。

全力扩大粮食生产、不断提高粮食产量成为 20 世纪六七十年代中国农业发展的基调。《全国农业发展纲要》的主要目标是粮食产量"过黄河""跨长江"，评价农业农村工作的主要标准是粮食产量，农业科研的主要方向是粮食增产技术，农民的主要工作是种粮。在这个时期，农业的第一任务是种粮食，最主要的功能是保障粮食供给。在此，把这种农业称为农业的"1.0 版"。

农业 1.0 版的时代背景，是中华人民共和国成立初期直至 20 世纪六七十年代粮食短缺、人民温饱问题尚未得到有效解决的局面。这种局面由两方面原因造成。一是工业化压力大。中国的全面工业化是在国家整体一穷二白的基础上开始的，在面临外部封锁压力的情况下，国家又采取了重工业优先发展的策略，因此实现工业化所需的原始积累只能来自本国农业，造成对农业剩余的高强度汲取。二是发展过程中出现挫折。特别是"大跃进"之后三年困难时期的影响，使政府时刻感受到粮食短缺的威胁，在经济政策上表现为不得不强调高积累和低消费。

在农业 1.0 版的历史阶段，因为要最大限度汲取农业剩余，所以必须尽可能控制粮食的供给。同时，为了最大限度降低工业化的人力成本，需要对粮食的消费进行管制，使有限的粮食资源通过公平分配尽可能满足所有人的基本需求。因此，这一阶段的制度基础就是粮食统购统销和凭票证供应，通过粮食统购实现对供给端的控制，通过对粮食统销实现对需求端的管理，同时严厉打击粮食的投机和黑市交易行为。在此基础上，包括国营粮站、供销社、粮库、粮油门市部等各环节在内、"一条龙"的粮食和其他农副产品供应链形成，国家通过垄断供应链完全控制对城市消费者的粮食和农副产品供给。

（二）供给农产品的2.0版农业

从 20 世纪 80 年代开始，中国农业总体进入第二个发展阶段，主基调是"多种经营"，满足市场和消费者对各种农产品的需求。因此，这个阶段的农业以生产供给农产品为主，可以称为农业的"2.0 版"。

农业 2.0 版出现的背景，是中国经过 30 年的艰苦奋斗，具备了一定的农业生产力基础。这个农业生产力基础的典型体现，就是 20 世纪 70 年代投产（包括引进投产）的一批化肥项目、建成的一批农业水利基础设施、以杂交水稻为代表的一系列高产育种成果等。这些成果使长期制约粮食产量增长的化肥、水利和良种三大主要瓶颈得到突破，使国家粮食安全得到一定程度的保障。在工业基础得到奠定、粮食安全保障能力初步具备的条件下，国家对粮食供给的控制力度逐渐放松。与此同时，农村开始了经济体制改革，家庭联产承包责任制得到普遍实行。"统购统销"制度在20世纪80年代被逐步取消。这些改革使农民在生产经营项目选择上拥有了一定的自主权，可以根据市场需求自行安排生产，为农业从1.0版向2.0版转变提供了制度基础。

农业2.0版的出现还依赖于需求端的变化，表现为改革开放初期城乡居民收入水平得到提高，他们开始追求生活质量的改善，对蔬菜、肉、蛋、奶等副食的消费数量增加，特别是城市居民对鲜活农产品的消费需求提高。需求端的变化影响到供给侧，则表现为专门从事果菜茶和畜禽水产品生产的种植养殖专业户的崛起。在中间环节，连接城市和周边农村的农贸自由市场兴起，让生产者和消费者可以绕过国家控制的供应链而直接交易，并促使城市周边农村形成为中心城市服务的"郊区经济"，形成一种自然产生的蜂巢状市场格局。

（三）2.0版农业的两次变化

随着经济社会发展和时代变迁，2.0版农业在具体内容和形式上还发生了两次较大的变化，即从20世纪80年代末开始的农业产业化和2010年前后一系列农产品质量安全事件引发的需求端变化。

1. 农业产业化构建起远距化的农产品供给体系

农业产业化起始于20世纪80年代末，其宏观经济背景是沿海地区外向型经济的快速发展带来人口向沿海和北上广深等一线大城市流动，并在这些地区形成了高密度的人口聚集。快速城市化改变了过去城镇人口聚集点在广大农村底板上相对均匀散布的格局，以大城市和沿海地区为主体形成了相对集中且庞大的农产品消费市场，而广大内陆地区成为农产品的主要产区。农村改革初期形成的那种周边农村围绕并服务中心城镇的巢状市场格局发生改变，出现农产品主产区和主销区的分化、农产品产地和消费地之间的远距化。对于农产品主产区的农民来说，过去他们的农产品在相距不远的集镇或城镇农贸市场上就能出售，现在则要到几百甚至上千公里之外才行。由于连接产地和消费市场的中间环节不畅，许多主产区出现了农产品销售难的问题，一些地区甚至出现了农民群体事件①。发展农业产业化，就是通过建立并完善储运、加工、批发零售等中间环节，将相互远离的生产端和需求端重新连接起来，从而解决农产品产地和消费市场之间的连接难题。

这个阶段的农产品供求市场特征同美国有类似之处，都表现为农产品生产地和消费市场之间距离遥远。美国解决远距化问题的方式是以资本高度集中的大粮商、铁路和水运公司、农产品交易市场和大型食品公司、连锁超市形成中间环节链条，连接产地农场和大城市的消费市场。中国也学习美国的方法，由农业龙头企业承担农产品的收购和加工职能，加上销售地的超市和中间运输环节，完成生产端和需求端之间的连接。然而中美两国农情差异极大，美国在生产端是规模化经营、资本密集的大农场，可以较方便地同规模化的中间环节相对接；而中国在生产端是无数小规模、分散经营的农户，这些分散的小农户如何同规模经营、集中度高的中间环节对接成为一个难题。为解决这一难题，中国主要采取了三类办法：一是通过订单合同方式捆绑龙头企业和小农户，发展"龙头企业＋农户"的订单农业；二是发展农民专业合作社，使农户之间联合实现规模经营，从而方便对接中间环节；三是鼓励流转土地经营权，以规模化的新型经营主体取代小农户，实现生产端的规模化。

2. 农产品质量安全事件促发农业新变化

农产品生产者与消费者、生产端与需求端之间的远距化，加上中间环节被规模化的企业资本控制，使消费者对于自己消费的农产品在哪里生产、由谁生产、如何生产、中间经历了什么一无所知。在消费者眼中，为自己提供农产品或食品的整个中间环节犹如一个神秘的"黑箱"，他们能够选择的无非是这个"黑箱"或那个"黑箱"里的产品，却对"黑箱"之中产品的来源、生产过程和品质无从置喙，只能被动地接受。2005年起发生的一连串农产品质量安全事件，如2005年的苏丹红事件、2008年的三聚氰胺奶粉事件、2010年海南毒豇豆事件、2013年的"镉大米"事件，暴露出这种远距化、黑箱化的农产品供给体系的弊端。其中，苏丹红事件和三聚氰胺奶粉事件直指大型食品生产企业，毒豇豆事件的背景"南菜北运"是农产品供求端远距

---

① 例如莫言小说《天堂蒜薹之歌》，其背景原型就是1987年山东苍山由蒜薹滞销引发的农民群体事件。

化的典型，"镉大米"事件则暴露出农产品产地环境污染问题。农产品质量安全事件的"集中爆发"受到社会广为关注，动摇了广大消费者对远距化农产品供给体系的信任。

农产品质量安全问题一直存在，并非 2005 年以后才迅速恶化。之所以在 2005 年以后产生前所未有的广泛影响，是因为消费者群体已经发生了变化。20 世纪 90 年代中后期，以高学历、较高薪资和从事白领工作为特征的新兴中产阶层在北上广深等一线城市出现，其规模迅速扩大，并逐渐向二、三线城市扩张。城市中产阶层群体在生活必需品的消费上更少考虑价格因素而更加注重品质，对农产品和食品的质量安全也更为敏感。这一群体在 21 世纪开始成为主要的消费群体，意味着农产品的需求端发生了重大变化。

农产品需求端的变化，可以简单概括为消费者对农产品质量安全和品质要求的日益提高。当原有的远距化农业生产供给体系不能满足这种要求、失去消费者信任时，一批消费者转而主动寻求改变，自发构建新的信任度更高的农业生产供给体系，以替代原有体系。典型的替代方案如社区支持农业，包括以城市消费者自己生产农产品为特征的"市民农园"（程存旺等，2011），以农民和城市消费者直接交易为特征的"巢状市场"（叶敬忠等，2012）。这些替代方案的共同特点是绕开或取消中间环节，拉近生产端和需求端之间的距离，恢复过去生产者和消费者之间的面对面交易，目的是重建生产者与消费者之间的信任。这些替代性的农产品生产供给体系，从出现的时间看与 2010 年前后社会对农产品质量安全事件的高度关注相伴随，从发展的过程看也是兴起于一线城市并逐渐向二、三线城市扩展。

在农产品供给端，一些生产者注意到需求端出现的变化，开始主动调整经营策略，转而迎合消费者对农产品质量安全和供给短距化的偏好。一方面调整过去片面追求规模化、产业化、现代化的生产方式，转而强调农产品产地环境的"原生态"和生产方式的"传统"，打起"有机""绿色""生态"牌。另一方面调整过去远距化的经营方式，主动绕开中间环节，邀请消费者上门体验式消费，其典型便是以"上门吃""上门买"为特征的农家乐消费模式。调整后的农业供给端所供给的已不再只限于农产品，出现了农业生态、农业文化消费和乡村旅游的雏形，显露出农业在生态涵养、文化传承、休闲观光方面的多功能性，预示着中国农业即将进入一个新的发展阶段。

二 农业向多功能"大农业"转型

农业需求端发生新变化，各种对农业生态、景观、文化功能的消费需求催生出新的农业产业形态，从而大大扩展了农业的内涵。农业不再局限于供给农产品，开始向体现农业多功能性、全面实现乡村价值的 3.0 版"大农业"转型。

（一）新的农业产业形态

近年来，农业领域出现一系列新的产业形态。这些新的农业产业形态被社会广泛关注，标志着农业产业进入一个新的发展阶段。

一是优质品牌农产品消费比重提升，一些优质高价农产品受到消费者热捧。过去，消费者购买农产品更多考虑价格因素，货比三家往往比的是谁家价格更便宜，农产品消费表现出较高的价格敏感度和较低的品牌忠诚度。现在，消费者越来越倾向于选择优质品牌农产品。截至 2016 年底，中国无公害农产品、绿色食品、有机食品和农产品地理标志（简称"三品一标"）数量已经分别达到 7.8 万个、2.4 万个、3844 个和 2004 个（王欢，2018），形成了一批像五常大米、西湖龙井、赣南脐橙等价值数百亿元的农产品区域公用品牌，品牌农业取得长足发展。同时，消费者在消费农产品时也更加接受优质优价原则，愿意为优质农产品支付"溢价"，像拥有农产品地理标志的农产品平均销售价格能够提高 20% —30%（陈思，2015），甚至出现像"褚橙"这样越是高价越"一橙难求"的现象。

二是乡村旅游成为流行。过去，人们对旅游的理解局限于游览风景区和名胜古迹，尽管也有许多文艺作品赞美"田园风光"，但很少有人专门将乡村作为旅游消费的对象。2008 年，江西婺源打出"中国最美乡村"的旅游宣传口号（詹显华，2016：328）。这个口号标志着乡村本身成为风景，成为可供观赏和消费的对象，去乡村旅游逐渐成为一股流行时尚。通过乡村旅游，乡村许多过去被认为司空见惯的事物被赋予景观和历史文化载体的意义与价值，并通过旅游消费而被显化。这些被景观化的事物，有的是农业生产的场地，如江苏兴化的垛田、云南元阳的梯田；有的是农民生活的空间，如古村民居、民族村寨；有的是农业生产的场景，如吉林查干湖的冬季捕鱼；

有的是农作物本身，如全国各地"油菜花节"的油菜花景观。据农业部门和旅游管理部门统计，2017 年全国乡村旅游共接待游客 25 亿人次，旅游营业收入超过 6200 亿元，旅游消费规模超过 1.4 万亿元。

三是休闲体验农业的兴起。在嘈杂污染的城市环境包围和快速紧张的城市工作生活节奏重压下，田园生活的恬淡闲适、农事活动的亲近自然、春种秋收的生命体验，为很多城市人所向往。正是有了这种需求，大城市周边的各类农家乐、休闲农庄和采摘果园，以及"市民农园""认养菜地"等农业新业态如雨后春笋般应运而生。这些新业态的共同特点，就是以农村生活环境、生活方式和农事活动为卖点，吸引城市居民以付费的方式来获得对农村生活和农事劳动的体验。

四是农村康养产业的出现。在一些大城市周边、生态环境良好的农村地区和所谓的"长寿之乡"，一种为城市退休老人提供居村养老服务的"康养产业"逐渐兴起。例如江西省靖安县三坪村，利用当地青山绿水、气候宜人、风景秀美的生态与景观优势以及交通便利的地理优势，大力发展居村度假养老产业，吸引南昌、武汉、上海等周边大城市退休老人来此消夏避暑。每年夏季来此村居住的城市老人多达万人，村里经营民宿的农户每年旺季可有四五万元的接待收入。

（二）农业新变化的实质：从供给农产品到供给农业多功能性

农业的新变化，从需求端的角度看是农业消费对象范畴的扩大，消费对象从单一的物质农产品扩大到农业的多种功能。消费者为生态有机农产品支付的溢价，是对农产品产地良好、生态环境独特的付费购买；各种乡村旅游消费，是对当地优美的田园风光、景观特色、历史底蕴、乡土文化的付费购买；农家乐、民宿等休闲体验农业消费，是对农村恬淡闲适、亲近自然的生活方式的付费购买；市民下乡、度假养老等农村康养产业消费，除了是对所居村庄良好生态环境的付费，也是对农村居家照料服务的付费。总之，农业不再是只提供农产品的产业，新时代消费者对农业的需求已经从农产品扩展到农业和乡村的多功能性。

农业的新变化，对供给侧而言是农业供给内容的变化。农业多功能性提升了农产品的附加值，形成了农业的新产业与新业态，使农业产业在横向上得到拓展，在纵向上实现延伸。首先，虽然农业原有的农产品供给职能未变，但是在供给内容上已经突破了产品的使用功能和使用价值，实现了农产品价值的提升。优质品牌农产品成为农产品供给的重要组成部分，供给的内容除了产品实物本身，还有作为产品品质、品牌价值来源的良好生产环境、独特生产工艺和特色历史文化底蕴，这些都是农业和农村多功能性的组成部分，为所供给的农产品带来品质和品牌溢价。其次，农业和农村多功能性大大扩展了农业的供给内容，多功能性中不同功能的供给使农业产业在横向上得到拓展，形成了各种新的产业种类，像乡村旅游产业、农村康养产业、农事体验与教育产业都是过去所没有的。最后，农业和农村多功能性的产品远远超出物质产品范畴，原有的农产品供给也形成了电子商务、定制农业、社区支持农业等新业态，农业产业已经从一次产业向二、三产业延伸，呈现一、二、三产业融合发展的新局面。

（三）"大农业"是乡村价值的全面实现

农业从对单一功能的需求与供给转向对多功能性的需求与供给，从对物质农产品的消费转向对农业和农村多种功能的消费，这些变化大大扩展了农业的内涵。农业不再局限于生产和销售农产品的 2.0 版，开始向体现多功能性的 3.0 版"大农业"转型。在新的"大农业"中，农业和农村的各种功能都能够进入市场交易，取得合理的交换兑价，意味着乡村的价值得到全面实现。

"大农业"首先是赋予农业多功能性以经济价值，使过去被隐藏的农业多功能性价值得以显化。无论是在以粮食供给为主的 1.0 版农业还是在以农产品供给为主的 2.0 版农业中，粮食或农产品供给以外的多功能性大多不被认可为农业产出，其价值也无法通过市场交易而实现。因此，农业虽然始终具有多功能性，但其价值被隐藏了。以农业和农村的生态功能为例，据孙新章等（2007）的测算，中国农田生态系统所产生的生物固碳、水土保持、环境净化等生态价值达 4662.22 亿元（扣除面源污染损耗后为 3486.59 亿元）；据孙能利等（2011）测算，山东省 2008 年农业生态价值的现实值为 7058.54 亿元，是当年农业经济价值 3002.65 亿元的 2.35 倍；据王磊等（2015）测算，2012 年北京市农业理论生态价值量为 2203.04 亿元，现实生态价值量为 1167.61 亿元，是农业产值的 2.95 倍；据宋敏、张安录（2009）测算，湖北省农业正外部性的年价值为每公顷 5545.24 元，比当地农地经济产出价值高出 5%—38%。从这些数字可以看出，仅农业的生态功能一项所产生的价值就远远高于其产出的农产品价值。然而在农业只产出粮食或农产品的时代，这些功能不被认为是农业的产出，这些功能的价值也被隐藏，没有反映在农产品的价格中，更不可能通过商品交易得到实现。"大农业"通过发展品牌农业和实行优质优价，提升了农产品的价值承载能力，使农产品能够以品牌溢价、品质溢价的形式实现其产地生态环境和文化传承的价值；通过乡村旅游业、休闲体验农业、农村康养产业等新的产业形式，使农业和农村的生态景观、文化传承、生活照料等功能成为可以交易的商品，使其价值能够在市场中得到实现；通过退耕还林补贴、地力保护补贴、轮作休耕补贴等支持保护政策和生态补偿、碳汇交易等补偿机制，使农业的正外部性价值得到更充分的实现。

"大农业"还重新构建起农业与乡村、农民之间的联系，从而赋予乡村和农民在功能上的不可替代性和价值上的独一无二性。1.0版和2.0版的农业被等同于粮食和农产品供给，乡村和农民的功能定位也只限于生产和供给粮食、农产品，它（他）们的存在只有在承载农业生产过程和作为经营主体的情况下才有意义，它（他）们自身的价值需要由它（他）们生产出的农产品的价值来决定。然而，并非只有农民可以成为农业经营主体，外来资本只要能够获得土地同样可以成为农产品生产者与农业经营主体。甚至在农产品生产日益规模化、集约化、资本密集化的趋势下，拥有更雄厚的资本实力、更强大的农业机械和技术力量的外来者可能会实现比本地农民更高的农业生产效率。因此，在只有农产品供给这一单一功能的农业中，农业与乡村和农民之间的天然联系被割裂了，乡村和农民在农业中的角色功能完全可以被替代，甚至从提高农业生产效率的角度看应当被替代，事实上也正在以撤村并居（张玉林，2015）、宅基地复垦（叶敬忠、孟英华，2012）、土地流转和"去小农化"（冯小，2017）等各种形式被替代。"大农业"承认了农业的多功能性并将其商品化、赋予其交换价值，使多功能性成为农业产出的重要内容和创造价值的源泉。同时，乡村和农民在发挥农业多功能性方面具有不可替代性，例如多功能性中的生态功能、景观功能、文化功能等是乡村本身所发挥的功能，照料功能、教化功能、社会治理功能等则必须有农民居住、生活、劳作于其中的乡村社区才能得到发挥。因此，提供多功能性的"大农业"重新构建起农业与乡村、农民之间的必然联系，使乡村和农民的存在本身就具有重要意义，具有独一无二的价值。

三 发展"大农业"的一个样本：浙江省临安区龙上村

龙上村位于浙江省杭州市临安区西北部深山区，拥有龙上、木公山、冷坞顶三个自然村，总面积20.26平方公里，其中山地面积占90%以上。龙上村山多田少，人均耕地面积仅有0.6亩。山区气候湿冷、田土瘠薄导致当地粮食单产很低，再加上道路交通不便，从发展种养、供给农产品的农业角度看，龙上村可谓资源禀赋条件极差，与平原地区相比完全不具备竞争力。如果按照传统农业的发展路径，因为本村缺乏人口承载能力和本地经济发展空间有限，龙上村有能力的青壮年村民会选择外出务工甚至举家迁移，老弱病残则留守下来依靠几分薄田勉强维生，龙上村会像许多山区农村一样陷入贫困化、空心化、荒村化的境地。然而，深山里的龙上村一没有陷入贫困，二没有成为荒村。龙上村村民人均收入超过2.3万元，比全国农村人均收入高出1万元，即使在经济发达的浙江省内也处于较高的水平。更难能可贵的是，龙上村全村442户1461人，留在村里的劳动力占比超过70%，即使外出务工也以季节性外出为主。若既要生活富裕，又要留人在村，则必须有兴旺发达的本地产业做基础。事实上，龙上村走的就是一条依托自身优势资源发展"大农业"，既使乡村价值得到充分实现，又不断提升可持续发展能力的路子。作为传统农业资源禀赋匮乏的山区农村，龙上村是依靠"大农业"实现发展路上弯道超车的一个样本。

（一）找准优势，探索新路

"大农业"以多功能性为特征，但并不是要让每个村庄、每个农户都发挥出农业的各种功能，而是要让每个村庄、每个农户根据地域、社区和自身的资源禀赋条件，确定能够充分发挥自身资源优势的功能角色定位。龙上村缺少发展传统农业所必需的耕地资源，如果按照过去1.0版和2.0版农业一样以粮食等大宗农产品生产为主，龙上村必然会因资源禀赋劣势陷入不利的发展境地。然而，龙上村地处国家级自然保护区天目山东麓，拥有高达97%的森林覆盖率、优质水源、丰富的野生动植物资源，生态资源禀赋优势十分明显。同时，作为天目山风景区的一部分，龙上村山川秀美、溪谷幽深、村落古朴、民风淳厚、山间小气候凉爽宜人，形成了野生山核桃林、高山菊花园等独特的自然和农业景观。距离杭州市区仅有 55 公里、距离上海不到 200 公里的地理区位条件，以及自然生态、人文和景观资源，共同构成了龙上村的资源禀赋优势。

如果说山多田少使龙上村种粮食搞传统农业具有资源劣势，那么"绿水青山"使龙上村发展山林特色农业具有独特优势。正是基于这样的资源禀赋优势，龙上村将生态功能和景观功能与特色农产品供给功能一同作为自身功能，重点发展优质生态农业和乡村旅游业。生态农业方面，龙上村依托生态资源发展竹笋、山核桃、茶叶、高山蔬菜等山野特色农产品。全村拥有高山蔬菜种植面积 850 亩、白茶种植面积 200 余亩，几乎家家责任山上有山核桃树。乡村旅游业方面，龙上村有 12 家农家乐经营户，拥有接待床位 220 余张，逐步形成了游山玩水、休闲度假、户外攀岩等优势旅游项目，成为上海、杭州市民春游、避暑、赏秋的重要目的地。可以说，龙上村在找准自身资源优势的基础上扬长避短，探索出一条发展"大农业"的新路。

（二）发挥优势，实现价值

资源禀赋优势仅仅是基础，要让优质资源真正发挥其功能优势、实现其应有价值，还需要通过合理经营把好资源变成好产品，把好资源与好产品宣传出去，把资源优势转化为市场优势。龙上村经营生态农业的做法，就是积极唱响生态优势、打造绿色生态品牌，以优质产品占领高端市场。以高山蔬菜产业为例，龙上村组织了高山蔬菜专业合作社，由合作社对成员农户种植的蔬菜开展质量安全检测并出具产品可追溯证明，对外销售的高山蔬菜统一使用合作社注册的"木公山农"品牌，把天然生态资源转化为绿色优质农产品。龙上村合作社种植的高山蔬菜卖到杭州、上海等大城市市场，平均销售价格达到一般蔬菜的两到三倍，还被 2016 年 G20 杭州峰会作为招待各国元首晚宴的专供蔬菜，实现了优质农产品的优价销售。龙上村正是通过以优势资源生产优质产品、打造优品品牌、实现优价销售的经营策略，让当地绿水青山的生态资源转变为真金白银，充实了村民的钱袋子。

优越的生态环境资源不仅要变成优质产品销售出去，更要把城里人吸引到山村来，让"绿水青山"的山村景观本身创造价值。龙上村通过联村规划建设和吸引社会参与，开展村落景区建设，做优乡村旅游产业，从而让村民足不出户就能赚城里人的钱。联村规划建设，就是依托当地交通部门"美丽公路"建设，联合公路沿线村庄共同规划建设停车场、公厕、污水处理等旅游基础设施，以公路为纽带串联起各个村庄形成"村落景区"，打造乡村旅游的"精品线"。吸引社会参与，主要是引进专业旅游经营企业与村集体合资组建龙上村旅游公司，由旅游公司将村民闲置房屋流转过来改造成为精品民宿对外经营，既增加了村民和村集体收入，又提升了村庄旅游产业向更高端发展的能力。

（三）厚植优势，持续发展

乡村独有的生态、景观、文化等资源优势，是发展多功能性"大农业"的基础。要使"大农业"保持发展的可持续性，就必须保护并培育优势资源、厚植发展基础。为此，龙上村首先是在产业和产业发展方式选择上做到有所为、有所不为。在产业选择上，龙上村以是否有利于保护生态环境和传承乡土农耕文明为标准，逐步退出过去经济效益较好但消耗森林资源、造成环境污染的竹木采伐、木粉加工等产业，重点发展体现山野特色、乡土特色的生态农业和乡村旅游产业。在产业发展方式选择上，龙上村不单纯以产量和短期经济效益为考量标准，而是更注重提升产品品质和维护品牌信誉。以当地山核桃产业为例，过去村民为提高山核桃产量，在种植时使用化肥、农药，在收获山核桃时不待其完全成熟就进行人工采摘，虽然产量高却品质差；现在村民让山核桃在近似野生环境下自然生长，等待其自然成熟后再采集掉落的果实，山核桃产量虽然减少品质却大大提升，为实现优价销售和建立品牌信誉奠定了坚实基础。

同时，为美化乡村环境、保护乡村景观、丰富乡村旅游资源，龙上村在上级政府支持下开展了"美丽乡村"建设。村民生活垃圾分类是"美丽乡村"建设的重要内容之一。龙上村向村民宣传普及垃圾分类知识，指导村民将生活垃圾区分为"能腐烂的"和"不能腐烂的"两类，对经过分类的垃圾分别进行生物堆肥、再生资源回收等集中处理，将垃圾分类执行情况作为村"星级文明户"评比的重要依据，有效调动起村民开展垃圾分类、改善并维护村庄人居环境的主动性与积极性。在此基础上，龙上村进一步发动村民开展农家庭院景观建设，采取村内评比并给予优秀者适当奖励的方式，激励村民自主设计、自行施工、充分利用废砖碎瓦与废旧农具家具等边角废料来美化自家的房前屋后，实现家家变花园、一户一风景。通过开展"美丽乡村"建设，龙上村激发了村民的公益心与主人翁意识，提升了村民的生活质量与生活品位，更让村庄本身成为一道吸引八方游客的美丽风景线。

四　结束语

党的十九大报告指出，我国社会主义事业已经进入新时代，社会主要矛盾已经转化为人民日益增长的美好生活需要和不平衡不充分的发展之间的矛盾。农业向多功能性"大农业"转型正当其时。首先，发展多功能性"大农业"是对人民日益增长的美好生活需要的主动回应。目前我国人均国内生产总值已达到 9500 美元，形成了世界上人口最多的中等收入群体。他们的消费内容比过去更为丰富，消费水平进一步提高，消费形式也更加多样，是农业多功能性消费需求的主力。伴随我国经济社会不断发展，人们对农业多功能性的需求还会不断增长，消费能力也会不断提升。其次，发展多功能性"大农业"是解决发展不平衡不充分问题的重要途径。城乡差距、农村短板是我国发展最大的不平衡，而农村贫困现象是发展不充分最集中的体现。贫困地区农村大多属于传统农业资源禀赋匮乏的地区。多功能性"大农业"可以将过去被忽视弃置的资源利用起来，将过去被隐藏的价值显化，从而赋予贫困地区农村内生发展能力，使它们获得增收脱贫乃至在发展道路上实现弯道超车的机会。并且，我国已经初步具备发展多功能性"大农业"的能力。农业生产力水平的显著提高，进一步提升了粮食安全保障能力和主要农产品供给能力。农业发展方式正从拼资源消耗向绿色发展转变，奠定了农业从单一功能向多功能转型的基础。农村产业融合发展和新产业新业态的涌现，各类资源要素市场的建立，相关支持保护政策、法律规范和认证监管制度的完善，都为农业多功能性的价值实现提供了现实可能。最后，发展多功能性"大农业"还需要在几方面下功夫。一是要找准区域优势，合理进行功能定位，以自身鲜明特色开展市场差异化竞争，并通过品牌打造巩固市场竞争优势；二是要注重保护乡村独有资源，让乡村保持鲜明特色，让人们能够"看得见山、望得见水、记得住乡愁"；三是要进一步完善生态资源有偿使用、定价交易和生态补偿机制，为实现多功能性价值提供制度支持。

参考文献

陈思，2015，《登记一个保护一个发展一个》，《农民日报》8 月 8 日，第 6 版。

程存旺、周华东、石嫣、温铁军，2011，《多元主体参与、生态农产品与信任——"小毛驴市民农园"参与式试验研究分析报告》，《兰州学刊》第 12 期。

冯小，2017，《去小农化：国家主导发展下的农业转型》，华中科技大学出版社。

马克思，1980，《政治经济学批判》，载马克思、恩格斯《马克思恩格斯全集》第 46 卷（下册），人民出版社。

宋敏、张安录，2009，《湖北省农地资源正外部性价值量估算——基于对农地社会与生态之功能和价值分类的分析》，《长江流域资源与环境》第 4 期。

孙能利、巩前文、张俊飚，2011，《山东省农业生态价值测算及其贡献》，《中国人口·资源与环境》第 7 期。

孙新章、周海林、谢高地，2007，《中国农田生态系统的服务功能及其经济价值》，《中国人口·资源与环境》第 4 期。

王欢，2018，《走在品牌路上 农业大有希望——2017 农业品牌推进年综述》，《农村工作通讯》第 1 期。

王磊、胡韵菲、崔淳熙、毕于运、孙炜琳，2015，《北京市农业生态价值评价研究》，《中国农业资源与区划》第 7 期。

习近平，1992，《摆脱贫困》，福建人民出版社。

叶敬忠、丁宝寅、王雯，2012，《独辟蹊径：自发型巢状市场与农村发展》，《中国农村经济》第 10 期。

叶敬忠、孟英华，2012，《土地增减挂钩及其发展主义逻辑》，《农业经济问题》第 10 期。

詹显华，2016，《婺源之路——发展全域旅游的探索实践》，中国旅游出版社。

张玉林，2015，《大清场：中国的圈地运动及其与英国的比较》，《中国农业大学学报》（社会科学版）第 1 期。

第三部分

乡村振兴与小农户发展

"小农户"与"小农"之辩[*]

——基于"小农户"的生产力振兴和基于"小农"的生产关系振兴

叶敬忠　张明皓[**]

一　乡村振兴的脉络与"小农户"话语

中国城市化和工业化已经进入现代化中后程，发展的不平衡性和不充分性凸显，"乡村病"和外部输入性危机引发乡村内生动力不足（张丙宣、华逸婕，2018），高经济增长时期所形成的乡村发展惯性思维已难以为继，因此如何适应社会主要矛盾结构性转化的历史规律成为新发展阶段的重要议题（陈锡文，2018）。乡村振兴作为内外因素综合作用的上层建筑产物，具有化解不平衡不充分发展矛盾、满足亿万农民美好生活需要的现实功能，具有广泛的政策向心力和群体基础。作为新时代中国特色社会主义的有机组成部分，乡村振兴不仅被提升为国家战略，还以 33 年的政治周期被赋予长时段存续的合法性。兼具政治性和持久性的乡村振兴战略因此成为影响中国城乡社会结构和中国特色社会主义现代化走向的"革命性时刻"。

基于历史定位和运行周期，乡村振兴战略不仅从横向上对农业、农村、农地和农民各系统做出总体部署，而且从纵向上为乡村振兴设定了梯次性的实现内容（见表 1），内容上的纵横互构使乡村振兴战略具有高度的系统性和渐进的操作性。乡村振兴战略的横向内容回答如何通过农业、农村、农地和农民系统要素的变革或系统关系的重组来激活乡村振兴的内

---

[*]　原刊于《南京农业大学学报》（社会科学版）2019 年第 1 期。

[**]　叶敬忠，中国农业大学人文与发展学院教授。张明皓，中国农业大学人文与发展学院博士研究生。

生动力，乡村振兴战略的纵向内容则关注如何将乡村置于国家现代化的系谱中"规划"乡村的秩序和未来方向。二者的关系体现了历史和逻辑的辩证统一关系。

表1　乡村振兴战略的横纵脉络

分类	乡村振兴的横向维度	时间	乡村振兴的纵向维度
农业	①质量兴农和绿色兴农 ②构建一、二、三产业融合发展体系 ③完善农业支持保护制度	2017—2018年	①党的十九大首次提出乡村振兴战略 ②《中共中央、国务院关于实施乡村振兴战略的意见》出台 ③《乡村振兴战略规划（2018—2022年）》发布
农村	①绿色发展引领乡村振兴 ②繁荣乡村文化，提升乡村社会文明程度 ③形成自治、法治和德治相结合的乡村善治格局	2018—2020年	乡村振兴取得重要进展，制度框架和政策体系基本形成
农地	①保持土地承包关系长久不变，第二轮承包到期后延长30年 ②深化土地制度改革，完善土地"三权分置"制度	2020—2035年	乡村振兴取得决定性进展，农业农村现代化基本实现
农民	①小农户和现代农业发展有机衔接 ②培育新型职业农民和人才队伍 ③打好精神脱贫攻坚战 ④提高农村民生保障水平	2035—2050年	乡村全面振兴，农业强、农村美、农民富全面实现

资料来源：《中共中央、国务院关于实施乡村振兴战略的意见》，中华人民共和国中央人民政府网，http://www.gov.cn/zhengce/2018-02/04/content_5263807.htm。

当前，乡村振兴已经成为社会各界讨论的热点，基于乡村振兴政论的强烈共识，学界普遍对乡村振兴的基本内容做出更加精微的阐释。以乡村振兴的政策文件为根本遵循，乡村振兴的基本内容可具体化为"人、地、钱"的优先安排问题（韩长赋，2018），乡村振兴的内容框架涉及全方位制度供给的"四梁八柱"（韩俊，2018），乡村振兴的内容重点是产业、人才、文化、生态和组织的"五个振兴"（高云才，2018）。乡村振兴的历史定位则表现在其与社会主义新农村建设、农业供给侧结构性改革、新型城镇化和脱贫攻坚的关系之中。乡村振兴战略是社会主义新农村建设主体对象、内涵要求和城乡发展理念的全面升级（张晓山，2017），是破解农产品供需结构性矛盾和释放乡村振兴动能的关键举措（唐安来等，2017），是促进城乡要素双向流动和城乡融合的战略协同（黄祖辉，2018），是巩固脱贫攻坚成果的衔接机制（李国龙，2018）。

在乡村振兴的政策文本中，最引人注目的是首次出现的"实现小农户和现代农业发展有机衔接"的话语，学者将其视为对"大国小农"国情的自省（张红宇，2018），对资本下乡推动土地规模经营之风险的反思（姜长云，2018），对小农户生产优势（即家庭经营的精细管理）以及土地单位面积产出效率的重新肯定（耿羽，2018）。针对小农户的生产弱势、市场弱势和资本弱势，发挥新型农业经营主体的带动作用和构建农业社会化服务体系等成为促进小农户与现代农业发展有机衔接的天然药方（王亚华，2018）。而除了产业功能，小农户的功能也相应被扩展为实现生态宜居、乡风文明、治理有效和生活富裕的综合性功能（蒋永穆、刘虔，2018）。

中央对小农户的高度关注似乎为"小农主体论"和"小农存续论"提供了现实证据，关于"小农消亡论"和"小农存续论"的辩争则再次成为焦点。基于此，相关文章或研讨会普遍产生对"小农"和"小农户"混淆使用的状态，这集中表现在两个方面：一是对二者的概念区分没有任何敏感性，认为"小农户"和"小农"就是一回事；二是虽然做出一定区分，但为了对接主流的"小农消亡论"和"小农存续论"的争论，再次使"小农户"消匿在"小农"的一般化定义之中，认为概念之间相互置换并无不妥。"小农"和"小农户"不同称谓之间是否具有相同的含义，二者的关联是什么，"小农"和"小农户"各自对乡村振兴意味着什么？对"小农户"和"小农"概念的区分不仅可以审视各自的概念边界并以此构建学术讨论的基石，还可以明晰乡村振兴的实践对象，这是关乎乡村振兴主体基础的根本性问题。

二 "小农"与"小农户"的源流和辩争

对概念进行区分是要对言说的概念达成合理的共识，其哲学依据是达成"大问题"和"小细节"之间的"反思平衡"（童世骏，2005）。对"小农"和"小农户"概念源流的梳理正是为了守护对概念区分"小细节"的敏感性，其根本意旨在于为乡村振兴"大问题"的讨论提供有理有据的共识。

（一）"小农"的概念源流：从阶级实体到过程和关系主义的转向

"小农"（peasant）最初由古拉丁语 pagus 派生，拉丁语词意中带有"异教徒、未开化者、堕落者"等强烈的贬义色彩，而在古英语中，peasant 也可表达"附庸、奴役"的意思（王兰兰，2010）。在《不列颠简明百科全书》（2005：1792）中，"小农"被界定为"耕种土地的小土地所有者或农业劳工"。《中国大百科全书·经济学Ⅲ》（1998：1089）则将"小农"定义为"建立在生产资料私有制的基础上，从事小规模耕作的个体农民"。可见，在中国社会和中文语境中，农民往往就是指这里所讨论的"小农"。古代封建社会即有农民，"待农而食之，虞而出之，工而成之，商而通之""士农工商，四民有业"，且"农，天下之大本也"，而农民除了是"从事农业的耕作者"，还是"家天下"王朝的"臣民"，是"朕即国家"的"子民"，具有严格的身份依附意味。在封建社会，农民内部基本保持低度分化的状态，基本保持过密型的"维生型经济"（林刚，2017）。

随着农村资本主义生产关系的产生和发展，农民内部原生型的均质化结构开始分化。"小农"开始作为农民阶级结构的分析范式主要源于马克思主义。根据恩格斯对"小农"的经典定义，"小农"是"小块土地的所有者或租佃者——尤其是所有者，这块土地既不大于他以自己全家的力量通常所能耕种的限度，也不小于足以让他养家糊口的限度"（《马克思恩格斯文集》第 4 卷，2009：512）。而小农的生产方式是"过去的生产方式的一种残余"（《马克思恩格斯文集》第 4 卷，2009：512），小农"排斥社会劳动生产力的发展、劳动的社会形式、资本的社会积聚、大规模的畜牧和对科学的累进的应用"（《资本论》第 3 卷，2004：912），"它发展到一定的程度，就产生出消灭它自身的物质手段……这种生产方式必然要被消灭，而且已经在消灭"（《资本论》第 1 卷，2004：873）。生产方式的落后性使小农成为前资本主义社会受压迫和受剥削的对象，从而固化和加剧了其在社会中的无权和在底层的结构性位置。而固守小块土地和封建宗法式旧制度的小农构成对社会化大生产和无产阶级革命的阻碍，因此，无产阶级在革命中要努力争取农民支持，在革命胜利后引导农民建立合作社，将小块土地结合起来进行大规模经营，走社会主义道路（《马克思恩格斯文集》第 4 卷，2009：507 –

531）。考茨基（1955：132 – 133）认为，小生产虽具有一定优势，但大生产必将取代小生产，小生产与大生产抗衡所依靠的只是劳动者最大的勤劳和努力以及无限的节俭，而有产者和无产者之间的阶级对立逐渐侵入农村和农民家庭。列宁则坚持"小农消亡论"和"小农分化论"，认为小农将彻底消亡，将被新型的农村资产阶级和农村无产阶级代替（《列宁全集》第3卷，1984：145 – 154）。列宁也阐述了引导小农加入集体合作社的社会主义改造思想（彭海红，2010）。小农的落后性和"小农消亡论"使马克思主义经典著作关于"小农"的分析常常充斥污名化的言语，如"小农"是"旧社会的堡垒"（《资本论》第1卷，2004：578），"愚蠢地固守这个旧制度"（《马克思恩格斯文集》第2卷，2009：568），在"穷乡僻壤"过着"孤陋寡闻的生活"（《马克思恩格斯文集》第4卷，2009：284）。因此，peasant虽然可中译为"农民"，但更多被视作具有意识形态污名的"小农"。

除马克思主义外，恰亚诺夫主义[①]也对"小农"范畴进行了独特的界定和具体的分析。恰亚诺夫在《农民经济组织》中将"小农"视为一种独特的社会类型和理论类型。恰亚诺夫边际主义的"劳动—消费均衡论"和"家庭生命周期说"对小农的独特性进行了分析，认为小农家庭农场的经济状况主要随家庭消费者与生产者的比例周期性变化而起落。小农的生产和消费具有动态的均衡性，其劳动产品主要用于满足家庭成员的基本需求，而不是追求利润最大化。即使劳动的边际报酬很低，小农家庭农场也会继续增加劳动投入，即"自我剥削"，以获得更多的产出。因此，小农家庭与资本主义企业有着完全不同的逻辑，小农家庭的生产方式可以抵抗资本主义的渗透。小农家庭自身的独特性可避免受两极分化规律的支配，小农家庭的多样性分化并非"社会分化"，而是家庭"人口分化"的结果。在世界总体进入资本主义经济的情况下，小农经济和家庭农场不可能独善其身，因此小农经济和家庭农场未来的发展路径是通过国家资本主义以"纵向一体化"的方式组织起来，以使农民获得生产、加工、销售全过程的收益。恰亚诺夫关于"小农"的研究常常被指摘为没有采用马克思主义的分析方法，脱离社会经济和历史背景，具有美化小农所代表的前资本主义经济形态的色彩（恰亚诺

---

① 指以恰亚诺夫为代表的研究小农农业的独特性与组织形式、"生存小农"的价值结构与存续性、土地的权利属性与分配合作、村社的独特性与乡村价值的学术理论。

夫，1996：10 - 13、254 - 258）。因此，恰亚诺夫被视为"小农美化论"和"小农存续论"的典型代表。

提奥多·沙宁依据理论独特性和社会独特性的二元维度对"小农"的马克思主义与恰亚诺夫主义争辩进行了再组织，认为对"小农"的认识和理解可以总结为三个流派：一是不承认小农的社会独特性和理论独特性，认为小农不是特殊的社会结构类型，也无须对小农进行概念化和理论化，如列宁；二是承认小农的社会独特性，但不承认理论分析的独特性，认为小农是一种特殊的社会结构类型，但可以在一般性的理论中进行解释，如考茨基；三是承认小农的社会独特性和理论独特性，认为小农是一种独特的社会结构类型，在现有的理论框架中无法解释，因此有必要重新理论化，如恰亚诺夫（Shanin，1990：2）。

除马克思主义与恰亚诺夫主义的经典论辩，新古典/新制度主义经济学和生计框架构成解读"小农"的另外流派。新古典/新制度主义经济学派认为，小农是理性的个体，具有理性决策的能力且不受权力关系的钳制，小农与资本主义企业都可以被视作追求利益最大化的单位。舒尔茨（1999：7）认为，传统农业已经达到要素均衡的状态，小农和资本主义企业家具有同样的经济理性，这直接影响后续的"理性小农"范式。生计框架则以个体农民或小农家庭为分析单位，认为小农个体或家庭坚持"生存优先"的原则，以"小农现在有什么"，而不是"小农现在缺少什么"为起点（Scoones，2009）；认为小农可将支配和控制的生计资本转化为生计策略，并调动主体性和能动性创造可持续性的发展机会（Bebbington，1999）。生计框架将阶级关系和社会制度的因素抽离化，关心的是小农当下可以采取的实用性生计改善行动和策略。上述四种分析"小农"的理论话语可被再次划分为两条分析路线：一是基于权力关系论的政治经济学分析，如马克思主义将"小农"置于阶级关系和无产阶级革命联盟中进行分析，使"小农"具有鲜明的意识形态和政治性内涵；二是基于行为动机论的纯类型或纯形式分析（实体主义或形式主义），如恰亚诺夫主义、新古典/新制度主义经济学和生计框架立足于小农家庭单位自有资本和经济规则进行的微观理论分析，在某种程度上抽离了政治性和制度性的因素（见表2）。

表 2   关于"小农"概念的解释流派

理论流派	基本内容	分析方法
马克思主义	小农是受剥削的对象；小农是小块土地的所有者，具有土地规模的上限和生存标准的下限；小生产具有一定优势，但大生产必将取代小生产；小农的生产方式具有落后性；小农必将消亡，分化为资产阶级和无产阶级；小农是无产阶级革命同盟军；小农被逐步引导接受社会主义改造	基于权力关系论的政治经济学分析
恰亚诺夫主义	小农是独特的社会结构类型，受"劳动—消费均衡"和"家庭生命周期"规律的支配；小农的目标是满足家庭成员的基本需求，不是利润最大化；小农的分化是"人口分化"而非"社会分化"；小农是区别于资本主义企业的独立类型，可以反抗资本主义生产方式的渗透	基于行为动机论的纯类型或纯形式分析（实体主义或形式主义）
新古典/新制度主义经济学	小农是具有理性决策能力的主体；小农与资本主义企业都可以被视作追求利益最大化的单位	同上
生计框架	小农个体或家庭是坚持"生存优先"的单位；小农可将支配和控制的生计资本转化为生计策略；小农可以调动主体性和能动性来创造可持续的发展机会	同上

在不同理论话语的影响下，"小农"的实质内涵不断丰富。沿循政治经济学传统，埃里克·沃尔夫从国家与农民的不平等权力结构关系维度来定义"小农"，认为小农受制于其社会阶层之外的权势拥有者，并将农业剩余转移给统治者或将农业剩余再分配给不从事耕作劳动的群体（转引自潘璐，2012）。而继承纯类型分析传统，根据小农理性化程度的梯次划分，弗里德曼认为，小农是以家庭为生产单位并依赖非商品化关系进行家庭再生产的类型（Friedmann，1980）。弗兰克·艾利思认为，小农主要是利用家庭劳动力，从农业生产获得生活资料的农户，表现为不完全参与市场（艾利思，2006：4）。而"小农"的基本特征表现为农业知识本土化、生活经验世袭化、生产工具简单化、生产生活必需品极少商品化（Scoones，2009）。在纯类型分析中，更极端的"理性小农"模式将小农进一步个体化和抽象化，市场理性原则构成小农类型纯粹的特性（郭于华，2002）。而介于政治经济学传统和纯类型分析传统的"小农"范畴，如詹姆斯·C. 斯科特的"生存小农论"，既坚持小农纯类型分析——将小农归并为具有生存导向的"道义经济"类型，又将小农与政治权力结构相关联，继而从日常政治和反叛行为的角度揭示小农所具有的意识形态和政治性内涵（斯科特，2001：19）。综合政治经济学传统和纯类型分析传统，沙宁认为

"小农"共由四个基本元素构成，即作为基本单元的家庭农场、作为生计主要来源的农耕、特定的生活方式，以及在政治结构中的顺从地位（Shanin，1990：41－43）。

"小农"的内涵随着不同社会情境的变化而变化。沙宁将"小农作为一个过程"（Shanin，1990：45），认为小农不是自成一体的阶级实体，而是可在不同的情势下动态运用多元理性以应对农政结构变迁的群体。"作为过程的小农"在国家机器、规制系统以及农业企业剥夺的结构性力量之下，通过对社会和自然广泛、根本的重组，变成自主性和可持续性抗争的"新小农"（范德普勒格，2013：183）。在"小农"内涵从阶级实体到过程和关系主义取向的转化中，一系列关于"小农"的解释范式涌现。黄宗智（1986：21）根据小农与市场的关系，区分出三种商品化模式，即"剥削推动的商品化""生存推动的商品化""谋利推动的商品化"，小农是兼具上述三种面向的统一体，因此被归结为"综合小农"。与此相关的还有结合风险规避和追求利润的"过渡小农"概念（高帆，2008）。从小农与社会的关系角度看，区别于传统小农，小农已广泛进入开放流动的现代社会，小农生产生活方式的社会化程度日益提高，因此被称为"社会化小农"（邓大才，2006）。与此相关的概念还有"动态开放型小农"和"去自给化小农"等（李继刚，2010；温锐、游海华，2001：6）。可见，"小农"范畴已经从体现生产资料占有关系的阶级实体向去阶级化和更为社会化的小农概念转变，体现更多的类型学分析和关系主义旨向。

从传统四大流派对"小农"概念的研判到"小农"概念的新近延展，总体表现出小农概念的去实体化趋势。小农从"残余式"的阶级实体转变为对不同情境进行策略性生境变通的过程，从政治化的小农转变为社会化的小农。在此过程中，"小农"范畴可以总结出两大基本要点：一是小农是在不同文明制度下的特殊存在；二是可以抽离相关的政治和制度性因素，对小农进行一般化分析。总体而言，"小农"是理论普遍性和存在特殊性的辩证统合体。

（二）"小农户"的概念源流：小农"量的规定性"独立化

"小农户"（small farmer/small holder）是小规模经营群体（Braun，2005），是"在特定资源禀赋下以家庭为单位、集生产与消费于一体的农业微观主体"

（施祖法，2018）。在不同语境下，"小农户"亦可用"小规模农户""小规模农民""小规模农业生产""小规模农场"等来表示，不同概念表述均可抽象出家庭经营的基础属性。从"小农"的经典定义来看，"小块土地的所有者或租佃者——尤其是所有者"这部分声明了小农的主体构成和土地所有制性质，归属于生产关系范畴的"质的规定性"，决定"能否成为小农"的问题。而"这块土地既不大于他以自己全家的力量通常所能耕种的限度，也不小于足以养活他的家口的限度"这部分表明小农单元规模的计量标准和生存标准，归属于生产力范畴的"量的规定性"，说明"如何衡量小农"的问题。因此，"小农"是生产关系"质的规定性"和生产力水平"量的规定性"的辩证统一，二者不可分割（张新光，2011a）。而"小农户"概念基本发轫于"小农"概念的经典界定，在分析思维上，可将小农"质的规定性"和"量的规定性"进行理论分解。"小农户"作为与"小农"的区分概念，是对"小农"概念"量的规定性"的独立反映，具体关注"小农"生产经营边界的问题，这是可以进行独立操作的议题（见图1）。

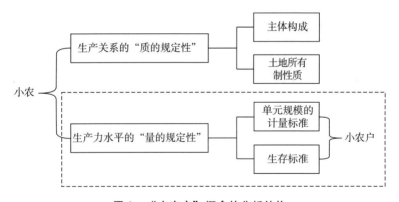

图1 "小农户"概念的分析结构

结合恩格斯对"小农"定义后半部分的独立分析，"小农户"的上限由家庭劳动力利用的最大化程度决定，下限由维持家庭基本生存需要决定。在此，只能模糊地判断任何高于上限或低于下限的农户都不能称为"小农户"。但是，"小农户"上限和下限的具体标准如何确定？恩格斯并没有说明衡量"小农户"相关标准的"平均值"或"近似值"。马克思也将"小农户"视为"一个只能用统计来判断的问题，就我们研究的目的来说，对此也没有必要进行详细的探讨"（转引自张新光，2011b）。据此，关于"小农户"如何判定的问题一直成为不断争论的议题，争论的焦点集中在两个方面，即小农户土地规模的合理限度（上限）和最低生存标准（下限）的判定问题。关于单位计量标准的确定，张新光（2011a）从农户最大耕作田亩数和农民家庭"最低生存水准"两个方面做了深入分析。下面对这两个方面的概括参考了张新光的分析。

一方面，从家庭劳动力供给角度看究竟需要多大规模的土地。受制于地理条件的异质性，以及资源分布情况、土地集中程度、土地产出率、农作物种植结构和生产技术水平等方面的差异，全国不可能设定统一的土地规模作为衡量农户大小的标准，只能根据耕作土地规模的上限和下限的弹性区间值确定"小农户"的分类标准（张新光，2011a）。根据农业农村部的统计，截至2016年底，中国经营规模在50亩以下的农户有近2.6亿，占农户总数的97%左右，经营耕地面积占全国耕地总面积的82%左右，户均耕地面积约5亩[①]。因此，在政府部门的测算中，土地规模在50亩以下的弹性区间内均可被称为"小农户"。根据部分学者的估算，30—50亩基本是家庭劳动力耕作的极限和维持家庭生活完整的适度规模（贺雪峰，2015）。在用土地规模衡量"小农户"时，应坚持多元化的分析模式，即根据土地生产力和农作类型的基本情况，来确定不同地区"小农户"的分类标准（张新光，2011a）。然而，仅按照耕地面积划分大农户和小农户是僵化的办法。衡量小农户的土地规模标准具有特定的时空性，随国民经济发展、社会分工程度和技术条件的变化而变化，严格意义上可以说是社会性问题（许惠娇、叶敬忠，2017）。

另一方面，从农户家庭需求角度看何为最低的生存标准。恩格斯将下限确定为"养活家庭的限度"；马克思认为"生活资料的总和应当足以使劳动者个人能够在正常生活状况下维持自己……包括工人的补充者即工人子女的生活资料……"（《资本论》第1卷，2004：199-200）。根据农户的物质需要和社会需要，评价农户最低生存标准的指标不可以固定统一。例如，根据生理活动所需要的热量指标估算，中国农民每人每日平均最低需要2400卡热量，可以据此折合成相应的食物量（庾德昌等，1996）。这种生理热量的

---

① 数据来源参见《关系全国2.6亿小农户：农业部副部长手把手教小农户衔接现代农业》，搜狐网，2017年11月28日，http://www.sohu.com/a/207066735_260085。

测量方法将"小农户"简化为动物式的生理限度。世界银行则在单纯的物质标准基础上补充了社会福利,如医疗卫生、识字能力以及公共财产的获得等情况,从而更为综合地确定小农户最低生存标准的界限（叶普万,2006）。目前通用的"恩格尔系数法"则根据食物消费指标来确定居民生活质量的标准,恩格尔系数为 50%—59% 的勉强度日标准①则为小农户的最低生存标准（张新光,2011a）。以上测量体系虽然看似具有操作上的科学性,但依然具有不确定性,其原因在于农户家庭的异质性结构和农民动态的生活逻辑难以用所谓的量化指标体系进行量化,小农户最低生存标准的确定依然是需要结合历史性和社会性因素的难题。

不同于"小农"概念中"质的规定性"（小农的主体构成和土地所有制性质）的清晰化,作为"量的规定性"的小农户则在计量标准方面存在模糊性和操作难度,原因在于作为计量标准的土地规模和最低生存标准本身就具有历史与社会的开放性。因此,需要结合实际情况才能确定具体的衡量标准。小农户计量标准判定的模糊性并不影响本文的研究目的,即确证"小农"和"小农户"概念的差异性。

（三）守护区分的敏感:"小农"和"小农户"的概念辩争

虽然仅一字之别,但"小农"和"小农户"的概念相互缠绕,容易混淆和误用,主要表现在三个方面。首先,在概念范围方面,"小农"概念是生产关系和生产力水平辩证统一的综合范畴,"小农户"则是对"小农"概念中生产力维度的独立反映,二者在概念范围上确实具有重合性。其次,在内容构成方面,"小农"概念定义蕴含多维取向,是社区和家庭共同定义的范畴。因为"小农"以家庭为生产生活单位,所以突出家庭经营属性的"小农户"概念与"小农"概念具有亲和性。最后,在形式特征方面,在"小农"概念从阶级实体到过程和关系主义取向的转变中,"小农"的意识形态和政治性色彩逐渐被抽离,特别是受经济学理性思维的影响,对"小农"的纯类型分析和纯形式分析常常占据上风,这与偏重量化标准判定的"小农户"概念产生合流。

---

① 食物消费占家庭总收入的 60% 以上为绝对贫困,占 50%—59% 为勉强度日水准,占 40%—49% 为小康水准,占 30%—39% 为富裕生活水准,低于 30% 则为最富裕生活标准。

　　上述三个方面构成"小农"与"小农户"概念模糊化使用和互相指代的原因。但从概念性质上来说，"小农"和"小农户"具有特定的表达边界，二者可以形成相互独立的解释范畴。首先，在概念构成方面，"小农"概念所蕴含的生产关系和生产力范畴无法二元分割，缺失任一部分都不能构成"小农"的一般化定义。而"小农户"仅体现"小农"概念中生产力水平的量化维度，是一套可进行独立系统核算的合成单元。其次，在内容属性方面，"小农"概念在使用时具有意识形态的限定性，"小农户"概念则具有价值无涉的特性。在马克思主义看来，"小农"不仅是"落后生产方式的残余"，而且体现着十足的剥削关系。"古典式小农""宗法式小农""正在无产阶级化的小农"均体现出不同制度的阶级剥削属性。而"小农户"只有"量"上的大小之别，可以依附于各种文明制度而存在，不体现阶级剥削内容，只体现职业身份关系，相对来说是价值无涉的。这直接反映于"peasant（小农）"和"small farmer/small holder（小农户）"两个英文词语的内涵差异上。最后，在适用理论方面，"小农"作为综合性概念，普遍适用于现有的农民学理论，如马克思主义、恰亚诺夫主义、生计框架理论和新古典/新制度主义经济学，但侧重于马克思主义影响下的政治经济学分析。"小农户"的适用理论则是相对抽离政治和制度性因素的类型分析传统，适用于农户经济理论体系的基本原理，如恰亚诺夫的"劳动—消费均衡"理论、舒尔茨和波普金的"利润最大化"理论、黄宗智的"过密化增长"理论、斯科特和利普顿的"安全第一"理论、巴纳姆和斯奎尔的"农场户模型"理论（郑杭生、汪雁，2005）。这些理论的共同点是对小农户微观行为逻辑进行纯类型分析或纯形式分析（见表3）。

　　总之，"小农"和"小农户"两个概念虽然相互缠绕，具有统一之基础，但依然需要守护概念区分的敏感性。由于"小农"和"小农户"的差异性，我们不能笼统地使用"小农"概念代替"小农户"，从而用"小农"的概念兼容并包地消解"小农户"的独立含义。二者在内容上的差异必须一一加以区分。概念的区分为基本问题的讨论和命题的建构提供了出发点。对"小农"和"小农户"概念细节的厘清，不仅体现了学术话语思辨的敏感性，而且为乡村振兴命题的建构提供了客观性基础。

表3 "小农"与"小农户"概念的混淆性与差异性

		比较
"小农"与"小农户"概念的混淆性	概念范围	在"小农"概念"量的规定性"方面具有重合性
	内容构成	均以家庭为生产生活单元
	形式特征	去实体化与注重纯类型或纯形式分析的"小农"概念与计量标准判定的"小农户"概念产生合流
"小农"与"小农户"概念的差异性	概念性质	小农	"质的规定性"(主体构成和土地所有制性质)和"量的规定性"(单元规模的计量标准和生存标准)的辩证统一
		小农户	对"小农"概念"量的规定性"的独立反映,是可进行独立经济核算的合成单元
	内容属性	小农	具有意识形态的限定性和阶级剥削属性
		小农户	只有"量"上的大小之别,可依附任何文明制度而存在,具有价值无涉的属性
	适用理论	小农	普遍适用于现有的农民学理论(马克思主义、恰亚诺夫主义、新古典/新制度主义经济学、生计框架理论),但侧重于马克思主义影响下的政治经济学分析
		小农户	适用于农户经济理论体系("劳动—消费均衡"理论、"利润最大化"理论、"过密化增长"理论、"安全第一"理论、"农场户模型"理论),侧重于恰亚诺夫主义和经济学影响下的纯类型或纯形式分析

三 小农户视角和小农视角的乡村振兴"想象"

概念形塑现实被构想和被作用的方式。"小农户"和"小农"作为有差异的概念体系,反映了不同的知识和对象关系,对应着不同的乡村振兴"想象"。"小农户"和"小农"各自对于乡村振兴讨论究竟具有什么意义?

(一)小农户视角的乡村振兴:乡村生产力范畴的产业振兴

党的十九大报告和2018年中央一号文件均提出"实现小农户和现代农业发展有机衔接",而关于"小农户"的表述还有"统筹兼顾培育新型农业经营主体和扶持小农户""帮助小农户节本增效""提升小农户组织化程度""帮助小农户对接市场""扶持小农户发展生态农业、设施农业、体验农业、定制农业""改善小农户生产设施条件,提升小农户抗风险能力"等。可见，实现或促进小农户与现代农业发展有机衔接的原则，在于强化新型农业经营主体和小农户的统筹发展能力，化解小农户自身的生产弱势、市场弱势和组织弱势，实现小农户生产经营的效率改进，而路径是提升新型农业经营主体的带动作用和推进农业生产全程社会化服务（孔祥智、穆娜娜，2018）。

中央政策文件将小农户区别于新型农业经营主体，原因在于小农户在经营边界方面确实难以和新型农业经营主体相比，小农户在生产力水平方面表现出低劳动生产率和排斥技术累进的分散式经营。因此，中央政策文件的逻辑必然是通过农业社会化服务的形式，增强小农户生产经营的稳定性和组织性，并推动新型农业经营主体充分发挥带动作用，以此和小农户分摊"比较优势"，以新型农业经营主体和小农户统筹兼顾的方式实现现代农业的发展。发展现代农业是中国实现农业现代化的关键举措。从大力扶持新型农业经营主体发展现代农业到促进小农户与现代农业发展有机衔接，说明中国现代农业的发展思路具有更为平衡和多元化的考量。

小农户的本质属性是以家庭生产经营为基础的生产力属性。实现或促进小农户与现代农业发展有机衔接，则是承认小农户蕴含生产力潜能的合理性。小农户视角的乡村振兴包括"立"和"破"两个基本方向，具体表现为三个方面：一是组织和稳定小农户；二是承认并充分发挥小农户的生产力价值；三是将小农户引入现代农业的发展机制，以此突破小农户的生产经营"上限"。因此，小农户视角的乡村振兴属于振兴乡村生产力的范畴，目的是充分发挥小农户所蕴含的生产力潜力，以此与新型农业经营主体和现代农业形成生产力联合，使乡村具备产业振兴的基础。

（二）小农视角的乡村振兴：乡村生产关系范畴的全面振兴

探讨小农视角的乡村振兴，前提是应充分认识到小农的去实体化趋势和小农在社会主义条件下已经发生的性质变化。小农的去实体化趋势标志着小农的阶级属性正在转化为以"过程"和"关系"为中心建构起来的自身主体性，而社会主义制度已经消灭小农存在的阶级剥削关系，并赋予小农以社会主义劳动者的合法制度身份，因此可以在小农去阶级化分析的基础上研究小农所具有的优势特性。范德普勒格从小农与自然和社会的动态关系中审视小农所具有的优势原则。小农与自然的关系集中表现在小农的农业组织方式上。在全球范围内的农村工业化进程中和新自由主义主导的市场经济下，世界范围内的农业组织模式共分化为三种类型——小农农业、企业农业和公司农业（见表4）。

表4　小农农业、企业农业和公司农业的比较

比较内容	小农农业	企业农业	公司农业
与自然的关系	以自然为基础并将其内化；以协调生产和协同进行为核心	与自然分离；"人工化"的农业	与自然分离；"仿真型"农业
与市场的关系	对生产投入市场的远距化；产品的差异化和低度商品化	对市场高度依赖；高度商品化	市场垄断和超经济力量
经营核心	匠人工艺是核心	企业家精神和机械型技术是核心	企业家精神和资本运作是核心
生产集约性	劳动主导下的持续集约化	以扩大规模为主要发展方向；通过技术获得集约性	以扩大规模和等级秩序为主要方向；通过市场垄断和企业兼并获得集约性
创造社会价值	社会附加值不断增加	创造较少的社会附加值	不创造社会附加值

在小农的农业组织方面，小农本身不是"固有的落后"和"发展的阻碍"。小农具有一系列组织特性，如与自然的协同生产，拥有自主控制的资源库、创造新奇事物的匠人工艺，以及产品的差异化和对市场关系的远距化等。小农农业的优势在于激活农业的多功能性并创造持续的社会附加值，企业农业和公司农业则通过规模扩张和市场垄断的方式造成农业生产系统的失活和对附加值的总体抑制（叶敬忠，2013）。

在与外部社会的联系方面，小农依然具有维护社会稳定、保障食品安全、促进社区发展和文化保护等价值（付会洋、叶敬忠，2017）。根据沙宁的理解，"小农"本身是多元性因素集合的范畴，小农的生产、家庭关系、传统文化、社区生活方式以及政治地位始终处于动态共构的状态，小农本身蕴含着向多维优势转化的特性（Shanin，1990：44-45）。乡村振兴具有总体性，乡村振兴战略含有促进人与自然和谐共生关系、传承和保护优秀农耕文化、发挥乡村和农业的独特价值和多元功能、重塑乡村治理关系以及改善农村生活方式等内容，而小农本身可以牵动丰富的自然社会关系，这与乡村振兴的基本内容具有高度的互嵌性。因此，小农可以作为乡村振兴的担纲对象，发挥其在乡村政治建设、文化建设、社会建设和生态文明建设等方面的优势作用。而作为"量的规

定性"的小农户主要担负乡村振兴产业发展的生产力功能，即主要发挥其在乡村经济建设方面的优势作用。除此之外，小农户并不能承担乡村振兴所要体现的多元化的社会生产关系，这种社会生产关系只能由小农主体来实现。因此，小农视角的乡村振兴要实现的是乡村生产关系的全面振兴。

基于小农户和小农的不同视角，乡村振兴可以具有不同"想象"。促进小农户与现代农业发展有机衔接是在承认小农户存在合理性的前提下释放小农户所具有的生产力，从而实现与新型农业经营主体和现代农业发展的联合，以此突破小农户生产经营的"上限"和实现乡村产业振兴的目标。小农视角的乡村振兴应充分认识小农的去实体化趋势和小农在社会主义条件下已经发生性质变化的事实。尽管性质发生变化，但小农依然保有与土地耕作、家庭关系、社区生活和独特文化共构关系的多维特性，这些与乡村生产关系的全面振兴具有高度契合性。因此，小农有资格成为乡村振兴的主要担纲对象。小农户和小农都是乡村振兴的重要主体，但分别构成乡村振兴生产力和生产关系的主体基础。

四　主体差异视角的乡村振兴政策设计

综合上述分析可见，"小农"和"小农户"尽管在概念上具有部分重合性，但是具有不同语义对象，"小农"和"小农户"在概念性质、内容属性和适用理论方面均具有差异性。概念区分的"小细节"实则反映出"大问题"，反映了知识和对象的不同关系。小农户视角的乡村振兴只是从产业兴旺的角度声明振兴乡村生产力的范畴，小农视角的乡村振兴则具有总体性，是嵌合乡村多元生产关系的全面振兴，二者对应着差异化的乡村振兴"想象"。因此，针对这两个相互区别的概念，乡村振兴应在政策设计方面体认二者之间的差别。

首先，小农户作为纯粹生产力水平"量的规定性"，只有大小之别，而无意识形态上的优劣之分。拥有限定土地规模和生存标准的小农户本身是一定生产力水平的体现，同时又具有难以突破的生产经营上限。当前，小农户具有生产力存续的合理性，"农户家庭是经济社会发展的'源头活水'，而且与现代农业发展具有高度的适应性"（温锐、邹新平，2013）。因此，应充分保护并发挥小农户潜在的生产力水平。同时，生产力水平上限仅仅依靠小农户的内生动力难以突破，因此提升小农户的组织化程度、推进建立农业社会化服务体系、实现新型农业经营主体和小农户的统筹发展等，是突破小农户单元规模和促进小农户与现代农业发展有机衔接的必然逻辑。从此角度看，乡村振兴的政策措施具有高度的合理性。小农户在自身性质上具有生产组织的上限和下限，但小农户内部依然存在"量"上的差异，不同小农户在土地规模、生存标准、家庭构成以及资本禀赋等方面都存在显著差异，因此在具体设计小农户与现代农业发展有机衔接的机制时，应注意分级化和分类化的衔接机制，保障不同小农户的生产经营权益，最大化地释放不同层次和不同类型小农户生产经营的潜力。

其次，小农作为生产关系和生产力的统一范畴，承载着远比小农户更多元和全面的乡村振兴内容。"小农"概念自诞生之日起就承载着意识形态和阶级关系的政治化内涵，后来的演化过程使"小农"成为一种"过程"或"关系"，且"小农消亡论"一直不绝于耳。小农的变迁需要必要的过渡阶段，目前小农本身关联着丰富的社会生产关系，这与乡村振兴的实现目标具有天然的耦合性。在社会主义条件下，小农已经转化为社会主义劳动者，且将在长时间内存续。因此，在乡村振兴的政策制定上，应充分重视和保护小农所具有的价值，发挥其在保障食品安全、促进社区发展、传承农耕文化以及保护生态环境等方面的作用，从而汇集亿万小农之力助力乡村全面振兴。在乡村振兴中，对小农的未来应抱有自然顺势的态度，无论小农是否或何时彻底退出历史舞台，现阶段都切不可以行政手段强制"改造小农""分化小农""去小农化"，甚至"摧毁小农"。

小农户和小农都是乡村振兴的重要主体，乡村振兴未来的成效将取决于国家对待小农户和小农的智慧。针对两类具有差异性的主体，乡村振兴的政策设计应采取差异化的思路，针对小农户和小农设计不同的政策内容。在小农户方面，应强化产业振兴的扶持政策，激发小农户的生产潜能，创建小农户与新型农业经营主体和现代农业发展的统筹衔接机制。在小农方面，应充分重视和保护小农所蕴含的丰富社会关系，推进小农与乡村振兴目标的互嵌和整合。同时，政策设计不能顾左右而言他，名义上扶持小农户或小农，实际上却通过盲目推进资本下乡和土地流转来侵蚀农利；政策设计也不能因此失彼，将扶持小农户的政策和扶持小农的政策混为一谈。作为生产力和生产关系振兴的综合范畴，乡村振兴需要发挥小农户和小农各自的主体作用。

参考文献

艾利思，弗兰克，2006，《农民经济学：农民家庭农业和农业发展》，胡景北译，上海人民出版社。

Braun, Joachim von, 2005，《全球化及其对小农户的挑战》，《南京农业大学学报》（社会科学版）第 2 期。

《不列颠简明百科全书》，2005，中国大百科全书出版社。

陈锡文，2018，《从农村改革四十年看乡村振兴战略的提出》，《行政管理改革》第 4 期。

邓大才，2006，《社会化小农：动机与行为》，《华中师范大学学报》（人文社会科学版）第 3 期。

范德普勒格，扬·杜威，2013，《新小农阶级》，潘璐、叶敬忠等译，社会科学文献出版社。

付会洋、叶敬忠，2017，《论小农存在的价值》，《中国农业大学学报》（社会科学版）第 1 期。

高帆，2008，《过渡小农：中国农户的经济性质及其政策含义》，《学术研究》第 8 期。

高云才，2018，《乡村振兴，五个方面都要强》，《人民日报》3 月 25 日，第 9 版。

耿羽，2018，《我国小农户经营的合理性以及现代化路径研究》，《中共福建省委党校学报》第 5 期。

郭于华，2002，《"道义经济"还是"理性小农"——重读农民学经典论题》，《读书》第 5 期。

韩长赋，2018，《靠真金白银推动乡村全面振兴》，搜狐网，4 月 13 日，http://www.sohu.com/a/22978018 6_498982。

韩俊，2018，《确立乡村振兴战略的"四梁八柱"》，《群众》第 4 期。

贺雪峰，2015，《论中坚农民》，《南京农业大学学报》（社会科学版）第 4 期。

黄宗智，1986，《华北的小农经济与社会变迁》，中华书局。

黄祖辉，2018，《准确把握中国乡村振兴战略》，《中国农村经济》第 4 期。

姜长云，2018，《促进小农户和现代农业发展有机衔接是篇大文章》，《中国发展观察》第 Z1 期。

蒋永穆、刘虔，2018，《新时代乡村振兴战略下的小农户发展》，《求索》第 2 期。

考茨基，1955，《土地问题》，梁琳译，生活·读书·新知三联书店。

孔祥智、穆娜娜，2018，《实现小农户与现代农业发展的有机衔接》，《农村经济》第 2 期。

李国龙，2018，《以乡村振兴战略统领脱贫攻坚》，《农民日报》3 月 6 日，第 5 版。

李继刚，2010，《去自给化小农：解释中国农户经济及政策趋向的一个视角》，《中州学刊》第 5 期。

《列宁全集》第 3 卷，1984，人民出版社。

林刚，2017，《小农与中国古代社会的商品经济》，《中国社会经济史研究》第 4 期。

《马克思恩格斯文集》第 4 卷，2009，人民出版社。

《马克思恩格斯文集》第 2 卷，2009，人民出版社。

潘璐，2012，《"小农"思潮回顾及其当代论辩》，《中国农业大学学报》（社会科学版）第 2 期。

彭海红，2010，《列宁关于小农改造的基本思想及其当代启示》，《社会主义研究》第 5 期。

恰亚诺夫，A.，1996，《农民经济组织》，萧正洪译，中央编译出版社。

施祖法，2018，《实现小农户与现代农业发展有机衔接》，《人民周刊》第 4 期。

舒尔茨，西奥多·W.，1999，《改造传统农业》，梁小民译，商务印书馆。

斯科特，詹姆斯·C.，2001，《农民的道义经济学：东南亚的反叛与生存》，程立显、刘建等译，译林出版社。

唐安来、翁贞林、吴登飞、胡智，2017，《乡村振兴战略与农业供给侧结构性改革——基于江西的分析》，《农林经济管理学报》第 6 期。

童世骏，2005，《大问题和小细节之间的"反思平衡"》，《华东师范大学学报》（哲学社会科学版）第 4 期。

王兰兰，2010，《从中国发展看"农民"一词的英译》，《考试周刊》第 7 期。

王亚华，2018，《什么阻碍了小农户和现代农业发展有机衔接》，《人民论坛》第 7 期。

温锐、游海华，2001，《劳动力的流动与农村社会经济变迁》，中国社会科学出版社。

温锐、邹新平，2013，《农户家庭经济的"动态开放"性与现代化——"小农·农户与中国现代化"学术研讨会综述》，《人民论坛》第 8 期。

许惠娇、叶敬忠，2017，《农业的"规模"之争与"适度"之困》，《南京农业大学学报》（社会科学版）第 5 期。

叶敬忠，2013，《没有小农的世界会好吗？——兼序〈新小农阶级〉中译本》，《中国农业大学学报》（社会科学版）第 3 期。

叶普万，2006，《贫困概念及其类型研究述评》，《经济学动态》第 7 期。

庾德昌、程春庭、储英奂，1996，《农户经济行为量化分析》，《中国农村观察》第 1 期。

张丙宣、华逸婕，2018，《激励结构、内生能力与乡村振兴》，《浙江社会科学》第 5 期。

张红宇，2018，《大国小农：迈向现代化的历史抉择》，搜狐网，7 月 12 日，http://www.sohu.com/a/240710054_100141351。

张晓山，2017，《实施乡村振兴战略的几个抓手》，《人民论坛》第 33 期。

张新光，2011a，《"小农"概念的界定及其量化研究》，《中国农业大学学报》（社会科学版）第2期。

张新光，2011b，《研究小农经济理论的政策含义和现实关怀——回应丁长发博士的质疑》，《农业经济问题》第1期。

郑杭生、汪雁，2005，《农户经济理论再议》，《学海》第3期。

《中国大百科全书·经济学Ⅲ》，1998，中国大百科全书出版社。

《资本论》第3卷，2004，人民出版社。

《资本论》第1卷，2004，人民出版社。

Bebbington, Anthony. 1999. "Capitals and Capabilities: A Framework for Analyzing Peasant Viability, Rural Livelihoods and Poverty." *World Development* 27: 2021 – 2044.

Friedmann, Harriet. 1980. "Household Production and the National Economy: Concepts for the Analysis of Agrarian Formations." *Journal of Peasant Studies* 7: 158 – 184.

Scoones, Ian. 2009. "Livelihood Perspectives and Rural Development." *Journal of Peasant Studies* 36: 297 – 303.

Shanin, Teodor. 1990. *Defining Peasants: Essays Concerning Rural Societies, Expolary Economies, and Learning from Them in the Contemporary World* (Oxford: Basil Blackwell).

2

以农民组织化重建乡村主体性：
新时代乡村振兴的基础[*]

吴重庆　张慧鹏[**]

一　乡村的去主体性与发展的困境

长期以来，出于对西方发展理论的迷信，在中国主流的发展理念和发展模式中，乡村不是发展的主体，而是城市廉价劳动力的蓄水池和国家现代化的稳定器。城乡关系的这种定位，既是一种客观的制度格局，也是一种流行的意识形态，并且两者相互强化。这种状况使乡村始终处在从属和依附于城市的状态，陷入发展的困境。

（一）城市中心主义与乡村的去主体性

城市的繁荣与乡村的衰败是世界各国现代化过程中普遍遭遇的问题。发达国家在持续上百年的工业化和城市化过程中，也都经历了农民破产、农村衰败等问题。直到 20 世纪中后期，主要发达国家才陆续实现了城乡一体化。二战后兴起的发展经济学，把西方发达国家的历史经验进行了美化，并把少数发达国家的发展道路归纳为人类社会唯一的发展道路。发展经济学家刘易斯提出著名的二元经济理论，认为传统的农业部门是落后的、现代工业部门是先进的，一个国家必须把传统农业部门的剩余劳动力全部转移到现代城市工业部门，才能实现现代化（刘易斯，1989）。费景汉和拉尼斯、乔根森等进一步补充和完善了刘易斯的二元经济模型，但核心思想并没有改变。此后

---

[*]　原刊于《中国农业大学学报》（社会科学版）2018 年第 3 期。

[**]　吴重庆，中山大学哲学系教授，华南农村研究中心主任。张慧鹏，中山大学马克思主义哲学与中国现代化研究所、华南农村研究中心副研究员。

的发展经济学家将这一思想进一步数量化、模型化，在城市化率与现代化发展阶段之间建立了一种数量上的对应关系（钱纳里、赛尔昆，1988）。总体来看，西方发展经济学具有浓厚的城市中心主义色彩，认为乡村必然从属和依附于城市，这是现代化过程中无法超越的客观规律。

中华人民共和国成立后，以毛泽东为代表的中国共产党领导人，曾经试图避免发达国家把人口过度集中在少数大城市的做法，走出一条具有中国特色的城乡协调发展道路。当时，官方意识形态始终强调农村的重要性，消除城乡差别一直是党和政府努力追求的目标。相关政策也确实具有一定的去城市化色彩，诸如动员城市知识青年上山下乡，把教育、医疗等公共资源向农村下沉，等等。决策者还希望通过农民的组织化，推动农村的在地工业化和在地城镇化，就地转移农业剩余劳动力。不可否认，在当时的历史条件下，构建新型工农城乡关系的探索是十分艰难的，农民为国家的工业化付出巨大的代价，城乡差距也一直客观存在，但是，农业集体化也取得相当大的成绩，为农业农村的现代化奠定了基础（张慧鹏，2017）。

改革开放以来，西方社会科学逐渐成为中国学术界的主流。知识界把西方发达资本主义国家作为现代化的样板，急切地要与世界接轨，融入全球资本主义体系。主流经济学界利用西方发展经济学理论理解中国城乡关系，彻底否定了毛泽东时代对社会主义新型工农城乡关系的探索，认为城市化才是通往现代化唯一正确的道路。20世纪90年代，发展主义在主流意识形态中占据了核心位置。发展才是硬道理。然而，发展被片面地理解为经济增长。把资源集中在城市，比分散在农村，更能形成规模效应，更能促进经济增长。在发展主义意识形态支配下，为了追求更快的经济增长速度，政府通过行政手段把各种资源集中在城市，不遗余力地招商引资，建设开发区，打造经济增长极。与此同时，随着市场化改革的深入推进，生产要素的商品化程度越来越高，自由流动性越来越强，市场机制在资源配置上所发挥的作用也越来越大。在市场经济环境中，资本为了追求更高的回报率，自发地向城市集中，包括劳动力在内的各种生产要素也追随着资本，从农村向城市、从中小城市向大城市和特大城市集中。于是，在有形的手和无形的手共同支配下，资源越来越集中，城乡差距越来越大。在世纪之交，中国全面启动房地产市场化改革，在巨大利益的诱导下，权力与资本结成紧密的联盟，共同推动了空前规模的城市化大跃进。

客观存在的巨大城乡差距，以及主流话语的长期渲染，塑造出一种城市中心主义的意识形态——城市垄断了现代性，城市让生活更美好，而农村成为贫穷、愚昧、落后的象征。农业和农村的价值被严重矮化，农业、农村、农民成为现代化过程中需要被解决的"问题"。农村完全失去了作为发展主体的资格，需要等待城市来救赎。这种意识形态是如此强大，以至于无论是学术界，还是社会大众，普遍认为乡村是没有前途的。一些学者甚至认为，解决"三农"问题的根本出路在于消灭农村和农民。21世纪以来，在这种观点的掩护下，一些地方政府以统筹城乡发展的名义，进行大规模的撤村并居，逼农民上楼，造成极为恶劣的影响。即便反对激进城市化，一些学者也并不认为乡村可以成为发展的主体，而是把乡村作为中国现代化的蓄水池和稳定器，乡村充其量只需发挥"保底"的作用，以保证中国的工业化和城市化进程顺利进行，成功跨越"中等收入陷阱"（贺雪峰，2015）。

城市的繁荣与乡村的衰败是同一个硬币的两个方面。正是由于资源过度集中在城市，农村的发展陷入困境，许多农民不得不背井离乡，进入城市打工。数以亿计的农民工源源不断地涌进城市，为城市工商业资本提供了廉价的劳动力，使城市实现持续快速的资本积累，而农村由于青壮年劳动力的大量流失愈发陷入困境，迫使更多的人离开农村。由此构成一个相互强化的恶性循环。正是在这样的体制机制下，农村没有前途竟然成为一个自我证成的预言。而这样的客观事实，又反过来强化城市中心主义的意识形态，让人们从观念上认为乡村确实是落后的、没有前途的。

（二）农民去组织化与乡村的去主体性

20世纪90年代后期浮现的"三农"问题，主要表现为城乡之间的巨大差距，也就是李昌平所概括的"农民真苦，农村真穷，农业真危险"，农村在整体上依附于城市，失去自己的主体性。在世纪之交，学界对严重失衡的城乡关系进行了批判和反思，党和国家也逐渐调整城乡发展战略。21世纪以来，党和国家向农村输入大量的资源，改善了农村的基础设施等发展的外部条件。然而，绝大多数乡村并未形成内生发展动力，乡村仍然未能成为发展的主体。我们认为，造成这种困境的根本原因，在于过去几十年来农村持续的社会分化与农民的去组织化，导致村社共同体趋于解体，乡村社会失去凝聚力。这是新"三农"问题的重要表现（严海蓉，2015）。

中国几千年来盛行个体小农经济，农民如同一盘散沙。中国共产党在领导中国革命和现代化建设过程中，高度重视农民的组织化。1949 年后，国家政权深入基层社会，通过党政系统把农民高度组织起来。不可否认，农业集体化的制度设计和具体实践并没有人们期待的那样理想，其中饱受诟病的是这种集体合作是党和国家自上而下推动的结果，带有一定的强制性，并非完全出于农民的自发和自愿。然而，在当时的条件下，假如没有共产党的组织和动员，就不可能有农民的组织化。在集体化时期，亿万农民正是靠组织起来形成了力量，改善了生产生活条件。农村实行家庭联产承包责任制之后，农民经历了去组织化的过程。绝大多数农村的集体经济组织逐渐解体，集体经济名存实亡。没有了集体经济的支撑，村里的公共事务便无从开展，村庄的公共性严重衰退，村民自治也难以有效进行。随着农村市场化改革的深入推进，农村社会也在不断地出现阶层分化。利益主体日益多元化，利益结构日益复杂化，各种矛盾日益凸显，不断瓦解着村社共同体。随着农村青壮年人口大量外出务工和经商，农村社会空心化严重，成为一个没有主体成员的社会，即"无主体熟人社会"（吴重庆，2011）。改革时代的主流意识形态并不反对农民合作，然而，出于对毛泽东时代农民合作化实践的否定，新的意识形态反对国家干预，寄望于农民自发地实现合作。国家政权从乡村社会全面退出，农村基层党组织软弱涣散，无法承担起社会整合的功能。事实证明，期待农民自发实现高水平的合作，这是不切实际的幻想，也与东亚国家农民合作的成功经验相背（黄宗智，2015）。

二　乡村振兴战略的划时代意义在于突显了乡村的主体性

我们并非民粹主义者，把乡村生活想象成田园牧歌式的美好生活。我们并不反对以人为本的城镇化，人口和生产要素的适度集中可以提高生产效率，也便于政府更好地提供公共服务。我们所批判的是以牺牲乡村为代价的城市化，把资源过度集中在城市，特别是少数大城市和特大城市，这样的发展理念和发展模式完全是以资本为中心的，是为了实现更快速度的资本积累，而不是为了人民的美好生活。从马克思主义政治经济学的视角来看，所谓资源集中才能提高经济效率的科学话语，实际上是一种意识形态，遮蔽了其中的利益关系。谁能从高速的城市化中获得巨大的收益，谁又承担着高速城市化的巨大代价，在今天已经再清楚不过。经过持续 30 多年的快速工业化和城市化，数以亿计的农民工进入城市。时至今日，中国农民工总量已经高达 2.8 亿。正是半工半农的农民工体制，压低了中国制造的成本，提升了中国工业品在全球市场的竞争力。然而，农民工只是被作为生产要素来看待，从属于资本，而不是被作为有尊严的劳动者。除了少数的幸运儿，绝大多数农民工并不能真正融入城市，只能徘徊在城乡之间（潘毅等，2009）。城市只肯容纳劳动力，却不能容纳他/她的家庭。拆分式的劳动力再生产模式使农民工的家庭长期处在破损状态，造成留守儿童、留守老人、留守妇女等严重的社会问题（叶敬忠等，2010）。农民工的生产生活境况恶劣，普遍面临工时长、工资低等问题，甚至工资和社保时常会被拖欠。此外，城市正规部门并不能充分吸纳进城的农民工，有相当一部分农民工处在非正规就业状态，缺乏基本的社会保障（黄宗智，2009）。城市，显然只是让一部分人的生活变得更美好。

　　面对严重失衡的城乡关系，学术界仍然有不少人迷信西方经验，认为这些都是发展过程中出现的问题，要通过发展来解决，只要我们沿着发达国家走过的道路，终有一日我们会像发达国家一样实现城乡融合发展。我们认为，这种看法既无视中国国情的特殊性，也无视西方国家现代化经验的特殊性。西方马克思主义学者大卫·哈维指出，西方国家的城市化实际上是资本的城市化，遵从于资本积累的逻辑，目的是消除资本积累的危机（哈维，2017）。资本主义国家内部也存在阶级剥削和巨大的不平等。在当今世界，主要发达国家的大都市光鲜亮丽，乡村也因为中产阶级的逆城市化行为而充满活力。这种状况在根本上得益于发达国家处在全球资本主义食物链的顶端，跨国资本能够从全球攫取超额利润。迄今为止，世界上只有少数发达国家成功实现了现代化，全球资本主义体系也只能允许少数国家处在高收入水平，让发展中国家的多数人养活发达国家的少数人，而不可能倒转过来。因此，发达国家的经验对于广大发展中国家来说并不具有可复制性。拉美、南亚等地区的很多国家，曾经效仿西方经验，追求高城市化率，结果形成大规模的贫民窟，引发持续的社会动荡，其惨痛教训值得我们引以为戒。中国是世界上最大的发展中国家，拥有近 14 亿人口。即便到 21 世纪中叶，城镇化率达到 70%，中国仍将有四五亿人口生活在农村，比中华人民共和国成立初的人口规模还要多。此外，中国仍然处在全球产业分工链条的底端，出口工业产品的利润率很低，工人的工资也被压制在很低的水平。而过去十几年地产资本和金融资本的疯狂扩张，已经使大中城市的生活成本十分高昂，农民工目前的工资水平很难负担其家庭成员在城市生活的成本。过去十几年，中国的城镇化主要是土地的城镇化，土地的城镇化是一个创造巨额利润的过程，地方政府和资本都有很强的动力。而未来要想推动人的城镇化，把数以亿计的农民工转变成城市市民，将是一个需要不断完善公共服务的过程，需要投入大量的公共财政。人的城镇化远比土地的城镇化困难得多，而城乡和区域发展越是不平衡，人的城镇化所需要的成本就越高昂，甚至成为一个无法完成的任务。

党的十九大报告提出，中国特色社会主义已经进入新时代，社会主要矛盾已经转化为人民日益增长的美好生活需要与不平衡不充分的发展之间的矛盾。这是一个极其重大的判断，标志着一个历史转折点的到来。城乡差距悬殊是最大的发展不平衡，乡村发展滞后是最大的发展不充分。为此，党的十九大报告提出实施乡村振兴战略，坚持农业农村优先发展，并把这一战略写进党章。新时代的乡村振兴战略并不是对已有"三农"政策的简单叠加和加强版，也不是对传统发展模式的技术性改良，而是从全局高度做出的重大战略性调整。乡村振兴战略最突出的特点是抛弃了以往城市中心主义的发展理念和发展模式，把乡村作为一个与城市同等重要的发展单元，突出乡村的主体性。这一点在党的十九大后召开的中央农村工作会议上得到更充分的阐发。这次会议指出，在中国特色社会主义新时代，乡村是一个可以大有作为的广阔天地，迎来了难得的发展机遇；乡村振兴的目标是让农业成为有奔头的产业，让农民成为有吸引力的职业，让农村成为安居乐业的美丽家园。会议强调，要坚持走中国特色社会主义乡村振兴道路，首要任务就是重塑城乡关系，走城乡融合发展之路。对于新型工农城乡关系，中央新的表述是"工农互促、城乡互补、全面融合、共同繁荣"，这与之前"以工促农、以城带乡、工农互惠、城乡一体"的表述相比，明显提升了乡村的地位，使之与城市处于同等重要的地位。乡村振兴战略的提出，标志着中国共产党对现代化过程中工农城乡关系的认识达到一个新的高度。

三 新时代重建乡村主体性的迫切性

乡村振兴离不开外部资金、技术、人才的支持，但最主要是要依靠广大的农民群众。农民才是乡村振兴的主体，只有农民参与和主导的乡村振兴才是真正的乡村振兴。新时代的乡村振兴是一项伟大的工程，涉及内容众多。无论是公共基础设施建设，还是农村产业发展，抑或是乡村公共性的培育，都不是单家独户的小农所能够承担的。然而，当前中国农业农村发展中存在的突出问题，恰恰在于农民的去组织化。分散的小农户既无法有效对接市场，也无法有效承接政府资源。这种结构性困境使亿万农民整体上成为"弱势群体"。特别是在工商业资本下乡的背景下，普通农民有进一步被排斥和边缘化的危险。新时代的乡村振兴，必须重建乡村社会的主体性，引导和推动农民开展深度的互助合作，提升农民的组织化水平，激发农民自己动手创造美好生活的积极性、主动性、创造性，这才是乡村振兴不竭的动力。

首先，去组织化的农民难以有效对接大市场。20世纪80年代后期，小农户与大市场之间的矛盾就已经开始暴露，小农户很难适应市场的波动，农民增产不增收的问题变得非常普遍。到90年代，随着市场竞争的加剧，规模化的新型农业经营主体占据优势地位，小农经济开始破产。今天，农业生产已经高度资本化、专业化、社会化，农业产业链上有利可图的环节基本上都已经被大大小小的资本控制，留给农民的利润空间已经非常狭小。小农户不是被大资本完全排挤，就是被严格限定在农业产业链的种植、养殖等生产环节，而不能涉足利润更高的加工、销售等环节。这一情形完整地体现了"代工厂"的逻辑，即农民从原先可尽情在产前、产中、产后这一漫长的农业产业链上挥洒劳动，被压缩到只能在产中即在土地上耕作。农户犹如在"代工厂"流水线上工作的打工者，可以形象地称之为"打农"。他们在农业一连串的生产环节中只承担产中环节，产前环节与产后环节的利润全部被公司拿走，因此，今天的小农根本无法养活家庭。在今天的外出打工者中，有一部分人并非所谓的"农村剩余劳动力"，准确地说，这些人并非像剩余劳动力那样溢出农业与农村，而是以农业竞争失败者的身份被挤出农业与农村（吴重庆，2016a）。

其次，去组织化的农民难以有效对接各级政府下拨的公共资源。由于农民的组织化程度很低，国家直接面对数量庞大又高度分散的农民，极高的交易成本让任何治理手段都变得不可行。近年来，我们研究团队在全国多个地方的农村进行了实地调研，发现正是因为农民的去组织化，国家自上而下投放的支农惠农资金难以找到有效的承接载体，也难以精准对接目标群体。因为农村空心化、群众发动难，国家不得不采取项目制的方式向农村供给公共产品。无奈农村已经阶层分化，进村的项目被农村精英俘获，农村社会结构更加固化。在项目制的治理体系下，基层政府为了完成各种任务，倾向于寻找农村的能人、大户等精英进行合作。国家自上而下投入的资源被精英群体垄断，无法真正惠及那些最贫困、最需要帮扶的群体，其结果是不但降低了公共资源的使用绩效，还进一步加剧了农村社会的两极分化（张慧鹏，2016）。在此轮精准扶贫中，国家投入了相当大的人力、物力对贫困户进行精准识别，效果却并不理想，扶贫资源仍然未能摆脱精英俘获的命运。更重要的是，由于农民去组织化，农村无法形成内生发展动力，只能依靠输血式扶贫。贫困人群在开发扶贫中的主体性被忽略，同时在一定程度上被"去能"，贫困人群对资本的依附关系进一步形成（吴重庆，2016b）。扶贫干部苦恼于农民自我脱贫的积极性不高，等靠要思想严重，其背后的结构性原因也在于此。

再次，农业现代化客观上要求生产资料适度集中，要求生产专业化和社会化。西方发达国家的农业现代化走的是资本主义大农场取代小农经济的道路，土地等生产资料集中在农业资本家手中，农民则失去土地，变成城市无产者或农业雇佣工人。这种方式虽然提高了效率，但也造成严重的贫富分化和社会分裂。当前中国的小农经济面临诸多现实挑战，土地经营规模偏小，耕地细碎化严重，农民老龄化程度高，劳动生产率低。不少经济学家主张土地私有化或变相私有化，用大农场消灭小农户，实现规模经营。然而，人多地少是中国的现实国情。在经历持续快速的工业化和城市化之后，2016年底中国农村仍然有近6亿常住人口，还有约1.9亿户农民家庭在经营耕地，农业收入仍然是很多农民家庭不可或缺的收入来源。如果要达到户均经营百亩左右的耕地规模，那就需要转移出90%以上的农户，这显然不是在短时期内能够实现的。这样的国情、农情决定了美国式大农场的农业现代化道路在中国走不通（陈锡文，2012）。以家庭经营为特点的小农生产在中国历史上长盛不衰，现在也未必过时，未来仍有其合理存在的空间。党的十九大报告首次提出"实现小农户和现代农业发展有机衔接"，这既是重大的理论创新，也是务实的实践要求。那么，小农户如何对接现代农业产业？20世纪90年代以来流行的农业产业化模式，试图通过龙头企业、专业大户来"带动"小农户，其结果是大公司剥削小农户。市场化的农业社会化服务体系只会嫌贫爱富、远离小农户。中国农业的现代化也要建立在专业化分工和社会化大生产基础上，客观上需要生产要素的相对集中、土地的适度规模经营。然而，中国是一个社会主义国家，中国的农业现代化不是为了资本的利润，而是为了人民的美好生活，中国农村土地属于村民集体所有，而不是私人所有，社会制度决定了中国的农业现代化绝不能走资本主义国家的老路。农民合作是社会主义国家实现农业现代化的主要形式，这既符合社会生产力发展的需要，又体现共同富裕的社会主义原则，也践行以人民为中心的发展理念。

最后，农民专业合作组织尚存在诸多缺陷。相对于公司加农户或者公司雇用农民等形式，合作社可以更好地保护农民的利益。2007年《农民专业合作社法》正式实施以来，在政府的大力推动下，中国农民专业合作社迅速发展。据原国家工商总局统计，截至2017年9月，中国农民专业合作社数量有193.3万家，入社农户超过1亿户。然而，当前的农民合作存在非常突出的问题。一是合作的广度十分有限。农民合作主要集中在经济领域，忽视了社会、文化等领域的合作；经济领域的合作又主要集中在农业领域，忽视了二、三产业的合作；农业领域的合作主要集中在农业生产的产中环节，没有实现产加销全产业链的合作。二是合作的深度非常不够。当前的农民合作基本上局限在很低的层次，多数是临时性的互助，没有深度的合作，既不能适应现代产业的发展，也不能承担起乡村振兴的使命。三是合作组织的运行很不规范。现有的农民专业合作社大部分变成大户控制的冒牌合作社，骗取国家补贴，小农户在合作社中的主体地位得不到体现。

总之，农民合作是重建乡村主体性的必要条件，而没有乡村社会的主体性就不可能有乡村的振兴。当前，中国农民合作正面临许多深层次的结构性矛盾。在新时代的背景下，如何通过体制机制改革创新，深化农民合作，构建以乡村为主体的新型发展模式，是实现乡村振兴征程中亟待研究和解决的问题。

四 新时代重建乡村主体性是否可能？

在当前乡村对城市严重依附的情况下，在高度开放的市场经济环境中，巨大的城乡差距让乡村的人财物等资源要素持续流失，重建乡村主体性是否可能？特别是在中西部地区，乡村空心化比较严重，这样的乡村如何振兴？再者，新生代的农民和农民工高度认同城市的生活，乡村如何培养自己的新生力量？总之，我们可以罗列出许许多多困难，这些困难也都是客观存在的。但在我们看来，最大的困难不是客观的城乡差距，而是我们有待修正的思想观念。

长期以来，在主流文化意识形态中，农村的价值被严重贬低，只有城市才能让生活更美好。对于这种观念，本文已经进行了批判。我们认为，只要乡村的产业能够发展起来，国家能够提供良好的基础设施和公共服务，乡村的生活方式就可以让城市人向往。中国是社会主义国家，缩小城乡差距、实现共同富裕既是社会主义的本质要求，也是中国共产党人的初心。社会主义制度还具有集中力量办大事的制度优势。总之，在中国特色社会主义新时代，重建乡村主体性是完全可能的。在工农城乡关系问题上，我们迫切需要一场思想解放运动，破除对西方理论和实践的迷信，立足中国国情、农情，探索构建具有中国特色的社会主义新型工农城乡关系。

在新时代，重建乡村主体性是一项系统性工程。我们认为，最关键的在于提高农民的组织化程度，发挥农民的主体作用。说到底，乡村是亿万农民的乡村，乡村的振兴需要发挥亿万农民的主体作用和发扬他们的首创精神，而近代百年来中国革命、建设和改革的丰富经验表明，农民只有组织起来才能成为创造历史的主体。如今，发达的铁路、公路等交通基础设施已经把全国各个角落连接起来，全国统一的市场体系也已经建立起来。无论是东部还是中西部的乡村，都已经告别封闭状态，进入一个开放的经济体系。没有资本等现代生产要素，乡村的产业就难以兴旺，乡村就无从振兴。而资本的本性是追逐利润，如果让资本成为乡村社会的主宰，乡村振兴就会成为资本的盛宴。解决这一矛盾的根本办法，在于通过农民的组织化，再造村社共同体，以村社共同体为平台和载体，吸纳整合资本、技术、人才等来自外部的生产要素，使之为乡村所用，真正体现乡村发展的主体性。

那么，如何提高农民的组织化程度？

第一，借鉴发达国家特别是东亚地区以农民合作构建乡村主体性的经验。综观世界各国，农民合作的组织形式主要可以分为两种：一种是以某种产品或者农产品生产链上某个环节为基础的专业性合作组织；另一种是以乡村社区为基础的综合性合作组织。人少地多的欧美国家多以专业性合作组织为主，西欧、北美许多国家80%以上的农场主参加了不同类型的专业合作社，而人多地少的东亚国家和地区，如日本、韩国以及我国台湾地区，以综合性的合作组织为主（陈林，2006）。我们认为，中国的自然资源禀赋、历史文化背景等因素，与日本、韩国等东亚国家更为接近，东亚模式可以为中国提供更多的借鉴。当然，由于社会制度、现实国情的不同，无论是欧美国家还是日韩国家，农民合作的先进经验均不能照搬到中国。为此，我们需要认真分析发达国家农民合作经验的内在本质，而不是仅仅抓住其外在形式。

第二，处理好国家、农民与市场的关系。只有将农民组织起来，乡村社会才会有凝聚力。那么，农民如何才能组织起来？借助哪些文化与制度资源？通过什么形式组织起来？有人主张采用专业合作的方式，有人则认为应该采取综合性合作；有人认为政府应该起辅助作用，有人则认为政府应该积极介入；有人认为应该注重效率，发挥新型农业经营主体的带动作用，有人则认为应该体现平等原则，保障小农户的民主权利；有人建议乡村的发展要与城市主流市场脱钩，以避免资源的外流，有人则认为应该保持开放的态度，吸纳城市的资本、技术、人才等生产要素。以上种种观点，各有自己的立论依据。但归结起来，其实都是在讨论如何处理国家、农民与市场的关系。国家依靠政权的力量和党强大的组织动员能力，把农民高度组织起来，从互助组到初级社到高级社，最终建立起政社合一的人民公社体制，彻底结束了中国农民一盘散沙的状态。国家强有力的介入，把农民高度组织起来，在更大范围和更宽领域进行分工协作，形成了巨大的生产力，改变了农村落后的生产生活条件。然而，国家全面而严格的控制，使乡村社会自身的主体性难以体现。在改革开放时代，国家的角色又走向了另一个极端。出于对人民公社体制的反思，国家虽然也在倡导农民合作，但始终强调要坚持农民自发自愿的原则。国家逐步退出对乡村社会的直接控制和干预。在税费改革和乡村机构改革之后，国家甚至退出对农业农村的公共服务。由于国家不再直接提供组织资源，农民很难自发地形成高水平的合作，乡村社会再次呈现一盘散沙的状态。农民的组织化水平很低，乡村社会没有主体性，各种人财物等资源不断地从乡村流向城市，乡村陷入空心化状态。站在新时代的视角，通过长时段的历史回顾，我们不难发现，农民合作与乡村振兴离不开政府积极的引导和支持，但是，政府过度干预又会抑制乡村社会的活力，无法体现乡村社会的主体性。在实践中寻找这种平衡，是一个需要处理的关键问题。

第三，加强党的领导，发挥基层党组织的作用。中国近代以来的历史经验表明，没有共产党的坚强领导，农民就像一盘散沙，不可能自发地组织起来。改革开放以来，正是由于部分基层党组织的软弱涣散，农村宗族、宗教、黑恶势力等才趁机兴起。在当前的新农村建设中，有人寄希望于农村的能人、富人等新乡贤，对此，我们并不反对。但是，新乡贤只能是补充力量，最根本的还是要靠党的领导。中国共产党的党员本身就是农村中的先进分子，有着坚定的理想和信念，有着牺牲奉献的精神，有着严格的组织性、纪律性。在今天的中国农村，没有任何一个组织能够取代中国共产党的领导核心作用。不可否认，今天的基层党组织，不少还处在软弱涣散状态，还不能适应新时代的要求，个别党员干部贪污腐化的问题还十分突出，被基层老百姓深恶痛绝。为此，需要大力推进基层党组织建设。通过基层党组织建设，提高村民的组织化程度，发展壮大集体经济，重建村社共同体，应该成为新时代中国特色社会主义乡村振兴的重要路径。

参考文献

陈林，2006，《新型合作化的双重含义：回归与整合》，《21世纪经济报道》2月21日。

陈锡文，2012，《把握农村经济结构、农业经营形式和农村社会形态变迁的脉搏》，《开放时代》第3期。

哈维，大卫，2017，《资本的城市化》，董慧译，苏州大学出版社。

贺雪峰，2015，《为了谁的农业现代化？》，《开放时代》第5期。

黄宗智，2009，《中国被忽视的非正规经济：现实与理论》，《开放时代》第2期。

黄宗智，2015，《农业合作化路径选择的两大盲点：东亚农业合作化历史经验的启示》，《开放时代》第5期。

刘易斯，阿瑟，1989，《二元经济论》，施炜等译，北京经济学院出版社。

潘毅、卢晖临、严海蓉、陈佩华、萧裕均、蔡禾，2009，《农民工：未完成的无产阶级化》，《开放时代》第 6 期。

钱纳里，霍利斯、莫伊恩·赛尔昆，1988，《发展的型式 1950—1970》，李新华、徐公理、
　　迟建平译，经济科学出版社。

吴重庆，2011，《从熟人社会到"无主体熟人社会"》，《读书》第 1 期。

吴重庆，2016a，《小农与扶贫问题》，《天府新论》第 4 期。

吴重庆，2016b，《内发型发展与开发扶贫问题》，《天府新论》第 6 期。

严海蓉，2015，《"中国农业的发展道路"专题导言》，《开放时代》第 5 期。

叶敬忠、贺聪志、吴慧芳、潘璐，2010，《留守中国》，社会科学文献出版社。

张慧鹏，2016，《农村社区治理中底层群体的主体性——基于珠三角粤村的个案分析》，
　　《天府新论》第 2 期。

张慧鹏，2017，《毛泽东构建新型工农城乡关系的探索与启示》，《马克思主义与现实》
　　第 6 期。

3

农村产业发展中的"小农境地"与国家困局[*]

——基于西部某贫困村产业扶贫实践的社会学分析

王春光　单丽卿[**]

　　乡村振兴已经上升为国家未来30多年的一大重要发展战略,事关现代化强国建设之成败:没有乡村振兴,就不可能有2050年富强、民主、自由、和谐、美丽的现代化强国。在乡村振兴战略中,产业兴旺是关键。没有兴旺的产业,难以留住和吸引年轻人在农村生活和奋斗,也就解决不了乡村的"老龄化""空心化"等衰败问题。如果未来生活在乡村的3亿—4亿人口大多是老龄人口,那么就不能说乡村获得了振兴。20世纪60—80年代,欧美国家和日本、韩国在推进乡村振兴中也把产业发展作为关键环节来抓,并取得一些效果,比如日本的乡村民宿旅游、一村一品发展等。但是其总体上还是无法吸引年轻人留在乡村,因为这些产业收入低、发展空间小甚至不体面,对年轻人不具有吸引力,也与乡村缺乏好的教育、好的医疗卫生和其他条件、好的机会有很大的关系。这给我们的启示是:首先,产业发展和兴旺本身不是一件容易的事;其次,产业发展虽然是吸引年轻人的必要条件,但不是充要条件。也就是说,没有产业发展,一定无法把年轻人留在乡村,但是有了产业发展,并不一定留得住他们。中国的乡村振兴刚刚提出来,目前最需要考虑的是如何推进产业发展和兴旺,或者说在多大可能上推进产业发展和兴旺等问题。

　　中国一直在推动农村产业发展,从改革初期的乡镇企业发展到后来的各种产业发展模式(比如公司加农户、农业专业合作社、新型职业农民等),为实施乡村振兴战略中的产业兴旺提供了基础、经验教训和发展路径。但是,迄今为止,乡镇企业经过20世纪90年代中期的改制转型,并没有在广

---

　　[*]　原刊于《中国农业大学学报》(社会科学版)2018年第3期。

　　[**]　王春光,中国社会科学院社会学研究所研究员。单丽卿,杭州师范大学政治与社会学院讲师。

大农村得到大规模扩散和发展；中国粮食生产取得了十多年的连续增产，解决了"吃饭"问题，但是"三农"问题依旧没有得到解决。虽然中央为产业兴旺提出总体性方向和路径（城乡一、二、三产业融合，构建农业生产服务体系，农户与现代农业对接等），但是产业兴旺究竟怎么走？何以可能？不论是在理论上还是在政策和实践上，均存在严重的分歧。在精准扶贫中，产业扶贫受到空前重视，有许多相关的政策实践。这些实践可以为更好地探索产业兴旺提供经验教训。这方面的研究非常不够，但是非常必要和重要。本研究从国家、农民、市场三者的关系出发，通过对一个贫困村庄产业扶贫案例的历时和共时深度剖析，寻找下一步产业兴旺的可能路径和方向，为乡村振兴战略提供智力支持。

一 研究问题与分析视角

产业扶贫一直是中国反贫困和农村发展政策的核心节目，被赋予了带动农民脱贫致富的使命和功能。过去 5 年中，中央和地方各级政府大幅度增加了对精准扶贫的投入，仅中央财政累计投入专项扶贫资金就有 2800 多亿元，2017 年度中央和省级财政专项扶贫资金就已突破 1400 亿元。在这些投入中，产业扶贫是中央提出的"五个一批"中的重点，因为中央要求在"十三五"期间通过产业扶贫完成 3000 万农村人口的脱贫任务。在这么大的投入下，产业扶贫确实在减贫方面取得一定的成绩，但是其效果并不令人满意，有关政策效果备受质疑，比如资金使用效率低下、资源分配不公、存在"数字脱贫"等问题。我们近年来的田野观察发现的情况也是如此：尽管各地的产业扶贫呈现一派繁荣局面，相关政策不断在产业组织模式、风险分担方式、利益联结机制等方面进行调整和创新，但是，从历时上看，各种产业政策创新形式掩盖了一个又一个新产业、新模式遭遇的相似的惨淡结局。由此引出的问题是，那些产业扶贫项目是如何失败的，又是为什么失败的？该如何理解历时性的政策调整，对推动产业发展有何种作用，又在何种意义上形塑着国家和农民的关系？这样的关系又将如何影响产业发展？本研究基于对西部某贫困村农业产业扶贫政策实践的深度调研，并结合我们在其他地区的相应调研，对上述问题做出试探性分析，从中寻找未来产业兴旺助推乡村振兴的可能路径。需要说明的是，农村产业扶贫政策并不限于农业产业，国家在有关乡村振兴战略的表述中明确地提出"一二三产业融合发展"的要求。虽然农业产业的特殊性在很大程度上界定了农业产业扶贫政策的问题与困境，但是农业产业发展对乡村振兴有着至关重要的作用。

农村怎样发展产业，尤其是如何开展产业扶贫，相关的研究已经不少。这些研究发现，当前产业扶贫并不尽如人意，面临不少问题，其根本在于产业发展与小农的关系问题以及政府在其中扮演的角色问题，存在外部约束因素（邢成举，2016；蒋永甫、莫荣妹，2016；许汉泽，2016；刘军强等，2017）。这些研究大多运用了自上而下的视角，其背后隐含的主要线索则是国家与农民的关系。"小农能力"和"政府能力"所对应的两个基本议题是：国家改造传统小农的意图以及国家的改造能力问题。

与现代化的进程相伴，"改造传统小农"一直都是国家农村政策的焦点，而"小农能力不足"成为农村产业扶贫政策的逻辑起点。在后集体化时代，农业的生产与流通逐渐摆脱了大集体的控制，农民成为独立的市场经营主体。但是，一方面改革解放了农村的生产力，另一方面却面临"小农户与大市场"对接的问题。相关研究指出，农民获取市场信息的能力不足，单家单户的小规模生产使他们在市场谈判中处于弱势地位，再加上农业产业存在自然风险以及具有地域分散性等特征，共同导致了农业市场化面临一系列现实困境（苑鹏，2001；牛若峰，2002）。其后果则不限于小农自身的经济利益受损，还涉及国家农产品供给和价格稳定、粮食安全等全局性问题。农业产业化和规模化是国家对上述问题的一种战略回应，它"以市场为导向，在龙头企业等有效载体的带动下，组织引导农民联合进入大市场、依托农业一体化经营，……将农产品加工业和部分种养业集中化、企业化、规模化，促进农村全面发展，逐步实现农业现代化"（牛若峰，2006）。基于农民组织理论和交易成本理论，产业扶贫政策主要从两个方面推动农业产业化进程：一是对市场主体的改造与重塑，旨在提高农民组织化程度、提升市场议价能力等，比如发展和培育农民专业合作社、探索龙头企业、专业协会、专业市场等不同主体带动的发展模式（张晓山，2005；郭晓鸣等，2007；黄祖辉，2008）；二是从市场组织安排入手，降低交易成本，建立和完善市场风险分担机制、利益联结机制等（罗必良，1999；张闯等，2009）。

上述研究在澄清中国产业扶贫政策的基本预设和目标取向等方面具有重要的价值，指明了农业或者小农改造的路径，但忽略了政策实践本身的复杂性。一项设计良好的政策未必能达到预期的效果，在政策执行过程中常常存在各种"偏差"。基于政策过程的研究，则关注了扶贫政策实践中的问题，比如瞄准偏离、精英俘获、农民参与不足等（邓维杰，2014；邢成举，2016）。此类研究的对象是政府行为，主要围绕中央和地方关系来建构政策解释，进而从政府间关系调整的角度来提出相应的政策完善建议。

然而，无论是关注政策设计的研究还是关注政策执行的研究，均忽视了农民的视角。尽管中央在有关农村发展的各项政策表述中一再强调农民的主体性，比如"充分尊重农民意愿，切实发挥农民在乡村振兴中的主体作用"[①]、"尊重扶贫对象的主体地位"[②]，但是在政策实践中，农民的形象仍然是"消极"和"被动"的。"传统小农"或者"小农生产模式"被建构为政策改造的对象，被视为落后的、"对发展的阻挠"（Byres et al.，1991）。在精准扶贫和乡村振兴背景下，要想推行一种"坚持农民主体地位"的政策实践，就必须反映农民的发展诉求和生活愿景。荷兰学者范德普勒格在《新小农阶级》一书中，提出"小农境地"（peasant condition）这一分析概念，强调其核心是在高度依附、被边缘化和被剥夺的情况下为了获得自主性而斗争（范德普勒格，2018）。这一概念超越了对小农生产模式本身的讨论，把小农阶级在宏观社会体系中的位置等外部结构条件纳入分析框架中。对农民总体处境及其行动的"发现"，将成为推动政策反思和改变他们"无声""无权"状态的起点。

"小农境地"为讨论当前的农村产业扶贫政策提供了一个新的视角和框架，使政策分析能够融合结构与行动的视角，既关注宏观权力对微观生活的影响，又强调微观层面的变化对宏观权力的塑造与反制。具体来说，借用"小农境地"这一概念，在分析中强调农民的主体性，即他们是如何通过自身策略性的行动争夺自主性并积极改善自身处境的。日常层面的抵抗，也被称为"弱者的武器"（斯科特，2007），是小农彰显自身主体性、通过行动表达自身立场的常见形式。在农业生产领域，小农同样进行着一种田间地头的抗争：在种植养殖决策、生产组织等过程中，它无处不在又形式多样；作为一种难以被俘获的抵抗，它构成了一种寻求和构建全球性问题的本土化解

---

① 《中共中央、国务院关于实施乡村振兴战略的意见》，2018。
② 《中国农村扶贫开发纲要（2011—2020 年）》，2011。

决方案的尝试（范德普勒格，2018）。就农村产业扶贫政策来说，农民的抵抗使制度和政策的"缝隙"变得更为可见，从而为政策调整和治理改善提供了新的路径与可能，对推动产业发展和兴旺具有重要的启发价值。

二 产业扶贫：政策背景与主要任务

"传统小农模式"或者"中国式小农经济"的主要特征是经营面积小而分散，个体农户不仅难以面对市场，而且难以维持基本的农业生产条件（贺雪峰，2013）。这种传统模式被认为不适应新的发展趋势，因而农业现代化提出主体改造的任务，即培养新型职业农民。中央有关农业和农村发展的政策文件中明确提出，"实施新型农业经营主体培育工程"[1]，"培育新型职业农民是加快农业现代化建设的战略任务"[2]。政策对新型职业农民的界定包含三个要素：综合素质好、生产技能强、经营水平高。产业扶贫作为在贫困地区推动农业现代化的具体政策，在改造贫困农民方面面临更加严峻的任务。传统小农主要为生存和自身消费而生产，而农业产业化倡导市场化转型，要求以企业家的方式来改造小农，让他们"为市场而生产"。"中国式小农经济"或者"糊口农业"被视为一种落后的生产方式，因而被建构为政策改造的对象。正如在马克思的体系中，资本主义大农业取代传统小农业代表着先进生产力的胜利。

农业产业扶贫政策的核心是在农业生产层面对小农逻辑进行全面改造，即从"为生存而生产"向"为市场而生产"转型。但是，产业扶贫政策只是一个总体性问题的局部解决方案，必须将它放置在整体国家战略的层面来进行解读。国家战略的重要性体现在，它为对总体性问题的回应和解决提供了一个基本框架，正如 Entman（1993）所指出的那样，一个框架具有定义问题、陈述诊断、做出判断以及达成结论的能力。但是，作为一种组织原则的框架，国家战略"把碎片化的信息转换成一个具有结构和意义的整体"，它在把一部分现实挑选出来的时候，也遮蔽了另一些现实（Van Gorp，2001）。我们先关注国家所挑选的"现实"，再从微观生活层面讨论被遮蔽的

---

[1] 《中共中央、国务院关于实施乡村振兴战略的意见》，2018。

[2] 《"十三五"全国新型职业农民培育发展规划》，2017。

是什么。

改革开放以来,工业化和城镇化是中国发展的主导战略,大量低成本农村劳动力向城市转移,支撑了"中国制造"和经济增长奇迹,创造了巨大的人口红利(蔡昉,2011)。但是,计划经济时期构筑的城乡二元体制阻碍了城乡关系的平等化,被视为中国"三农"问题的制度根源(陆学艺,2013)。城乡二元体制分割了农民工劳动力再生产的过程,学者将其概括为"拆分型再生产体制",即年轻人在城市打工获取现金收入,孩子教育、老人赡养则交由农村完成,农村家庭呈现离散化态势(沈原,2006;金一虹,2009)。留守儿童、留守老人以及乡村的"空心化"成为重要的社会问题。改革开放以来,国家一直想努力调整不平等、不合理的城乡关系,提出"统筹城乡区域发展"①、"推进城乡发展一体化"②、"建立健全城乡融合发展体制机制和政策体系"③ 等政策策略。但是,中国发展仍然是城镇化导向的,并寄希望于通过城镇化来解决农村的问题,比如"只有通过城镇化来转移农民,才能够最终从根本上打破城乡二元结构"(韩俊,2015)。地方政府也是城镇化战略的积极推手,甚至提出"教育推动城镇化"的口号,试图在缺乏足够就业机会的情况下,通过教育等公共服务的城乡差距来倒逼农民进城(单丽卿、王春光,2015)。国家的农村发展战略尤其是农业发展战略同样遵循相似的发展逻辑,对农业生产进行"工业逻辑"的改造,强调技术、资本等要素的投入。在以现代化为目标、发展主义导向的战略体系下,农村发展和产业扶贫政策存在强烈的"去小农化"特征,强调对小农的改造,而不是发现小农自身的独特逻辑和实践智慧。

但是,从农民的微观生活层面来看,最大的现实困境在于当前的政策体系极大地压缩了他们的生存空间。日常生活的商品化强化了农民对现金收入的需求,迫使农民更多地为市场而生产。而国家推行的农业现代化战略,通过土地流转、培育新型经营主体等方式追求农业规模化,在客观上加剧了对小农的排斥,使他们处于政策的边缘地带。类似的进程表现为波兰尼(2007)所说的"市场脱嵌",其实质是通过治国术和压制来把市场逻辑及

① 《中国农村扶贫开发纲要(2011—2020 年)》,2011。
② 《中共中央、国务院关于打赢脱贫攻坚战的决定》,2015。
③ 《中共中央、国务院关于实施乡村振兴战略的意见》,2018。

其所伴随的风险强加给普通大众。在国家的发展话语体系之下，"现代化"和"市场化"几乎等同于进步的代名词。传统的小农模式通过多样化的生产种植安排，以一种市场远距化的策略来控制风险（范德普勒格，2018）。如果打破小农生产逻辑并将他们带入市场是实现现代化的必由之路，那么仍需回答的问题是：替代性的风险管理方案是什么？国家试图通过产业扶贫政策来回应农民和农业所遭遇的市场困境。但是，在新的国家、农民与市场关系下，国家是否有能力改造农民或者驾驭市场？产业扶贫政策的有效性不仅要求制度设计本身具有科学性，还取决于自上而下的行政体系是否能够有效地传递、贯彻和执行预设的政策目标。事实上，地方政府的行为存在多面性，它们并不总是作为一种保护性的力量出现。当政府与资本结盟时，农民的利益经常受到侵害。由此引出的问题是，农民究竟会对国家的政策做出何种回应？又该如何理解农民的行动及其后果？如何使产业发展得到顺利执行和实施？本文以西部 M 贫困村的产业扶贫政策实践为案例，分析干部与农民在产业政策执行中的动员与回应关系，探寻"小农境地"的形成机制，以为今后乡村振兴所需要的产业兴旺提供相应的知识支持。

三 案例解剖：M 村产业发展中的动员与回应

M 村是西部某精准扶贫重点省的一个山区贫困村。与全国其他地方一样，该省在精准扶贫中非常强调产业扶贫的重要性，认为那是实现精准脱贫的根本。在 2017 年春季期间，该省实施了 4328 个产业扶贫项目，完成了400.64 亿元投资。政府如此大力度推进产业扶贫，实际效果究竟如何？媒体报道和政策宣传往往会突出成绩和亮点，在实际的政策执行过程中往往存在垒大户、树典型等问题（朱晓阳，2004），因此现实情况并不乐观。"年年种树年年荒、年年种在老地方"，这句描述退耕还林困境的话也可以很贴切地刻画产业扶贫的境况。M 村的产业扶贫很能说明这一点，即不断遭遇失败，屡败屡做，陷入"动员—失败—再动员"的循环。

（一）M 村的产业扶贫历程

M 村共 587 户 2284 人，耕地面积 2138.38 亩，人均不足 1 亩。受山区地理条件的限制，加上土地比较破碎，当地不具备农业机械化的条件。村里青壮年大多外出打工，留下种地的主要是 50 岁以上的农民。当地的种植结构以常规农业为主，主导产业是水稻、玉米、花生等，经济产业主要是烤烟。但是，由于当地海拔相对较低，气候条件并不适合烤烟种植，因此烤烟产业规模呈现逐年下降的趋势。2017 年，全村烤烟种植不足 200 亩。早在土地包产到户之初，M 村就开始了农业产业发展的尝试，先后发展过苎麻、蚕桑、辣椒、花椒、柑橘、金银花、核桃、软籽石榴、高粱、青蒿、构树和山羊养殖等产业。但是，这些产业遭遇了相同结局，政府大力发展动员起来的新产业大都在一两年之内覆灭。在经历了 30 多年的农业产业化尝试，并且国家产业扶贫政策介入之后，M 村依然是以常规农业为主，没能形成具有特色的主导产业。

M 村面临中国大多数农村的共同困境，焦点是如何获得更多的现金收入。传统农业遵循着多样化种植的策略，产品可以直接被农民消费，或者用于生产环节，这使他们不依赖于市场，因而也免于承担额外的风险。传统农业作为一种生产策略，相对安全和稳定。但是，农村日常生活对现金需求的增加，在不断地挑战着这种传统生存智慧。正如 M 村村民 WQ 算了一笔经济账，反映了农民的困境：

> 我们农村光靠种地找不到钱，农村是靠家庭多种经营，比如今年我种 5 包苞谷籽、2 包谷子，喂两三头肥猪，拿两头卖。一个可以卖 2500—3000 元，大的可以超过 3000 元。算起来有个六七千块钱。一年出栏。猪都是周而复始地养着，一年或者久一点，有的可以卖到 4000 元。也可能喂两三只羊或者牛，牛可以下牛仔，一年可以卖个 2000—4000 元。一年各种经营下来，4 口之家，有万把块钱的收入。像我这种家庭，两口人在家里做事，两个孩子在外面读书，一年就万把块两万块根本不够开支。高中在县城，生活费就要 1000 块钱，最低都要 600 块，路费之类的都算上，包括平时的生活用品这些。少了 600 块，在县城都活不下去，光吃饭一天就要十几块。所以说，有孩子在城里读书，一个初中生、一个高中生，就要万把块钱。还有日常事务、人之常情、人情世故、家庭支出，就很难运转。（M 村村民 WQ 访谈，2017 年 8 月 15 日）

在农业产业发展的核心目标上，国家与农民的诉求是一致的。乡镇官员和村干部试图推动引入新的产业，为农民带来新的收入增长点。"在屋里做常规农业基本上找不到钱"的现实，也意味着农民需要新的产业机会，并寄希望于由此获得更多的现金收入。从这一点看，基层政府官员与农民有基本的发展共识。

（二）产业扶贫政策中的动员与回应

从最初自发的产业发展尝试，到后期国家层面体系化的政策支持，M村的产业发展实践大体上走过了三个阶段。

1. 生产导向的半强制动员

M村最初的产业发展尝试始于20世纪80年代中后期，当时刚实行包产到户政策不久，农民的生产积极性被极大地调动，农民和基层官员都希望寻找到新的增收途径。当地最早选择的产业是青麻，原因在于它容易成活、产量高、技术门槛低。青麻本身就是本土的作物，在作为一项产业进行发展之前，普通农户的房前屋后大多种着几棵青麻。它可以用来编草鞋、做草绳或者麻袋，产品拿去集镇交换能够换得一些现金，因而青麻也被当地视为经济作物。乡镇官员和村干部对青麻产业进行了大规模的动员，一方面是勾画美好的发展蓝图，另一方面是动用半强制性的手段要求农民服从安排。村干部对当时的情景回忆道，"我们这里最好的就是院子土，本来是自家种菜的，但是当时全都拿来种青麻了"。政府积极的生产动员带来了当年的大丰收，结果却是灾难性的。青麻产量很高，却几乎没有市场销路，政府在进行生产动员的时候显然没有考虑市场的问题。在收获季节，产品却没有市场，农民只能将青麻砍掉，重新换成常规作物。更为糟糕的是，青麻根系扎得很深，铲除这种作物成为一件极其费力的事情。几十年过去了，当地农民仍然对当时的情况记忆深刻，不少村民提到为此"砍断了几把锄头"。

2. 市场导向的中介型动员

在经历过早期的失败之后，政府开始将注意力转向市场。尤其是2000年之后，伴随着国家的农业产业扶贫政策，基层政府进行了更为市场化的产业发展尝试。以2004年M村的辣椒产业为例，政府不再直接面对农户，而是通过产业扶贫项目既引入企业，通过订单农业的方式解决市场问题。也就是说，在生产之初，让企业和农户订立合同，约定最低收购价，从而降低农民的销售风险。但是，当年辣椒市场行情不好，最初在政府的介入下，企业履约收购了。"那个收购的公司收回去就把辣椒倒了，因为跟市场的需求不对等。公司收回去卖不掉，辣椒就烂了。"（M村村支书访谈，2017年8月11日）等到辣椒后续几批上市的时候，公司不再履约。经历亏损之后，第二年农户都不再种植。金银花、青蒿这类短期产业也都遭遇了类似的问题，面对不确定的外部市场，订单农业的模式存在自身的局限性。

3. 项目驱动的利诱型动员

一再的失败，显然打击了农户参与产业扶贫项目的积极性，也增加了政府动员的难度。但是，随着国家总体投入的增加以及对贫困地区的政策倾斜，基层政府开始用资源来撬动农民参与。2014年，M村花椒产业的发展历程凸显了新时期产业扶贫政策的特点。依托退耕还林以及其他涉农资金的整合，M村所在的乡镇有能力对全镇的产业发展进行更加宏大的设想。按照M村村书记的描述，"当时我们这里整了1000亩花椒，漫山遍野到处栽"。花椒产业所呈现的新特点在于，政府资源对农民投入的替代。政府规划种植花椒的土地基本上是坡度比较大、耕种条件较差的撂荒土地，因此不直接影响农户原有的生产安排。并且，花椒的种植主要是以雇佣农户的方式进行的，政府免费给苗木并以70元/天的工价请农民将花椒苗栽种在各自的土地上。由于花椒是一个长效产业，因此前3年政府还免费为农户提供肥料。但是，到2017年，"村里基本上找不到一块成形的花椒地。这1000亩要活个50亩都很困难，而且最多只是花椒苗还在那里，因为他不管理所以就不挂果了嘛"（M村支书访谈，2017年8月15日）。

（三）不同主体关于产业失败的不同解释

在30多年的时间里，M村产业发展的尝试遭遇了一次又一次的失败，呈现一个"动员—失败—再动员"的过程。"失败"是针对政策目标而言的，即产业扶贫项目既没有为农民带来增收的效果，也未能发展为一个稳定的支柱产业。但是，对政府和农民来说，"失败"具有不同的含义，他们也会以不同的方式进行回应。

1. 政府视角

在M村，由产业扶贫项目所推动的产业总是昙花一现，未能催生出新的产业机会，当地的农民依旧从事着常规农业。M村所在乡镇C镇的官员是这样来解释产业发展困境的：

我们这个地方产业发展的主要困难还是劳动力成本问题。由于地理环境复杂、劳动力成本高，所以农副产品的成本比较高，缺乏机械化生产的条件。比如说我们发展辣椒，虽然农户能够赚到5000块钱左右，但是投入的成本也差不多要这么多。我们完全要用人工采摘，还要去坡上摘，再背下来，这些都是成本。第二点是组织化程度不到位，原因是市场和销路没打开。产量大了才能打开销售渠道，但是量大了我们这边产量上不去。第三是没能形成品牌，虽然我们的东西是绿色的、原生态的，但是产品还需要一个包装的过程，这个我们做不到。原因是量不够大，也缺乏技术。还有一个交通不便利的问题。交通是个相对的问题，我们的产品要销售到北上广还是很困难的。要看与市场的距离。（C镇党委书记访谈，2017年12月5日）

归结起来，制约M村产业发展的因素主要有两个方面：一是基础条件，包括交通、区位、农业生产条件、劳动力要素价格；二是市场条件，涉及销售、品牌等环节。事实上，在M村的产业发展历程中，基层政府做了全方位的尝试，比如进行农田整治、修建产业路，探索企业＋农户的发展模式，还用政府的资源直接调动农民的生产积极性。但是，总的来看，成效主要反映在能够直接用资源投入解决的问题上，比如农业基础设施得到改善，而涉及外部市场的努力几乎都遭遇了失败。

然而，项目的失败并没有挫败他们继续开展产业扶贫项目的决心与动力。一方面，产业扶贫是国家战略体系中的一个重要组成部分，基层政府作为行政体系的末端，必须贯彻和执行上级的政策与要求；另一方面，基层政府也有着推动产业发展的内在动力，通过争取产业扶贫项目来获得国家的资源，并为地方赢得潜在的发展机会。也就是说，自上而下的行政动员和基层的政绩冲动使产业扶贫成为一项屡败屡战的政策实践。

2. 农民视角

30多年间不断遭遇的失败与挫折，构成了农民集体记忆的一部分，也导致政府在产业发展动员中面临日益严峻的形势。2017年，当M村的村干部试图利用退耕还林政策开展产业扶贫项目的时候，他们就处于非常尴尬的境地："现在老百姓就在那里笑我，说你要在那块地上栽多少东西啊？有些老人家就说，核桃是你喊我们栽的，现在又喊我们栽杉树，我们又听你的，再过两年你又喊我种什么？这话怎么回答。真是无法回答。"（M 村村支书访谈，2017 年 8 月 15 日）

从行动层面来看，农民展现了多样性的回应策略。如前所述，辣椒、金银花之类的短期产业，需要农民进行大量的劳动力投入。一旦遭遇市场风险，就意味着农民辛苦投入的劳动力乃至资金无法得到相应的回报，以增收为目的的产业项目甚至会造成直接的经济损失。在多数情况下，农民第二年就会进行种植结构调整。失败的经验也会使农民对政府的信任大打折扣，并打击他们继续参与产业扶贫项目的积极性。从 M 村产业扶贫项目发展的过程来看，政府在不断地调整动员手段，原因也在于一次次的失败导致原有政策手段的效力不断消减。面对短期产业发展的动员困境，政府开始投入更多资源去发展长效产业，比如柑橘、核桃、花椒等。政策调整的好处是，避开了对农民常规经营的直接影响，还可通过各种资源去引诱或者收买农民。就花椒产业来说，其发展模式甚至可以描述为：雇用农民在自家撂荒的土地上栽种，苗木和肥料都由政府提供，农民只需要承担后续维护的一些劳动力投入。然而，即便是在这样的情况下，发展的产业还是很快"消失"了。M 村村支书对农民的回应进行了描述：

> 有的要种烤烟，就把它挖掉了。有些花椒是自然消失的，比如村公所坝坝这边的土质很好，我们就在这边栽了花椒。栽了之后，不可能直接人工过来挖，比较慢嘛，他就要么用牛、要么用机器，反正就把它挖了，挖掉之后就算了，慢慢地就都没有了。基本上都是这样消失的。（M 村村支书访谈，2017 年 8 月 15 日）

M 村的产业扶贫是一个由政府主导的实践。农民作为政府动员的对象，似乎呈现一种消极、被动的形象。但是，当政府的项目涉及农民的切身利益时，他们会运用各种显性或隐性的回应行动来表明自身的态度与立场。从农民视角所做的分析说明，发掘农民的内生动力、回应农民的利益诉求是产业扶贫项目获得成功的必要条件。

四　"小农境地"与产业发展路径

虽然并不是所有接受扶贫产业支持的村庄都遭遇 M 村的困境，但 M 村的遭遇并不是特例，而是有一定的普遍性，我们在其他地方的调查也见证了这些问题。在调查中我们听到比较多的话是：在种什么上，"千万不要听政府的话""政府叫你种什么，你种了，你就倒霉""政府叫你种辣椒，你就得去种西红柿""政府支持的，可能会亏本，政府反对的肯定赚钱"等等。我们发现，并不是说政府在产业发展上一点不起作用，甚至起反作用，而是说政府在推进农村产业发展上面临许多自身难以解决的难题和问题。其中最重要的问题是政府与农民、市场在行动逻辑上存在明显的差异：政府推产业发展，首先考虑的是政绩，这政绩主要体现在做事上，比如在产业上政府优先考虑的是项目能否立项和落地，但是很难考虑到这样的项目如何获得市场的支持，更没有深入地考虑农民的需求、意愿和价值等，更没有让农民有表达想法的空间和机会。与此同时，政府自以为对市场很了解，但是又没有能力去预测、拓展市场，更没有能力预防市场风险。在这种情况下，政府往往想借助企业、公司或能人参与产业发展，但是企业、公司考虑问题又与政府和农民不同，它们优先考虑的是能否从产业发展中赚到钱，至于方式和手段都不重要，也不会把农民的利益放在优先的位置上，当自己的利益受到影响时，更不会去保护好农民的利益，而往往会以牺牲农民利益来保护自己的利益。在产业发展中，农民往往处于弱势地位。一些地方政府强迫农民种这种那，如果谁不种，就会采用各种方式威吓他们。农民对政府推行产业有很大的抵触心理，即使难以抗拒，也不会去好好地配合。这里最大的问题是农民对政府和企业缺少最基本的信任。如果没法抗拒，必须按政府的要求去做，那么他们会把所有事情和问题都归咎于政府，袖手旁观，看着政府做产业，甚至采取弱者的武器去对待政府的产业发展。这就是当前在产业发展上的"小农境地"。

M 村的农民就陷入这样的境地。政府主导的产业扶贫实践遭遇了一次又一次的失败，国家尽管投入大量的资源，却无法兑现发展的许诺。然而，M 村仍然不断承接着各类新的项目和产业，陷入一个类似于"年年种树年年荒、年年种在老地方"的发展困境。从积极的角度看，失败可以表现为一个试错和学习的过程，使政府和农民理解自身的局限性，并对自身的行动进行调整。然而，几十年间的持续失败会对未来的发展进程造成深远的负面影响。正如本文案例所展示的那样，不断经历"动员—失败—再动员"的过程，消耗了农民对政府的信任，极大地打击了农民参与产业项目的积极性。产业发展失败的经历成为农民集体记忆的一部分，也使他们对政策宣传中的发展前景和产业奇迹产生"免疫"。基层政府所遭遇的动员困境，又迫使政府投入更多的资源对农民进行引诱或者收买，从而使产业扶贫变为一种"逼民致富"的实践，其后果是消解了发展的内生动力。

然而，日常生活层面的商品化进程又使农民亟须拓展获取现金收入的渠道。正如伯恩斯坦（2011：157）所描述的那样，"一旦农民家庭被资本主义的商品关系整合，他们就不得不服从商品化的动力与强制力，这已经内化在他们的社会关系与实践之中"。现实的情况是，"在屋里做常规农业基本上找不到钱"，无法满足农民用来维持自身及其家庭成员再生产的现金需要，更无法帮助他们积累抵御各类外部风险的资源。在新的社会经济背景下，传统的糊口农业面临困境，农民需要寻找新产业机会，赚取更多现金收入。从某种意义上说，农民和国家有可能在产业发展的目标上达成共识。但是，当前的"小农境地"不仅无法激发农民自发参与，而且持续抵制国家在农村的产业政策实践和行动，让农民与国家陷入发展困境。从这里也会衍生出对乡村振兴所需要的"产业兴旺"的一些悲观前景。当然这并不意味着这种困境无法打破，没有乐观的希望。这里的关键是我们必须在相关的政策讨论中纳入农民的视角，从农民的抵抗行动中发现和理解他们的诉求，进而反思产业扶贫政策的主要任务与政府角色，并从产业扶贫与乡村振兴战略衔接的角度寻找发展对策。

首先，需要重新审视产业扶贫的政策对象，核心是理解作为产业承担者的农民群体的构成与分化。当前在中国的农村，尤其是贫困地区，从事农业生产的普遍是五六十岁以上的农民，他们相对来说文化水平较低、缺乏市场经验。对他们来说，农业生产首先是一种维持日常生计的手段，这就意味着糊口农业本身仍然承担着重要的社会保障功能。国家在有关乡村振兴战略的表述中，一再强调坚持农民的主体地位，强调要"调动亿万农民的积极性、主动性、创造性，把维护农民群众根本利益、促进农民共同富裕作为出发点和落脚点，促进农民持续增收，不断提升农民的获得感、幸福感、安全感"。同样，产业扶贫政策也必须首先回应农民自身的发展诉求，而不是将国家的目标强加给农民。具体来说，产业扶贫政策应该避免过于激进的目标，比如将传统农业连根拔起或者对农民进行全面改造，而是应该采取渐进的方式，"促进小农户和现代农业发展有机衔接"，尊重和理解农民在发展中的主体性。

其次，必须反思政府在产业扶贫中的地位与角色问题，关键是清醒地认识政府的局限性。如前所述，农村产业发展面临多种困境，受到自然条件、农民能力、外部市场环境等多种因素制约，这也对产业扶贫政策提出严峻的挑战。从 M 村的案例中可以看出，"市场"仍然是成败的关键因素。乡镇官员和村干部进行了一系列市场导向的尝试，比如通过订单农业的方式解决销售问题，但是在市场行情不好的时候，政府没办法强制企业履约；同样，当市场行情好于合同约定的收购价格时，政府无力阻止农民的违约行为。在不断遭遇的产业失败中，政府得到很多经验和教训，其中一条就是政府无法替代市场。政府还在生产组织、服务提供方面进行了多种尝试。总的来看，产业扶贫政策能够产生积极结果的方面，大多是能够靠钱和资源解决的方面，比如"产业路"等基础设施的完善。并且过于急功近利的发展要求，也阻碍了产业扶贫政策在制度和机制等层面的探索。

最后，结合乡村振兴战略，回应产业扶贫政策的调整路径问题。"重发展、轻服务"是地方政府在推动产业发展过程中的主要问题，具体表现为重视生产动员，却忽视产中、产后的生产服务与销售服务。农村的产业发展本身是一个复杂的议题，涉及国家、农民与市场关系的重新调整。考虑到基层政府和农民都缺乏市场经验的现实，应该对政策的任务和目标进行理性评估。强调发展的渐进性，核心在于为政府和农民提供政策探索和调整的空间。因此，产业扶贫政策应该将"服务"作为首要目标，而不是一味地追求"发展"。具体来说，就是要以农业基础设施建设、生产性服务提供、农民技术培训等方面为主，将政策焦点转向生产软硬环境的建构、增加公共产品的供给。产业扶贫政策的"服务转向"契合了乡村振兴战略所提出的任务和要求，即"加快构建现代农业产业体系、生产体系、经营体系"。"服务转向"也意味着将农民的需要和利益诉求放在核心位置。这自然包含农民赋权的维度，因为只有构建了自下而上的政策参与渠道，才能够发挥农民的主体性，使他们以积极的方式参与决策和做出政策反馈，而不是只能以"弱武器"的形式进行抵抗。

此外，还应该看到产业扶贫政策与其他农村发展政策之间的联系，强调不同政策体系之间的协同效应。乡村振兴的总体目标包括五个方面，分别是"产业兴旺，生态宜居，乡风文明，治理有效，生活富裕"，产业发展是实现其他目标的重点和基础，反过来其他维度的发展程度也会限制和影响产业发展的条件。以教育公共服务为例，城乡教育差距在一定程度上限制了有农业发展意愿的年轻农民的回流，从而抑制了农村产业发展的潜力；农村社会保障体系的完善程度，也会影响农民承担风险的能力，进而影响农民的产业发展动力与意愿。相反，产业的兴旺也能带动乡村振兴其他目标的实现。

参考文献

波兰尼，卡尔，2007，《大转型：我们时代的政治与经济起源》，冯钢、刘阳译，浙江人民出版社。

伯恩斯坦，亨利，2011，《农政变迁的阶级动力》，汪淳玉译，社会科学文献出版社。

蔡昉，2011，《中国的人口红利还能持续多久》，《经济学动态》第6期。

邓维杰，2014，《精准扶贫的难点、对策与路径选择》，《农村经济》第6期。

范德普勒格，扬·杜威，2018，《新小农阶级：世界农业的趋势与模式》，潘璐、叶敬忠等译，社会科学文献出版社。

郭晓鸣、廖祖君、付娆，2007，《龙头企业带动型、中介组织联动型和合作社一体化三种农业产业化模式的比较——基于制度经济学视角的分析》，《中国农村经济》第4期。

韩俊，2015，《中国城镇化最大的问题是不公平》，8月31日，http://www.360doc.com/content/15/0826/15/22132289_494865915.shtml。

贺雪峰，2013，《小农立场》，中国政法大学出版社。

黄祖辉，2008，《中国农民合作组织发展的若干理论与实践问题》，《中国农村经济》第11期。

蒋永甫、莫荣妹，2016，《干部下乡、精准扶贫与农业产业化发展——基于"第一书记产业联盟"的案例分析》，《贵州社会科学》第5期。

金一虹，2009，《离散中的弥合——农村流动家庭研究》，《江苏社会科学》第2期。

刘军强、鲁宇、李振，2017，《积极的惰性——基层政府产业结构调整的运作机制分析》，《社会学研究》第5期。

陆学艺，2013，《"三农续论"：当代中国农业、农村、农民问题研究》，重庆出版社。

罗必良，1999，《农业性质、制度含义及其经济组织形式》，《中国农村观察》第5期。

牛若峰，2002，《中国农业产业化经营的发展特点与方向》，《中国农村经济》第 5 期。

牛若峰，2006，《农业产业化经营发展的观察和评论》，《农业经济问题》第 3 期。

单丽卿、王春光，2015，《"撤点并校"的政策逻辑》，《浙江社会科学》第 3 期。

沈原，2006，《社会转型与工人阶级的再形成》，《社会学研究》第 2 期。

斯科特，詹姆斯·C，2007，《弱者的武器》，郑广怀、张敏、何江穗译，译林出版社。

邢成举，2016，《压力型体制下的"扶贫军令状"与贫困治理中的政府失灵》，《南京农业大学学报》（社会科学版）第 5 期。

许汉泽，2016，《精准扶贫与动员型治理：基层政权的贫困治理实践及其后果——以滇南 M 县"扶贫攻坚"工作为个案》，《山西农业大学学报》（社会科学版）第 8 期。

苑鹏，2001，《中国农村市场化进程中的农民合作组织研究》，《中国社会科学》第 6 期。

张闯、夏春玉、梁守砚，2009，《关系交换、治理机制与交易绩效：基于蔬菜流通渠道的比较案例研究》，《管理世界》第 8 期。

张晓山，2005，《有关中国农民专业合作组织发展的几个问题》，《农村经济》第 1 期。

朱晓阳，2004，《施惠原则、垒大户与猫鼠共识》，《开放时代》第 6 期。

Byres, T. , J. Breman, and S. Mundle. 1991. *The Agrarian Question and Differing Forms of Capitalist Agrarian Transition: An Essay with Reference to Asia.* in J. Breman and S. Mundle. *Rural Transformations in Asia*(Delhi, India: Oxford University Press) .

Entman, R. M. 1993. "Framing: Toward a Clarification of a Fractured Paradigm. "*Journal of Communication* 43: 51 – 58.

Van Gorp, B. 2001. *The Implementation of the Asylum Policy: Which Frame Dominates the Debate?* the ECPR 29th Joint Sessions. Grenoble.

4

小农户与现代农业有机衔接：
结构、模式和发展走向[*]

——基于供给侧结构改革的视角

陈　健　苏志豪[**]

2019 年，中共中央办公厅、国务院办公厅印发的《关于促进小农户和现代农业发展有机衔接的意见》，就如何提升小农户发展现代农业的能力、加快推进农业农村现代化以及完善小农户扶持政策提出相关意见（新华社，2019)，为各层面的涉农主体进行农业发展提供了参考。当前小农户经营在中国农业生产中仍占据主导地位，并且这种现象将长期存在。为实现乡村全面振兴，正确认识供给侧改革背景下小农户与现代农业有机衔接的理论渊源、具体模式和发展走向，成为一个兼具理论价值与现实意义的重大命题。

一　现代农业与"小农经济行为"的主要理论学派

农业现代化是从传统农业向现代农业的转化过程，完成该过程便实现了农业现代化。现代农业的特征主要表现为市场化、工业化、科技化、产业化、组织化和社会化等（徐旭初、吴彬，2018)。依据现代农业的特征，在探讨小农户与现代农业衔接的问题上，需要对小农经济行为理论进行辨析。该理论由早期的应用型导向研究转向理论型导向研究经历了一个漫长的过程。从历史上看，围绕小农经济行为形成了三个主要理论学派：一是马克思主义学派的"阶级小农"观点；二是实体主义学派的"生存小农"观点；三是形式主义学派的"理性小农"观点。这三个理论学派基于不同的时空条

　* 原刊于《南京农业大学学报》（社会科学版）2019 年第 5 期。

** 陈健，中国农业大学人文与发展学院博士研究生。苏志豪，中国农业大学人文与发展学院博士研究生。

件，更具体地从经济维度阐释了小农户的生产方式，并构成了小农经济行为理论的多元面向。

（一）马克思主义学派的"阶级小农"观点

马克思认为，小农是法国社会中人数最多的一个阶级，他们生活条件相同，但生产方式互相隔离。他们在自己的小块土地上进行生产，缺乏社会分工和对先进生产技术的应用，生产的目的仅为满足自身的需求，生活资料多半来自自然的交换，而不是依靠社会的交往。如此保守的农民像一个个分散的马铃薯，一般不会以自己的名义来维护阶级利益（马克思，2015：109 - 112）。小农落后并不是因为"小"，而是由落后的生产方式造成的，所以马克思和恩格斯笔下的"改造小农"实质是改变小农的生产工具和传统技术（文东升，2009）。马克思、恩格斯指出，小农排斥社会劳动生产力的发展、资本的社会积累和科学技术的应用，再加上农业的恶化和农民负债的增加，小农生产方式作为"过去生产方式的一种残余"，必然走向消亡（张新光，2011）。列宁在此基础上提出农户分化的观点，认为在资本主义现代农业的发展进程中，租佃资本家排挤农民，农民将产生分化，大量的小农将成为无产阶级。若要实现农业改造，需要组织农民走集体化道路（Lenin，1964）。这种"阶级小农"观点的提出，与马克思主义者所观察到的小农生产方式落后、阶级意识薄弱等有直接的关联（潘璐，2012）。在马克思主义者看来，具有市场化、科技化、社会化等特征的现代农业，与小农户之间形成二元对立的局面，二者有机衔接的途径便是赋权小农户以及改变他们落后的生产方式。

（二）实体主义学派的"生存小农"观点

实体主义学派的代表人物是恰亚诺夫和斯科特。一方面，恰亚诺夫以"劳动—消费均衡论"来论证"生存小农"的观点，即小农的体能耗费是有限制的，在一段有限的时间内，小农的工作量越大，他所付出的最后一单位的辛苦程度越高，同时小农获得的价值总量与边际效用成反比。任何小农农场的产值都会有一个限度，当产值增长到一定水平后，劳动强度和劳动所获价值的边际效用就会达到一个均衡点（恰亚诺夫，1996：41 - 58）。也就是说，小农农场的经营状况会随着家庭生命周期的变化而波动。因此，小农经济不能以研究资本主义常用的阶级分化话语来理解。小农采取的是家庭式的生产方式，主要目的是满足生存需要，而非追求利润最大化。小农具有独特的组织生产体系，遵循着自身的逻辑和规则（吴晓燕，2007）。另一方面，斯科特通过对东南亚小农社会的深入调查，认为小农经济的主导原则是"安全第一"，生存伦理根植于农民社会的经济实践和交易之中，农民更关注"剩下多少"而不是"被拿走多少"（斯科特，2013：1-12）。故而，在同一共同体中，农民尊重人人都有维持生计这一基本权利的道德观念，以及"主客"间的"互惠关系"和社会公正准则，农民的经济行为基于道德伦理而非经济理性（饶旭鹏，2010）。现代农业的分工体系注定让小农卷入市场。在生活资料商品化的今天，所有的农民都与非农生产和市场交换有着重要的联系。道义原则逐渐被商业伦理取代，使生存小农经济行为难以与现代农业进行有机衔接，但传统农业的多功能性和社会基础依然能为现代农业的发展提供新思路。

（三）形式主义学派的"理性小农"观点

形式主义学派的代表人物是舒尔茨和波普金。一方面，舒尔茨通过证明在传统农业社会中生产要素是合理的且不存在隐蔽失业问题，说明小农的经济行为并不懒散愚昧，而是和资本主义企业家一样有着经济理性。改造传统农业的关键在于引进新的现代农业生产要素，这些要素可使农业收入流价格下降，从而让农业成为经济增长的源泉（舒尔茨，2006：1-87）。另一方面，波普金在对东南亚农业社会的调查中发现，传统农民与西方资本农场一样具有典型的理性特质，小农的行为动力受个人利益或家庭福利的影响，遵循着成本与收益的理性计算原则，并非由群体利益或道义价值观驱使。因此，农民无论是在市场活动还是政治活动中，都是理性投资者，是为追求最大利益而做出合理生产抉择的人。即使贫穷，农民还是有机会进行风险投资。但由于搭便车、盗窃集体资源和相互猜疑等现象的存在，农民集体行动缺乏共识和基础，乡村社区难以凝聚，农民的利益将受到损害（Popkin，1979）。形式主义的"理性小农"观点诠释了小农户参与现代农业发展的积极性，但该观点把传统农业视为停滞的社会，认为需通过西方现代生产要素来激活，忽视了本土农业社会的文化元素和孕育空间。

（四）中国小农的多元面向及其迫切性议题

在本土化的要求下，人们不禁追问，中国小农的经济行为究竟呈现哪种趋向，上述三种流派的论述是否能用于解释中国小农？对此，杜赞奇、黄宗智基于中国华北农村的调研材料，给予了较为清晰的回应。杜赞奇在对小农经济行为的判断上，同时接受斯科特和波普金的理论，认为二人的观点虽然对立且没有任何一方的理论能全面解释华北小农的行为特征，但二人所强调的核心特征和因素竟然和谐地集中在华北小农身上（杜赞奇，2003：220 - 222）。黄宗智对该问题的看法则更具彻底性，他提出中国小农是"综合小农"，即中国小农同时存在"阶级小农""生存小农""理性小农"的面向，他们既是阶级社会的一员，也是满足家庭消费的单位，还是追求利润的个体，是由三种特性共同构成的密不可分的和谐统一体（黄宗智，2000：1 - 7）。

以上无论是单一流派还是综合流派的论述和观点，均从某一角度切入，为深入把握小农的经济行为提供了研究基础。然而，唯有反思小农的性质理论模型与现实情境解释力之间的关系，才能进一步为小农户与现代农业有机衔接指明方向。退一步讲，对小农性质问题的探讨虽然重要，但绝不能局限其中。在国家提出促进小农户与现代农业有机衔接的背景下，研究重心迫切需要从关注小农的性质问题转向关注小农的发展问题，即探讨小农户与现代农业衔接的可能性以及如何更好地进行衔接，以指导下一阶段的生产和发展。中国情境下小农的多元面向，恰恰在一定程度上增加了二者衔接的多样性与复杂性。此外，如前文所言，各学派对小农经济行为的阐释均存在一定的局限性，面对当下多元主体参与农业发展的情境，站在供给侧改革的视角下了解各主体的供给资源，能为二者的有机衔接创造可能的发展空间。

二 小农户与现代农业衔接的供给侧结构及其限度

《关于促进小农户和现代农业发展有机衔接的意见》指出，小农户与现代农业衔接要充分发挥市场配置资源的决定性作用，更好地发挥政府作用，同时要健全新型农业经营主体与小农户的利益联结机制，实现小农户家庭经营与合作经营、集体经营、企业经营等多种经营形式共同发展（新华社，2019）。按此分类思路，小农户衔接现代农业的供给侧实际上是由家庭、政府、市场和社会四类供给主体构成的结构体系，这四类主体在体系中分别发挥基础、扶持、引导和联结的作用（见图1）。但这只是顶层设计的理想状态，现实情境下这四类主体在小农户衔接现代农业中表现出一定的限度，包括家庭劳动力质量供给弱化、政府保障机制供给错位、市场交易成本居高不下以及社会服务机制供给缺位。

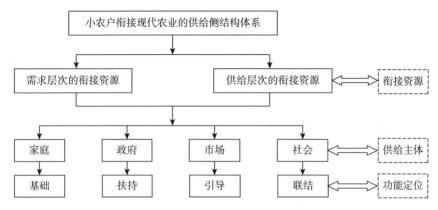

图1 小农户衔接现代农业的供给侧结构体系

（一）家庭劳动力质量供给弱化

自古以来，小农户都是以家庭为载体从事农业生产，并具有鲜明的社区属性，家庭劳动力的有效供给是小农户衔接现代农业的基础。但伴随着工业化和城镇化的推进，大量的农村青年劳动力进城从事"非农化"生产活动，使家庭劳动力质量供给弱化，动摇了小农户与现代农业有机衔接的基石。从代际关系上看，农村青年理性的个体化意识越来越强，且比农村老人更能适应市场化的发展。因此，外出务工成为农村青年主要的经济来源，务农的代际传递呈现断裂趋势。社会流动、代际分工和可持续生计三重动因下的"路径依赖"形塑了"老人农业"的现实（李俏等，2016）。从性别关系上看，男性外出务工，使农村妇女在家庭再生产任务的硬性约束下做出从事农业生产的理性决策（梁栋、吴惠芳，2017），进而打破了"男耕女织"的历史传统。农村老人和妇女劳动力水平低，且以满足家庭需要为导向，这给农业生产条件的改善和农业技术的推广带来难度，从长远看不利于小农户与现代农业有机衔接。

（二）政府保障机制供给错位

当以满足家庭消费需求为目的的小农户逐步走向市场和社会时，他们因生产的个体化和无序性而难以应对外部风险，急需政府作为第三方提供必要支撑和进行宏观调控。因此，政府保障机制在小农户衔接现代农业中发挥扶持作用。《关于促进小农户和现代农业发展有机衔接的意见》明确提出要提升小农户的发展能力，提升小农户的组织化程度，拓展小农户的增收空间，健全面向小农户的社会化服务体系，并通过稳定完善针对小农户的土地政策、强化对小农户的支持政策、健全对小农户的补贴机制、提升金融服务小农户的水平以及拓宽小农户的农业保险覆盖面来扶持小农户。但现实中存在政府保障机制供给错位现象，是否能真正惠及小农户受制于地方政府在资源分配上即利益选择上的取舍（贺青梅、李海金，2018）。

很多小农户从事农业除了考虑经济效益，还考虑照顾家人、乡土情怀等社会效益，但地方政府为应对政绩压力而异化执行上级指令，纯粹从经济效益出发，且没有充分考虑保障政策的延续性，造成诸多不良的后果，比如将惠农政策、补贴机制、金融服务等向下乡资本和大农户倾斜，挤压了小农户生存空间。很多小农户反映，"国家政策都是好的，但到下面就变了味"。

（三）市场交易成本居高不下

小农户衔接现代农业必然要求小农户的农产品商品率较快增长，但小农户的生产规模较小，其能用于市场交易的农产品数量不多，无法像专业大户或农业企业那样与采购商建立稳定的销售关系，由此导致单位农产品市场交易成本较高，在流通环节缺乏竞争优势。在现代市场规则下，交易成本往往成为影响小农户家庭收入来源及其进入现代农产品交易市场的关键因素。随着土地租金上涨、劳动力价格上升以及劳动过程管理成本提高，小农经济行为能够承担资本主义农场主所不愿意背负的生产成本与市场风险，因此部分专业大户或农业企业虽然允许小农户从事农业生产，却控制着产业链条的上游和下游，例如控制种子、化肥等生产资料的价格，导致农民在价格谈判中处于不利地位，最终被负债捆绑，受到来自金融资本主义的控制，即"经济强制"（伯恩斯坦，2011：134－143）。另外，农产品的生产周期较长并受自然环境的影响，灾害性气候和爆发性病虫害都会给小农户的生产带来波动和风险，造成小农户隐性交易成本上升。

（四）社会服务机制供给缺位

当前面向小农户的农业社会化服务主要包括公益性农业服务、农民专业合作社服务、经营性农业服务和购买服务四种类型（孙东升等，2019）。现实中，存在一些问题使小农户从传统小农向现代小农的转型受阻。一方面，基层服务机构的体制机制固化、人力物力资本缺乏保障、服务内容和质量相对落后、区域差异明显等问题依然存在，甚至部分地方服务功能逐渐弱化（孔祥智等，2009），难以给小农户生产提供有利的资源服务支撑。另一方面，以农民专业合作社为代表的新型农业经营主体兼具生产和服务功能，但在经营过程中"各自为阵"的特点突出，甚至和小农户只形成简单的雇佣关系，对小农户产生一定的挤出效应。这导致社区内部为小农户提供的生产和信息服务十分有限，再加上外来经营者的不断涌入，弱化了地缘关系主导的社会网络（钟真等，2014），难以激发专业合作社为小农户提供农业社会化服务的意愿，在一定程度上压缩了小农户的发展机会。

三 小农户与现代农业有机衔接的具体模式和实践样态

不同的供给主体特点各异，进而在促进小农户与现代农业衔接过程中呈现明显的差异。还应注意到，小农户与现代农业衔接不是一个静态的过程，而是一个不断演化的动态过程。近年来，国内涌现了多种小农户与现代农业有机衔接的具体模式，为小农户产业的服务完善和现代农业的创新发展提供了新的思路。根据发挥促进作用的主体差异，本文选取四种模式和相应的典型案例做详细分析。

（一）"小农户＋合作社"模式

在市场的影响下，农业合作资本的原始积累势必发生，农业合作社将取得对加工技术与销售的控制，统筹农民依据合作组织的规定制定家庭农场的生产计划和生产技术，从而适应世界市场的需要（恰亚诺夫，1996：240 - 271）。该形式最终演变成资本社会化基础上的社会合作经济体系，使社会经济制度发生质的改变。故此，政府应支持和引导农业合作社的发展，将分散的小农户或家庭农场联合起来，形成"小农户 + 合作社"的衔接模式。以小农户为主体的农业合作社可以实现农产品的产供销一体化服务，使从市场中获取的利润公平地分配给小农户或家庭农场，而不是仅分配给拥有大量资本的企业或资本家（黄宗智，2014）。无论如何，农民合作社无疑是小农户与现代农业有机衔接的关键载体，小农组织化过程将是小农户与现代农业有机衔接的重要路径（徐旭初、吴彬，2018）。该模式演化过程见图 2，以下结合现实案例进行具体分析。

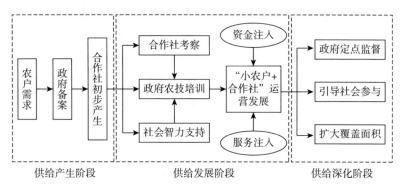

图 2　"小农户 + 合作社"模式演化示意

2013 年 4 月，河南省灵宝市焦村镇罗家村的村两委为了盘活农村土地、资金等资源以增加农户收入，成立了灵宝弘农沃土农牧专业合作社，联合村内社员 100 余名，旨在共同探索"传统文化、生态农业、资金互助"的综合发展之路（北京爱故乡文化发展中心，2018：286 – 287）。近年来，合作社在道义流通、资金互助、联合统购、生态农业和养殖、土地托管、互助养老、便民服务、学习培训等领域进行了探索。2014 年，合作社鼓励社员和村集体以土地和果树入股，打造了 165 亩的苹果高标准生态示范园。2017 年，合作社开展发酵床养猪项目，引入先进、环保的生产技术，提高产品品质。这些项目均以合作社为中介，并引导果农与企业家签订不使用化肥和农药的协议，企业以高出市场 40% 的价格承担生态成本，解决了销路问题。截至 2019 年 1 月，社员达 300 余户，资金互助部实现了第一次分红，发起社员每股 20000 元可以获得分红 9322 元。此外，合作社还对老人社员和贫困户社员每人资助 300 元现金和礼物，真正地带动了村民致富。

灵宝弘农沃土农牧专业合作社不是所谓的"空壳社"，它实现了"集中资源办大事"。合作社作为一个联合载体，把小农户的各种资源和力量囊括进来，在降低成本、提高销售数量和价格、引进技术、促进资源转化、方便政府监督等方面均发挥了重要的作用。无论是以道义流通的方式对外销售苹果，还是设立资金互助部，抑或是开展文化公益事业等，均表明这个合作社以全新的思维看待和运营农业。除此之外，该合作社的主要特色还在于由村两委主导，具有巨大的内生力。因此在促进小农户组成合作社的过程中，需要有效动员地方已有组织（如地方党政组织、行业互助协会、文娱团体）参与，让它们扮演重要的角色，借助它们较成熟的组织网络，达到事半功倍的效果。在愈加严峻的产业结构调整、农产品供需失衡形势面前，合作社要进一步整合集体智慧、拓展产业类型、建立特色品牌，特别是要以"小而精"而非"多而泛"的姿态面向市场，还要注重发挥众多社员的主体性作用，避免一人或小团体专权的情况出现。

（二）"小农户 + 企业 + 合作社"模式

"企业 + 农户"模式是指以市场为导向，以经济利益为纽带，以农产品为交易对象的企业和农户结成利益共同体来开展农业生产经营活动。目前该模式衍生出公司和农户的松散联结型、订单农业型、公司 + 基地 + 农户型以及公司和农户的股份合作型四种类型（叶敬忠等，2018）。这四种类型有着较强的稳定性，为小农户的产品销售拓宽了渠道，提高了小农户的收益，促进了农业产业化的发展。但值得注意的是，该模式使小农户处于资本的控制之下，这种"经济强制"为小农户的利益增长埋下隐患，例如带来高违约风险，还会造成农民分化加剧，甚至破坏乡村社会结构和传统文化。因此，小农户联合起来成立专业合作社，以合作社为中介组织，与市场打交道，可以获取更大的利益，也能够从农业企业中获得资金和技术的支持（霍雨佳，2018）。"小农户 + 企业 + 合作社"的模式具有得天独厚的优势。该模式演化过程见图3，以下结合现实案例进行具体分析。

贵州省贞丰县鲁容乡辰印红糖厂在推进企业发展的同时，引导当地农户自发组织成立了鲁容乡贵妃源甘蔗种植专业合作社。2015 年 9 月，鲁容乡辰印红糖厂通过乡政府协调，流转土地 40 余亩建立加工厂房。以往糖厂收购甘蔗都是由老百姓自行砍运到厂，现在糖厂创新合作模式，联合合作社组建互助收割队，进行甘蔗集中收割，统一运到加工厂，并每天按吨发放工钱。互助队的建立，不仅解决了当地蔗农劳动力不足的问题，还拓宽了老百姓就

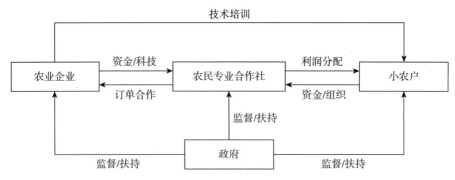

图3 "小农户+企业+合作社"模式演化示意

业的路子。高品质红糖在市场上受到广大消费者的青睐。目前，糖厂已经实现产值 2000 余万元，带动了当地 200 多户农户种植甘蔗，吸纳了 80 多人到厂就业（王静琪、鲁容乡，2018）。

鲁容乡贵妃源甘蔗种植专业合作社起着重要的引导作用，是衔接蔗农和糖厂的中介组织。一方面，农业合作社打造区域农产品品牌，建立信息管理系统，通过优质的蔗糖和合理的市场价格吸引糖厂与其签订订单合同，糖厂则向农业合作社提供资金和技术支持，企业技术员对蔗农进行培训。另一方面，蔗农自发组织成立农业合作社，为合作社的发展注入资金，并获得合作社经营后的利润分配。但在实践中，该模式存在一些问题。自发组织的专业合作社在扩大规模的情况下，普遍存在领导人管理能力和管理水平较低，决策能力也较弱的问题，使糖厂和蔗农的衔接较为艰难。此外，在与糖厂的订单合作中，水稻和苞谷被甘蔗替代，单一化的种植结构面临更大的市场风险。一旦市场低迷或糖厂退出，蔗农将遭受巨大的经济损失。因此，农户自身和地方政府需要立足实际建立相关的保障机制，以保证产业发展的可持续性和种植结构的多样化。

（三）"小农户+社会组织"模式

在政策文本和西方话语的建构下，现代农业成为企业化、工业化、资本化的代名词，以取得最大利润为主要目的，逐渐形成了单一的发展轨迹。大规模的土地流转、资本下乡和高碳技术的使用，成为发展现代农业的主流话语。然而，我们可以清晰地看到这种发展方式引发了环境污染、食品安全、信贷危机、农民分化等社会问题，使小农户与现代农业的衔接陷入困境。因此，我们需要清晰地认识到现代农业并非单一的轨迹，可以有多种类型的发展方式，不同的方式会产生不同的结果和收益分配形式（叶敬忠，2016：52－53）。"小农户＋社会组织"模式的出现重塑了消费者和生产者的安全食品信任网络，激发了乡村的活力，展现了以小农户为主体的现代农业多元格局，在获得可观收益的基础上，形成了新的食品市场和组织形式，并通过新的网络实现了食品价值的再分配（司振中等，2018）。例如社区支持农业（CSA）、农超对接、"巢状市场"等，均证明小农户的生产方式在社会组织的引领下完全能够融入现代农业的发展体系。该模式演化过程见图4，以下结合案例进行具体分析。

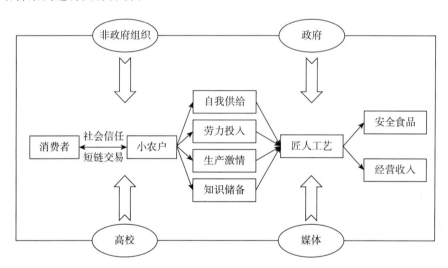

图4 "小农户＋社会组织"模式演化示意

2008年，在中国人民大学乡村建设中心和海淀区农村工作委员会的支持下，一批大学生创办了小毛驴市民农园，旨在重建农民与市民的良好关系，实现城乡融合发展。小毛驴市民农园的经营模式在于重新定价农村资源，挖掘"三农"的多元价值，使消费者和生产者无缝对接，发挥政府、高校、企业、农民、市民、媒体等主体的优势，探索合作共赢的生态农业综合发展路径。在社会倡导方面，农园联合孕育了全国CSA大会、社会生态农业CSA联盟、北京有机农夫市集、全国爱故乡公益等平台，发起"返乡有种"等活动，以增强农民的自信心，改变社会对"三农"的刻板印象，促进城乡公平贸易和农户收入增长。市民还可通过农园直接参与耕作过程，体验农业乐趣，享用生态食材。10年来，该农园服务北京2000多个宅配家庭、1000多个租地家庭，并为他们供应了 300 多万斤有机蔬菜。该农园还发起 CSA 实习生计划，培养了 100 多名新农人，成为推动乡村建设、返乡创业的重要力量（小毛驴市民农园，2019）。

通过小毛驴市民农园的介入，小农户可直接与消费者进行短链的交易。这种模式保证了产品信息的真实性，规范了小农户的食品生产经营行为，打破了市场壁垒，使市民可以直接了解甚至到实地参与农事活动，促使生产者与消费者的信任度不断提升，逐渐走向互助共赢，从"产销联合"进化为"产消联合"。小毛驴市民农园不仅在生产、销售方面发挥重要作用，还为小农户提供了众多的培训机会，重塑了以匠人精神为主导的价值理念，并匹配以生态为核心的、传统与现代元素交融的产销技术。这些经过培训的人才返乡，成长为推动小农户与现代农业有机衔接的"星星之火"。这种新型模式已经引起良好的社会反响，媒体的介入和客观报道扩大了这种模式的影响范围。但也要认识到这种模式在中国尚处于初级发展阶段，还存在许多问题亟待解决，例如要处理好社会组织与政府之间的关系，要从帮扶小农户到促进他们自立，要有效发挥市民的多样才能和利用他们丰富的社会资本推动这项富有意义的事业发展。

（四）小农户发展为家庭农场模式

家庭农场源于传统农户，但又紧贴市场的变化。有学者认为家庭农场是中国现阶段最适合的生产经营主体，对小农户与现代农业的有机衔接具有促进作用（杜志雄，2018）。家庭农场这种新型经营主体把原子化的小农户重新凝聚起来，并不意味着小农户的消亡，相反能刺激小农户焕发生机，具体表现在小农户家庭内部互动及小农户与社会互动方面。对于家庭内部互动，家庭农场有助于提高小农户家庭内部的合作化程度，主要是由于家庭农场以家庭为经营单位，经营决策需由家庭成员讨论和执行，能为父辈和子代创造沟通机会，使家庭内部无论是在劳动力还是在资本合作上，均能够达成一定的共识。此外，小农户采用家庭农场形式进入以工具理性为主导的现代农业体系，一方面追逐经济利润，依据工具理性组织生产、销售等过程；另一方面，主要立足熟人社会的市场，依然适用"道义"和"情感"原则，依然坚持依附于土地和农业上的文化和社会价值，以实现价值理性和工具理性的平衡发展。小农户发展为家庭农场的模式演化过程见图 5，以下结合现实案例做具体分析。

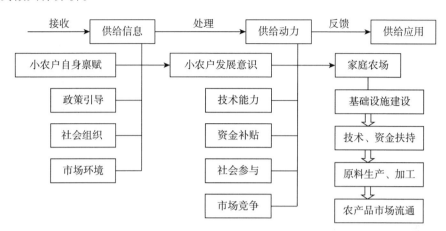

图5 小农户发展为家庭农场模式演化示意

安徽郎溪是一个农业大县，20世纪的农业生产主体均为小农户，农户贫困发生率较高，农业生产率较低。2001年，严某创办了郎溪县第一个家庭农场——绿丰家庭农场。开办之后，郎溪县很多小农户效仿。截至2015年底，郎溪县共有家庭农场683个，经营土地面积达15万亩。2009年，郎溪县成立了家庭农场协会，有效地促进了家庭农场之间以及家庭农场与市场之间的沟通交流，并搭建了动态长效的交流平台，与多家银行协商打造了"家庭农场贷款"金融产品。为促进家庭农场发展，郎溪县出台了支持土地承包经营权流转的政策措施，包括财政补贴、投资、就业等扶持政策（胡月英、郝世绵，2017）。此外，结合基层农技推广补助项目和农技人员包村联户活动，郎溪县农业委员会每年组织100多名农业技术干部与家庭农场开展对接服务活动，指导家庭农场开展标准化生产和农业新技术应用（石长毅，2018）。该模式推动了农业发展、农民增收，并保护了当地传统的农业文化资源。

从这个案例可看出，家庭农场不仅实现了小农户从家业向职业转化，而且延续了家庭劳动力的主体地位。郎溪家庭农场组织化的实现和相关制度的不断完善，带动了小农户的发展。但小农户若想发展为家庭农场，在很多方面还亟待完善。首先，从自身禀赋的角度看，外出打工依然是传统农户的首选，经营农业的农民年龄偏大且科技文化素质较低；其次，在发展家庭农场的过程中，金融机构对家庭农场的贷款较为谨慎，小农户的自有资金难以满足发展需求。同时，有些家庭农场的注册有些名不副实，例如郎溪当地一些采用全雇工方式的经营主体注册成为家庭农场，这就会稀释家庭农场得到的支持。除此之外，家庭农场不仅面临机械化、信息化方面的技术需求，还面临具有风险的市场。因此，小农户发展为家庭农场的模式未来应向多功能农业发展，将农业的经济功能与社会功能、文化功能和生态功能相统一，在多方主体的支持下找寻多元化的发展模式。

四　小农户与现代农业有机衔接的未来发展走向

小农户与现代农业有机衔接作为一种鼓励小农内生发展及多元主体合作形式的农业发展规划，是改造小农户的表现形式之一，在整个供给侧改革的体系中承担着重要的"依托"功能。依据乡村振兴战略所提出的"产业兴旺、生态宜居、乡风文明、治理有效、生活富裕"的总要求，在小农户与现代农业衔接的过程中，可以结合地方发展实际，从以下四个方面进行完善。

（一）立足农民传统，从"去小农化"向"再小农化"转变

在传统的经济体系中，小农户被视为弱势的劳动力要素，其与现代农业的规模生产、成本节约导向不相适应。由此，"去小农化"成为政策话语和社会实践的必然选择。经过一系列反思之后，近年来，党的十九大报告、2019 年中央一号文件等，在国家政策层面明确释放要重视小农户的信号。人们逐渐从单一的生产要素视角拓展为社会结构视角，进而发现小农户身上的多元价值。那么，在破除刻板印象之后，我们应该如何定位小农户呢？欧洲自 20 世纪末以来经历了普遍的"再小农化"过程，似乎指明了小农户与现代农业的共生方向。"再小农化"指在农业活动受到挤压、边缘化、退化、依附等背景下，让农业再一次变得更加贴近小农，其特征是"新小农"拥有自主的资源库、具备生产积极性，匠人精神占主导，以及农业活动与自然、社会和谐发展，呈现消费关系以外的多元社会关系。这些特性使小农户获得强大的生命力（范德普勒格，2016：180－188）。在欧洲经验的基础上，中国小农户可尝试进入"再小农化"过程。但值得注意的是，欧洲语境下的"新小农"是具备一定能力的农场主，在借鉴"再小农化""新小农"概念时，要做本土化处理，立足中国农民传统，保持文化自觉，例如让小农户自主转变为"新小农"，将家庭农场扩大转化为"新小农"，在理念、生产和

经营等方面，实现传统与现代的中和，从而更好地实现小农户与现代农业的有机衔接，形成中国式的发展道路。

（二）重识农业价值，从"单一功能"向"多种功能"转变

促进小农户与现代农业有机衔接的前提之一，是要重新认识农业的价值。在过去很长一段时间里，人们对农业的认识局限在粮食生产功能上，忽视了农业在促进劳动力就业、提供优质原材料、传承传统文化、保护生态环境、提供休闲娱乐、协调城乡发展、稳定国家战略等方面的作用。小农户与现代农业有机衔接的活力，在于依据农业的多种功能创造出巨大的产业增值空间。由此，不仅要发展农业，而且要建立发达的非农产业体系，推动农业向二、三产业延伸，促进农村一、二、三产业融合发展，使农村产业体系全面振兴。农业与工业相融合并不是一条西方式的农业工业化道路，而是符合中国国情的农村工业化道路。费孝通曾提出通过恢复乡镇企业来增加农民收入、解决中国的农村和土地问题。之后，他在中原调研时又发现了在不脱离农业基础上发展起来的庭院经济。从发展手工业和副业，逐步到发展农产品的深加工业（《费孝通文集》第13卷，1999：292），除了苏南模式和庭院经济，还有以家庭工业为主的温州模式和以"外向型"工业为主的珠江模式等。因此，产业融合存在历史渊源和可为空间，引导和支持小农户参与产业融合，需要在不脱离农业的基础上因地制宜地发展工业，尊重中国乡村社会发展的多样性、复杂性和个别性。近些年，特色小镇和传统村落的发展为小农户衔接第三产业提供了契机，成为培育农业农村新功能的主要抓手，并有效促进了城乡交流。所以需要在突出市场主体地位和发挥政府引导、支持作用的基础上，立足农业多元价值，挖掘本土特色，发展文化创意农业，叠加旅游功能（郝华勇，2018），以有效提升当地剩余劳动力就地就业的能力，最终切实增加小农户收入。

（三）整合社会资源，从"自我服务供给"向"社会服务供给"转变

健全农业社会化服务体系，是促进小农户衔接现代农业的战略引擎。农业社会化服务体系是各要素的"黏合剂"，能够将各要素进行科学的重组和分配，释放市场经营的风险压力，调和小农户经营与社会化大生产之间的矛盾（李春海，2011），也是保障农村社会秩序良性运行和改善乡村治理环境的可靠途径（赵晓峰、赵祥云，2018）。为此，我们需要通过优化农业社会化服务体系来引领小农户发展，改变小农户生产服务自我供给的状态。其一，针对不同类型农户的需求，发展专业化服务组织，将产业型政策和社会型政策结合起来，鼓励本地农民返乡创业，强化农业社会化服务体系的人才力量（苑鹏、丁忠兵，2018）。其二，构建农业社会化服务体系的体制和机制。体制建设上，政府要引领乡镇农业服务机构改革，打破部门和领域界限，整合服务资源，促使各部门相互联动，打造维护农户利益的有效组织载体，并加强农村社会化服务的法制建设（高强、孔祥智，2013）。此外，还需要通过完善运营机制、利益协调机制和保障机制，发挥社会化服务体系的长效作用。其三，加强基础设施建设。政府需要加强农业信息化建设，打造社会化共享服务平台，加强水利设施和道路建设，创立农业社会化服务中心，为小农户在生产薄弱环节提供服务支持。

（四）创新合作形式，从"单一合作社"向"合作联合社"转变

为了满足日益多元的市场需求，抵御复杂的外部风险，还需要创新更具有竞争力的小农户组织主体。农民合作是中国组织建设的宝贵经验，据统计，截至2017年7月底，中国农民专业合作社数量达193.3万家（董峻、洪伟杰，2017）。由多个小农家庭组成专业合作社，再由多个专业合作社组成"合作联合社"，是一个可行的发展方向，能进一步释放小农户的合作潜力。2017年12月修订的《中华人民共和国农民专业合作社法》，赋予了联合社合法的地位。在实践过程中，农民已经初步形成多样的联合社形态，有生产型联合社、销售型联合社、产业链型联合社和综合型联合社（刘同山等，2014）。联合社有助于促进资源共享，降低交易成本，扩大市场，强化产业联合与链条延伸，提高市场谈判能力，提升品牌影响力，其经济前景十分可观。在推动专业合作社向"合作联合社"转型时，需以文化为魂、以组织为纲，注重文化和制度建设，完善入社规章，在利益分配上兼顾效率和公平，特别是要留存一部分盈余用于设立公共服务金，以支持社会服务的开展，例如创办养老院、幼儿园，开展各类文体活动。由此可见，无论是在合作主体数量，还是在合作领域和范围上，只要小农户做到联合，就能真正享受衔接现代农业的红利。

五　小结

在"大国小农"的国情下，小农户的长期存在已然成为一个不争的事实。小农户不仅是国家粮食安全的守护者，也是中国农业文化的传承者。目前，小农户与现代农业有机衔接的培育工作已经迈入新的阶段，学界与之相关的探讨也日趋成熟。在供给侧改革的背景下，多元主体如何参与小农户与现代农业的有机衔接仍是一个值得研究的议题。在中国小农具有多元面向的背景下，小农户衔接现代农业的供给侧结构体系的供给主体包括家庭、政府、市场和社会，它们分别承担着基础、扶持、引导和联结的功能，但各主体在参与过程中均存在一定的限度；为了突破限度，各地方呈现不同的实践样态，包括"小农户＋合作社""小农户＋企业＋合作社""小农户＋社会组织"、农村电商、农业社会化服务体系以及小农户发展为家庭农场等模式。本文选取了其中四种模式进行了分析，研究表明小农户衔接现代农业是一个动态的过程，不同的主体参与对二者衔接都起着外部支持作用，但同时要注重小农户的内生发展。基于此，本研究认为未来发展需要立足农民传统、重识农业价值、整合社会资源以及创新合作形式。

当然，随着工业化和城镇化的发展，农业经营主体势必会面临分化问题，但这并不意味着小农户在未来会退出历史舞台。相反，小农户承载着浓厚的传统文化和传统技艺，并与乡土社会相契合。小农户的生产行为以家庭为基础，有别于农业工业化的思维与主导行动。在自我观念改造和多元主体资源供给下，小农户能有效吸收现代元素，完成从传统小农户向现代小农户的转变，进而与现代农业有机衔接。

参考文献

北京爱故乡文化发展中心，2018，《新时代乡贤》，中国农业出版社。

伯恩斯坦，亨利，2011，《农政变迁的阶级动力》，汪淳玉译，社会科学文献出版社。

董峻、洪伟杰，2017，《全国农民专业合作社数量达 193 万多家》，新华网，9 月 4 日，http://www.xinhuanet.com//2017 – 09/04/c_129695890.htm。

杜赞奇，2003，《文化、权力与国家——1900—1942 年的华北农村》，王福明译，江苏人民出版社。

杜志雄，2018，《家庭农场：乡村振兴战略中的重要生产经营主体》，《农村经营管理》第 2 期。

范德普勒格，扬·杜威，2016，《新小农阶级：世界农业的趋势与模式》，潘璐、叶敬忠等译，社会科学文献出版社。

《费孝通文集》第 13 卷，1999，群言出版社。

高强、孔祥智，2013，《我国农业社会化服务体系演进轨迹与政策匹配：1978～2013年》，《改革》第 4 期。

郝华勇，2018，《以特色小镇引领农村一二三产业融合发展研究》，《农业经济》第 2 期。

贺青梅、李海金，2018，《农业供给侧改革、农民需求偏好与地方政府治理——基于中部 X 省综合农业现代化项目实施过程的分析》，《河南师范大学学报》（哲学社会科学版）第 6 期。

胡月英、郝世绵，2017，《安徽郎溪家庭农场发展探究》，《新余学院学报》第 1 期。

黄宗智，2000，《华北的小农经济与社会变迁》，中华书局。

黄宗智，2014，《"家庭农场"是中国农业的发展出路吗?》，《开放时代》第 2 期。

霍雨佳，2018，《市场化服务缺失下小农户与产业组织的深度融合研究——基于农业产业集群的小农户转型升级思考》，《农村经济》第 12 期。

孔祥智、徐珍源、史冰清，2009，《当前我国农业社会化服务体系的现状、问题和对策研究》，《江汉论坛》第 5 期。

李春海，2011，《新型农业社会化服务体系框架及其运行机理》，《改革》第 10 期。

李俏、陈健、蔡永民，2016，《"老人农业"的生成逻辑及养老策略》，《贵州社会科学》第 12 期。

梁栋、吴惠芳，2017，《农业女性化的动力机制及其对农村性别关系的影响研究——基于江苏、四川及山西三省的村庄实地调研》，《妇女研究论丛》第 6 期。

刘同山、周振、孔祥智，2014，《实证分析农民合作社联合社成立动因、发展类型及问题》，《农村经济》第 4 期。

马克思，2015，《路易·波拿巴的雾月十八日》，中共中央编译局译，人民出版社。

潘璐，2012，《"小农"思潮回顾及其当代论辩》，《中国农业大学学报》（社会科学版）第 2 期。

恰亚诺夫，A.，1996，《农民经济组织》，萧正洪译，中央编译出版社。

饶旭鹏，2010，《国外农户经济研究理论述评》，《学术界》第 10 期。

石长毅，2018，《安徽：家庭农场"郎溪"模式 助力农民增收致富》，国家乡村振兴局，6 月 26 日，http://www.cpad.gov.cn/art/2018/6/26/art_5_85981.html。

舒尔茨，西奥多·W，2006，《改造传统农业》，梁小民译，商务印书馆。

司振中、代宁、齐丹舒，2018，《全球替代性食物体系综述》，《中国农业大学学报》（社会科学版）第 4 期。

斯科特，詹姆斯·C.，2013，《农民的道义经济学：东南亚的反叛与生存》，程立显、刘建等译，译林出版社。

孙东升、孔凡丕、陈学渊，2019，《小农户与现代农业衔接的经验、启示与建议》，《农业经济问题》第 4 期。

王静琪、鲁容乡，2018，《企业 + 合作社 + 农户模式助力产业脱贫》，https：//mp. weixin. qq. com/s？_ biz = MzAxNTAxNTM2NQ% 3D% 3D&idx = 2&mid = 2652543230&sn = f7751d7a3b9603e797b7f00809ae88d0。

文东升，2009，《小农生产方式及相关概念辨义：马克思、恩格斯著作语境》，《生产力研究》第 13 期。

吴晓燕，2007，《现代小农经济的一种解释：兼评恰亚诺夫的〈农民经济组织〉》，《生产力研究》第 6 期。

小毛驴市民农园，2019，《十年磨一剑，寻梦再起航》，https：//mp. weixin. qq. com/s/ 5pP9cR6——LOF-xRntRpoKnvw。

新华社，2019，《中共中央办公厅、国务院办公厅印发〈关于促进小农户和现代农业发展有机衔接的意见〉》，http：//www. gov. cn/zhengce/2019 – 02/21/content_5367487. htm。

徐旭初、吴彬，2018，《合作社是小农户和现代农业发展有机衔接的理想载体吗?》，《中国农村经济》第 11 期。

叶敬忠、豆书龙、张明皓，2018，《小农户和现代农业发展：如何有机衔接?》，《中国农村经济》第 11 期。

叶敬忠，2016，《农政与发展当代思潮》第一卷，社会科学文献出版社。

苑鹏、丁忠兵，2018，《小农户与现代农业发展的衔接模式：重庆梁平例证》，《改革》第 6 期。

张新光，2011，《马克思主义小农经济理论及其现实意义》，《河北学刊》第 1 期。

赵晓峰、赵祥云，2018，《新型农业经营主体社会化服务能力建设与小农经济的发展前景》，《农业经济问题》第 4 期。

钟真、谭玥琳、穆娜娜，2014，《新型农业经营主体的社会化服务功能研究——基于京郊农村的调查》，《中国软科学》第 8 期。

Lenin, V. I. 1964. *The Development of Capitalism in Russia* (Moscow: Progress Publishers).

Popkin, S. L. 1979. *The Rational Peasant: The Political Economy of Rural Society in Vietnam* (Berkeley: University of California Press).

5

失落的"老农"：乡村振兴背景下的
中国农政史考察*

萧子扬**

一　问题的提出

　　"老农"是一个重要的农政概念，也是一个被长期忽视的学术话题。古代文献对"老农"的描述颇多，有的是农业政策，有的是诗词歌赋，有的是谚语俗语。比如，"一丘一壑粗足，老圃老农可师"（转引自陶福履、胡思敬，2004）、"听得老农语，大有是今年"（许有壬，1939）等，前者是宋代诗人章甫所言，强调应以"老圃""老农"为师，学习他们的丰富经验。后者是元文学家许有壬所言，突出、强调了借鉴"老农"经验可以使农业丰收。而且孔子曾说"吾不如老农"（《论语·大学·中庸》，2014），意思是"在种田方面，我比不上老农"。可见，古代"老农"是指具有丰富的农业生产经验的老年农民，他们在生产、耕种等方面曾起到重要的言传身教作用。而且在"以农为本"思想的影响下，尊重"老农"、重视"老农"价值成为中国古代农业史上一个重要的农政思想和理念。因此，"老农"曾长期以诏令的形式被写进中国古代农业政策中。比如，清朝雍正皇帝就曾下令各州县，每年在各乡中选择一两个勤劳俭朴、没有过失的老农，给予八品顶戴，以示奖励（叶依能，1991）。中华人民共和国成立后，在吸取相关经验和教训的同时，社会也曾兴起"尊重老农，拜师求教"的风气和潮流，并将尊重"老农"、向"老农"学习等内容纳入国家法律、法规的范畴（樊文娥等，1999）。总之，"老农"在中国农政史上留下了浓墨重彩的一笔，重视

　　*　原刊于《学术探索》2019年第3期。
　　**　萧子扬，中国农业大学人文与发展学院博士研究生。

"老农"的权威和价值是中国古代农业政策的重要内容。因而，探索中国"老农"农政、研究"老农"价值是中国农政研究、"三农"问题研究不容忽视的重要内容。

然而，相较于中国古代"老农"在农业政策中的显要地位，当前中国"老农"在农业政策方面呈现"失落"的尴尬境地。回顾中国有关"新农村建设"和"乡村振兴"等内容的政策性文件可知，"老农"在农业生产中的正向价值、积极作用逐渐被国家级农业政策忽略，抑或说在逐步淡化，取而代之的是"老农"何以成为一个社会性问题，即重点采取问题视角，将农村养老等问题纳入国家政策。当前的"老农"权威正在不断减弱，甚至在现代科学技术的冲击下被迫瓦解。"老农"价值不仅在农业政策中被有所忽略，也在新时期社会发展进程中被诸多现实困境包围。第一，农业地位下降，发展速度落后于工业和第三产业，这是"老农"农政地位下降的结构性困境。第二，由于农村青年劳动力外流，农村老龄化严重，空巢现象、留守现象频发，"老农"面临养老、社会保障、社会救济等问题，这是"老农"农政地位下降的现实性困境。第三，随着现代科技的发展、知识更新换代速度的加快和反权威意识的增强，"老农"的农业生产经验和权威受到一定冲击和挑战，这是"老农"农政地位下降的意识性困境。第四，"老人农业"成为当前农村的主流，但学术界主要以问题视角加以解读，认为中国农业生产面临新的问题，这是"老农"农政地位下降的视角性困境（董欢、郭晓鸣，2015）。因此，面对农业经验的弱化、技术权威的消解、农政地位的嬗变和多重困境的裹挟，新时期中国"老农"该何去何从？而且随着乡村振兴战略的不断推进，如何传承农耕文化、培育新型农业经营主体等内容逐渐被提上国家议程（常理，2017）。这也促使关照"老农"、重视"老农"、回顾"老农"农业政策成为一个不可回避的重要议题。

二 "老农"：一个独特的农政概念

"老农"，一指年老且农业生产经验丰富的农民，二泛指农民（詹英贤，1989）。事实上，从农政视角来看，"老农"是一个具有深厚社会底蕴的独特概念，在中国古代农业政策、农业生产、农业活动、农业历史等领域有着特殊的"存在感"，是一个特别值得关注的农政概念。

首先，农政和农政学是梳理"老农"在中国古代农业政策中的地位、角色和价值的一个重要视角。关于"农政""农政学"，目前国内外学术界存在多种定义，尚未得以统一。《中国农史辞典》将"农政"定义为"有关农业的政令、制度"，并提到《宋史》等古代著作中的典型例句——"改授农政，于彼野王，仓盈庚亿，国富兵疆""初，太宗尝问农政，安易请复井田之制"（梁太济、包伟民，2008）。黎康民（1936）认为，"农政"的含义有广义和狭义之分，狭义的"农政"是指农业政策，也就是关于农业的经济政策，它与工业政策、商业政策等对等而言；广义的"农政"是对农业、农民和农村所采用的一切政策之统称，内容广泛，包括农业经济、农村自治、农村教育、租税、卫生、娱乐等，凡政府对农村所行的政策措施而影响于农民生活者都可名为"农政"。日本农政学家、民俗学家柳田国男认为，"农政学即农业政策学的略语，是关于国家农业政策的综合学问，是以农业为中心的国家政策学"（转引自川田稔，2008）。换言之，所谓"农政学"（"农业政策学"），就是研究国家和公共团体为了生存、发展和繁荣而在农业方面应该采取的经济行为、经济政策的学问（钟甫宁，2000）。卡尔·考茨基在《农政问题》中要求把农业、农村、农民和农地方面的各种问题作为局部现象来进行整体性的考察和研究（叶敬忠，2018）。在卡尔·考茨基看来，"农政"基本上就是有关农业、农村、农民和农地等方面的政策性内容（考茨基，1936）。因此，"农政"更多是基于国家政策学的角度对有关农业、农村、农民和农地等政策加以研究，探讨农业政策制定、出台、实施所产生的社会影响及"三农"群体变迁等问题。结合上述内容，笔者认为，农政视角下的"老农"研究侧重关注"老农"农业政策，即"老农"农业政策的制定、变迁以及产生的影响等内容。

其次，相较于传统意义的"老农"概念，农政视角下的"老农"概念具有更为丰富的内涵。传统意义上的"老农"是指年老的农民，抑或年老且有经验的农民。汪天梅（2013）将致力于农事改良和推广的民间指导者定义为"老农"。王加华（2005）认为，由于从事农业生产活动的时间较长，因而一般情况下，绝大多数"老农"具有丰富的农业生产经验，而且"老农"在农时知识（农谚）的创造和传播中扮演着重要角色。胡军（2014）将生活于农村的老年农民简称为"老农"，一般是在50岁以上，并认为"老农"概念具有文化的内涵，即以对乡村社会的感悟为内在表征。因此，传统意义上的"老农"侧重强调农村生产经验的丰富性。但是，如果基于农政问题、农政变迁的视角对"老农"概念加以剖析，"老农"将不是"老农"对象本身，而是制度化的"老农"。或者说，农政视角下的"老农"是指被特定农业政策影响和束缚，并在特定农业政策环境中生存和发展的具有丰富农业生产、耕种经验的老年农民。笔者认为，农政视角下的"老农"概念超越了传统意义上的"老农"概念，其重点研究"老农"在中国古代农业政策中的地位、角色和价值，并特别强调"老农"在农业技术推广、农业知识传播、农时农谚创造、乡村社会感悟等方面具有重要价值，曾经被长期纳入农业政策中。因此，"老农"内涵及相关农业政策需要重点探讨。

最后，对历代"老农"农政进行梳理，便于考察中国"老农"地位、价值的变迁，对于新时期农业政策的制定、修改和完善是一次有益尝试。"老农"在中国古代农业政策中的角色、地位和价值并非一成不变，在一些朝代的创建初期和社会转型期，国家统治者、执政者极为重视"老农"在农业生产方面的经验。在重农主义的传统思想作用下，"老农"的社会地位得以彰显，并被以诏令等形式写入特定朝代的农业政策中。但是，随着现代科学技术的发展，"老农"的形象发生了嬗变，"年老色衰""一无是处"成了个别人赋予"老农"的不当标签。面对新时期中国农村发展问题严重等现实压力，适当探讨"老农"在中国农业政策史上的变迁，并分析其内在机制和逻辑，对于当下的乡村振兴、农业脱贫等而言具有重要的借鉴价值，并可为乡村振兴战略中"老农"的角色定位提供有效的经验启示。

三 "寻觅"：历代农政中的"老农"及其角色变迁

在中国农政史上，有多个朝代明确出台了有关"老农"的农业政策、法律条文，同时，有不少古典著作、文学作品曾提到"老农"和有关"老农"的政策。事实上，不同朝代、时期农业政策中的"老农"角色、地位和价值呈现不同特点。因此，通过在中国历代农政中"寻觅"有关"老农"农业政策的"蛛丝马迹"和点滴史料，可以见证"老农"在中国农业政策、农业生产中的地位和角色的变迁。

在中国古代，较早论述"老农"概念及其内涵的不是农业政策、国家律法，而是文学作品。孔子是较早论述"老农"的代表性人物之一。《论语》

中曾记载，樊迟请学稼，子曰："吾不如老农"，请学为圃，子曰："吾不如
老圃"，樊迟出。子曰："小人哉，樊须也……夫如是，则四方之民襁负其子
而至矣，焉用稼？"（《论语·大学·中庸》，2014）上述内容大致可以理解
为，樊迟向孔子请教如何种庄稼和菜，孔子说自己在这方面不如"老农"
"老圃"，而且只要实行仁政就可以促使百姓安居乐业，没必要亲自学习如何
种庄稼。因此，一方面，我们可以看到孔子承认自己不如"老农"，认为
"老农"具有丰富的农业生产经验；另一方面，在孔子看来，樊迟作为自己
的学生不应去探讨种田之事，应有更高的追求，即通过从政的方式来实行仁
政，进而促使百姓安居乐业。事实上，这也反映出孔子"重农又轻农"的矛
盾心理，既强调"老农"农业生产经验丰富，又在一定程度上"轻视"农
民和农业，认为自己的学生应当从政而不是去从事农业耕种。另外，古代诗
歌中关于"老农"的论述不胜枚举，"一丘一壑粗足，老圃老农可师""听
得老农语，大有是今年""老农虽自谓，念子安知田"……总之，古代文学
作品对于"老农"的作用、角色和形象等内容进行了一定的陈述，为中国早
期"老农"农业政策的制定提供了重要思想源泉和社会态度。事实上，中国
农政史上有关"老农"农业政策的史料种类繁多，尚未有过系统收集和整
理。通过探寻和挖掘中国农政史可知，明确提到"老农"并制定相应农业政
策的朝代主要包括汉、北魏、宋、元、清等。各朝代实施的"老农"农政具
体如下。

第一，汉朝有关"老农"的农政。《汉书》中提到，武帝"悔征伐之
事"，提出"方今之务，在于力农"，因而命赵过为搜粟都尉，并让其推广
代田法（班固、颜师古，1985）。所谓"代田"，即"一亩三甽，岁代处"，
也就是把一亩的农田，按深、阔各为一尺分为甽（沟）亩（垄）相间的六
条，每年轮番利用，第一年作沟处，第二年作垄处，如此循环。正如"陇尽
而根深，能风与旱，故儼儼而盛也"所言，代田法颇有成效。因此，为了进
一步推广代田法，赵过开展了实验、示范和全面推广等一系列工作。其中，
在示范环节重点发挥三老、力田和"老农"的作用，即通过下达命令派遣各
县乡长官、三老、力田、"老农"等人赴京城参观学习，并将新型农具制作
技艺和代田耕作方法带回乡下加以推广（叶依能，1991）。通过上述政策的
有序实施，汉武帝时期在农业方面取得"民皆便代田"的实质性成效（叶
依能，1991）。而且，《后汉书·明帝纪》记载，"其赐天子男子爵，人二

级；三老、孝悌、力田人三级"（范晔，1965），说明汉朝高度重视三老、力田和有经验的"老农"的价值，并赋予了他们一定的政治地位。

第二，北魏有关"老农"的农政。北魏的执政者是鲜卑拓跋氏，他们最初以游牧为主，后来改为农业耕种。孝文帝拓跋珪非常重视农业生产，认为"欲天下太平，百姓丰足"，必须"劝课农桑"，这是使国家兴旺发达的根本。因此，他推出"农惟政首，稷实民先"的重农政策，并陆续颁布了一系列有关农业生产的诏令。延兴三年（473），"年八十以上一子不从役，力田孝悌……具以名闻"。太和三年（479），"宴京邑耆老年七十以上于太华殿……赐以衣服"。太和五年（481），孝文帝"至中山，亲见高年，问民疾苦"。太和二十年（496），"其令畿内严加课督，懒业者申以楚挞，力田者具以名闻"（杜士铎，2011）。太和二十一年（497），"诏雍州士人百年以上假华郡太守，九十以上假荒郡……庶老以年各减一等，七十以上赐爵三级"（叶依能，1991）。基于上述诏令可知，孝文帝非常重视和尊重"老农"，对那些一心务农，并在农业生产、农业知识传播等方面具有较大贡献的"老农"进行嘉奖，给予丰厚的物质赏赐和优厚的政治待遇。

第三，宋朝有关"老农"的农政。太平兴国年间（976—984），宋太宗"诏诸路州民户，或有能勤稼穑而乏子种与土田者，或有土田而少丁男与牛力者，许众户推一人谙会种植者，州县给帖，补为农师"（梁太济、包伟民，2008）。农师主要从有较丰富农业生产经验的"老农"中选择。他们的主要职责是考察田亩肥瘠及适宜种植何种作物，了解各家的种子、丁男、耕牛等情况，会同乡中三老、里胥等召集农民，根据耕种条件，分划旷地，书立契券，借贷种粮，劝令种莳。岁熟后，各家依据契约共分其利。此外，农师还具有对游手好闲、喜好赌博而怠于农务的村民加以教诲的职责，如这些村民不听教诲，还有将他们报呈州县论罪的权力。担任农师的人本身可以享受免税、免役的好处，成绩突出的，还可论功。农师分担了官员劝农督耕的责任（叶依能，1991）。可以认为，以拥有丰富农业生产和耕种经验的"老农"为主体力量的"农师"，对于中国早期农业生产发展、农业技术推广等而言具有重要价值，并取得实际成效。

第四，元朝有关"老农"的农政。忽必烈曾赋予宣抚司"劝农桑、抑游览、礼高年、问民疾苦……"（周良霄、顾菊英，1993）的使命，又命令各路宣抚司择通晓农事者（"老农"）充随处劝农官。另外，元政府规定，

"诸县所属村疃，凡五十家为一社"。可见，忽必烈很重视农业，他强调要把社作为劝农的基层单位，社长即最基层的劝农工作者。元政府又规定，如果社长年小德薄，不为众人信服，可以更换。"询举深知农事，年高纯谨之人"（周良霄，1993）为社长，因此，有经验的"老农"成为社长的主要人选。社长的主要职责包括："教谕，各随风土所宜，趁机农作"，带头发展农业，兴修水利，推行一切种养栽植，协调社众互助活动，等等。另外，"每社立义仓，社长主之"，除管教社众和指导农业生产外，农业生产经验丰富的"老农"社长还负责义仓。总之，"老农"承担着"社长"的角色，在早期农田水利建设、农业技术推广、乡风建设、村民互助、社会救济等方面具有重要作用。

第五，清朝有关"老农"的农政。"王政之本在乎农桑"，清朝康熙、雍正、乾隆等皇帝均主张"以农立国"，强调"重农务本"，并且非常重视"老农"的作用，积极推广"老农"的农业生产经验，并在经济、政治等方面给予较高待遇。康熙二十五年（1686），康熙命副都统马喇赴黑龙江督理农务，要他赴任后"务期农政修举，收获饶裕，年胜一年"（朱诚如，2003）。康熙三十二年（1693），康熙又命大臣公坡尔盆等去归化等地督耕，并将从"老农"那里获得的经验传授给他们。雍正二年（1724），雍正下令各州县，每年在各乡中选择一两个勤劳俭朴、没有过失的老年农民，给予八品顶戴，以示奖励，体现了雍正劝农务本力田、还淳返朴之至意。雍正希望通过此举在农民中树立楷模，让众人仿效，并赋予老农督课农民生产的责任，以起到农官的作用。但在实践中，州县官选择"老农"时主要依赖于绅士保举，导致部分把关不严，有些被授予八品顶戴的"老农"击鼓升堂，俨然以父母官自居，"冒滥生事"。因此，后来改为每三年举行一次，以昭"老农"之选。雍正三年（1725），直隶大水灾，雍正下决心兴修畿辅地区的水利、营造水田，并招募江浙"老农"给北方农民传授种植水田的经验，所需水田农具延请江浙工匠制造，并命当地工匠学习。乾隆采用其父成法，设"老农"以劝农。乾隆二年（1737），乾隆颁旨"于乡民之中，择熟谙农务、素行勤俭为闾阎信服者，每一州县量设数人，董率劝戒"。如劝农有成效，该督抚于三年之后，据实题报，官则交部议叙，"老农"量加赏赐。乾隆四十一年（1776），政府进一步规定，每三年察举"老农"之勤劳俭朴，若无过犯，给予八品顶戴，若有滥举，"议处不贷"（叶依能，1991）。光绪三十年（1904），胡令嘉铨表称……传集各乡识字老农……将奉发《农学丛书》《农学报》摘其浅近者，讲解演说（叶依能，1991）。

　　另外，20世纪以来，中国也出台了一系列关于"老农"的措施和政策。比如，1934年，在中央苏区的春耕运动中，苏维埃曾邀请有经验的"老农"教当地妇女学习农活技术（戚桂祥，2011）。中华人民共和国成立后，更是有相关条例、政策对"老农"的农业生产价值加以肯定。其中，1956年，第一届全国人民代表大会第三次会议提到，"有些地方，在推广先进经验和新技术新制度的时候……不尊重老农老圃的意见……结果往往把好事变成了坏事，这是应该十分注意的"（《中华人民共和国第一届全国人民代表大会第三次会议文件》，1956）。1957年6月，《人民日报》发表重要社论，"也应该教育青年农民尊重老农，虚心学习老农的生产经验和政治经验"（《毛泽东选集》第3卷，1996）。1957年，《中共中央关于做好农业合作社生产管理工作的指示》指出，"新的农业科学技术必须与当地农民经验相结合。必须研究当地农业发展的历史，尊重老农经验，而不能割断历史，不听老农的意见"（《中共中央关于做好农业合作社生产管理工作的指示》，1957）。1959年，周恩来总理在地方视察时提到，要尊重"老农"，对"老农"的话要多听一点（金冲及，1998）。1960年，第二届全国人民代表大会第二次会议提到，"密切结合老农经验，也是群众科学运动的一个重要特点。老年的一言片语，往往是代代传留下来的经验。老农民常常是当地的专家，他掌握着当地土壤、气候、农事季节等全部自然情况的资料，也具备着极为熟悉的生产知识"（佚名，2004）。中华人民共和国成立以来，国家不仅在农业政策方面非常重视"老农"的价值，也积极宣传模范"老农"和典型农民的事迹，进而为中国农业的有序、稳定发展创造了必要条件。

　　除了历代农政和古典文学作品中有关于"老农"的论述外，中国古代重要农书的产生和发展也与"老农"息息相关。绝大部分农书取经于"老农"，是对中国"老农"农业生产经验的高度总结。比如，北魏著名农学家贾思勰在写《齐民要术》时，"采捃经传，爰及歌谣，询之老成，验之行事"（贾思勰，1982）。也就是说，该书的一部分内容是向"老农"学习的，吸收其生产经验。明朝宰相徐光启在撰写《农政全书》时，也时常向"老农"学习（徐光启，1979）……总之，中国古代农业技术的传播、农业知识的积淀都离不开"老农"，"老农"是农业生产过程中的宝贵财富，不容忽视。

综上所述，"老农"在中国农政史中的角色、地位呈现以下特点。一是"老农"在古代农业政策中具有重要价值，并作为农业生产和发展的重要因素被执政者重视。二是"老农"在中国古代农业政策中被描述为具有丰富农业生产经验和较高耕作技术的农业生产者，承担农业知识传播和农业技术推广的角色。三是"老农"从技术权威逐渐扩展到乡村治理权威，在中国古代农田水利建设、乡风营造、村民互助和社会救济等领域曾发挥重要作用。四是"老农"的价值、角色被农业政策所形塑，对中国农业经济的发展产生深远的影响，尊重"老农"权威、学习和传承精耕细作的技巧是中国古代小农生产和发展的重要动力。

四 "失落"：新时期中国"老农"在农业政策上的尴尬境地

"老农"在中国古代农业政策中具有重要地位，那么在新时期又呈现何种特点呢？为此，笔者尝试依托于中央一号文件来对新时期"老农"在农业政策上的角色、地位加以梳理。中央一号文件是中共中央每年发布的第一份文件的简称（1949年10月1日发布第一份中央一号文件），1982—1986年、2004—2018年的中央一号文件都以"三农"问题为主题，因此，中央一号文件是关注"三农"问题的专有名词。但是，仔细阅读20多年的中央一号文件不难发现，"老农"的价值、作用并未凸显，或者说并未被纳入国家政策、法律的层次，这些文件更多地关注"老农"的现实困境，是从问题视角出发，而忽略了"老农"在农业生产等方面的正向价值。涉及"老农"的中央一号文件主要有11个，具体分布情况见表1。

通过表1可知，中央一号文件的出台意味着中国政府对"三农"问题的重视程度不断提升，但绝大多数中央一号文件没有关注到"老农"的价值和重要性，有所涉及的也只是重点论述"老农"作为一个社会问题该如何治理。因此，在新时期中国的农业政策中，"老农"更多的是作为一个问题而存在，其中农村老人养老问题是最为关键的内容。因此，在一定程度上可以认为，"老农"的价值在中国中央一号文件中存在被忽视的情况，"老农"在农业政策领域面临"失落"的尴尬境地。此外，"老农"也面临诸多的现实性困境。新时期以来，伴随着现代科学技术的更新、新型农业教育的发展、现代农业知识的传播，"老农"在农业生产方面的权威地位受到较大冲击，而且由于青年劳动力的外流、老龄化程度的加剧，农村留守老人和空巢老人的数量逐渐增多，"老农"面临养老、社会保障、社会救济等问题，具体表现为以下三点。

表 1 中央一号文件涉及"老农"的内容汇总

年份	中央一号文件名称	涉及"老农"方面的内容（以"老"和"老农"进行检索）
1983	《当前农村经济政策的若干问题》	破除束缚生产力发展的老框框，正确对待新生事物……
2006	《关于推进社会主义新农村建设的若干意见》	农村社会养老保险制度
2007	《关于积极发展现代农业扎实推进社会主义新农村建设的若干意见》	农村养老保险制度
2008	《关于切实加强农业基础建设进一步促进农业发展农民增收的若干意见》	农村养老保险制度、农村社会养老保险试点、农民工养老保险办法
2009	《关于2009年促进农业稳定发展农民持续增收的若干意见》	新型农村社会养老保险制度、村干部养老保障
2013	《关于加快发展现代农业进一步增强农村发展活力的若干意见》	新型农村社会养老保险政策体系、农村社会养老服务体系
2014	《关于全面深化农村改革加快推进农业现代化的若干意见》	农村社会养老服务体系、加强对农村留守老年人的关爱和服务
2015	《关于加大改革创新力度加快农业现代化建设的若干意见》	支持建设多种农村养老服务和文化体育设施
2016	《关于落实发展新理念加快农业现代化实现全面小康目标的若干意见》	职业农民养老保险，大力发展养生养老
2017	《关于深入推进农业供给侧结构性改革加快培育农业农村发展新动能的若干意见》	健全农村留守老人关爱服务体系
2018	《关于实施乡村振兴战略的意见》	孝老爱亲、城乡居民基本养老保险制度、加强老人等重点人群健康服务

第一，农业存在结构性困境，导致中国"老农"在农业政策中的地位下降。当前，中国农业地位下降，发展速度落后于工业和第三产业。事实上，农业份额的下降是业已完成工业化的发达国家和正在进行工业化的发展中国家的基本趋势，也导致部分国家农业出现萎缩。随着工业和第三产业的发展，农业的地位和价值逐渐趋于弱化，在发展速度、经济价值、受重视程度上有了新的变化。因此，在城乡二元结构的束缚和综合影响下，农业发展滞

后于工业和第三产业，结构性困境的出现导致农业的地位下降。总之，农业经济价值的式微，导致人们对农业价值的重视程度不够，必然也导致人们对传统"老农"在农业生产中的作用和价值的忽视。因此，农业本身的局限性和整个农村经济的结构性困境，导致中国"老农"在农业政策中的地位逐渐弱化。

第二，对"老农"价值的认识存在意识性困境，导致中国"老农"在农业政策中的地位下降。"老农"在农业生产方面的经验受到多重挑战，"老农"权威也面临弱化和消解的问题。随着现代科学技术的发展，农业生产等方面知识的更新换代速度不断提升，以及部分人反权威意识的增强，"老农"的部分传统经验受到科学家和青年人的质疑。尤其是随着人工智能、自动化、互联网技术的发展，"老农"在农业生产方面的经验、农时知识等出现了诸多不适应、不协调的情况。尽管常言"人多力量大，年老经验多"，"老农"的耕作经验、耕作知识等一般都比年轻人要丰富些，但是，由于新时期社会创新速度加快，批判和反对传统权威的声音也不断涌现，部分青年群体对传统经验和知识也表现出一种淡化、漠视的情感，因此"老农"在农业生产、乡村治理等方面的权威有所弱化，当前的"老农"处于"惨淡经营"的状态。

第三，"三农"存在现实性困境，导致中国"老农"在农业政策中的地位下降。"老农"失地问题和撂荒问题成为新时期乡村建设过程中一个不可避免的现实性困境和重要话题。"土地是农民生存的根本，在土地上讨生活是一种传统习惯"，"长期浸润的乡土特性培育了'老农'对土地的感情，这种对土地的感情是伴随到他们的生命终结为止"（胡军，2014）。然而值得注意的是，随着城镇化进程的加快和农村城镇化、村镇化水平的提高，农业用地逐渐转变为城镇用地，导致失地"老农"的数量众多，也由此带来了一系列的经济问题和社会问题（杜治平、王东明，2017）。一方面是失地问题。农民依赖于土地，土地是他们主要的经济来源和生活基础。农民一旦失去土地，就相当于失去了他最终可以依靠的根本性财富。而"老农"更是如此，由于子女外出打工等原因，空巢的、留守的、独居的"老农"更多的是需要依赖于自己的土地和社会保障来生活。另一方面是撂荒的问题。由于体力日渐减弱、精力有限等问题，"老农"尽管自己拥有丰富的耕作经验，也不得不将土地撂荒。上述两种情况，是目前中国"老农"面临的主要困境。

第四,对"老农"的研究存在视角性困境,导致中国"老农"在农业政策中的地位下降。当前,"老农"面临年老体衰、空巢、留守、养老、生活保障等一系列问题。从全国老龄办公布的数据来看,截至2017年底,中国60岁以上的老年人口为2.41亿,占总人口的17.3%,预计到2050年前后,中国60岁以上老年人口数将达到峰值4.87亿,占总人口的34.9%(萧子扬,2017)。而且由于70%以上的老龄人口集中分布在农村地区,因此,在中国未来的农村发展进程中,"老农"问题将是一个社会性难题,需要重点关注农村留守老人、农村空巢老人的养老问题、农业生产问题、生活保障问题、社会救济问题、脱贫问题等。也正因如此,面对"银龄时代"的到来,绝大多数学者将老龄化问题看作一种社会负担,从问题视角出发来加以分析。事实上,缺少优势视角,应当积极发展老人经济和老人可持续性产业。而且针对当前的"老农"问题,同样可以采取上述措施加以缓解。

五 重视"老农"的价值:乡村振兴的一个必然路径

新时期"老农"地位的弱化、农业价值的式微,要求社会各界重新审视"老农"的价值。由历史经验可知,"老农"作为一个具有丰富农业生产经验的老年群体,在中国古代农业生产、农业推广、农时农谚知识创造等方面发挥了重要的作用,并承担着乡村治理的多种角色和功能,在中国古代农政史上具有重要的地位,被长期写入相应的农业政策中。近年来,中国采取了一系列政策来缓解和解决"老农"的养老、脱贫等问题,也取得一定成效,但只是从问题视角出发,将"老农"作为农村发展中的一个重要社会问题来看待。比如,有学者就强调由于农村养老问题的加剧,"老人农业"模式成为当前农村农业的主要形式,制约了中国农业的发展。而学术界对"老农"在农业生产方面的经验性、权威性等议题的探讨不够,甚至可以认为没有给予应有的重视。因此,随着乡村振兴战略的不断推进,尊重"老农"、重新挖掘"老农"和"老人农业"的价值、发挥"老农"在培育新型农民中的作用、制定有关"老农"的农业政策等议题应当重新进入中国学术界的视野,而且应当成为一个重要的农政问题。总之,重新重视"老农"的价值,是进一步推进中国农村发展和乡村振兴的一个重要环节和必然路径。

第一,合理看待"老人农业"的悲与喜,用优势视角挖掘"老人农业"

潜能。"老人农业"是指目前由于青年劳动力外流，农村老人不得已继续从事农业劳动和生产的现象（贺雪峰，2018）。不少学者认为，这样一种状态会给农村生产效率的提高带来不利影响，同时会给机械推广、适度规模经营等带来阻力，进而导致与现代农业的发展方向背道而驰（王向阳，2017）。事实上，从中国农政发展及变迁历史可知，"老农"具有丰富的农业生产经验，这些经验是值得人们借鉴和吸收的。另外，"老农"曾经在古代承担农业推广、指导生产的重要角色，曾经作为"农师"而存在，对古代农业生产起到积极、有效的作用。因此，面对当前中国农业发展的状况，应当理性看待"老人农业"存在的弊端，应当积极探索"老人农业"值得欣喜的一面，应当用优势视角来挖掘"老人农业"和"老农"的特殊潜力。

第二，重视中国"老农"的宝贵遗产。从历代农政中"老农"发挥的作用来看，中国"老农"具有丰富的农业耕种经验，有比较朴实的耕作方式，有对农业生产的高度热情，有对推广农业技术、发挥农业模范作用的积极性，有对普通村民的权威和威望，这些都是"老农"宝贵的财富。在当前的乡村振兴背景之下，需要激发农村的活力，发挥农民的主体性、社会知觉。这些都需要发挥"老农"的模范带头作用，善于利用"老农"的这些宝贵财富。因此，需要及时对"老农"的经验、农业知识加以整理，形成独具特色的新时期"农书"。同时，全社会应当形成向"老农"学习的良好氛围，进一步宣传"老农"的优良品格和光荣事迹。

第三，积极探索"老农+"模式，并充分结合互联网和国外经验，在"老农"群体中培育出"新农"。"老农"在历代农政的发展和变迁过程中有着重要的角色与地位，在农业生产等方面起到模范作用，具有丰富的生产经验。因此，不应当让"老农"成为一个没落的、寂寥的、失落的群体。需要积极发挥"老农"所具有的能够促进现代农业发展的正向价值，探索"老农+"的模式。比如，"老农+互联网""老农+新农"等形式。有关部门可以充分利用互联网技术，对"老农"加以培训，在"老农"现有能力的基础之上对其进行增能，提升"老农"整体的实力水平。另外，"老农"应该和"新农"协作。一方面，"老农"需要积极更新思想，成为引领村庄思想前沿的农民；另一方面，青年农民应该虚心向"老农"借鉴经验，成为具有丰富经验、扎实技术的"新农"。

第四，将"老农"纳入乡村振兴战略范畴，完善"老农"农业政策。

通过对中国农政史加以梳理,可以断定"老农"在中国古代农业政策中具有较高的地位。由于具有农业生产经验丰富等特征,中国古代"老农"在农业生产、乡村治理等方面具有较高的威望,并受到不少执政者的认可,有不少"老农"被给予较高的政治礼遇和经济待遇,而且上述内容被以法律、诏令的形式固定下来。因此,有关"老农"的农业政策具有重要价值。而随着乡村振兴的发展,妇女、乡贤、知识分子等群体逐渐被重视(萧子扬、马恩泽,2018),且其在乡村振兴中的积极作用越来越受到重视。然而,"老农"作为老年农民被赋予了"年老色衰"的标签,被当作新时期中国农村发展的重要阻碍和迫切需要改善的问题群体。事实上,"老农"在农业生产方面的经验不容忽视和难以取代。面对乡村振兴进程的不断推进,中国政府需要重新审视"老农"的价值,并将"老农"农业政策纳入乡村振兴战略的范畴,进一步明确"老农"在乡村振兴中的角色和地位,以促使中国农业、农村和农民问题得以解决。

六 结语

"老农"在中国古代农业政策发展史中具有重要价值,承担着多重角色。他们既是古代丰富农业生产经验的拥有者,也是古代农业生产技术的重要推广者,还是乡村文明风貌的引领者。"老农"作为重要的社会治理力量和乡村发展动力,被写进中国古代众多朝代的律法中,并形成了一个较为稳定的模式——"老农"治村和"老农"务农。但是,随着现代科学技术的发展,"老农"面临诸多挑战,并陷入一种"失落"的状态。如今,面对乡村振兴战略的不断推进,激发"老农"的主体性、社会知觉(萧子扬、黄超,2018),培育新型农民,为农村发展提供源源不断的动力,成为当前中国农村发展、乡村建设最为关键和重要的任务(萧子扬、马恩泽、石震,2019)。因此,如何在这一进程中,基于优势视角,利用"老农"的特有优势,寻求一条乡村振兴发展、农村脱贫的路径,是中国农政研究需要重点面对和思考的核心议题。应当及时归纳和总结,并调整相关策略,趋利避害,进而促进中国"老人农业"和"老农"可持续发展,同时推动"新农"不断积淀、发展。总之,"老农"及"老农"农政等议题将伴随中国乡村振兴进程的始终,需要尊重"老农",重视"老农"的价值。如何重新激发"老农""老人农业"的潜力，并将有关"老农"的农业政策纳入乡村振兴战略范畴之中，是进一步加快中国乡村振兴进程中不容忽视、不可回避、必须解决的社会性问题。

参考文献

班固、颜师古，1985，《汉书·食货志》，中华书局。

常理，2017，《新农、老农、知农，一个都不能少》，《经济日报》4月4日，第7版。

川田稔，2008，《柳田国男描绘的日本：民俗学与社会构想》，郭连友等译，外语教学与研究出版社。

董欢、郭晓鸣，2015，《传统农区"老人农业"的生成动因与发展空间》，《中州学刊》第9期。

杜士铎，2011，《北魏史》，北岳文艺出版社。

杜治平、王东明，2017，《让失地老农的生活更有保障》，《人民论坛》第20期。

樊文娥、金怡顺、盛清才，1999，《中共党史》，高等教育出版社。

范晔，1965，《后汉书》，中华书局。

贺雪峰，2018，《乡村振兴战略要服务老人农业》，《河海大学学报》（哲学社会科学版）第3期。

胡军，2014，《"土"的情结：基于老农生死观的考察》，《中国农村研究》第2期。

贾思勰，1982，《齐民要术校释》，缪启愉校释，农业出版社。

金冲及，1998，《周恩来传（1949－1976）》，中央文献出版社。

考茨基，卡尔，1936，《土地问题》，商务印书馆。

《论语·大学·中庸》，2014，二十一世纪出版社。

黎康民，1936，《乡村运动与政府农政之分际问题（中）》，《乡村建设》第8期。

梁太济、包伟民，2008，《宋史食货志补正》，中华书局。

《毛泽东选集》第3卷，1966，人民出版社。

戚桂祥，2011，《苏区时期中国共产党领导妇女组织的历史经验》，《上海党史与党建》第3期。

陶福履、胡思敬，2004，《豫章丛书》，江西省高校古籍整理领导小组整理，江西教育出版社。

汪天梅，2013，《明治时期日本老农在稻作发展中的作用》，《长春师范学院学报》（人文社会科学版）第1期。

王加华，2005，《节气、物候、农谚与老农——近代江南地区农事活动的运行机制》，《古今农业》第2期。

王向阳，2017，《华北老人农业：内涵、特征与基础——基于豫南 S 县 L 村的调研》，《山西农业大学学报》（社会科学版）第 12 期。

萧子扬，2017，《积极探索城市社区综合养老服务体系建设》，《中国人口报》2 月 6 日，第 3 版。

萧子扬、黄超，2018，《新乡贤：后乡土中国农村脱贫和乡村振兴的社会知觉表征》，《农业经济》第 1 期。

萧子扬、马恩泽，2018，《乡村振兴战略背景下的新乡贤研究：一项文献综述》，《世界农业》第 12 期。

萧子扬、马恩泽、石震，2019，《乡村振兴背景下"清河实验"社会治理思想的再研究（1928—1937）》，《华东理工大学学报》（社会科学版）第 2 期。

徐光启，1979，《农政全书校注》，石声汉校注，上海古籍出版社。

许有壬，1939，《圭塘欸乃集》，商务印书馆。

叶敬忠，2018，《"三农问题"：被夸大的学术概念及其局限》，《东南学术》第 5 期。

叶依能，1991，《中国历代盛世农政史》，东南大学出版社。

佚名，2004，《中华人民共和国第十届全国人民代表大会第二次会议》，《中国总会计师》第 2 期。

詹英贤，1989，《英汉农学词典（上、下册）》，农业出版社。

《中共中央关于做好农业合作社生产管理工作的指示》，1957，《江西省人民政府公报》（江西政报）第 17 期。

《中华人民共和国第一届全国人民代表大会第三次会议文件》，1956，人民出版社。

钟甫宁，2000，《农业政策学》，中国农业大学出版社。

周良霄、顾菊英，1993，《元代史》，上海人民出版社。

朱诚如，2003，《清朝通史》，紫禁城出版社。

第四部分

乡村振兴与治理现代化

1

完善乡村治理结构，实现乡村振兴[*]

王晓毅[**]

外部干预已经构成乡村发展中不可忽视的一个因素。从 20 世纪 50 年代的政治干预到 21 世纪的发展干预，从干部包村到驻村帮扶，外部干预对乡村的发展产生了持续的影响，规定了乡村的发展方向。外部干预不仅是现实，也是乡村发展的一个必要条件。这是因为 20 世纪 80 年代以后，中国乡村的结构发生了巨大的变化，农村经济脱嵌是乡村社会一系列问题产生的原因，农村经济在重新形塑农村的社会形态。在这种背景下实施乡村振兴战略，将面临三个主要矛盾，第一，乡村振兴需要国家提供更好的服务，但是目前村级的行政能力弱化；第二，需要推动乡村社会更好地发展，但是能够承载乡村社会发展的乡村社会组织发展缓慢；第三，新的市场关系与市场服务缺失。乡村振兴需要推动完善国家的直接服务、提高农民组织水平和发展新型市场关系。

一 如何理解乡村的变化

要理解乡村振兴战略的必要性和道路选择，必须首先理解乡村问题之所在，而要理解乡村问题之所在，就必须理解过去 40 年中国农村发展的轨迹。在过去 40 年的发展过程中，国家推动的市场化过程在促进了农村经济发展和农民收入提高的同时，也全面地形塑了农村的社会结构，并成为乡村发展不平衡的主要诱因。

农村改革是以重新恢复家庭的生产功能和建立村民自治机制来替代人民公社的政社合一。这种制度的设计很好地适应了人民公社解体之后的农村社

---

[*] 原刊于《中国农业大学学报》（社会科学版）2018 年第 3 期。

[**] 王晓毅，中国社会科学院社会学研究所农村环境与社会研究中心研究员。

会。首先，家庭经营符合农业生产规律。由于农业生产具有较长的周期，且其劳动投入很难监督，所以不管是公社还是公司经营都缺少监督农业生产的有效手段，而家庭融生产与消费为一体，可以大大降低监督成本，增加农业收入，因而成为最适合农业生产的经营单位。其次，家庭经营保证了劳动力效用的最大化。由于农业生产受到生产季节的影响，每年投入劳动力的时间有限，从而形成劳动力隐性失业。家庭经营的方式给了农村劳动力很高的弹性，农民可以利用农业生产的剩余时间从事家庭副业或外出务工以增加收入。最后，家庭间的亲属网络为农村生活提供了有效支持。亲属、朋友的关系网络构成乡村社会生活的主要内容。农民在生产和生活上都可以得到亲属、朋友的支持。大到资源的获得，小到生活物品的借用，农民无不生活在社会网络之中①。

如果说农业生产的特性决定了家庭经营的必要性，那么村民自治制度则很好地适应了农民生活的乡土社会属性。由于农民长期聚村而居，形成了边界清晰的社区，因此在一个乡土社会中，需要农民组织处理社区内的公共事务。最早的村民自治制度就是为处理村内纠纷和组织村民维护社区利益、防止外来侵害而建立起来的。比如1980年自发产生的广西壮族自治区宜山县合寨村委会就是由村民选举，以村规民约为基础，治理村庄内部事务（白益华，2017）。此后，国家接受了村委会的体制，将其写入《宪法》，并制定了《村民委员会组织法》。在法律层面上，村民委员会是村民自我管理、自我教育、自我服务的基层群众性自治组织。在村民委员会的基础上，形成了中国"乡政村治"的治理模式。许多研究对村民委员会制度给予了很高的评价，但是村民委员会制度的成功在很大程度上是因为村庄是一个乡土社会，村民长期比邻而居，有着许多共同的利益和价值，村庄在满足村民日常生活需求方面发挥着重要作用。

家庭经营和村民自治是20世纪80年代开始的农村改革留下的重要制度遗产，但是随着农村经济的快速商品化，乡土社会日趋瓦解，农村经济重新形塑村庄的社会结构，家庭经营受到越来越多的质疑，建立在家庭经营和乡土社会基础上的村民自治也受到越来越严重的冲击。人口的迁移和土地的流转日益普遍，留守家庭和空心村日益增加。尽管土地集体所有和农民家庭承

---

① 关于联产承包与农业家庭经营之间的关系，可参见周其仁（1985）。

包制度依然存在，但是在经营层面土地流转和土地抛荒现象同时存在已经表明家庭经营难以为继。在村庄层面，尽管一些村庄还保留了一些仪式和制度，但是村庄共享的价值和互助的传统已经日渐衰微；村庄治理或者严重低效，或者变成强人政治。作为村庄治理首要力量的村干部一方面不断抱怨其工作付出日益增加而报酬过低，另一方面不断出现小官大贪或村干部变成村霸现象。所有这些现象的产生缘于村庄结构的变化。不论是通过引入更多的民主监督机制还是加强党对村庄的监督和管理，都不足以摆脱目前村庄层面的管理困境。

家庭经营和乡土社会是互为表里的两个方面，以家庭为经营单位的小农户构成了乡土社会的根基，而乡土社会为小农户提供了保护。在这个社会中，有相对稳定的人口、共享的价值和社会规范，以及公认的权威和与之相适应的生计活动。维持乡土社会的存在是乡土社会中制度和社会活动的目标，任何一个社会都离不开经济活动的支持，但是在乡土社会中，经济活动主要表现为生计活动，其目的在于维持乡土社会的存在；同样在乡土社会中也存在乡土政治，但是这种政治是基于乡土社会内部的治理需求。当然乡土社会也会受到市场经济和行政力量的冲击，但是这些力量往往是外在于这个社会的。比如农民也需要向外销售其农副产品，甚至外出打工，但是这些活动本质上是扩大了乡土社会的资源，而不是消解了乡土社会，这不同于近年来的大规模外出和市场化。20 世纪 90 年代开始的乡村变迁在消解乡土社会，经济成为社会的中心，与乡土社会相适应的价值、规范迅速地趋于瓦解，国家的行政力量透过村庄直接作用于村民，来自政府财政的项目、补贴和政策对村庄生活产生了越来越大的影响。

首先，市场经济改变了农民的生计方式。农民生计活动是为了满足其生活需求而进行的生产活动。然而从 20 世纪 90 年代开始，大部分村庄逐渐被市场裹挟，成为全国市场的一部分。农民的生产活动主要不是为了生产生活所需的产品，而是为了获得货币收入。即使是小农户的家庭经营，农业生产也主要不是为了家庭消费，而是为了出售。在农民被裹挟进入全国性的市场以后，市场风险左右了农民的生活。无论是非农业用工需求的增加或减少，还是农副产品市场的价格波动，都会严重影响农民的收入。市场经济改变了农业生产方式，比如传统的农业强调作物的多样性和分散性，因为作物的多样性和分散性不仅可以满足农民的多样性需求，还可以规避自然风险。农民往往倾向于在不同的地块种植不同的作物，因为降雨不可预测，不同地块的多种作物可以保证不会绝收。但是当农民不得不为市场生产农副产品的时候，专业化和单一化就成为他们必然的选择，不仅每一个农户会生产单一作物品种，而且一个地区会形成产业特色，因为市场更偏好单一和批量的生产。我们要看到，当今中国的农民已经不同于传统意义上的小农，他们既不是传统意义上的"马铃薯"，也不是村落共同体成员。在变幻不定的市场面前，他们更多地表现出机会主义的特点，抓住有限的机会，增加自己的收入。尽管农民有贫富之分，但是在当今中国农村，不管是贫困的农民还是相对富裕的农民都处于市场风险中，对其生计缺少稳定的预期。这是理解农民行为的关键。

其次，农民缺少稳定的预期，往往采取机会主义的生计方式，这直接导致了乡土社会的瓦解。村庄的自然资源原本用来满足其成员的生存需求，但是在市场经济条件下，这些资源并不是为了满足其成员的生存需求，而是为了满足市场所需，因此资源不足或资源短缺的现象相应出现。农民外出务工和农业低收入经常被认为是人均占有资源不足造成的，但是随着大量农村人口外流，人均可利用资源无疑在迅速增加，然而农村并没有随着常住人口减少和人均可利用资源增加而变得富裕，农村有限的资源并没有被充分利用，反而出现了土地抛荒和粗放经营等现象。这说明农村贫困和农业低收入在很大程度上是市场经济逻辑代替乡土社会逻辑的结果。在市场经济逻辑的支配下，村庄的资源不足以维持村庄的生存。因此，一方面出现了人口大量外流，寻找更多的资源以增加收入；另一方面在村庄内部，资源竞争的原则替代了互惠经济原则。无论是来自政府的项目还是本村内的资源都被各个家庭争夺，有实力的家庭获得更多。

作为市场经济的推动者，政府通过反哺农村而对农村产生了直接的影响。村庄原本是一个有着清晰边界的共同体，村民有着共同资产和利益。任何一个村庄都有清晰的边界，边界之内的自然资源是属于村庄共同体的，因此土地和山林是以村庄为单位承包到户的，比如不同的村庄因资源不同而有不同的规则，但是在同一个村庄中需要按照同样的原则进行分配。村庄与政府之间既有密切的关系，又有相对的独立性。村庄内的公共事务受到村内不成文规则和权威的制约，而政府将村庄视作一个整体进行管理，将许多事务透过村内权威来处理。村民自治的制度与村落共同体的结构相适应，发挥了积极的作用。但是进入 20 世纪 90 年代以后，农村经济迅速市场化，地方政府过度依赖农民缴纳的税费以维持财政支出。这在一段时间内造成了农村危机并因此导致农民上访的迅速增加。进入 21 世纪以后，国家开始增加对农村的投入，政府承担了农村基础设施建设、保障农村社会福利和促进农业生产的责任。在这个过程中，政府不再仅仅满足于通过村庄来管理农户，而是透过村庄直接作用于农户。

当政府成为农村发展的直接推动者，政府的规则与村庄的规则就产生了许多矛盾。典型的如农村低保，政府的低保政策建立在清晰地把握农民收入的基础上，然而这个政策进入村庄以后，不仅因为农民收入信息的不准确而难以准确实施，更重要的在于村庄的领袖在实施过程中加入许多村庄政治的考量，因此出现了执行过程中的许多变形。在这种冲突的背后可以看到，政府承担了越来越多的责任以推动农村发展，同时在这个过程中，政府制定了越来越多的规则，直接作用于村庄的日常事务。近年来政府推进的农业补贴、扶贫、社会保障等一系列政策和措施都是以农户为对象，村庄层面越来越成为政府政策的执行者，而不再是一个具有相对独立性的乡土社会。

在一些地方，政府还通过空间的重新布局改变了乡土社会，包括村庄的合并、村庄的搬迁和村庄的重新规划。这些空间的重新布局在很大程度上是为了便于行政管理，减少管理成本。这些重新布局往往都会打破原有村庄的界限，将不同村庄的村民统一安置。在这样安置以后，乡土社会的邻里亲属关系进一步淡化，政府的权威进一步加强。比如在一些移民村，由于村民来自不同的地区，相互之间不是很熟悉，村干部的选举往往会更多依赖乡镇政府的主导。在空间布局改变以后，尽管也会逐渐发展出新的邻里关系，但是并不能形成原有意义上的乡土社会。经过空间布局的改变，政府在村庄的日常生活中扮演了最重要的角色。在一些典型村庄，地方政府和党委通过直接委派干部的方式对村庄直接行使权力。

在市场和国家的双重作用下，乡土社会在瓦解，建立在乡土社会基础上的村民自治遭遇了越来越多的困难。为了适应已经变化的村庄结构，村级组织的功能出现扭曲现象，进而产生了越来越多的矛盾。

二　政府、农民和市场的缺位

村民自治适应了乡土社会，村民通过民主选举的村民委员会来管理乡村公共事务，但是随着乡土社会的瓦解，村级组织的职能被扭曲，与原初的设计相去甚远。

首先，基层政府对村级组织的决策进行干预。在一些地方，村级组织的工作重心是完成乡镇政府所布置的工作。乡镇政府的主要工作是农村工作。尽管在停止征收农业税费以后的一段时间，乡镇政府似乎成为悬浮的政府，但是随着城市反哺农村，中央政府制定了越来越多的惠农政策，实施了越来越多的惠农项目，基层政府的状况有所改变，它要想保证这些政策和项目的实施，就需要实施更有效的村庄治理。近年来，我们可以明显看到地方政府更多地介入乡村的日常生活，既有对惠农政策的实施，也有推动产业发展、招商引资，以及对乡村空间的重新规划。所有这些任务的完成，都离不开村级组织的配合。村级组织是执掌村级权力的机构，因此乡镇政府要想实现村庄层面的有效治理，必然要对村级组织的决策施加影响。乡镇政府通过影响村干部的人选、向村级组织下达任务和对村干部进行考核来影响村级组织的决策。在很多时候，村级组织必须配合基层政府的中心工作。比如20世纪后期的计划生育和征收农业税费、21世纪初期的社会主义新农村建设和精准扶贫，在完成这些中心工作的过程中，村级组织的独立性逐渐弱化，与基层政府逐渐形成了工作共同体。

其次，村级组织还承担了经济职能。与基层政府不同，村级组织既是村级财产的所有者，也是村经济活动的组织者，还是经济实体的掌控者。村庄最重要的财产是其所拥有的土地和资源，这些资产是属于村集体的，而村级组织经常成为村集体的代表，对这些资产进行管理和经营。比如土地和山林的承包经营，必须得到村级组织或者说是村干部的同意。在土地、山林被确权到户以后，村级组织的作用更多地表现为推动土地和山林流转，在流转过程中体现其管理者的作用。在农村现实生活中，村级组织和村干部还承担了村庄经济活动组织者的职能，特别是来自政府或外来企业的投资进入村庄的时候，村级组织的生产组织功能被强化，比如组织专业化生产、实施政府项目，以及与企业进行沟通。在一些集体经济活动比较活跃的地方，村民以集体的名义组建了合作社或公司，村级组织和村干部就成为这些合作社或企业的主要管理者。我们可以看到，由于村集体的存在，越是经济发达的地区，经济活动越活跃，村级组织的经济职能越显得重要。

由于其政治和经济职能，村级组织获得了一个超然的地位。对于基层政府来说，村干部的身份是农民，他们并不是基层政府工作人员，没有被纳入公务员体系。因此基层政府要使村干部积极配合工作，往往会兼用感情、利益和制度等多种手段，比如日常与村干部保持较好的关系，对村干部的一些利益给予适当照顾，同时可以以上压下。基层政府开展农村工作，最困难的就是如何处理与村级组织或村干部的关系。不管是村干部能力不强，不能很好地完成村内的工作，还是村干部具有过强的独立性，对基层政府工作不积极配合，都会导致政府工作不力。因此村级组织和村干部与基层政府的关系经常带有交换的色彩。但是这并不意味着村干部完全是村民的代表，在村民面前，村干部是领导，甚至在某种意义上代表了基层政府的意旨和权力。特别是在各种资源进入村庄的背景下，村干部在很大程度上掌握了资源的分配权。村级组织同时具有的政府代理、经济管理者和农民组织的身份，造成了其在村庄中的权力独大。多重身份的存在使他们既可以参与村庄所有事务的管理，也可以放手不管任何事情。这种可选择性造成了一些地方村级组织涣散、工作不力，同时另外一些地方村级组织权力高度集中，村干部在村庄事务中强势存在。

在乡村振兴中，村庄仍然是一个最基本的振兴单位，是国家、市场和农民共同发挥作用的地方。但是在现有权力格局下，村庄层面面临国家、市场和村民组织均发育不足的问题。

近代以来，国家在农村发挥了重要作用，但是缺少适当的表现形式。中国在 20 世纪中叶开始积极推动国家工业化，而国家工业化的资金在很大程度上是依靠剪刀差从农村汲取的。要想从农村汲取资源，就需要强有力的国家介入。国家介入农村采取了两种不同的手段。首先是常规手段，也就是通过强化基层政府对村级组织的影响来实现国家的意旨。在农村改革前后，许多县会定期召开"三级干部会"，将村民组（生产队）、行政村（大队）和乡镇政府（公社）的干部组织在一起开会，这既可以贯彻上级指示，又可以强化他们对干部身份的认同。在村民委员会代替人民公社体制以后，为了影响村干部的行为，乡镇政府往往需要软硬兼施。软的方面主要是让村干部在完成政府工作后得到一些实惠；硬的方面则是通过一些制度来控制村级的财务，从而对村干部形成约束力，比如乡镇政府直接控制村级财务支出。其次，政府采取派驻工作队的方式以应对一些特殊问题，完成一些村级组织所不能完成的任务。从 20 世纪 50 年代到 90 年代，各个地区都曾经向农村派驻工作队，工作范围包括生产、党建、卫生等方面。特别是针对工作中存在各种困难的所谓问题村、落后村，派驻工作队是一个被经常使用的方式①。20世纪90年代逐渐开始实施的乡镇干部包村制度也体现了政府对村庄的直接管理。在进入21世纪以后，随着政府在"三农"领域投入的增加，地方政府需要更多地介入农村日常生活和事务中，需要深入农户家庭层面。典型的如精准扶贫，需要清楚地了解每个贫困家庭的状况，这绝非仅依靠村干部就能完成的，因此地方政府派出规模更大的工作队。随着对农村工作越来越重视，中央政府出台了越来越多指向农户层面的政策。这就需要政府与农户建立直接的联系。在实施这些政策的过程中，政府不仅要依靠村干部，更需要直接介入。比如休耕补助计划要充分尊重农民意愿，也就意味着农民可以自主决策是否休耕；要保障补助资金真正进入休耕农户，就需要更精准的信息。这给信息的统计、核查和补贴发放提出很高的要求，也要求政府在村庄层面的执行能力相应提高。

事实上，随着大量工作下沉至村庄层面以后行政工作增加，基层政府在自己的权限内采取了两种措施以处理村级组织工作。一是继续原有的包村制度，确定乡镇主要领导对村庄层面的工作负责，并指派年轻干部担任包村干部，充分掌握村庄的信息，与村干部建立密切联系，帮助村级组织完成各种任务。二是使村干部行政化。随着村庄的工作增加，村干部投入工作的时间需要相应增加。一些村建立了村干部的上班或值班制度，乡镇政府将村干部作为准行政干部来管理。与此同时，各级政府都不断推动实施驻村工作队制度。为了落实中心工作，驻村工作队的传统被进一步发扬，用于帮助村庄解决各种问题，其中以精准扶贫所动员的驻村工作队人员最多、任务最明确和管理手段最完善。来自国务院扶贫开发领导小组办公室的信息表明，党的十八大以后，共有277.8万名干部被派驻到12.5万个贫困村。

尽管采取了这些措施，但是我们看到，国家在村庄层面并没有稳定干预机制，驻村帮扶的干部仍然是流动性的，只是短时间配合政府中心工作进入村庄。由于驻村有期限且对村庄情况不熟悉，多数驻村干部会利用自身资源帮助村庄解决一些实际困难，但是对于村庄的长久发展和持续的治理，作用

---

① 一位县委组织部部长在1995年就谈到，党建工作队"担负着后进村全面建设工作"，需要处理好与乡镇政府、包村干部、村支两委、党员和群众的关系。参见梁天平（1995）。

有限。虽然包村干部本身就是在基层工作，熟悉村庄，但他们多是乡镇政府基层工作人员，在村庄公共事务中缺少话语权，更多的时候是协助村级组织解决一些具体问题。乡村振兴意味着国家将在乡村采取更有利的措施，这必然会增加各层级的行政工作。现有的村庄组织结构很难适应振兴乡村的要求，无论是基层的包村干部还是不断循环的驻村工作队，即使将村干部进行行政化管理，都不能成为国家在村庄层面的稳定机构。村庄层面需要稳定的行政系统。

乡村振兴还表现为与市场进一步融合的过程，但是目前乡村的市场发育水平还不能满足乡村振兴的需求。首先，市场机制的单一化很难满足村庄层面多样化的市场需求。随着农业生产的市场化转型，资本或企业逐渐成为联系农民与市场的主渠道。各地政府都在不同程度地推动公司＋农户的发展模式，并在此基础上增加内容，形成公司＋N（如基地、合作社等）＋农户的产业化运作方式，通过这种方式，将公司的营销和农户的生产结合起来。实际上，不管是资本下乡推动的产业化开发，还是通过各种销售商形成的农副产品收购体系，都是以服务外部市场为主要目标，并基于外部市场需求来调整农村的产业结构。这种市场机制与农村资源和产品的多样性存在内在的矛盾。农业生产者只能被动地适应市场的快速变化，不断调整产业结构，这给乡村发展增加了不确定性。在政府推动的产业结构调整和农村产业化过程中，一些地方出现农民不配合或不响应，原因也在于农民无法跟上快速变化的市场节奏①。其次，过于单一化的市场主体也影响了农村和农业的发展。在单一市场机制的背景下，唯有掌握了销售渠道的公司才成为市场的主体。在这个主体的垄断下，不仅农民成为市场链的被动适应者，而且真正的消费者的消费需求无法得到满足。农产品的经销商虽然将市场与生产联系起来，但是也垄断了市场，切断了生产者和消费者之间的多样性联系。市场链是单一形式的，这导致其他市场主体不得不采取类似的方式，比如农民合作组织是农民进入市场的重要手段，但是在产业化的背景下，许多农民合作组织逐渐蜕变为商业公司，远离了农民合作的原则。

单一的市场机制和市场主体在解决农产品销售问题上发挥了积极作用，

---

① 我们曾经访问的一个贫困村庄村民，他们在回答我们为什么不参与产业扶贫的时候，说他们已经参与了 8 次的农业产业化项目，但是最后都因为市场变化而失败。

但是我们也要看到这种机制本身所带来的问题。首先，由于单一市场机制切断了生产者和消费者之间的联系，农业生产和消费的多样性被抑制。由于自然和社会的原因，农业生产具有多样性，这种多样性对于保持农业和农村的稳定发挥了重要作用，同样，农产品消费也存在多样性，但是单一的市场机制无法满足这种多样性的交易。因此农业的多样性被市场的单一性所抑制，各地的农业发展出现了高度雷同的现象。其次，单一市场并没有减少交易成本，反而因其垄断性而造成人为的物价波动，并使消费者和生产者同时遭受损失。近几年来出现的农副产品收购价格和销售价格背离的现象，就反映了这种市场机制所带来的问题。一方面收购价格低，农民很难赚钱；另一方面消费者面临农副产品不断涨价。

我们要知道，当今的农村、农业和农民都与市场密切地联系在一起。对于多数乡村来说，退回到乡土社会时代依靠乡土社会的保护而远离市场，已经是不可能实现的梦想，现有的市场机制制约了乡村的发展，因此乡村振兴需要更多样的市场机制和市场主体参与农村市场的运行。

最后，我们还要看到，乡村振兴的主体是农民，但是农民参与不足在很大程度上影响了乡村的有效治理。在乡村事务中，农民参与不足有多方面原因。首先是乡村精英的流失。乡村政治并非一人一票的政治，更多的是乡村精英之间的博弈。大量青壮年劳动力外流后，他们不再依赖乡村的资源，也很少参与乡村的政治，这是造成农民参与不足的客观原因[①]。其次，现有的村级组织安排是农民参与不足的制度原因。村级组织是农民的自组织，是农民参与的重要渠道，但是从前面我们的分析看，村级组织承担了许多并非农民组织所应承担的功能，很难作为村民参与的渠道而存在。近年来，政府意识到村级组织所存在的问题，采取了多种措施以提高村民的参与度，并在部分地区取得效果。村民自身也意识到这个问题，采取了一些措施，比如创造了一些自己的组织参与村庄的公共事务治理，典型的如老人会等，希望通过民间组织的建设提高参与乡村事务决策的能力；一些地方政府推动成立了村民议事机构，如村民议事会等，试图从组织和制度上推动农民更多地参

[①] 我们访问了一位离开农村的农民企业家，他直言不讳地说："我们当年都在村里，各种不公平的事情很少发生，现在我们都出来了，寄点钱就够家里人消费，也用不着再去管村里的那么多事情。"

与农村公共事务的决策。但是这些工作往往事倍功半，其原因就在于村级组织，特别是村委会本来是农民的自组织，却没有真正发挥促进村民自我管理、自我服务的职能。随着日益正规化和行政化，村级组织越来越成为一个准行政机构，而非农民的组织。

推动农村发展和实现乡村振兴，需要在村庄层面同时强化国家、市场和农民的三重作用。

三　改革乡村治理结构

中国农村发展的经验表明，乡村振兴需要国家、市场和农民的协同努力。在中国农村发展过程中，国家、市场和农民之间并不存在此消彼长的关系，而是需要同时加强。第一，需要强有力的顶层设计推动中国探索出城乡共同发展的新道路；第二，乡村振兴意味着乡村经济与市场更好地融合，有更多样化的市场；第三，乡村振兴需要农民积极参与，需要充分发挥农民的主体性。因此，实现乡村振兴需要解决在村庄层面国家弱化、市场单一和农民缺少参与的问题。

首先，需要顶层设计顺畅地变成乡村层面的行动，这需要行政系统向村庄层面延伸。在农村改革以后，行政系统向村庄层面的延伸一直受到关注，也积累了一些经验。但是我们看到，强化村级组织的行政功能不仅不能强化政府在村庄层面的影响，反而会使村级组织失去其村民自治组织的本质特征，而实施乡镇干部包村或派驻工作队都带有临时性和外来者的特点，难以在乡村层面持续发挥作用，因此需要采取适当的形式完善村庄层面的行政职能。可以综合借鉴第一书记、包村干部和驻村工作队的做法，向村庄派驻稳定的行政性村级主要领导以承接村庄的各项行政工作。行政性村庄干部在充分了解村庄情况的基础上，保障国家的惠农政策按照政策要求在基层得到实施。

乡村振兴的核心在村庄，因此可以改变目前大量干部沉积在乡镇政府的局面，将乡镇干部投放到村庄层面从事与农民直接打交道的工作。允许素质良好的农民担任行政性的村干部，但是在允许他们享受公务员待遇的同时，也对他们按照公务员管理，要求异地任职。行政性村庄主要的干部受国家委派，代表政府在村庄实施管理，其个人收入来自国家财政资金，其主要任务也是向国家负责，这样才能保证乡村振兴的顶层设计顺畅地在村庄层面落地。

其次，建立顺畅的农民参与决策渠道。为了推动农民参与村庄事务决策，各地推出一些富有地方特色的措施，包括村民议事会制度、老人会等，并取得一定的成效。但是我们要看到，村民委员会制度设立的初衷就是要建立农民自我管理、自我服务的组织，因此村委会本应是最有效的村民参与村庄事务的组织途径。但是在发展过程中，村委会承担了过多的角色，其作为村民自我管理组织的职能反而弱化。剥离村委会的行政职能，强化村委会村民自组织的职能，是促进村民参与村庄事务决策和管理的最有效方式。因此未来村委会应弱化其准行政组织的职能，按照《村民委员会组织法》的要求，切实履行村民自我管理、自我教育和自我服务的职能。在此基础上，不排斥多种形式的村民自组织的建立，如老人会、议事会等自组织可以保留，从而进一步提高村庄自我管理和自我服务的能力。

最后，建立多元的市场体系。由于单一化的市场机制和市场主体无法满足农业生产者与消费者多种需求的对接，因此在推动产业化发展的同时，也要鼓励农村发展多种市场主体和市场渠道。无论是中国还是发达国家，在推动生产者与消费者建立多样性联系方面已经形成了一些经验，这些经验对于推动乡村振兴可以发挥积极作用。这些经验表明，在传统的市场机制之外，生产者和消费者之间可以建立互惠、多样和稳定的关系，乡村和城市可以实现更深入的融合。在新的生产消费关系中，生产者和消费者可以实现相互信任、风险共担、多元服务、共同参与等在传统市场中无法实现的关系。

完善政府在村庄层面的服务机制、提高村民参与能力和建立多元化的市场关系，将有利于村庄聚集资源，实现振兴。

参考文献

白益华，2017，《我国农村村民自治制度的产生和发展（上）》，《百年潮》第 3 期。

梁天平，1995，《农村党建工作队应注意处理好的关系》，《领导科学》第 12 期。

周其仁，1985，《家庭经营的再发现》，《中国社会科学》第 2 期。

2
论乡村振兴立法的功能定位与基本原则[*]

朱智毅^{**}

"实施乡村振兴战略"是党的十九大围绕新时期"三农"问题做出的重大战略部署，是关系到农业农村现代化发展、乡村治理体系创新、农村人居环境和生态环境改善、农民生活水平提升的全局性、系统性工程。作为一项长期的历史性任务，乡村振兴工作的开展必须遵循"科学规划、注重质量、从容建设"（董峻、王立彬，2017）的原则，在对社会主要矛盾、城乡发展状况以及农村各类主体、资源要素的配置、潜能及活力等进行充分研判的基础上，强化对相关制度和行动的"顶层设计"。为此，在《中共中央、国务院关于实施乡村振兴战略的意见》（以下简称《实施乡村振兴战略意见》）中，"抓紧研究制定乡村振兴法的有关工作，把行之有效的乡村振兴政策法定化"，成为完善"三农"工作领导体制、机制的一项核心任务，同时承载着构筑乡村振兴战略制度体系、"强化乡村振兴法治保障"的重要使命。

目前，有关乡村振兴法的立法程序已经启动，一些地方开始积极着手推进"促进乡村振兴战略实施"的地方立法实践①。乡村振兴工作已经从"单纯依靠政策推进"进入"逐步实现制度化、规范化、法治化运行"的新阶段。与党和国家有关部门的积极推进相适应，乡村振兴立法议题的提出，也引起一些法学学者的关注。但现有的研究和讨论大多还停留在立法倡导与政策解读层面，乡村振兴法的立法思路、目标导向、核心内容等，都还有待更加深入、系统的论证和探讨。因而，本文将重点围绕乡村振兴立法的价值与功能、基本原则等问题展开研究，以期为乡村振兴法律制度的构建和完善提供一些理论支撑与对策、建议。

---

* 原刊于《中国农业大学学报》（社会科学版）2020 年第 2 期。

** 朱智毅，中国农业大学人文与发展学院讲师。

① 2018 年 9 月 7 日，十三届全国人大常委会公布立法规划，将《乡村振兴促进法》列为第二类立法项目。

一　"三农"领域立法沿革与乡村振兴立法的背景

自党的十一届三中全会提出社会主义民主法制建设的 16 字方针起①，立法作为改革与发展的强有力保障，在中国各个领域现代化建设事业的推进历程中，扮演着至关重要的角色。作为后发赶超型现代化模式的代表，中国的社会主义现代化改革是从农业、农村开始的（李强，2017）。虽然工业化、城镇化构成推动市场经济发展的强大动力和"主旋律"，但城乡统筹推进与农业农村现代化发展，始终是国家现代化议题中不可或缺的一环。从 1982 年党中央出台第一个关于农村工作的"一号文件"（《全国农村工作会议纪要》）起，先后共有 20 个中央一号文件聚焦农村经济社会发展和"三农"问题的解决。政策的持续推动，为深化农村改革奠定了坚实基础。同时，为了适应农业的现代化转型与农村商品经济的发展，中国将相关政策通过立法形式上升为国家法律，实现依法治农、依法兴农。这些法律成为农村法治建设的核心内容。农业立法在改革开放后也取得较大、较快的发展。

1993 年《农业法》的颁布实施，在中国农业立法领域具有里程碑式的意义。作为第一部调整"三农"法律关系的基础性立法，《农业法》不仅为规范农业生产经营体制、促进农业生产和农产品流通、鼓励农业技术推广、维护农业生产经营组织和农业劳动者合法权益等农业农村工作的开展提供了基本的制度指引和保障，也为农业法律体系的建构奠定了良好基础②。以《农业法》为核心，各级立法机关与农业行政管理部门先后制定了一系列涉及农村土地、农产品质量安全、农业经营主体、农村产业发展以及农业资源开发、利用和管理等领域的法律、法规、规章，并对许多已经颁布实施的涉农法律、法规、规章和规定进行了适时修改。由此，一个"以《农业法》为基础、以不同领域专门农业法律为主干、以有关法律中的涉农条款为补

---

① 党的十一届三中全会指出，为了保障人民民主，必须加强社会主义法制，做到"有法可依，有法必依，执法必严，违法必究"，同时强调要把立法工作摆到全国人大及其常委会的"重要程序"上来。参见《中国共产党第十一届中央委员会第三次全体会议公报》（1978 年 12 月 22 日通过），载中共中央党校理论研究室（2005：1158）。

② 1993 年《农业法》共分为九章，分别为"总则""农业生产经营体制""农业生产""农产品流通""农业投入""农业科技与农业教育""农业资源与农业环境保护""法律责任""附则"，内容涵盖农业农村工作的各个方面。

充"（刘振伟，2014），辅之以法规和规章的多层次、全方位的农业法律制度体系初步形成。

但近年来，随着城镇化、农业现代化进程的加快，"经济社会发展、政策制度安排、现代性观念持续作用于农村"（陈柏峰，2017），在引起乡村社会基础性结构深刻变革的同时，也在重塑一种将地方性共识与法律融合，以促使治理形态日趋规范化、程序化的乡村法治发展路径。特别是在持续深化农村改革和探索解决新时代社会主要矛盾的过程中，乡村发展的新需要以及社会转型所带来的新问题，对政策、法律等制度供给提出更高要求。无论是粮食安全、农技推广、畜牧、种植、渔业等传统农业管理领域的革新，还是农村合作经济、农产品质量安全、土地流转、"三治"融合等乡村发展与产业转型过程中新兴问题的解决，都离不开科学化、精细化立法的规范和指引。

作为一项"具有影响乡村未来发展走向之深远意蕴"（叶敬忠等，2018）的重大战略部署，乡村振兴不仅是对既往"三农"工作政策、方针、制度的升华与总结，也是对乡村价值、城乡关系以及"三农"领域各个要素在农业、农村现代化进程中的重新定位和布局。因而，在实施乡村振兴战略的背景下，当前涉农领域立法的相对滞后，以及乡村改革对法治保障与制度创新的迫切需求更为明显。从这个意义上说，乡村振兴立法工作的启动可谓正当其时。通过立法将乡村改革实践中的成果与经验固定下来，运用法治思维和手段回应并解决乡村发展中的新问题，既是保证乡村振兴战略健康有序推进的必然要求，也是健全"三农"立法、提升乡村法治建设水平的应有之义。

二　乡村振兴立法的价值与功能

如前所述，要破解乡村发展所面临的各类体制、机制性障碍，必须从完善乡村振兴的顶层法律设计入手，充分发挥立法在促进和保障乡村振兴战略有序推进过程中的重要价值和功能。具体而言，除单纯为乡村振兴改革提供制度支撑外，乡村振兴立法的价值与功能还集中体现在以下三个方面。

（一）实现农业基本法的全面升级

鉴于农业在保障民生和促进其他产业发展等方面的基础性作用，许多国家将农业置于优先发展地位，并十分注重强化有关农业基础地位和基本制度的立法。例如，美国、日本和欧盟各国"大都制定有农业法、农业基本法、联邦农业完善与改革法、农业调整法等农业大法，严格按照法律程序来指导农业发展"（陈晓军，2016：44）；一些国家还曾就农业领域立法进行专门的法典化尝试，如法国1955年颁布的《农业法典》。可见，制定一部关于农业、农村发展的基础性法律，已成为现代国家运用法治手段管理、引导和保障农业、农村工作有序开展的制度性"标配"。出台农业基本法，既能明确一国有关农业领域问题的基本立场、价值导向以及依法治农、兴农的基本准则，也有助于形成有关农业领域立法的基本原则，形塑一国农业法体系的基本框架，为其他农业领域立法提供必要的制度指引。

中国《农业法》从制定之初即明确了作为农业领域基本法的定位。巩固农村改革成果，"对农业发展的一些方向性问题和最基本的政策做出规定，解决农业发展中的突出问题"[1]，是该法起草的重要宗旨和原则。从立法的内容来看，《农业法》是对中国一定时期内农业、农村发展与体制改革政策、经验的升华和总结，同时在立法理念、调整对象和具体制度设计等方面都有一些创新性的规定[2]。该法的颁布实施，为政府依法治农和"三农"问题的解决提供了重要的法治保障。但随着社会主义现代化建设进入新时代，中国"三农"领域工作向高质量方向发展，加上乡土社会结构与农业、农村经济发展的外部环境均发生深刻变革，因而在实施乡村振兴战略的背景下，现行《农业法》在内容、结构和实施层面的不足逐渐显现。

---

[1] 参见刘中一（2000）。

[2] 例如，在调整对象上，中国《农业法》一直采用"大农业"的概念，将农业产前、产中、产后诸环节作为一个整体考虑；2002年修订后的《农业法》增加了有关"农民权益保护"和"农村经济发展"的专门规定，将农民、农村也纳入立法的直接调整范围，对"三农"问题进行统筹规范，进一步丰富了农业基本法的调整对象和内容。学者对《农业法》持较宽泛的调整范围以适应现代农业建设与农村经济发展需要的做法基本持肯定和褒扬的态度，相关论述可参见孙佑海（1993）、任大鹏（2018：24-25）。

首先，现行《农业法》的制定、修改时间较早①，有关规定已滞后于中国农业、农村建设、改革与发展的实际，不能有效适应乡村振兴战略实施的需求。例如，近年来，市场环境与规模经营方式对小农生产的冲击，以及农村人口"空心化"、资源环境超载化等问题，在进一步加剧农村内部社会结构失衡矛盾的同时，也使振兴乡村产业成为避免乡村过度衰落、实现乡村振兴必须完成的一项首要任务。在中央有关乡村振兴的战略部署中，"产业兴旺"居于核心地位，而实现产业兴旺的一种改革思路便是要促进农村一、二、三产业的融合发展。现行《农业法》对调整和优化农村产业结构虽然也有涉及，但仅在第 79 条中对"扶持农村第二、第三产业发展"做出原则性规定，并未涵盖"促进农村一、二、三产业融合，实现农村产业与工业化、信息化对接"等内容。显然，农村一、二、三产业的融合发展有别于"农村第一、第二、第三产业的各自分立发展"（姜长云等，2018：193），也不是资本引入、品牌打造、示范项目建设等产业化改革措施的简单叠加，而是必须通过组织与制度创新，扩展现代农业的多种价值与功能，"打破产业及价值与利益链接中的藩篱""丰富乡村产业的多元化业态"（温铁军等，2018），形成一、二、三产业相互渗透、协调发展、优势互补的新格局。而立法也应当对农业产业链延伸、价值链升级转型，以及产业融合后不同利益主体的权益保障做出相应规范和调整。

最后，现行《农业法》对于推进农业农村现代化发展、促进乡村治理体系创新、提升农民生活保障水平等领域的部分关联、配套制度规定不足，还难以为乡村振兴相关举措的落地实施提供有力支撑。例如，有学者指出，虽然实践中各地普遍将农业补贴（如种粮补贴、农机具购置补贴等）作为鼓励农业生产、保障和提高农民收入水平的重要手段之一，但《农业法》并未对农业补贴制度做出规定，致使"以地方政策为推行依据的农业补贴在补贴种类、标准、程序等方面千差万别，难以实行统一、全面的规划和监督"（黄河、李军波，2007）。相关制度的缺失显然也与《实施乡村振兴战略意见》中"完善农业支持保护制度"的具体任务和要

---

① 中国《农业法》于 1993 年第八届全国人大常委会第二次会议审议通过并实施，2002 年第九届全国人大常委会第三十一次会议对《农业法》条文做了较大幅度的修订；随后，全国人大常委会又于 2009 年、2012 年先后两次对《农业法》进行修订。但 2013 年起至今，该法并未再度被修改。

求不相契合。

最后，现行《农业法》仍具有比较明显的"管控"色彩，其中有关规范农业生产与农产品流通、保障粮食安全、改善农村环境、促进农业科技教育事业发展等的规定均以制度创设和公权授予类规范为主，有关政府的义务性规定以及针对各项宏观性、抽象性职权行使的监督机制和程序性约束较少。这种强调国家权力"独特地位和运作理性"的立法思维[①]，不仅容易使权力行使者享有过度的自由裁量权，也会在一定程度上弱化立法对农业生产、经营主体合法权益的保障。从深层次上讲，这种思维亦不能充分体现乡村振兴"坚持农民主体地位，把维护农民群众根本利益作为出发点和落脚点"的基本原则和精神。

此外，部分条款过于原则化、笼统化，可操作性不强，也是导致现行《农业法》在实际执行中容易被忽视，进而其基本法功能的发挥被制约的重要原因之一[②]。

因此，制定乡村振兴法，并将其确立为新时期"三农"领域的纲领性、基础性立法，既有利于准确把握乡村振兴战略实施的原则、内涵和目标，强化有关实现乡村振兴"五位一体"目标的制度性供给；也有助于弥补现行农业基本法律制度的不足，解决现行《农业法》不能充分回应乡村改革与发展需要的问题。

（二）促进"三农"法律体系的革新

虽然近年来随着农业立法的不断推进，"以农业法为核心的农业法律法规体系基本形成"，农业各主要领域基本实现"有法可依"（王乐君等，2010），但同农业、农村生产、生活方式急速变革，城乡联系日趋紧密，新兴业态、模式不断出现的发展实践相比，中国现阶段的"三农"领域立法仍面临许多体系性问题，与"形成种类齐全、层次分明、结构严谨、协调统一的农业法律体系"（王存学等，1996）尚有一定差距。这主要体现在以下几个方面。

[①] 有关中国立法中所呈现的"国家主义"色彩，参见于浩（2018）。

[②] 例如，全国人大常委会原副委员长布赫在汇报有关《农业法》的执法检查情况时曾指出，"该法的某些条款比较原则，可操作性不强，加上一些配套法规和规章未及时出台，以及农业执法还缺乏相应的手段，使《农业法》中的一些规定难以付诸实施"。参见布赫（1995）。

第一，现行有效的"三农"领域立法数量仍较少[①]，一些重要领域（如农村金融领域）的制度规范法律位阶不高。由中央主管部门或地方政府制定的规章虽然层出不穷，却容易产生规则间的矛盾与冲突，进而引发权责不清、"法出多门"等问题。

第二，"三农"领域许多立法是 20 世纪 90 年代或 21 世纪初制定的，"从计划经济体制向市场经济转变的过渡色彩较浓"（刘振伟，2014），许多规定早已滞后于农业、农村发展与改革的实际，亟须进行新一轮的立改废释。例如，1997 年起实施的《乡镇企业法》即一部具有鲜明时代特征的立法，该法针对政府扶持、引导和管理乡镇企业的一系列规定，为乡镇企业的发展提供了有力保障。但随着农业产业结构的调整，农业市场化、国际化水平的提高，乡镇企业面临新的发展环境和实际问题。已经实施 20 多年却从未修订过的《乡镇企业法》应当"与时俱进"，增加一些新内容，修改不合时宜的条款，理顺与《农民专业合作社法》《公司法》《合伙企业法》等其他经营主体立法的关系。

第三，部分涉农立法缺乏系统性，相关规定较为抽象、分散，且基础性立法与执行性立法没有完全配套、衔接，整体上影响了法律实施的效果。例如，在城乡融合、乡土社会转型和农村不同群体利益诉求多元化等因素的作用下，乡村治理水平的提升成为新时代促进农业、农村现代化发展的迫切要求，而乡村振兴战略将"治理有效"确立为改革的一项重要目标。虽然乡村治理问题一直备受政策制定者与立法者的关注，但当前有关乡村治理的法律制度还很不健全：《宪法》《村民委员会组织法》等基础性立法对村民自治制度的规定较为笼统，在体现时代发展的基层民主制度建构方面还有待完善，很多组织架构和实施层面的问题也还没有解决；一些与村民自治密切相关的制度（如有关农村公共产品供给、基础设施建设、公益事业管理、农民组织等的规定）则分散在其他单行法律、法规中，缺乏有关基层治理体制、治理结构和治理模式的整体性规定。

第四，现行立法具有明显的"城市导向"，以解决城市发展与市民生产、生活中的法律问题为主，对"三农"的特殊性以及乡土社会中的法治资源关

[①] 据统计，在现行农业法律体系中，直接涉及"三农"问题的法律约 25 部，行政法规约 76 部，中央层面的统一立法较少，涉农规范的规格普遍偏低。参见刘振伟（2014）。

注不足。部分涉农立法也呈现比较明显的"城乡二元化管理"痕迹，修订前的《土地管理法》中有关土地征收补偿、城乡建设用地入市等制度的规定便是例证。

诚然，乡村振兴是"涵盖农村经济建设、政治建设、文化建设、社会建设、生态文明建设和党的建设诸方面的综合振兴"（姜长云等，2018：91），是需要充分调动"三农"领域各类主体、各参与要素的系统性工程。要确保乡村振兴各项改革措施协调、有序推进，必须充分发挥不同领域、不同环节涉农法律制度的作用，形成制度层面的整体合力。但从上述分析来看，中国现行"三农"领域立法在实效性、系统性和全面性等方面还存在诸多不足，完善农业法律体系依旧任重道远。故通过制定统一的乡村振兴法，对当前农业、农村发展与改革进程中最迫切、最突出的法治问题加以规范，无疑是解决现有法律体系中制度规范冲突、缺位和分散化等问题的有效路径。

首先，乡村振兴法所确立的许多制度是在现行"三农"领域立法基础上进行的总结、提炼和补充，按照"新法优于旧法"的原则，可以以较低的立法成本完成对"三农"领域相关法律制度的修改、整合与调整，以避免逐个修改单行法的低效和耗时。

其次，乡村振兴法可以为乡村振兴战略实施中相关涉农立法的协调、衔接提供制度指引，通过原则性规范和兜底条款对需要整体推进和重点建构的制度（如有关提升农村民生保障水平和精准扶贫的规定）加以明确，并按照"提取公因式"的立法思路将部分核心领域碎片化的规定（如有关乡村治理体系、治理结构的规定）加以整合，有助于厘清相关制度的逻辑关系，增强"三农"领域立法的整体性和协同性。

最后，鉴于乡村振兴法在未来乡村改革与发展中的独特定位，该法在效力位阶上应属于由全国人大制定的基本法律，已得到越来越多的学者与实务工作者的认同[1]。而这部高位阶、权威性法律的出台，对于合理调配政府治理资源、搭建城乡融合发展平台、确立农业农村优先发展地位，都将起到重要的引导、宣示与规范作用。

---

[1] 类似观点可参见代水平、高宇（2019），上海市人大农业与农村委员会（2018）。

（三）克服单纯以政策推进农业改革的弊端

回顾农业、农村改革与发展的历程，政策一直是党和国家管理农业、开展农村工作、推进各项改革措施的基本工具和手段。在改革开放初期，由于制度严重匮乏，提倡"效率优先"与"摸着石头过河"的改革模式具有直观的科学性与价值优先性。政策对农村社会的变迁与生产关系的变革往往起着"立竿见影的决定性作用"（《经济法论坛》第 7 卷，2010：2），立法则通常需要在改革中汲取知识、积累经验，在明确调整对象、目标和方式后逐步"成长"，如《乡镇企业法》《村民委员会组织法》《农村土地承包法》等一系列涉农立法均是基于农村改革和社会发展实践而产生的。

虽然具有适时性、灵活性和实践性等特征的政策能够有效应对改革中的各种特殊情况与不确定因素，但过分依赖政策推进改革的路径和模式具有比较明显的局限性。一是政策对制度工具性、实用性价值的追求和强调，容易忽视制度、规则本身应有的持续性、客观性与程序性。这就为政策执行者选择政策工具和解释、变通规则预留了较大空间，以至于制度落实停留于文本、口号，地方化、部门化倾向明显，"上有政策、下有对策"等情况在中国乡村治理层面并不罕见。二是政策的制定与实施深受经济社会发展和变革的影响，依靠政策实现的社会治理大多具有时效性和易变性。在"三农"领域，一些农业、农村政策的频繁调整也使基层治理组织和农户在从事相关活动时常常感到无所适从①。三是政策往往缺乏强有力的惩治手段，"过多依靠方针政策来管理农业和指导农村工作，不足以消除农业和农村社会、经济活动中的无规则和规则不力的状态"（曾文革、温融，2010）。此外，政策在治理工具选择层面上的过度"优位"与立法的亦步亦趋，也不利于法治权威的确立。许多政策如果不能及时转化为法律，可能会影响未来立法的效果，造成法律的"能力缺乏症"，使立法缺乏"独立的品格"（蔡定剑，1999：267–269）。

---

① 例如，有地方立法机关的工作人员在对粮棉等大宗农产品的收购进行调研时发现，由于当地农产品流通体系变化频繁，"一个时期放，一个时期收"，有时"市场价低于收购价"，农户多种的只能"上市场"；有时市场价远远高于收购价，农户则"必须以低于市场的价格先完成收购任务"。政策的不稳定性既消解了农民从事相应农产品种植的积极性，给基层政府完成国家定购任务增加了困难，也在一定程度上影响了《农业法》有关"保持粮棉生产稳定增长"、促进农业生产结构调整等法定调控义务的落实。参见侯亚峰等（1994）。

可见，单纯依靠政策还不足以为改革提供最为规范、系统和稳定的保障。特别是随着农业、农村商品化、现代化程度的提高，农村产业结构调整与各项体制、机制改革所面临的问题日趋复杂，改革的试错性特征与正当性要求在客观上决定了改革越是要取得突破，就越要重视发挥立法的规范作用。因此，党的十八大以来，中央层面确立了用法治思维和法治方式驾驭、引领、深化改革的基本思路，明确提出"凡属重大改革都要于法有据"（习近平，2014：153），从观念、立场上肯定了"立法先行"的价值。

在乡村振兴领域，强调立法与改革的紧密衔接，改变原有的"重政策、轻法律的思维惯性"（刘振伟，2014），也是实施相关战略部署的应有之义。而立法作为引领、保障乡村振兴改革推进的核心环节，至少在下列几个方面具有不可替代的作用。

首先，乡村振兴是包括农村经济、生态、文化建设、治理与民生保障在内的乡村发展水平的全面提升，是关乎全局和长远发展的"一盘大棋"[①]。相关改革举措的实施涉及"三农"领域的各个方面，参与主体众多，既包括党政机关的引领和推动，也有社会力量的投入与帮扶，还包括广大农户、乡土能人和各类志愿者的参与。主体的多元化必然带来角色定位与利益诉求的多元化，进而使乡村振兴在城乡统筹、政府与社会力量合作、农村资源和要素激活、传统农业与现代农业衔接等方面面临更加复杂的价值判断与利益衡量。而伴随乡村社会的变迁，日益陌生化、异质化和流动化的村庄，"比以往任何时候都需要权威性的国家法律体系来维持秩序"（陈柏峰、董磊明，2010）。因而，只有通过立法的形式，将乡村振兴实施中政府的权力与促进保障义务，以及各类社会主体、农户的法定权利确定下来，才能保证"权力—职责"与"权利—义务"分配的明晰化，从而防止权力的随意变更，为各参与主体提供更为稳定的心理预期和行动指南。

其次，乡村振兴是党和国家为解决当前农业、农村现代化发展进程中各类紧迫性问题而提出的新的战略构想，其中包含大量的创新举措。无论是强调对小农户能力提升及发展环境的保障，还是要求深化农村集体经营性建设用地入市与宅基地"三权分置"改革，都是为适应新时代乡村发展需要而对

---

① 2018年1月，习近平总书记在中共中央政治局第三次集体学习时强调，"乡村振兴是一盘大棋，要把这盘大棋走好"，突显了乡村振兴的全局性、系统性。参见《人民日报》（2018）。

相关重点领域实施的制度创新和突破。这类新兴改革举措的实施，除了需要政策、规划发挥统筹、引领作用外，还需要将由此产生的改革成果与机制框架通过立法的形式固定下来，进而形成清晰、明确且具有普遍适用效力的制度体系。同时，随着乡村法治建设的深入以及农民法治意识的增强，基层民众对政府新兴规制手段的评价和认可将愈发受到相关行为、决策合法性（legitimacy）的影响，即这一系列新兴改革举措的可接受性（acceptability）依据最终还是要到"实在法"体系中去找寻。

最后，许多有关农村土地流转、集体经济组织重构以及治理模式创新的改革举措本质上是与农村基本经营制度、权利属性和农民权益保障有关的法律问题。通过乡村振兴立法将相关措施的基本法律构造和制度安排确定下来，既能借助法的强制力保证其实施，也能为相关领域纠纷、矛盾的解决提供必要的指引，减少相关改革举措推行的阻力。

三　乡村振兴立法的基本原则

在法学理论中，原则是法律的"基础性真理"，是为其他法律要素提供基础或本源的综合性原理或出发点（张文显，2011：74）。任何一项法律制度或规则体系的建构，都必然遵循一定的原则展开，而立法原则的选择和确立将直接关系到立法价值与功能的实现。因而，对乡村振兴立法问题的研究，离不开对立法原则的探讨；而明确立法的基本原则，并将其作为构建法律制度体系和具体规则的基础，是未来乡村振兴立法工作中必须回应和解决的首要问题。

结合乡村振兴战略对新时代"三农"领域工作的新任务、新要求，以及党的十九大报告对立法理念和原则的新发展，笔者认为，乡村振兴立法至少应遵循下列几项基本原则。

（一）在立法思路上：纲领性与可操作性并重

如前所述，乡村振兴立法的首要功能在于构建乡村振兴的基本法律制度和框架，解决乡村振兴在法治保障领域面临的主要矛盾和问题。与当前《农业法》相比，乡村振兴立法的"理念更新、范围更宽、层次更高、内容更全"（衡爱珠，2019），应当成为新时期农业农村工作的"小宪法"。故从这个意义上讲，乡村振兴立法是对乡村振兴各类基本法律制度、原则的系统性设计，性质上首先应当定位为一部综合性、纲领性的法律。具体而言，乡村振兴立法应当从下列几个维度完善有关乡村振兴法治保障的顶层设计。

首先，立法应当确立以强化农业农村优先发展地位、解决农业农村现代化进程中各类突出社会矛盾和问题为核心的立法价值目标与导向。与城市发展相比，农业生产的高风险性和乡村在经济密度、人才资源、基础设施建设等方面的薄弱性，决定了乡村振兴立法应当将加强和巩固农业基础地位、确保乡村优先发展和全面振兴作为首要任务，致力于解决"三农"领域的发展不充分、不平衡问题，为重塑城乡关系、破除当前制约乡村发展的各类体制、机制性障碍指明方向。

其次，立法应当紧扣"产业兴旺、生态宜居、乡风文明、治理有效、生活富裕"五大基本要求，构建乡村振兴战略实施中产业发展、生态环境保护、文化传承、乡村善治和人才支撑、组织保障等方面的基本制度体系。同时，鉴于作为原则性、基础性立法的定位，乡村振兴法的制定还应当以搭建核心制度框架、发挥指引和兜底性作用为主，聚焦相关改革举措的重点领域和关键环节，只规定其中最基本、最迫切需要立法回应和解决的问题。这样一来，不仅可以使法律制度的脉络更加清晰、简化，避免制度过于复杂可能导致的"高成本与低效率"以及容易使"基层治理陷入困境"（贺雪峰，2017）的弊端，也可以为其他单行立法和地方立法对具体事项、问题加以规范预留足够的空间。

最后，立法应当明确各级政府及相关职能部门在实施乡村振兴战略过程中的基本原则、主要任务、机构设置和具体的职权、职责。政府既是乡村振兴战略的推动者，也是乡村振兴相关法律制度最主要的实施者。要确保乡村振兴工作合法有序推进，"实现政府科学、审慎用权，依法行使对'三农'的宏观调控与市场规制权力"（李长健、孙富博，2018），必须从源头上厘清行政主体的职责、权限范围，坚持权责一致、职能科学、监督有力的制度设计。从这个层面上讲，乡村振兴法其实也是一部规范乡村振兴基本组织架构和行政权力配置的组织法。

但强调乡村振兴立法的纲领性，并不意味着立法本身单纯的宣誓性或立法内容的空洞化。相反，乡村振兴法必须改变以往涉农立法可操作性不强，常常沦为"豆腐法""棉花法"的倾向，在立法的精细化与可操作性上下功夫。

其一，有关乡村振兴法律制度的规定应当清晰、明确，不能泛泛而谈，至少应涵盖实施主体的具体职责、实施标准和一般性的程序规定等内容。例如，在有关"建立市场化、多元化生态补偿机制"的制度设计中，除了强调政府在推动多元化生态环境补偿机制、促进乡村生态文明建设方面的主导作用外，还应当针对新型市场化补偿机制（如生态产品购买、碳排放权交易等）中政府与市场主体的权责边界、补偿机制的适用范围，以及补偿费用的确定原则、标准等进行一般规则的建构。

其二，对于政府及相关职能部门在履行乡村振兴法定职责和义务方面的违法或怠于履职行为，应当建立比较健全、完备的监督机制与责任追究体系。立法效用的实现与程序设计和监督制度的周密、精细化程度密不可分。只有通过规范行政机关实施乡村振兴相关工作的决策程序与启动条件，明确对违法、滥权、执行不力现象的监督问责机制，细化有关机关和主要责任人员的法律责任，才能确保乡村振兴工作的开展始终在法治轨道内运行，防止乡村振兴的相关法律制度被虚置、弱化。

其三，立法应明确构建有关乡村振兴战略实施的后评价制度。一方面，授权国务院和省级人民政府根据乡村振兴战略的总体要求和各地方乡村发展状况，制定衡量乡村振兴战略实施效果的全国性标准与地方评价指标；另一方面，形成针对乡村振兴建设进展水平的定期监测与评估制度，由负责推进乡村振兴工作的政府及相关职能部门或政府委托的第三方机构定期对当地实施乡村振兴战略的实际影响、成本收益和社会满意度进行考察、分析，对相关决策、措施的合法性进行系统评价，并将监测、评估的结果明确规定为政府绩效考核的一项重要指标。

（二）在立法内容上：坚持农民主体地位

2014 年，党的十八届四中全会决定指出，"必须坚持法治建设为了人民、依靠人民、造福人民、保护人民"（《人民日报》，2014）。这表明，践行以人为本、以人民为中心的思维和理念，已成为贯穿立法、司法、执法等法治建设各项工作始终的基本原则和导向。

在乡村振兴立法领域，农民既是乡村振兴的受益者，也是改革目标实现的主要依靠者、参与者。因而，在乡村振兴的背景下谈"立法为民"的理念，本质上就是要解决农民主体性如何提升与保障的问题。而立法是否能够真正坚持农民主体地位，是否以保障农民的合法权益、促进农民的全面发展为依归，直接关系到立法质量的好坏与乡村振兴法治化发展水平的高低。

有鉴于此，在乡村振兴立法中，应当将尊重和实现农民主体地位、保障农民平等参与及发展的权利作为核心，通过完善下列制度，形成能充分体现农民需求、提升农民主体地位的基本制度框架。

第一，乡村振兴法应当为破除阻碍农民主体地位获得的体制、机制性障碍提供指引，保障农民充分分享制度性红利的能力。近年来，随着新型工业化、城镇化的发展，城乡之间的融合及联系更趋紧密，乡村发展中的一些突出问题在城乡联动与互补过程中得到有效解决。但农民结构性边缘化的弱势处境与农村人口、资源向城市单向过快流失的局面依旧存在，这也在一定程度上加剧了城乡发展的失衡。特别是城乡二元结构模式下，立法对城乡居民权利的不合理安排以及行政机关与农民之间"诸多权力与权利关系在农村的严重错位"（李永成，2010），造成农民缺失许多实质性权利保障，甚至在一些亟须发挥主体作用的领域面临参与权与表达权丧失的困境。因而，乡村振兴立法应重点对农村土地制度改革、城乡公共服务均等化、新型农村集体土地征收补偿机制构建，以及新型职业农民的成员权与职业化保障等内容加以规范，从权利构造和运行机制设计等方面逐步缩小城乡差距或实质性解决城乡同"事"不同"权"的问题，保障农民在参与乡村振兴与推进新型城镇化和农业农村现代化进程中的各项主体权益。例如，就建立城乡统一的建设用地市场问题，一方面应当将"促进农村集体经营性建设用地进入市场，与国有建设用地享受平等权益"明确规定为一项法律原则，强调城乡建设用地在同一市场中流转，实行"同规则、同服务、同监管"，并"将土地增值收益更多地用于乡村振兴"（刘振伟，2018）；另一方面可以对集体经营性建设用地征收、入市过程中的农民知情权保障、公众参与、补偿标准等正当程序问题做出原则性的规定。

第二，乡村振兴法应当为现代农业体系的建构、新型农业经营主体的成长以及农民主体能力的提升创造良好环境，确保农民在生产、经营和参与市场竞争过程中主体优势的发挥与获得感的增强。受信息技术发展与产业融合趋势的影响，近年来中国乡村经济在产业发展模式与产业结构等方面发生了重大变革：一方面，农业生产经营呈现规模化、组织化、集约化特点，家庭农场、农民专业合作社、农业产业化龙头企业等新型经营主体迅速增加，成为引领地方现代农业发展的主力军；另一方面，农业产业链条的延伸和拓展在强化农业多功能性的同时，也使传统农业必须面临与资本市场对接、向消费导向转型以及区域品牌打造等一系列问题。然而，由于缺乏有效的制度约束和引领，乡村在资源整合、新兴技术应用，以及对市场信息、需求做出及时回应等方面的能力较弱，农民在新兴产业发展与市场竞争中容易处于"被边缘化"的地位。加上部分地方出现热衷于"造点、示范"或对新兴产业支持过热、过猛等短期化行为，导致资源和财政补贴在不同农业经营主体之间的分配不合理（往往形成对小农户的事实歧视），"加剧了收入分配和发展机会的不均衡"（姜长云，2018）。因此，立法需要对农业产业结构调整过程中各类生产经营主体的权利和利益进行衡量，将全面提升农民的市场竞争力、促进农民共建共享产业发展成果作为法律保障制度的核心。一是注重对新型农业经营主体的鼓励、支持和引导，通过建立合理的财政补贴、行政奖励、政府购买服务和农村实用人才培养等制度，助推农村产业融合，并解决新型经营主体在产业化发展过程中可能面临的力量分散、创新能力不足、科技推广成本高和人才短缺等瓶颈问题；二是兼顾小农户的增收、发展权益，确立促进多种形式农业共同发展和适度规模经营的理念，明确小农户与新型农业经营主体的利益联结方式和机制（如利益分配机制等），优化小农户参与现代农业发展及与之相衔接的制度体系。

第三，乡村振兴法应当为乡村治理体系的健全和农民自我管理、自我服务水平的提升提供制度支撑，通过增强基层组织的治理能力，丰富乡村治理的主体、形式和资源，强化对农民民主与社会权利的保障，拓展农民参与乡村治理的制度空间。随着农业农村现代化改革的持续推进，城乡之间、村落之间、农民之间的分化程度不断加深，乡土的社会、经济结构面临转型，农民的思维观念和社会关系状况也"一直处于流变之中"；固有的治理元素（如村规民约、伦理文化）与新的社会因子（如权利意识、法治文化）相互交错、彼此消涨，"同时也使现阶段的农村社会治理陷入一种深刻的体制性紧张与系统性风险之中"（刘同君，2013）。因而，如何借由治理体系的创新，激发农民参与乡村建设和治理的潜能，提高农村组织的治理水平和能力，既是回应乡村社会变迁、降低基层治理成本、确保乡村振兴持续稳定推进的一个重要课题，也是保障农民主体地位和各项权利实现的关键所在。为此，在乡村振兴法中至少应对以下内容加以规范，以适应新时期农民权益保障和乡村治理优化、转型的需求。首先，应结合当前乡村在治理主体结构和治理形式上的新变化，构建有关村民自治主体资格认定、自治类型多元化发展、村民民主决策与利益表达机制完善，以及新乡贤培育等内容的基本制度框架，注重对农民知情权、参与权的保障。其次，应明确不同主体在乡村治理体系中的基本定位，明确村民自治组织与党组织、基层政府以及其他社会组织（如合作经济组织、社区服务机构等）的关系，促进不同治理主体间的合作及"共建共治共享"乡村治理格局的形成。最后，应围绕村务公开、村级小微权力清单的制定、村规民约等社会规范作用的发挥以及公共法律服务等制度的健全和完善，细化提升乡村德治与法治水平的具体路径和方式。

（三）在立法方式上：遵循科学、民主、依法立法原则

科学、民主、依法立法是尊重客观规律理念与民主、法治原则在立法领域的集中体现。党的十八大以来，在中央的政策文本中，提高立法质量是"破解立法领域突出问题的总抓手"（张文显，2016）。党的十九大报告也将"推进科学立法、民主立法、依法立法"作为"以良法促进发展、保障善治"的一项关键举措，进一步明确了新时期党和国家对立法活动应实现"内在的政治性与科学性、人民性、合法性相统一"（张鸣起，2017）的基本要求。乡村振兴立法也应当贯彻科学、民主、依法立法的原则，尊重并反映乡村发展实际，通过深入分析立法需求、优化立法体制和程序，不断提升立法的公众参与度，增强立法的针对性、系统性和规范性。

首先，科学立法要求"在立法过程中以科学的方法准确反映法律所调整的社会关系的本质及其内在规律"（封丽霞，2018）。故乡村振兴立法的科学化，应主要体现在以下两个方面：第一，立法必须立足于国情、农情，顺应农业基础性、弱质性等特点，加强对农业生产的支持与保护，积极回应并解决乡村发展过程中农产品供给结构性矛盾突出、市场经济发育滞后、农民持续增收困难等一系列长期存在的问题；第二，立法要重点关注乡村振兴改革所面临的新情况、新变化、新发展，通过健全相应制度，规范政府和相关利益主体行为，增加解决当前乡村在产业结构调整、传统农业与现代农业对接、集体经济组织重构以及治理转型等领域各类新兴突出问题的有效制度供给。例如，在有关乡村产业体系建设的规定中，既要注重对粮食安全、主要农产品供给等基础

性产业发展的支持与保障，明确政府在促进粮食产业质量与效益提升、完善粮食仓储与物流基础设施以及价格调控等方面的职责；也要对城乡融合、"互联网＋"等背景下的新型农业经营主体与农村产业的多元化发展予以规范，使相关激励政策、措施法律化。

其次，民主立法强调法律应当充分反映民意，其核心在于健全立法机关与社会公众的沟通机制，"开展立法协商，在立法过程中扩大公众的有序参与"（冯玉军，2018）。目前，在涉农立法领域，立法信息的公开程度不足，意见收集与反馈机制的"精英化"趋势明显，加上立法参与渠道的相对单一化①，致使许多受教育程度不高、精力投入有限的农民不能有效参与相关立法，或充分表达其利益诉求。因而，在乡村振兴立法的过程中，应当更加关注农民尤其是小农户、农村留守人口，各类乡土人才以及农村组织、基层治理组织的意见，充分考虑基层民众获取立法信息的能力，采用更为灵活的方式征求相关意见（如可以利用村务公开平台宣传立法背景、借助非政府组织的力量收集意见和建议），拓宽农民参与立法的渠道，强化针对农民参与立法的程序保障（如健全基层立法调查制度、建立立法听证制度、完善意见反馈机制等）。

最后，依法立法是规范立法活动、维护宪法权威、促进法律体系内部和谐统一的应有之义。在乡村振兴立法领域，由于立法本身具有明显的制度创新和引领、推动改革的特点，因而，除要求有权机关必须恪守法定程序外，还应妥善处理好中央立法与地方立法的关系，既要注重发挥地方立法的"先行先试"作用，又应加强对地方乡村振兴立法的合宪性、合法性审查。

四　结束语

诚如马克思在讨论规则、秩序与社会经济生活的关系时指出，任何社会的存在和发展都离不开一定的秩序性与组织性，规则和秩序对任何取得"社会固定性"和"社会独立性"的生产方式来说，都是"一个必不可少的要

---

① 例如，在立法信息发布方面，立法机关常常只公布涉农立法草案的文本，对条文制定的具体背景、依据未做充分说明；在立法建议征集方面，公众则基本只能通过书信、网络等固定化的渠道，以书面形式提出。

素"（公丕祥，2014：400－402）。法律作为一种重要的社会规范基础与行为调节机制，能够为社会的秩序性与组织性的确立提供强有力的保障，当然也构成社会发展过程中各类制度体系的核心。目前，乡村振兴战略历经一年多时间的实施，已经进入一个更加成熟的稳步推进阶段，对完备的规则体系与良好法治环境的需求也日趋明显。为此，乡村振兴立法不仅要完成将改革经验及成果固定化，以实现政策与法律有效衔接的重要任务，还肩负着弥补现行立法不足、重塑农业法体系、规范乡村振兴各方主体行为，以及为农业农村现代化发展和农民权益保障构建完整的支持与保护体系的多重使命。从这个意义上讲，在可以预见的未来，除了以促进乡村振兴战略实施为主要目的的基础性立法外，乡村振兴立法还将伴随这项战略的推进而不断丰富、拓展，进而成为一项需要久久为功的系统性工程。而坚持农民主体地位、注重"三农"实质公平、强调遵循乡村发展规律的基本原则和导向将贯穿上述立法始终。

参考文献

布赫，1995，《全国人大常委会执法检查组关于检查〈中华人民共和国农业法〉执行情况的报告》，《人大工作通讯》第 4 期。

蔡定剑，1999，《历史与变革——新中国法制建设的历程》，中国政法大学出版社。

陈柏峰、董磊明，2010，《治理论还是法治论——当代中国乡村司法的理论建构》，《法学研究》第 5 期。

陈柏峰，2017，《"走出乡土"的"后乡土中国"——评陈心想著作〈走出乡土〉》，《学术界》第 10 期。

陈晓军，2016，《农事法》，中国法制出版社。

代水平、高宇，2019，《〈乡村振兴法〉立法：功能定位、模式选择与实现路径》，《西北大学学报》（哲学社会科学版）第 2 期。

董峻、王立彬，2017，《中央农村工作会议在北京举行 习近平作重要讲话》，《人民日报》12 月 30 日，第 1 版。

封丽霞，2018，《新时代中国立法发展的理念与实践》，《山东大学学报》（哲学社会科学版）第 5 期。

冯玉军，2018，《立法参与的制度设计与实施效果评估》，《河北法学》第 3 期。

公丕祥，2014，《马克思主义法律思想通史》（第一卷），南京师范大学出版社。

贺雪峰，2017，《论村级治理中的复杂制度》，《学海》第 4 期。

衡爱珠，2019，《国外乡村振兴立法及其对中国的启示》，《农民日报》2019 年 1 月 15
日，第 4 版。

侯亚峰、徐美芳、孙家录，1994，《农业法实施中的难点和问题》，《人大工作通讯》第
20 期。

黄河、李军波，2007，《修改与完善〈农业法〉若干法律制度的思考》，《河北法学》第
2 期。

姜长云等，2018，《乡村振兴战略：理论、政策和规划研究》，中国财政经济出版社。

姜长云，2018，《科学理解推进乡村振兴的重大战略导向》，《管理世界》第 4 期。

《经济法论坛》第 7 卷，2010，群众出版社。

李长健、孙富博，2018，《经济法范式下的农业法原则探析》，《江汉学术》第 1 期。

李强，2017，《从社会学角度看现代化的中国道路》，《社会学研究》第 6 期。

李永成，2010，《新农村法制建设的进路——以农民主体性与主体地位为中心的分析》，
《四川大学学报》（哲学社会科学版）第 1 期。

刘同君，2013，《新型城镇化进程中农村社会治理的法治转型——以农民权利为视角》，
《法学》第 9 期。

刘振伟，2014，《对我国农业立法工作的几点思考》，《农业经济问题》第 12 期。

刘振伟，2018，《乡村振兴中的农村土地制度改革》，《农业经济问题》第 9 期。

刘中一，1993，《关于〈中华人民共和国农业基本法（草案）〉的说明——1993 年 2 月 15
日在第七届全国人民代表大会常务委员会第三十次会议上》，中国人大网，12 月 28
日，http：//www. npc. gov. cn/wxzl/gongbao/2000 - 12/28/content_5002950. htm，最后访问
日期：2019 年 1 月 23 日。

《人民日报》，2014，《中共中央关于全面推进依法治国若干重大问题的决定》，10 月 29
日，第 1 版。

《人民日报》，2018，《习近平在中共中央政治局第三次集体学习时强调 深刻认识建设现
代化经济体系重要性 推动我国经济发展焕发新活力迈上新台阶》，2 月 1 日，第
1 版。

任大鹏，2018，《农业法学》，法律出版社。

上海市人大农业与农村委员会，2018，《关于制定乡村振兴法的若干问题和建议》，《上
海人大月刊》第 8 期。

孙佑海，1993，《制定农业基本法若干问题研究》，《中国法学》第 3 期。

王存学、马骧聪、黄明川、李生，1996，《农业法律体系建设基本问题》，《法学研究》
第 6 期。

王乐君、李迎宾、杨东霞、陈朱勇，2010，《农业法制的发展与完善——农业法制建设60
年回顾与展望》，《农业经济问题》第 2 期。

温铁军、杨洲、张俊娜，2018，《乡村振兴战略中产业兴旺的实现方式》，《行政管理改革》第 8 期。

习近平，2014，《在中央全面深化改革领导小组第二次会议上的讲话（2014 年 2 月 28 日）》，载中共中央文献研究室编《习近平关于全面深化改革论述摘编》，中央文献出版社。

叶敬忠、张明皓、豆书龙，2018，《乡村振兴：谁在谈，谈什么?》，《中国农业大学学报》（社会科学版）第 3 期。

于浩，2018，《当代中国立法中的国家主义立场》，《华东政法大学学报》第 5 期。

曾文革、温融，2010，《改革开放以来我国农业立法的成就、问题与展望》，《农业经济问题》第 8 期。

张鸣起，2017，《学习十九大报告重要法治论述笔谈——推进科学立法、民主立法、依法立法，以良法促进发展、保障善治》，《中国法学》第 6 期。

张文显，2011，《法理学》（第 4 版），高等教育出版社。

张文显，2016，《习近平法治思想研究（下）——习近平全面依法治国的核心观点》，《法制与社会发展》第 4 期。

中共中央党校理论研究室，2005，《历史的丰碑：中华人民共和国国史全鉴》（政治卷），中央文献出版社。

3

"互联网＋党建"引领乡村治理机制创新[*]

——基于新时代"枫桥经验"的探讨

宗成峰　朱启臻[**]

在党的十八届三中全会上，习近平同志首次提出推进国家治理体系和治理能力现代化建设。党的十九届四中全会通过的《中共中央关于坚持和完善中国特色社会主义制度，推进国家治理体系和治理能力现代化若干重大问题的决定》明确指出，"我国国家治理体系和治理能力是中国特色社会主义制度及其执行能力的集中体现"。乡村治理是实现乡村全面振兴的重要基础，推进乡村治理现代化是推进国家治理体系和治理能力现代化的重要内容。《乡村振兴战略规划（2018—2022年）》指出，"社会治理的基础在基层，薄弱环节在乡村"，"创新基层管理体制机制"，"不断提高乡村治理智能化水平"。因此，健全乡村治理体系"有利于打造共建共治共享的现代社会治理格局，推进国家治理体系和治理能力现代化"。同时，农村社会的有效治理，是乡村振兴的基础。社会治理是"以实现和维护群众权利为核心，发挥多元治理主体的作用，针对国家治理中的社会问题，完善社会福利，保障改善民生，化解社会矛盾，促进社会公平，推动社会有序和谐发展的过程"（姜晓萍，2014）。治理体系的现代化需要现代要素的融入，信息化是当今时代发展的大趋势，是先进生产力的代表。2016年4月，习近平总书记在网络安全和信息化工作座谈会上指出"要以信息化推进国家治理体系和治理能力现代化"。同时，《乡村振兴战略规划（2018—2022年）》指出"实施数字乡村战略，加快物联网、地理信息、智能设备等现代信息技术与农村生产生活的全面深度融合"。可见，信息技术成为乡村治理现代化的重要手段，互联网技术的应用和快速普及为乡村治理带来机遇。

---

[*]　原刊于《西北农林科技大学学报》（社会科学版）2020年第5期。

[**]　宗成峰，中国农业大学马克思主义学院副教授。朱启臻，中国农业大学人文与发展学院教授。

一 "互联网＋党建"乡村治理机制的主要内涵

"互联网＋党建"，即应用互联网技术和互联网思维开展党组织建设工作。在互联网技术快速发展的时代背景下，党建与互联网融合发展的理念，通过资源整合，实现党建信息化、数字化，提高服务群众的水平。"互联网＋党建"是基层社会治理的新模式、新业态，依托互联网等信息技术，既能够实时开放共享信息资源，又能够融合推进基层工作开展，为农村基层党建工作和社会治理模式探索提供新路径。

乡村治理，指治理主体为推动农村社会和谐发展而在农村这一空间区域内实施的治理过程。改革开放以来，中国乡村治理主体在法规上由"一元"向"多元"转变，且随着城镇化的推进和农村社会的转型，治理环境显现出流动与分化的特征，乡村治理面临利益诉求多元化、矛盾纠纷扩大化等趋势。与此同时，以大数据、云计算、物联网等为代表的信息技术变革为乡村治理带来新的机遇和挑战，亟须构建适应时代发展的现代化乡村治理体系。而"互联网＋党建"可充分利用现代信息技术高效、快捷等优势，发挥基层党组织的核心引领作用，创新乡村治理模式。2019 年 5 月，中共中央办公厅、国务院办公厅印发的《数字乡村发展战略纲要》指出，推进乡村治理能力现代化，首要工作是推动"互联网＋党建"，进一步提升乡村治理能力，提高农村社会综合治理精细化、现代化水平。农村基层党组织既是乡村治理的核心力量，也是乡村治理的重要内容。根据 2015 年 11 月中共中央办公厅、国务院办公厅印发的《深化农村改革综合性实施方案》，"加强和创新农村社会治理"包括"加强农村基层党组织建设""健全农村基层民主管理制度"等五个方面。可见，农村基层党组织治理能力是乡村治理的重要内容。而根据 2019 年修订的《中国共产党农村基层组织工作条例》，农村基层党组织在乡村治理中具有领导地位。因此，在互联网技术与农村生产生活逐渐融合的趋势下，强调"互联网＋党建"的发展模式，将引领乡村治理机制创新。

基于"互联网＋党建"的乡村治理机制是指农村基层党组织在借助互联网平台开展工作的基础上，强化基层服务型党组织功能，在农村信息化建设中发挥主导示范作用，助力乡村治理能力和乡村治理体系现代化建设。基于

"互联网＋党建"的乡村治理机制创新，不仅体现在"智慧党建"的推进和
"智慧农村"的建设上，还突出表现在互联网技术支撑下的乡村治理理念的
变革上。一方面，在信息技术广泛应用的农村社会，党组织依托现代信息技
术，以"智慧党建"为示范，助力乡村治理能力和治理体系现代化建设，并
通过拓展其服务功能，搭建农村综合服务平台，建设"智慧农村"；另一方
面，依托互联网技术，创新治理思路，打破时空限制，通过线上线下融合、
党务政务融合，打造共建、共治、共享的乡村治理格局，健全自治、法治、
德治相结合的乡村治理体系。概括来讲，基于"互联网＋党建"的乡村治理
机制是党建引领乡村治理、"互联网＋"乡村治理、网络社会治理和"互联
网＋党建"乡村治理的综合，是系统化的乡村治理机制内涵。当前，中国互
联网技术得到快速发展和应用，为推动农村社会现代化治理奠定了基础。据
第 43 次《中国互联网络发展状况统计报告》，截至 2018 年 12 月，中国网民
规模已经达 8.29 亿，互联网普及率达到 59.6%。其中，农村网民规模达
2.22 亿，占比为 26.7%，已有地区应用互联网技术进行社会治理，涌现出
"互联网＋"的融合发展模式，搭建服务群众的公益平台，助力乡村治理能
力的提升和乡村治理体系的建设。浙江省诸暨市枫桥镇以村党支部为核心，
建立了多个互联网公益服务平台和多个智慧社区平台，党员干部提供各种便
民服务，村民据此参与村级自治。该镇还有一些村以农村为单位，建设"为
村微信公共服务平台"，将村民聚集在平台上，提供村务、商务、生活和运
营四大类内容，改变了传统社会治理方式。这表明，"互联网＋党建"有不
同的发展阶段，共同点是借助网络和移动客户端，满足农村公共服务需要，
有效地搭建起党委、政府与民众沟通互动的桥梁，连通服务群众的"最后一
公里"（吕波，2017），引领乡村治理创新。

二　"枫桥经验"与"互联网＋党建"乡村治理机制

创新基于"互联网＋党建"的乡村治理机制是信息时代农村社会发展的
必然需要，也是党建工作适应农村社会转型发展的必然要求。系统地探索基
于"互联网＋党建"的乡村治理实践，总结其经验，将为乡村治理能力和治
理体系现代化建设提供理论指导。新时代"枫桥经验"作为基层社会治理的
典范，为"互联网＋党建"乡村治理机制的建立提供了宝贵的经验，值得深

入学习、总结和提炼。

（一）新时代"枫桥经验"的内涵

"枫桥经验"发源于 20 世纪 60 年代初的浙江省诸暨市枫桥镇。该镇通过"发动和依靠群众，坚持矛盾不上交，就地解决；实现捕人少，治安好"的工作方法和理念，妥善解决了社会治安综合治理问题。"枫桥经验"被毛泽东同志批示向全国推广。2003 年 11 月，时任浙江省委书记的习近平同志对坚持发展"枫桥经验"做出指示，"要充分珍惜'枫桥经验'，大力推广'枫桥经验'，不断创新'枫桥经验'"。从"四清运动"教育和为"四类分子"摘帽，到社会治安综合治理和社会管理典型模式的建立，以及基层社会治理机制创新，"枫桥经验"始终把握基层治理的本质，探索与时代相适应的基层治理模式（刘磊，2019），并不断丰富基层治理典范的内涵。历久弥新的发展，不仅使"枫桥经验"成为基层社会治安管理的一面旗帜，也为基层社会治理现代化探索找到方向。

新时代"枫桥经验"是指习近平新时代中国特色社会主义思想指导下的"枫桥经验"，是在习近平总书记"把'枫桥经验'坚持好、发展好，把党的群众路线坚持好、贯彻好"的重要指示精神指导下进行的新时期基层社会治理模式的探索。新时代"枫桥经验"的主要内容是在开展社会治理中实行"五个坚持"，即坚持党建引领的政治灵魂，坚持人民主体的核心价值，坚持自治、法治、德治"三治融合"的主要路径，坚持人防、物防、技防、心防"四防并举"的重要手段，坚持共建共享的工作格局（徐凤林，2019），进而实现基层社会治理的社会化、法治化、智能化和专业化，形成系统治理、依法治理、综合治理、源头治理的现代治理体系。党的十八大以来，诸暨市坚持发展新时代"枫桥经验"，创新了"基层党建引领、基层法治建设、基层网络治理、社会组织培育、乡村道德重塑"等多个平台、"最多跑一次"等经验，在基层治理各方面取得积极成效。2016 年以来，诸暨市平安考核多次居浙江省第一；2017 年，诸暨市测评总成绩居浙江省第一、全国第三，一举创成全国文明城市；枫桥镇实现全国社会治安综合治理先进集体"五连冠"。诸暨市提出力争到 2023 年率先建成"全国基层治理示范区"的目标，为实现国家治理体系和治理能力现代化提供新时代"枫桥经验"。

（二）"枫桥经验"与"互联网＋党建"乡村治理机制

"互联网＋党建"引领乡村治理机制创新是新时代"枫桥经验"的突破之处，在党建引领社会治理、"互联网＋"社会治理、网络社会治理和"互联网＋党建"创新社会治理等多个方面经验丰富，值得学习借鉴。

1. 党建引领是新时代"枫桥经验"的政治灵魂

通过创新"党建＋"的乡村治理模式，发挥基层党组织创新社会治理的主体作用，使党的战斗堡垒作用和党员的带头作用更加凸显。基层党组织是乡村治理的"领头雁"，党建引领表现在政治引领、组织引领、能力引领、发展引领和服务引领五个方面，贯穿于基层工作的方方面面。一方面，严格党建工作，以党建引领村级选举和党员干部队伍建设，开展党员亮分、亮牌、亮业绩"三亮"活动，选优配强村级班子队伍。同时，开展"村村联盟""村企联盟""企企联盟"等区域化党建联盟建设，探索功能型党支部建设（徐汉明、邵登辉，2019）。另一方面，提升党建引领基层自治能力，强化乡村治理全科网格建设，通过党员结对联户调解基层社会矛盾，积极推进党建引领基层"五星达标、三A争创"活动，即农村要争创"党建、富裕、美丽、和谐、文明"五颗星，并按照3A级景区标准打造3A级景区村。在乡村振兴战略实施背景下，深入开展"党建＋阵地建设""党建＋流动人口管理服务""党建＋治安管理"等工作，发挥党建引领乡村治理的"主心骨"地位，取得积极效果。如枫桥镇在处理省重点工程永宁水库建设过程中的移民征地难题时，通过党员干部包干化解矛盾的办法，使这一重点工程得以顺利推进。

2. 乡村治理智能化是发展新时代"枫桥经验"的重要手段

在信息技术的支撑下，"互联网＋政务"的工作创新为"枫桥经验"增添了科技活力。本着"大数据多跑腿，老百姓少跑腿"的服务理念，基层政府的工作效率和服务水平大大提升，透明化的工作机制也提高了民众的满意度。在"互联网＋政务"乡村治理的实践中，枫桥镇取得实实在在的成果。首先，浙江省构建了全省"一张网"的基层治理体系，形成了"网格化管理、组团式服务"的机制，通过网格划分和网格员队伍建设，落实责任制，提升工作效率。同时，浙江省依靠大数据、云计算等信息技术，整合了平安通App、平安浙江App、"掌上枫桥"微信公众号等八大类信息渠道，集中建设了综治工作、市场监管、综合执法、便民服务"四个平台"，极大地提高了资源利用效率和政务处理效率（光明日报调研组，2018）。其次，枫桥镇积极推进公共安全视频监控联网应用，助推"雪亮工程"建设，通过重点区域公共视频监控，依托视联网技术，强化执法、监管工作。同时，枫桥镇动员全民力量参与社会治理，在微信公众号"古镇枫桥"上实时呈现与民众切身相关的事务动态，通过线上线下联动解决，做到信息透明公开，让民众体会到参与社会治理的乐趣。"互联网＋"基层治理的多方面创新举措，不仅体现了"群众路线"的理念，也提升了乡村治理的智能化水平，是新时代"枫桥经验"的重要组成内容。

3. 网络社会治理经验

在互联网信息技术普及、"互联网＋"应用模式快速推广的背景下，各个互联网平台本质上也构成一个个小的社会，乡村治理的范围也突破技术限制拓展到网络空间。作为一个动态的、多元的网络生态圈，需要构建一套科学的网络社会治理体系，综合运用法律、技术等手段，以更好地服务现实需要。诸暨市在践行新时代"枫桥经验"的过程中，高度重视网络社会治理，创新互联网治理举措，不断丰富基层治理内涵。一方面，建立网上岗亭、网上报警体系，加强网络监管，并不定期地开展网络空间"清朗行动"；另一方面，建立网上议政平台，主动掌握网络社会的话语权，提高舆情引导与处置能力，并积极倡导健康的网上文化生活。诸暨市通过网络数据的分析应用，有效地提高了网络社会治理能力和水平。

4. "智慧党建"引领"智慧政务"乡村治理的经验

"互联网＋党建"乡村治理模式是互联网信息技术支撑下的模式创新，以此促进乡村治理机制建设，是新时代"枫桥经验"的宝贵实践。枫源村是"枫桥经验"发源地，该村通过建立"党员群""村两委群"和"村民群"等微信群，积极拓展村级事务处理渠道，在党建引领下处理更广泛的村级经济社会事务。另外，枫源村不断创新党建形态，建立"互联网党群服务站"，运用"党建云平台"，创新"互联网＋党建"人才培养模式。基于"互联网＋党建"的乡村治理机制有着丰富的内涵，是协同化、智能化、科学化社会治理模式的发展方向。实践证明，党建引领、互联网技术支撑既是新时代"枫桥经验"坚持和发展好的前提，也是乡村治理体系和治理能力现代化建设的关键要素。

三 "互联网＋党建"乡村治理机制的引领意义

推进"互联网＋党建",依靠互联网平台及信息技术、互联网思维,创新党组织自身建设方式方法,提升党组织乡村治理能力,具有重要的引领意义。一方面,互联网技术将给农村基层党组织建设和社会治理带来重大变革;另一方面,"互联网＋党建"思维将引领乡村治理体系的现代化建设。具体来讲,"互联网＋党建"乡村治理机制的引领意义表现在以下五个方面。

(一)可强化乡村治理主体,增强党建引领能力,提升农村基层党建工作水平

当前,加快农村信息化建设是农村地区顺应时代发展的需要,农村信息化建设将加快推进农村地区经济发展、政治民主、文化繁荣等进程。农村基层党组织是农村的领导核心,提高其信息化水平是引领农村各领域信息化建设的必然要求,是农村社会有效治理的重要基础。

首先,"互联网＋党建"创新了党组织对党员的教育、管理和监督方式,实现了线上线下的融合,打破了时间空间的限制,提高了党组织自身建设水平,促进了党建工作的信息化发展。在党员教育方面,党员可以进行视频学习、在线互动,改变了传统书面材料和面授课程的接收渠道,学习内容更加丰富,形式更加多样。在党员管理方面,借助互联网平台,可以更好地掌握党员基本情况,实现精细化管理,避免党员空间流动等带来的不便。在党员监督方面,开放的互联网平台将使党员参与组织工作更加透明,使党员的行为受到党组织内部及群众的监督,增加党员监督途径。其次,"互联网＋党建"创新了党组织服务群众的工作模式,并将引领农村各领域"互联网＋"的融合发展,推进农村信息化建设。一方面,党组织运用互联网技术开展工作将带动广大农民,促使他们了解互联网并学习运用互联网,通过 QQ、微信、移动客户端等新媒体,参与公共事务、开展协商活动等;另一方面,"互联网＋党建"将带动"互联网＋农业""互联网＋旅游"等模式创新,促进农村地区繁荣发展。

通过应用互联网技术增强农村党建引领能力,乡村治理主体即村党组织自身建设将大大改善,村党组织教育和管理水平将提高,党员队伍素质和能

力将增强，党组织服务水平将得到提高。通过"互联网＋"思维，创新党建工作；通过创建"在职党员 App 系统""微心愿"等公益服务平台，可使在职党员参与社会服务和社会治理，显著提升乡村治理主体的公共服务能力。与此同时，党组织充分发挥党员的先锋模范作用，积极开展"支部＋合作社＋基地＋农户""支部＋企业"等产业党建模式，强化党组织的社会治理主体地位，发挥党组织在村级经济事务中的引领作用，创新党建引领乡村治理的模式。

（二）可提升乡村治理智能化水平，提高党组织的工作效率

互联网技术是现代先进生产力的代表，是服务能力提升的重要技术手段。建立多级互联网信息化管理体系，可促进党员常态化的学习，推动党组织的标准化建设，提升党建工作的现代化水平。具体来看，枫桥经验创新性地打造集党务、政务、村务信息公开，网上办事，公共服务，农村电商于一体的智能治理云平台，并通过设立信息公开、民意诉求、民主投票、政务服务、党建工作等七大功能模块，实现治理的精准化、智能化。同时，通过建设智慧党建平台，使党组织的宣传、学习等组织生活和工作内容更加丰富，使考核得到量化、管理更加科学。可见，云平台不仅提升了农村基层党务、政务的智能化水平，也提高了农村基层干部的工作效率。

（三）有利于整合乡村治理资源，提升村集体组织化水平

当前，农村社会的显著变化是村集体的组织力下降，尤其体现在村级公共事务不受关注上。一方面，随着农村劳动力的转移，村集体事务对于农户的重要性下降；另一方面，外出务工在空间上也使农民参与乡村治理的积极性降低。因此，农村社会的转型对乡村治理提出新要求。而互联网技术在乡村治理中的应用，整合了农村零散的行政资源，使村民突破了时空的限制，拓宽了沟通的渠道。新时代"枫桥经验"，通过建立以"住枫桥" App 为核心的智慧社区和开放式移动互联网平台，搭建了网上信息交流的途径，满足了外出流动人口参与乡村治理的需要，提高了村集体的组织能力，激活了农村社会发展的动力。

权力体系、利益诉求和空间结构的碎片化是当前中国基层社会治理面临的一个重要问题，而整体性治理是解决这一问题的重要机制（门理想、王丛

虎，2019）。"互联网＋"的治理模式，本质上体现了整体性治理的可能。对于农村社会来讲，存在乡镇与村级权利冲突、农民利益诉求多样化，以及人口空间流动带来的问题。借助互联网技术对乡村治理资源进行整合，能够解决农村社会权力、利益碎片化的问题，也就是村集体组织力弱化的问题。一方面，"互联网＋党建"可实现信息资源的整合。一些地区已经通过开发网格化管理信息系统，建立了包括基础数据、服务办事和互动交流的综合管理与服务信息平台，实现了一网协同、集中处理的治理。互联网技术可基于其快捷、共享的特性，使农村社会产生的信息高度整合，并使之得到充分利用，提高治理效率，实现治理的精准化。另一方面，"互联网＋党建"可实现人力资源的整合。即可通过互联网平台，将农村社会各组织和农民联系起来，并打破空间限制，在技术上实现村集体的组织化。同时，可通过利益诉求的整合，将小而散的农户联系起来，真正实现村集体的组织化。当然，也有研究认为，网络化治理会产生新的碎片化问题，但这属于技术层面的约束，通过提升信息资源和人力资源的整合能力，依然可以为农民提供及时、高效的农村公共服务，提高乡村治理的水平。

（四）有利于构建农村"多元共治"模式，健全基层群众自治机制，融合法治观念，提高农村治理水平

2018 年中央一号文件指出要"建立健全党委领导、政府负责、社会协同、公众参与、法治保障的现代乡村社会治理体制"。这表明，乡村治理主体不仅包括农村基层党组织、村委会和村民，还应该将社会力量包括进来，即构建一个开放、多元的治理体系。"互联网＋党建"的治理模式，不是指农村基层党组织作为唯一的治理主体发挥作用，而是指依靠互联网技术，让各方力量参与进来，形成农村基层党组织为领导核心，各方共治的模式。这一模式不仅可以使农村基层党组织建设更加透明，也可以使乡村治理更加开放。另外，农村社会的"多元共治"不仅指主体的多元，也包括治理手段的多元。传统的乡村治理在法治建设方面比较滞后，而德治发挥着较大作用。随着社会转型，农村的德治在弱化，而法治建设还没有提升，因此亟须构建德治为引领、法治为保障的治理模式。互联网技术的应用将为法治建设提供有力保障。一方面，可借助互联网强大的资源进行普法，让村民人人心中有法；另一方面，可通过"天眼""地网"进行监督，落实有法必究的严厉问责和惩戒机制，树立法治社会形象。"多元共治"是各主体运用不同的治理手段，扮演不同的治理角色，实现农村社会发展成果共享的一种模式，是对传统农村社会自治机制的健全发展。

由此可见，基于"互联网＋党建"的乡村治理机制在乡村治理中取得很好的成效，即基于互联网开放、互动、扁平化的特征，突破了当前约束"三治融合"的瓶颈。

四 "互联网＋党建"乡村治理机制创新的路径思考

在信息时代的大背景下，乡村治理应顺应时代发展潮流，主动运用新兴技术变革传统、创新实践。《中国共产党农村基层组织工作条例》（自2018年12月28日起施行）提出，注重运用现代信息技术，提升乡村治理智能化水平。"互联网＋党建"乡村治理机制，应充分发挥农村基层党组织引领社会治理的优势，顺应农村信息化发展趋势，建立现代化的乡村治理体系。在这一机制的推进过程中，需要坚持以下实践路径。

（一）坚持党的领导核心地位，凝聚社会治理力量

坚持党的领导核心地位应当始终放在农村各项工作的首位。2019年中央一号文件指出："建立健全党组织领导的自治、法治、德治相结合的领导体制和工作机制，发挥群众参与治理主体作用。"同时，从党的最新基层组织工作条例和乡村振兴战略规划都可以看出，农村基层党组织是引领乡村治理的核心力量。因此，坚持党的领导，加强农村党建工作，凝聚社会治理力量，是新时代乡村治理的必然要求。在构建基于"互联网＋党建"的乡村治理机制过程中，首先要构建与互联网技术相融合的体制机制。新时代"枫桥经验"既有长远眼光的顶层设计，又有具体工作的落实开展。"互联网＋党建"乡村治理机制实实在在地要求农村基层党组织具有互联网应用能力，包括对数据资源的整合、分析、应用能力等。因此，需要系统推进建设，成立专门的网络技术部门，培养一批精于互联网技术运用的管理人才。考虑到成本和人力资源的可获得性问题，可以以乡镇党委为核心组织共建。其次，要健全"互联网＋"发展模式，使互联网技术真正服务于农村社会。通过对农民进行互联网技术培训，让农民享受到更多互联网技术运用的成果，并主动参与处理

农村公共事务，提高村集体的组织化水平。最后，农村基层党组织要密切干群联系，打造村民利益共同体，承担领导责任，坚持廉洁自律、克己奉公，积极作为，增强向心力，团结村民。同时，探索多种办法，凝聚村办企业、农村社会组织等各方力量，尤其要注重发挥全体党员的作用，调动其积极性，增强全体党员的党员意识和责任感，从而为乡村治理提供有力的组织保障（刘旺洪等，2017）。

（二）培养互联网思维，创新乡村治理方式

互联网思维是指在互联网技术、大数据、云计算等科技背景下，互联网与各行业融合发展，政府部门、企业等相关主体运用信息技术手段分析解决问题的思维和方法。互联网思维的主要特征有联通一切、开放、去中心化、追求极致等（崔学敬、赵志学，2017）。更一般地讲，互联网思维包含用户思维、平台思维、数据思维和共享思维等。互联网思维是"互联网＋党建"模式建立和应用的基础。新时代"枫桥经验"强调乡村治理各主体具备良好的互联网思维，具备较好的融合发展的意愿和能力，并有能力改变传统的社会治理方式。因此，乡村治理主体需要培养互联网思维。互联网思维的核心目的是共享共建，即以平台为依托，以数据为工具，围绕用户实现共享共建的服务目的。这就要求乡村治理主体对互联网技术的本质有清晰认识，积极参与农村互联网设施的建设，并在实践中通过反馈机制完善服务体系。需要认清的是，乡村治理社会化、法治化、智能化和专业化水平的提高，都将极大地依靠互联网思维的培养和互联网技术服务的完善。因此，乡村治理各主体，尤其是农村基层党组织应该转变传统社会治理思维，创新社会治理方式，以发展的眼光、开放的姿态对待互联网技术在农村的普及和应用。

（三）加快农村信息网络建设，提升互联网应用能力

农村信息网络设施建设是乡村治理信息化的物质前提，而互联网应用能力的提升是确保乡村治理有效的技术支撑。推进基于"互联网＋党建"的乡村治理机制，要求农村地区加快提升信息网络设施建设速度和互联网应用技能。首先，信息网络建设是"互联网＋党建"模式发展的基础。《乡村振兴战略规划（2018—2022年）》提出："要夯实乡村信息化基础"，"实施新一代信息基础设施建设工程。"这表明国家将加大农村地区信息化基础设施投

资力度，促进"互联网＋"模式在农村地区的兴起。然而，在推进农村信息化基础设施建设的过程中，首要问题是农民参与建设的积极性不高。这尤其体现在欠发达地区，农民对互联网应用的需求较低，且应用能力欠缺，加之需要支付一定的费用，其建设并使用网络的意愿不强。因此，这农村地区信息网络建设提出新的要求，如以公共产品的形式提供共享服务，但需要健全使用机制等。总的来讲，农村信息网络建设不是单纯从技术层面进行设施供应，而是需要真正供应给有需求的农民，并将政策惠及更广大的农民群体。其次，网络设施建设包括党务、政务等一体化建设，需要提高互联网党建的技术水平。以党建为基础拓展政务建设，并建立农村公共服务综合信息平台是社会治理的最终目标之一。社会治理要破解权力体系碎片化的难题，可以从互联网平台建设开始，整合乡村治理的各种资源。最后，要加快培养网络技术人才。这将是推广"互联网＋党建"模式面临的又一挑战。据中国互联网络信息中心（CNNIC）发布的《中国互联网络发展状况统计报告》，非网民不上网的主要原因是网络使用技能缺乏和文化程度限制。其中，因不懂电脑或网络技能不高而不上网的非网民的占比为54.0%。可见，对农民进行网络技能培训是增加农民互联网应用技能的重要途径。对于农村地区信息人才的培养，一方面可以在农村地区内部进行人才选拔与培养；另一方面可以引进社会专业技能人才，尤其是党建人才。通过建立后备人才资源库，确保农村地区信息化建设有序推进，保障"互联网＋党建"模式的应用。

（四）加强乡村网络社会治理，推进"三治融合"

网络社会治理是指在"互联网＋党建"模式建立后，为确保高效的社会治理而需要做的工作，即运用互联网思维，坚守网络安全原则，进行网络生态环境建设。网络社会治理既是社会治理的重要组成部分，也是信息时代发展面临的重要挑战，它突破了地域限制，打破了传统的地理界线。伴随农村地区网络设施建设的推进，网络社会治理也应当加强，尤其是网络社会监管。首先，信息安全是网络社会治理的首要内容。要注意区分信息安全级别，尤其是对于涉及个人隐私和财产利益的信息应给予重视。在传统农村社会中，人们的个人信息安全意识并不强。不论是身份证还是银行卡，在农村熟人社会里进行保护的必要性似乎不强。但是，有些地方出现村干部利用村民身份证套取国家危房改造款、扶贫资金等事件，不仅给村民利益带来损害，也产生了不良的社会影响。可见，农民的信息安全意识在网络时代更应该加强。其次，信息失真也是网络社会治理的棘手问题。尤其是农民对信息真伪的辨识能力不高，容易因网上看到的消息而上当受骗，进而可能出现财产损失。因此，在互联网时代需要培养农民的信息鉴别能力。最后，网络社会治理还有无序网络的参与问题，包括网络造谣传谣、网络群体事件和网络犯罪活动（房正宏、王冲，2017），都将对"互联网＋党建"背景下的乡村治理造成新的冲击。

加强网络社会治理将助推社会治理由"人治"向"法治"转变，促使治理方式由"控制式"向"互动式"转变。自治、法治、德治的有机结合是乡村治理的有效方式，现代乡村治理体系的构建需要以自治为基础，以法治为保障，以德治为引领。网络社会治理应该确定为系统工作，归网络治理部门管辖。应建立反馈平台、奖惩机制，并推进网络立法。同时，对积极参与社会治理的主体给予表扬，倡导善治理念，在互联网平台上实现"三治融合"。

参考文献

崔学敬、赵志学，2017，《论互联网思维对当前我国社会治理的启示》，《行政管理改革》第 3 期。

房正宏、王冲，2017，《互联网时代的乡村治理：变迁与挑战》，《电子政务》第 1 期。

光明日报调研组，2018，《新时代"枫桥经验"的"诸暨探索"》，《光明日报》8 月 10 日，第 7 版。

姜晓萍，2014，《国家治理现代化进程中的社会治理体制创新》，《中国行政管理》第 2 期。

刘磊，2019，《通过典型推动基层治理模式变迁——"枫桥经验"研究的视角转换》，《法学家》第 5 期。

刘旺洪、钱宁峰、林海，2017，《以基层党建引领农村社会治理创新——常州市金坛区沈渎村"三和"创建的调研》，《群众》第 3 期。

吕波，2017，《"互联网＋"提升党建科学化水平》，《人民论坛》第 28 期。

门理想、王丛虎，2019，《"互联网＋基层治理"：基层整体性治理的数字化实现路径》，《电子政务》第 4 期。

徐凤林，2019，《浅谈如何坚持和发展新时代"枫桥经验"》，10 月 22 日，http://www.aw
－lib.com/lw/lw_view.asp? no＝32741，最后访问日期：2020 年 5 月 27 日。

徐汉明、邵登辉，2019，《新时代枫桥经验的历史地位与时代价值》，《法治研究》第 3 期。

第五部分

乡村振兴与城乡融合发展

21世纪的城乡关系、要素流动与乡村振兴[*]

张玉林[**]

一 现实矛盾与研究误区

进入21世纪以来，中国农政（关于农业、农村、农民问题的理念、制度和政策）的积极转向与"三农"问题的深化是两个并行的现象。农政的转向表现为从城乡分离（分割、分治）走向城乡统筹、城乡一体化、城乡融合，其间伴随着一系列的"惠农政策"。"三农"问题的深化则表现为由"农民真苦，农村真穷，农业真危险"（李昌平，2002）转向城乡收入差距扩大和乡村凋敝、乡村社会生活难以为继。大部分乡村的活力锐减与大多数城市的畸形繁荣，令人想起20世纪30年代"农村偏枯与都市膨胀"（陈翰笙等，1987：400－410；王先明，2013）的城乡对立图景。

但是，在涉农研究领域，这一对照鲜明且矛盾的问题很少受到认真对待，大量论述偏重于强调惠农政策的成效，甚至仅仅依据政策变化就得出整体性的结论，从而造成明显的误判和误导。比如，有人认为，中国的城乡关系已经从"城市偏向"转变为"农村偏向"（苏红键、魏后凯，2018），还有人依据"基本制度设置的优越性"和农民在城乡之间的"可进可退"，断定城乡二元结构"正在由过去剥削性的变成保护性的"（贺雪峰，2014：12；林辉煌、贺雪峰，2016）。

为了厘清这样的误判和误区，本文将从简要梳理这两个看似矛盾的现象入手，分析造成这种矛盾的因素及其具体表现。考察的过程将以近20年的城镇化进程和推进方式为主线，在简要回顾中央政府关于"三农"问题、城

---

[*] 原刊于《中国农业大学学报》（社会科学版）2019年第3期。

[**] 张玉林，南京大学社会学系教授。

乡关系的认识和举措的战略性转变之后，追踪城乡之间多种要素尤其是资金的流向，解释这些流动对于理解 21 世纪中国城乡关系的意义，总结城乡关系的整体特征，最后结合对"乡村振兴战略"有关文本的解读，分析重塑城乡关系对于乡村振兴可能性的影响。

二　农政转向与"三农"问题深化

（一）农政转向：背景、进程和未预期性

中国农政的转向以 2001 年的农村税费改革为序曲，正式揭幕于 2002 年党的十六大提出的"统筹城乡经济社会发展"。人们都知道这一转向的背景：到 2000 年，中国已经总体上实现邓小平当年设定的按人均 GDP 衡量的"小康"，但是城乡居民的收入差距扩大到 2.8 倍，农民家庭的恩格尔系数（49.1%）刚刚进入联合国定义的"温饱"的门槛。如果按照 2010 年制定的农村贫困标准（2300 元，不变价）衡量，当年的 9 亿多农业人口中贫困人口有 46224 万，贫困发生率高达 49.8%（国家统计局，2017）。与此同时，沉重的税费负担让大部分农业区域的大多数农民面临困难，并由此引发了农民与地方政府的紧张关系。

按照陈锡文的解释，"党的十六大是我们向世界宣誓，进入新世纪，中国已经实现了总体小康，下一步要实现全面小康，在全面小康建设的 20 年时间中，我们要做到统筹城乡发展，城乡发展一体化。所以第一件事就是要解决基本公共服务均等化问题"（陈锡文，2017）。进而，与许多人认为城乡统筹是要解决城乡分治及其加剧的经济—社会不平等问题相对，陈锡文（2003）提醒我们关注这一新政的城镇化指向。

> 江泽民总书记在十六大报告中清楚地指出：要用城乡统筹的眼光解决中国的农业、农村和农民问题。其中，既要建设现代农业，也要进一步促进农村经济的发展，还要增加农民的收入，而这些问题是不可能在农村内部加以解决的，而是应当和城市结合起来，包括加快推进中国的城镇化进程，使更多的农业人口转移到城市中去，从事非农产业，形成城乡统筹的格局，从而为解决中国的农业、农村、农民问题找到一个新的途径。

　　沿着这样的思路，在翌年初召开的中央农村工作会议上，胡锦涛在强调"必须统筹城乡经济社会协调发展"的同时，呼吁"把解决好农业、农村和农民问题作为全党工作的重中之重"。当年党的十六届三中全会把统筹城乡纳入"科学发展观"，并置于"五个统筹"（统筹城乡发展、统筹区域发展、统筹经济社会发展、统筹人与自然和谐发展、统筹国内发展和对外开放）之首。进而，在2004年党的十六届四中全会上，胡锦涛提出被广为引用的"两个趋向"理论：纵观一些工业化国家发展的历程，在工业化初始阶段，农业支持工业、为工业提供积累是带有普遍性的趋向；但在工业化达到相当程度以后，工业反哺农业、城市支持农村，实现工业与农业、城市与农村协调发展，也是带有普遍性的趋向。

　　这一论述表明形成了具有重大意义的共识：中国已经进入工业反哺农业、城市支持农村的历史阶段。与之相伴，"多予、少取"成为激动人心的主张，一系列标志性的政策陆续出台：对农民实施粮食种植的直接补贴；对农村义务教育实施"两免一补"；取消农业税[①]；推行新农村建设；在农村实施最低生活保障制度和新型农村社会养老保险试点。到2007年，党的十七大提出更高的目标："建立以工促农、以城带乡长效机制，形成城乡经济社会发展一体化新格局。"2012年党的十八大报告重申"城乡发展一体化是解决'三农'问题的根本途径"。2013年党的十八届三中全会决议形成了更完整的表述："必须健全体制机制，形成以工促农、以城带乡、工农互惠、城乡一体的新型工农城乡关系，让广大农民平等参与现代化进程、共同分享现代化成果。"

　　这一过程及其实际成效以不同方式呈现。例如，在罗列了2003—2007年中央财政支农资金的增长数据之后，财政部下属研究机构的一位人士写道："社会各界公认，近5年中央对'三农'支持力度之强、投入规模之大、增加幅度之快，都是前所未有的。"（苏明，2009）陈锡文则在2013年向媒体强调，中央财政的"三农"投入10年间增加了4倍多，"这是个非常大的变化，如果没有一整套强农惠农富农政策，农村这些年的变化不会这么大"

[①]　据说让农民省下了1350亿元——它是税费改革前预估的农民负担额，但陈锡文估计实际负担更大。参见陈锡文（2017）。

（刘羊旸、董峻，2013）。

事实当然是存在的，但在一定程度上或被高估。在涉及城乡关系的评价中，另一个被忽略的事实是，伴随农政转向惠农的是城乡居民人均收入差距在高位上继续扩大：2002 年突破 3 倍，2003 年达到 3.2 倍，2007—2009 年连续维持在 3.3 倍，直到 2013 年才回落到 3 倍以下（见图 1）。而这种回落在一定程度上是统计口径调整，即将农民人均纯收入改为"可支配收入"的结果，如果按照原口径计算，2013 年仍然是 3 倍。需要强调的是，2018 年的差距回落到农政转向起点时的倍数。

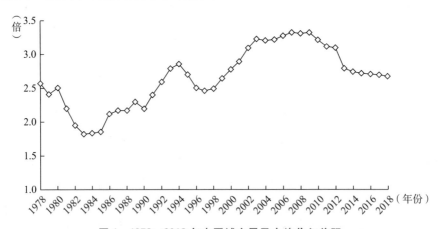

图 1　1978—2018 年中国城乡居民人均收入差距
资料来源：《中国统计年鉴 2018》《2018 年国民经济和社会发展统计公报》。

当然，不能因此断定是农政的转向导致了城乡收入差距的扩大，因为完全有做出反向推论的可能性：如果没有这种转向，城乡收入差距会更大。更为稳妥的判断是：它没有完全达到这方面的预期效果，没有彻底阻止城乡关系整体上的失衡。而失衡的加剧主要来自另一项战略，即城市化浪潮的冲击，城市化浪潮本身又是多种力量推波助澜的结果。

（二）城市化推进与乡村凋敝

图 2 呈现的趋势显示，中国城镇人口的快速增长开始于 20 世纪 90 年代后期：从 1995 年的 35174 万增加到 2000 年的 45906 万，净增加 10732 万人，年均增加 2146 万人；与之相应，城镇化率从 29% 增加到 36.2%，年均增速达 1.4 个百分点。这组数据曾经让许多人认为，中国的城市化推进是从 1996 年开始的。

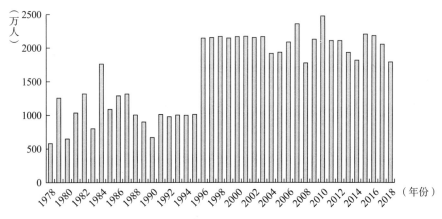

图 2　1978—2018 年中国城镇人口增加值

资料来源：《中国统计年鉴 2018》《2018 年国民经济和社会发展统计公报》。

但是，根据城市地理学家周一星的研究，上述时期的数据高涨主要是统计口径调整的结果："四普和五普城镇人口新老统计口径在 2000 年出现了大约 4.7 个百分点的差值。为了前后的衔接，有关部门把 4.7 个百分点的差值分摊在 1996—2000 年的 5 年里，导致了连续 5 年的 1.43 个百分点的超高速增长，其中 66% 即每年 0.94 个百分点为口径调整的因素。同时，又重新整理和调整了原来 1990—1995 年的四普数据，形成 5 年里每年 0.52 个百分点的匀速增长，加深了 1990 年代后 5 年超高速增长的印象。"他据此认为，中国的超高速城镇化真正开始于 21 世纪，并进而警告："我国的城镇化进程一年提高 0.6—0.8 个百分点是比较正常的，高于 0.8 个百分点就是高速度的，个别年份达到 1 个百分点是有可能的，连续多年超过 1 个百分点是超高速的、有风险的。"（周一星，2006）

在留意 20 世纪末的超高速增长属于虚增之后，21 世纪以来的超高速增长显得突兀：截至 2018 年，中国城镇人口净增加 37231 万，年均增加 2068 万；城镇化率提高到 59.6%，年均增加 1.1 个百分点。在这一过程中，乡村的居民（常住人口）于 2011 年开始成为相对少数。

从相对的增长率和绝对的增长数量两方面来看，这种状况堪称猛烈的城市化运动。是什么样的力量推动了这样高速的运动？它来自下述三种因素的交汇（张玉林，2015）。这种交汇表明，在 21 世纪初，在世界上最大的农业和农民国家，城市化推进的基础已经具备，而且动力巨大。

第一，它是国家政策转变的结果。这一转变与 1997 年亚洲金融危机爆发、中国外贸出口受阻有关，"变农民为市民"成为拉动内需、发展经济的重要手段，如同周一星强调的那样，"城镇化到这时才成为舆论的中心"。1998 年，中央政府正式提出城镇化是解决"三农"问题的重要途径；2000 年，《中共中央关于制定国民经济和社会发展第十个五年计划的建议》提出，要"走出一条符合我国国情、大中小城市和小城镇协调发展的城镇化道路"，随后出台的计划首次把"积极稳妥地推进城镇化"作为国家的重点发展战略之一。更为重要的是，这一转变尤其受到深陷双重困境——既要应对高速度高目标的发展或增长，又要应对"三农"问题的影响。既能带来高速经济增长又能"解决""三农"问题的城镇化成了地方政府的"总抓手"。

第二，这种政策转变也暗合农民尤其是青年农民的期待。作为城镇化所要"化"掉的客体或对象，他们原本是二元社会结构中的受损者，他们理想中的"美好生活"主要是城市居民的生活，主流话语中的"贱农主义"已经被他们所内化并认同（张玉林，2012：103－125）。"城里人上学、医疗这些最基本的公共服务大多数由政府承担，农民的事则需要农民自己办。所以当时农民羡慕城里人，就是因为农民没有城里人享有的基本公共服务"（陈锡文，2017）。

第三，它是全球化加速背景下国际资本涌入的结果。在承诺大幅度降低农业关税之后，中国在 2001 年加入世界贸易组织，并远超预期地引来大量的境外资本，从而很快成为巨大的世界工厂。境外资本首先进入沿海城市地区，推动了多种多样的开发区和工业园建设，并以旺盛的劳动力需求带动了新的更加迅猛的"民工潮"——外出务工经商的乡村劳动力从 2000 年的 8399 万猛增到 2002 年的 10470 万，随后以年均 600 万人的速度增长，2012 年达到 16336 万（魏后凯，2017）。正是基于这样的客观要求，流入地政府开始取消限制农民进入的政策。

在城镇化的势能形成之后，作为政策实施者的地方政府成为主导性力量。它们最终决定着政策的实践形态和结果。那些不符合其利益的政策被最小化、形式化，那些符合其利益的政策被最大化。选择性地执行意味着政策的递减和递增效用："统筹城乡"到有的地方那里变成了"书记要做工业书记，市长要做城建市长"；解决"三农"问题的"重要手段"变成了全部手段或唯一手段；文件中的城镇化变成了实践中的城市化；"大中小城市和小城镇协调发展"变成了"把城市做大做强"——提出"建设国际化大都市"

的城市一度多达182个。这样的氛围催生了个别"消灭农业、消灭农村、消灭农民"的极端主张。

笔者曾经把20世纪90年代以来的针对城市的观念称为"城市信仰",它的总体特征是对城市和城市化有等于"进步"的执念,核心在于大城市崇拜（张玉林,2013）。在这种信仰和现实利益的驱动下,地方政府推进城市化的手段有了不可否认的突出特征:逼农进城。这里的"逼"并不是针对特定的个体农民,而主要是通过各种行政规划（从开发区、工业园、大学城到政务新区和高铁新城）,以"发展"或"开发"（它们对应的英文都是development）的名义征用一个或多个村庄的土地,让成千上万的农民打包式地变成"市民"。换句话说,它是总体性的政策强制。规划要"化"掉的村庄和农民没有其他选择,只有就补偿数额讨价还价。

需要简单梳理两种代表性手段的运用及其战果。首先是土地的城镇化,其次是学校的城镇化。

土地的城镇化可以参照1997—2017年全国城市征用土地面积的变化情况:2001年骤然达到1812平方公里,是上一年的4倍,2002年则跃升到2880平方公里（见图3）。这种状况在中央发出严控令之后有所改变,但截至2017年,每年征用的土地都超过1000平方公里,2001—2017年总计征地28785平方公里。与之相应,城市建成区面积由2000年的22439平方公里

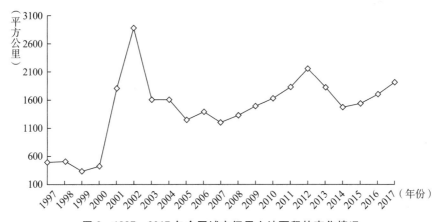

图3　1997—2017年全国城市征用土地面积的变化情况

资料来源:1998—2013年《中国统计年鉴》,国家统计局网站,http://data. stats. gov. cn/easyquery. htm? cn = C01&zb = A0B02&sj = 2018。

增加至 2016 年的 54332 平方公里，增加了 31893 平方公里，2016 年城市建成区面积平均达到 82.7 平方公里，是 2000 年的 2.45 倍。与之呼应，县城的建成区面积由 2000 年的 13135 平方公里增加至 2016 年的 19467 平方公里，增加了 48.2%；县城之外的建制镇面积由 2000 年的 18200 平方公里增加至 39702 平方公里，增加了 118%，而全部城镇的建成区面积从 2000 年的 53774 平方公里增加到 113501 平方公里，增加了近 6 万平方公里和 111%（见表 1）。

表 1　个别年份全国城镇建成区面积的变化情况

年份	城市数量（个）	建成区面积（平方公里）	县城数量（个）	建成区面积（平方公里）	建制镇（万个）	建成区面积（平方公里）	全部城镇建成区面积（平方公里）
2000	663	22439	1674	13135	1.79	18200	53774
2005	661	32521	1636	12383	1.77	23690	68594
2010	657	40058	1633	16585	1.68	31790	88433
2016	657	54332	1537	19467	1.81	39702	113501

资料来源：《中国城乡建设统计年鉴 2016》。

再来看学校的城镇化。衡量它的反向指标是乡村学校的剧烈减少（见表 2）。在 21 世纪以来的 17 年间，乡村小学减少了 78%，乡村初中减少了 64%，乡村高中则在绝大多数县和县级市成为历史——它们几乎都被集中到县城。

表 2　乡村学校的数量变化情况

单位：所，%

年份	乡村小学	教学点	乡村初中	县城初中	乡村高中	县城高中
2000	440284	157519	41942	62795	2629	8804
2005	316791	92894	36405	53728	2180	9841
2010	210894	65447	28670	47544	1428	8564
2017	96000	86800*	15288	40194*	553*	6281*
2017 年比 2000 年增长	-78	-45	-64	-36	-79	-29

注：* 为 2016 年数据。

资料来源：各相关年度《中国教育统计年鉴》、《中国农村统计年鉴 2018》。

乡村学校撤并最早开始于 20 世纪 90 年代中期，成为问题则是在 2000 年以后。作为农村税费改革的重要内容，农村办学主体由乡镇改为县城学校的"布局调整"成为配套措施，地方政府予以最大化利用：撤并学校的幅度远远大于学龄期人口减少的幅度。它先是为了缓解财政支出压力，理论上是为了提高办学效率；继而是为了推进城镇化，理论上是为了确保城乡教育均衡、促进教育公平，让农村的孩子接受城市的优质教育。在这背后，有所谓的"小手拉大手"逻辑：通过乡村学校的撤并和学校进城，带动学生和家长进城，提高城镇化率，并为房地产市场注入活力（张玉林，2019）。

在这样的格局中理解中国的城市化，将发现它不是或主要不是乡村人民自动进城的结果，不是自然而然的历史进程，而是由行政力量推动的过程。这一过程把乡村的人口、劳动力、土地和学校都单向地"统筹"到城市。考虑到这些人和"物"都是维系乡村稳定、推动乡村发展的内在要素（不只是经济学所说的生产要素），这些要素的大量流失意味着中国的城市化不仅是巨大的增长机器，也是巨大的抽水机，有着巨大的虹吸效应。

当然，不应该忘记另一种要素，也就是资金。下面我们详细考察它的主要流向。

三　财政涉农投入与城乡资金流动

与多数论者强调城乡统筹的惠农效应相反，杨斌和胡文骏（2017）的测算表明，直到 2015 年，中国始终存在"逆向财政机制"，即农村部门的税收负担远远高于其获得的财政利益：2003—2015 年，两者的总额分别为 30.4 万亿元和 13.7 万亿元。在此之前，周振等（2015）曾计算出 2003—2012 年农村资金的净流出额：按照 2012 年可比价格，通过财政系统流出 56381 亿元，通过金融系统流出 39309 亿元，两项总计 95690 亿元，年均净流出近 1 万亿元。

这两项研究都具有重要的参考价值，但得出的结论差异显著[1]，需要存疑。基于数据的可获得性，下面结合官方数据和有关研究结论，从三个方面

---

[1]　杨斌、胡文骏二人给出的数据显示，2012 年农民广义的税收负担和所获财政利益分别为 32063 亿元和 14830 亿元，净流出 17233 亿元，远大于周振等人测算的 5394 亿元。

考察城乡之间的资金流动。

（一）不同口径的财政支农资金

财政支农资金首先有"国家财政用于农业的支出"。这是截至 2006 年的称呼，它包括支农支出、农业基本建设支出、农业科技三项费用、农村救济费和"其他"项目，其中支农支出又包括农林水利和气象支出、农业综合开发支出。2007 年起改称"农林水事务支出"，包括农业、林业、水利、扶贫、农业综合开发和农村综合改革支出。如果忽略两者的细微差异，从图 4 和表 3 可以看出，1998—2017 年，虽然农业支出不断增长，但其占财政总支出的比例整体呈下降趋势，虽然 2010 年恢复到 9%，但从未超过 10%。而在 2003—2017 年的 15 年间，在 150 万亿元的国家财政总支出中，农业支出只有 13.64 万亿元，占 9.1%，低于 20 世纪 70 年代以来绝大多数年份的占比。

除农业支出，还有投向农村和农民的资金，三者可总称"'三农'支出"。这些资金出自各级政府的众多部门，缺少系统的历年数据，财政部只给出 2002—2013 年中央财政的支出额（见表 3），以及 2010 年、2011 年的全国支出额：24214 亿元和 29727 亿元，分别占财政总支出的 26.9% 和 27.2%。不过，这两个数据的细目与国家统计局的相关数据存在冲突。在财政部报告的"三农"支出中，中央财政支出分别为 8580 亿元和 10498 亿元，其中"农业生产支出"分别为 3427 亿元和 4090 亿元；而在《中国统计年鉴 2012》提供的农业支出 3949 亿元和 4291 亿元中，中央财政支出分别只有 388 亿元和 417 亿元，其余的都由地方财政支出。这意味着，财政部报告的中央财政支出额有很多项目、很大部分并非直接支出，而是通过地方的转移支付。进而，无论是农业支出还是"三农"支出，许多项目并非仅用于"三农"，或者并不是投向"三农"，如水利资金、植树造林、南水北调资金、气象事业费，以及用于县乡政府运营的转移支付。

数据的缺失和不一致导致我们无法精确了解国家财政真正用于"三农"的金额，但有两项研究可以参考。一项是周应恒、胡凌啸（2016）的研究，他们基于多部门的财政决算数据，剔除了其中与"三农"无关的部分，得出 2010—2015 年国家财政用于"三农"的数额（见表 3）。另一项是前述杨斌和胡文骏的研究，给出 1998—2015 年农民获得的"全部财政利益"，即国家财政"三农"支出。

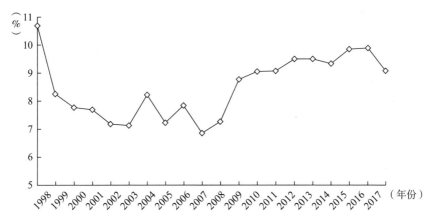

图 4　1998—2017 年国家财政农业支出占财政总支出的比例

资料来源:《中国统计年鉴》1999—2018 年各年度版。

表 3　国家财政"三农"支出

单位:亿元,%

年份	国家财政农业支出	中央财政"三农"支出	国家财政"三农"支出 A	占财政总支出比重	国家财政"三农"支出 B	占财政总支出比重
1998—2002	5356	7437	—	—	10803	13.4
2003—2007	13120	15581	—	—	20134	11.4
2008—2012	41306	44675	—	—	56330	12.1
2010	8130	8580	9650	10.7	10776	12.0
2011	9938	10498	12824	11.7	13322	12.2
2012	11974	12388	15227	12.1	14830	11.8
2013	13350	13799	16981	12.1	17996	12.8
2014	14174	—	18321	12.1	19337	12.7
2015	17380	—	22129	12.6	23398	13.3

资料来源:国家财政农业支出额见《中国统计年鉴 2007》及随后的各年度版;中央财政"三农"支出额见财政部、《中国农村统计年鉴 2014》;国家财政"三农"支出中的 A 源于周应恒、胡凌啸(2016),B 源于杨斌、胡文骏(2017),所占财政总支出的比重由笔者算出。

　　不清楚杨斌、胡文骏二人所得数据的具体来源,但在周应恒、胡凌啸二人的数据细目中,农村教育投入数据只包括"化解农村义务教育债务"和"农村中小学校舍及教学设施"支出,忽略了预算内教育事业费和公用经费。

依据教育部等部门联合发布的历年《全国教育经费执行情况统计公告》中的数据，笔者测算出相应年度的两项费用，加入周应恒、胡凌啸所计算出的数额，得出口径更全的国家财政"三农"支出额（见表4），2010—2015年这6年间合计近11.8万亿元，占同期财政总支出的14.9%。值得强调的是，其中2010年、2011年的数额都只相当于财政部报告数的55%，占相应年度财政总支出的比例也均低于财政部报告数12个百分点。

就此可以得出结论：2010年国家财政加大投入之后，各级财政支出中投向"三农"领域的支出比重大概是15%。即便不考虑这些经费因存在截留严重、管理不善、效率低下等问题而没有全部落地，也仍然可以断定这与农业的基础地位和乡村人口依然占全国人口相当比例不对称。

表4　全口径国家财政"三农"支出

单位：亿元，%

年份	2010	2011	2012	2013	2014	2015	6年合计
财政总支出	89874	109248	125953	140212	151786	175878	792951
"三农"支出	13260	16232	19085	20812	22165	26353	117907
占比	14.8	14.9	15.2	14.8	14.6	15.0	14.9

资料来源：在周应恒、胡凌啸研究结论的基础上加上各年度的教育费用支出后算出。

（二）城乡建设财政资金与土地财政收益投向

国家财政用于城乡建设的投入可更直观地反映统筹城乡的力度。乡村基础设施建设原本很少有财政投入，几乎完全依靠农民的集资。推行社会主义新农村建设之后，状况有所转变。2006年的《中国城乡建设统计年鉴》显示，当年城乡建设财政性资金的投向是：乡为83亿元，县城之外的建制镇为483亿元，县城为497亿元，城市为3350亿元，即代表农村的乡镇所获数额不足城市和县城所获数额的零头。

表5给出数据完整的2013—2016年的投入情况。2016年，在全部财政性建设—维护资金中，657个城市获得了总额的70%，1537个县城获得17%，县城以外的18099个建制镇获得6.5%，10883个乡和261.7万个村获得的份额合计也是6.5%。

表5 2013—2016 年城乡建设财政性资金投入

单位：亿元，%

年份	城市	县城	建制镇	乡	村	合计
2013	10805	2942	972	66	887	15672
2014	10659	2980	1109	76	882	15706
2015	12439	2790	1175	66	1098	17568
2016	13833	2873	1164	76	1278	19224
合计	47736	11585	4420	284	4145	68170
占比	70.0	17.0	6.5	6.5		—

资料来源：《中国城乡建设统计年鉴》2013—2016 年各年度版。

这意味着所有的乡村获得的资金刚刚抵得上建制镇，所有的乡镇村获得的没有县城多，所有的县城加上乡镇村没有城市多。也就是说，不仅在宏观的城乡关系中城市是绝对的投入重点，而且在微观的城乡关系中，一县的县城所获资金超过了其辖区内所有乡镇村的所得总额；在城与非城层面的投入格局是 59320 亿元：8850 亿元，在城镇与乡村层面的投入格局是 63740 亿元：4430 亿元——相差很大[①]。也正因如此，尽管 21 世纪的两次农业普查显示乡村基础设施建设改进较大，但是直到 2016 年末，全国近 60 万个行政村中仍有 31% 的村没有集中供水、35% 的村未对生活垃圾进行处理、80% 的村未对生活污水进行处理。

衡量统筹状况的另一项指标是土地财政收益的流向。众所周知，源于农村集体土地的"土地财政"，既是地方政府收入的重要来源——2018 年高达 65096 亿元，在迄今为止的 20 年间总额超过 40 万亿元（刘展超，2019），也因此成为其"做大做强"城市的动力来源。而针对土地财政"取之于乡，用之于城"（张晓山等，2018）的问题，中央政府曾经在 2008 年强调要从中提取 10% 用于农业和农村建设，国务院原总理温家宝也曾呼吁："我们不能再靠牺牲农民土地财产权利，降低工业化城镇化成本，有必要也有条件大幅度提高农民在土地增值收益中的分配比例。"（温家宝，2012）

---

① 另据魏后凯（2017）报告，以 2013 年人均市政公用设施建设投资为基准，乡是村的 2 倍，建制镇为 3.8 倍，县城为 10.7 倍，城市为 16.1 倍。

但事实上用于农业和农村支出的比例还在下降。表 6 显示，2008—2014
年真正投向农业和农村的不足 1.2 万亿元①，仅占土地出让金总支出的
6.1%，相当于城市建设支出额的 39%。如果考虑到成本支出中已经包含投
向城市建设的大量资金（比如用于"N 通一平"的资金），实际的城市建设
支出将远远超过表 6 中所列数额，可能是其 2 倍甚至更多。

表 6　全国土地出让金支出

单位：亿元，%

年份	总支出	成本支出	占比	城市建设支出	占比	农业和农村支出	占比
2008	10173	5339	52.5	3035	29.8	1656	16.3
2009	13448	8058	59.9	3355	24.9	1072	8.0
2010	26977	13960	51.7	7621	28.2	1881	7.0
2011	33172	24743	74.6	5565	16.8	1969	5.9
2012	28608	22882	80.0	3049	10.7	1792	6.3
2013	40885	31436	76.9	3775	9.2	1941	4.7
2014	41236	31556	76.5	4076	9.9	1648	4.0
合计	194499	137974	70.9	30476	15.7	11959	6.1

资料来源：根据汤林闽的报告《中国土地出让金收支状况：2007—2014 年》（《财经智库》2016
年第 1 期）表 6、表 11 中的数据制成。

在呈现国家财政的"三农"支出状况和城乡统筹的力度有限之后，为更
系统地认识 21 世纪中国城乡关系的走向和总体特征，下文将考察全社会固
定资产投资的去向，以及农民工、农民的个人资金流向。这种流向受到政府
和市场的双重驱动，其中，作为市场主体的企业和个体农民的偏好又受到政
府偏好的影响。

（三）固定资产投资与个人汇款、购房

图 5 显示，在全社会固定资产投资中，投向城镇的比例在 2000 年之前
已接近 85%，随后逐年上升，2007 年超过 95%，2010 年达到 97%，随后一
直保持在 98% 而居高不下。就 2003—2018 年的整体状况而言，在总额高达

---

① 审计署的审计发现，2008—2013 年土地出让金支出中用于弥补行政经费、对外出借、修建
楼堂馆所等项的资金就达 7807.46 亿元。参见刘展超（2019）。

521 万亿元的投资中，500 万亿元（95.97%）投向了城镇，而农业和农村只获得一个零头。其中，投向农林牧渔业的截至 2017 年总计为 15.4 万亿元，占 3.4%，刚刚多于 2017 年一年的房地产业投资额（14.6 万亿元），而同期房地产业投资总额达 111.5 万亿元，占比 24.4%——占比最低年份为 22%，最高年份为 26.6%。

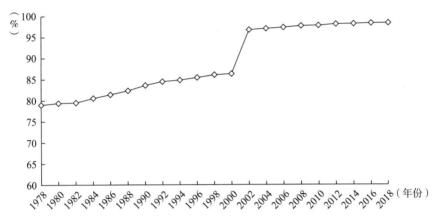

图 5　全社会固定资产投资中城镇投资所占份额

资料来源：《中国统计年鉴 2018》和《2018 年国民经济和社会发展统计公报》。

城乡之间个人层面的资金流动主要有两种形式：一是外出农民工带回、寄回家乡的资金；二是由农民（工）在城镇购房表现出的资金流出。

农民工回馈家乡的资金没有确切统计。但早期的一项调查推测，在 2004 年这一资金介于 1690 亿元到 3000 亿元之间①。基于国家统计局 2009 年、2013 年的《农民工监测调查报告》提供的有关数据，笔者推算出这两年这一资金分别为 9691 亿元和 24513 亿元②。

关于农民在城镇购房的状况也没有确切的统计。但案例显示，农民购房早在 20 世纪 90 年代房地产热潮兴起后就出现在长江三角洲地区，进入 21 世纪之后开始向内陆较富裕的农村蔓延（杨永生，1997；刘振岭，2002）。

---

① 《金融时报》2005 年 10 月 27 日。

② 2009 年外出农民工 14533 万人，其中 1980 年以后出生的新生代农民工 8487 万人，人均带回/寄回金额 5564 元，推算总额为 4722 亿元；老一代农民工 6046 万人，人均带回/寄回的金额为 8218 元，总额为 4969 亿元；2013 年新生代农民工 10661 万人，人均带回/寄回金额 12802 元（比老一代农民工少 29.6%），总额 13648.2 亿元；老一代农民工 6549 万人，人均带回/寄回金额 16591 元，总计为 10865.4 亿元。

2010 年之后的多地调查显示，农民在城镇购房在许多地区已经成为普遍现象（陈锋，2014）。而在 2015 年中央政府提出化解房地产库存、加快农民工市民化、扩大有效需求之后，房地产去库存变成了重要任务，各地纷纷出台鼓励农民买房的政策，农民工购房成为库存量显著的三、四线城市的最大新需求（纪睿坤，2016）。在河南省，农民（工）购房数量占到省辖市房屋销售数量的 20% 左右，一些县城和县级市这一比例甚至高达 60%～80%；至于全国的状况，有报告说，一些中小城市农民工的购房数量占购房总量的 30%左右，在县城占到 50%（崔书文等，2016；陈政高，2016）。

关于农民（工）购房的资金规模，在微观层面因费孝通先生的调查而闻名的"江村"（现苏州市吴江区开弦弓村）的数据是，据该村姚富坤先生截至 2015 年 11 月的统计，在 747 户村民中，户口依然在村的农家有 164 户到城镇购买了房屋，总计花费约 1.8 亿元；在中观层面有四川省眉山市的短期数据：由于"政策支持使农民购房成为市场主力"，2016 年 5—12 月全市商品房成交 41662 套 151.3 亿元，其中农民购房占 68.3%（于德清，2016），按套数计算为 28455 套，按金额计算为 103 亿元左右；更宏观的信息则有《2016 年农民工监测调查报告》提到的数据：2016 年，在全国进城农民工（13585 万人，占全部外出农民工 16934 万人的 80.2%）中，已购房的比例达 17.8%。由此可以推算的结果是：截至当年，已有 2418.13 万进城农民工购房，以套均购房款 30 万元计算，可以得出总额是 72544 亿元。而如果加上农民工之外的一般农民的购房金额，总金额可能会翻倍。

上述信息和估算结果提醒我们，大致从 2010 年甚至更早开始，农民（工）购房成为农村资金流出的最大途径，而流向城镇的金额可能超过由他们贡献给其老家的数额。这是一个决定性的变化，需要解读其中的深意。

已有的调查和研究表明，除了少数人是为了投资，农民购房的主要动机是供子女结婚，以及让子女到城镇"接受更好的教育"。这种集体性动机受到年轻人"城市梦"的影响。这种梦想造成了两种转向：一是新生代农民工进城的主要目的是成为城市居民，这促使他们把收入的绝大部分用于在所在城市的消费，而不是像其父辈那样主要是为了支撑起老家的生计；二是年轻的乡村女性（通常也已经进城）逐渐将男方在城镇购房当作结婚的前提条件。进一步的问题在于，年轻的男性农民（工）靠自身的收入无法满足自己或未来配偶的"刚性需求"，需要借助父母的力量（至少"首付"是这样）。

但他们的父母通常缺少相应的财力，很有可能要去借贷，要去为这一刚性支出而打工。

这种新一代农民与其父辈的关系，取代了传统的双向哺育关系，被贺雪峰称为"代际剥削"：子代在城镇安家后，父母被遗忘在农村，是农村代际剥削的新形式（贺雪峰，2010，2011）。当然，不应将这种剥削看作单纯的个体性的自私。鉴于年轻人的"城市梦"是长期的二元结构的产物，并且由外部引导、由城市化—房地产政策所驱动①，更应该把它看作制度性的社会文化现象，从而把握其蕴含的政治经济学意义：通常在家庭层面思考的代际关系已经远远超出家庭，新的农村代际关系已经在很大程度上被城乡关系所塑造，并且反过来加剧城乡关系的失衡。这说明学者提出的"保护性"城乡关系需要重新审视。

四 乡村振兴战略与城乡关系重塑

在上述脉络中面对近期提出的乡村振兴战略，将会更切实地理解它的必要性和意义，进而认识到它的艰巨性和可能性。

乡村振兴战略既是社会主义新农村建设实施 12 年之后的升级版，也意味着对城乡关系的重塑。它被赋予很高的地位：是决胜全面建成小康社会、全面建设社会主义现代化国家的重大历史任务，是新时代"三农"工作的总抓手。按照"产业兴旺、生态宜居、乡风文明、治理有效、生活富裕"的总体要求，它描绘了振奋人心的蓝图：让农业成为有奔头的产业，让农民成为有吸引力的职业，让农村成为安居乐业的美丽家园。乡村振兴战略体现了执政党和国家的整体意志，写进了新修订的党章，纳入了立法议程，被期冀为"为全球解决乡村问题贡献中国智慧和中国方案"。

通读《中共中央、国务院关于实施乡村振兴战略的意见》和《乡村振兴战略规划（2018—2022 年）》，有以下四个方面令人印象深刻。

---

① 除了提倡、鼓励农民（工）到城镇购房，许多地区还限制农民建房。贺雪峰（2011）曾强调，他在河南调查的四个村"几乎没有例外，年轻人都在镇上或市里买房结婚"，原因除了有女方的要求，还有政府"一般不批准在村里建房，理由是推进城镇化"。江西省政府则公然要求省内媒体宣传"农民在城市购房是升值，在农村建房是贬值"，参见《我省迅速落实房地产去库存政策》，《南昌日报》2016 年 3 月 4 日。

第一，对现状有着清醒而全面的把握。认识到"发展不平衡不充分问题在乡村最为突出"，列举的五大问题（对应全面振兴目标包含的五项内容）包括农村基础设施和民生领域欠账较多、农村环境和生态问题突出、国家支农体系相对薄弱、城乡之间要素合理流动机制亟待健全、乡村治理体系和治理能力亟待强化。

第二，强调了七项具有现实针对性的基本原则，其中有四项与本文的主题高度契合：坚持农业农村优先发展，在要素配置上优先满足，在资金投入上优先保障，在公共服务上优先安排，加快补齐农业农村短板；坚持农民主体地位，充分尊重农民意愿，把维护农民群众根本利益、促进农民共同富裕作为出发点和落脚点；坚持城乡融合发展，坚决破除体制机制弊端，使市场在资源配置中起决定性作用，更好发挥政府作用，推动城乡要素自由流动、平等交换，加快形成工农互促、城乡互补、全面融合、共同繁荣的新型工农城乡关系；坚持因地制宜、循序渐进，科学把握乡村的差异性和发展走势分化特征，做好顶层设计、规划先行、分类施策，既尽力而为，又量力而行，不搞"一刀切"和形式主义。

第三，清晰地勾画了三个阶段的目标：到2020年取得重要进展，制度框架和政策体系基本形成；到2035年取得决定性进展，农业农村现代化基本实现；到2050年乡村全面振兴，农业强、农村美、农民富全面实现。

第四，把现有的村庄分为四种类型，从而为实践提示了方向：集聚提升类村庄（是重点，也是难点）；城郊融合类村庄；特色保护类村庄；搬迁撤并类村庄。这意味着"全面振兴"并不是指目前的所有村庄，其中的一部分或将被融合。

如果上述原则能够全部得到遵守，相关措施有力且能落实，将会扭转21世纪以来城市和乡村向两个极端演化的趋势。鉴于前文考察所见的城乡关系中城市偏向的惯性力量，以及城乡统筹和社会主义新农村建设实践中的经验教训，有三个相互关联的核心问题值得关注。

一是如何确保"坚持农业农村优先发展"，尤其是资金上的优先。能否实现公共财政优先向农村、农业和农民倾斜，使其投入比例由目前的15%左右提高到20%甚至更多？

二是如何确保乡村振兴与新型城镇化形成真正的"双轮驱动"。城镇化浪潮的冲击是客观现象——这在世界范围内属于普遍现象，两个轮子之间原本有着内在冲突，该如何防止一个轮子飞转而另一个不转或者原地空转？主张"市场在资源配置中起决定性作用"，可能忽视了市场的内在趋利性，果真如此的话，可能会加剧以人为主体的各种资源要素向城镇尤其是大城市的单向流动，造成城乡关系进一步失衡。

三是如何确保农民的主体性。这有赖于如何解决整个治理体系的问题。社会主义新农村建设之所以在许多地方未能达到预期目标，根源之一在于农民往往对政策的制定和施行缺少实质性的影响力。

总之，在更加清醒、全面地认识城乡二元结构的历史惯性和复杂性之后，要想避免"新型城镇化"进程中潜在的消解乡村的可能性，还需要更有针对性的制度建设。

参考文献

陈锋，2014，《农村"代际剥削"的路径与机制》，《华南农业大学学报》（社会科学版）第 2 期。

陈锡文，2017，《陈锡文谈"中国农村改革历程四件大事"（三）提出城乡一体化发展战略》，《农村工作通讯》第 14 期。

陈锡文，2003，《城乡统筹解决三农问题》，《改革与理论》第 3 期。

陈政高，2016，《农民工在城镇购房潜力是很大的》，新华网，3 月 15 日，http://www.xinhuanet.com/politics/2016lh/2016-03/15/c_135189304.htm。

崔书文等，2016，《河南房地产去库存调查（上、下篇）》，《经济日报》1 月 4 日，第 1—2 版。

国家统计局，2017，《中国统计年鉴 2017》，中国统计出版社。

贺雪峰，2010，《谨防城镇化进程中的代际剥削》，《学习时报》4 月 12 日，第 4 版。

贺雪峰，2011，《中国农村的代际间"剥削"》，《中国社会科学报》8 月 2 日，第 12 版。

贺雪峰，2014，《城市化的中国道路》，东方出版社。

纪睿坤，2016，《房地产去库存背后：1300 万农民工如何落户成市民？》，《21 世纪经济报道》2 月 29 日。

陈翰笙、薛暮桥、冯和法，1987，《解放前的中国农村》第二辑，中国展望出版社。

李昌平，2002，《我向总理说实话》，光明日报出版社。

林辉煌、贺雪峰，2016，《中国城乡二元结构：从"剥削型"到"保护型"》，《北京工业大学学报》（社会科学版）第 6 期。

刘展超，2019，《近三年土地出让收支详情未公开，去年超 6 万亿的收入花哪了》，第一财经，3 月 20 日，https://www.yicai.com/news/100143803.html。

刘振岭，2002，《河北临西农民：进城购房成为新时尚》，《小城镇建设》第 4 期。

苏红键、魏后凯，2018，《改革开放 40 年中国城镇化历程、启示与展望》，《改革》第 11 期。

苏明，2009，《中国农业财政政策的回顾与展望》，《财政研究》第 2 期。

王先明，2013，《试论城乡背离化进程中的乡村危机——关于 20 世纪 30 年代中国乡村危机问题的辨析》，《近代史研究》第 3 期。

魏后凯，2017，《农业农村优先发展的内涵、依据、方法》，《农村工作通讯》第 24 期。

温家宝，2012，《中国农业和农村的发展道路》，《求是》第 2 期。

刘羊旸、董峻，2013，《让广大农民共同分享现代化成果——中央农村工作领导小组副组长、办公室主任陈锡文谈城乡发展一体化》，11 月 18 日，http://www.gov.cn/jrzg/2013 – 11/18/content_2529608.htm。

杨斌、胡文骏，2017，《逆向财政机制与城乡收入差距》，《厦门大学学报》（哲学社会科学版）第 3 期。

杨永生，1997，《潜在的房地产交易市场——嘉定农民购房情况调查》，《上海房地》第 1 期。

于德清，2016，《农民买房去库存，"眉山经验"能广泛复制吗》，《新京报》3 月 25 日，第 A02 版。

张晓山、韩俊、魏后凯、何秀荣、朱玲，2018，《改革开放 40 年与农业农村经济发展》，《经济学动态》第 12 期。

张玉林，2012，《流动与瓦解：中国农村的演变及其动力》，中国社会科学出版社。

张玉林，2013，《当今中国的城市信仰与乡村治理》，《社会科学》第 10 期。

张玉林，2015，《大清场：中国的圈地运动及其与英国的比较》，《中国农业大学学报》（社会科学版）第 1 期。

张玉林，2019，《中国乡村教育 40 年：改革的逻辑和未预期效应》，《学海》第 1 期。

周一星，2006，《关于中国城镇化速度的思考》，《城市规划》第 B11 期。

周应恒、胡凌啸，2016，《农业投入的财政核算：2010～2015 年》，《改革》第 8 期。

周振、伍振军、孔祥智，2015，《中国农村资金净流出的机理、规模与趋势：1978～2012 年》，《管理世界》第 1 期。

2

郊区社会的基本特征及其乡村振兴议题*

——以上海市为例

熊万胜**

随着城市的扩张，中国的陆地面积中非常广大的部分成为城市的郊区，城市常住人口中非常多的人实际居住在郊区。城市郊区的绝大部分地区属于乡村地区，这一类乡村地区是不是也有一个乡村振兴的问题，又如何实现乡村振兴？

可以肯定地说，郊区社会乡村地区同样有一个乡村振兴或者进一步发展的问题。郊区社会乡村地区受到城市发展更加深刻的影响，但这个影响是复杂的，郊区既能从城市获得更多的资源，也受到城市更多的控制。随着城市化的深化，这种控制性逐渐强化，郊区社会乡村地区往往处于等待被开发的状态，在等待中错失本来丰富的发展机遇。因此，郊区社会乡村地区的振兴在很多地方是一个真问题。随着整体的经济发展进入新常态，国家对城乡发展规划的控制越来越严格，土地财政的时代趋于终结，乡村的被动等待状态有可能被局部解冻，这就为郊区社会的乡村振兴提供了契机。进一步地说，随着城市化的深度发展，全国各地乡村的前途都将越来越深刻地受到城市发展的影响，一种城乡融合发展状态将成为历史的必然。郊区社会在城乡融合发展方面可能会走在前面，郊区社会乡村振兴的成功经验将对全国各地区乡村振兴具有某些重要的启示。

本文试图提出"城乡关系—人口流向"的分析框架，借以提炼郊区社会形态的基本特征，并以上海郊区的乡村地区为例，说明郊区社会形态的具体表现，同时对大城市郊区社会的乡村振兴议题展开初步的思考。

---

* 原刊于《中国农业大学学报》（社会科学版）2018 年第 3 期。

** 熊万胜，华东理工大学社会与公共管理学院教授、中国城乡发展研究中心主任。

一 郊区社会及其规模

郊区社会指的是空间上位于城市郊区的社会系统。郊区可以被看成是一种可以被直接观察的对象，比如，我们会认为距离城市比较近的地方就是郊区，或者将明显受到城市发展影响的地方叫作郊区；也可以被看成是一种行政区划的概念，比如那些位于城市行政区划内部但不属于城市建成区的地方。严格地讲，依靠行政区划来理解郊区应该具有更加基础性的意义，因为城市对周围地区的影响不仅仅体现在那些可见的层面，比如基础设施、房屋、工农业生产方式或公共服务体系等；或者方便被调查到的一些隐性的层面，比如人口的流动、社会交往、价值观念等；还有一些不容易被调查到的方面，比如城市政府与郊区政府之间的权责利关系，以及城市作为一种利益主体对郊区社会的各种隐性的控制或者反哺等。这些隐性的控制或反哺关系都依托行政区划体系而存在，因此，根据行政区划来判定郊区的面积具有更加基础性的意义。

郊区社会的规模包括面积规模和人口规模。从面积来看，一个城市的面积至少有四个统计口径：辖区面积、市区面积、城区面积和城市建成区面积。考虑到有些城市辖区太大，城市对偏远郊县或所辖县级市的带动有限，因此用"市区面积"和城市"建成区面积"之差来代表郊区的面积更合适。其中可以区分为两个部分："市区面积"与"城区面积"之差，以及"城区面积"与城市"建成区面积"之差。对于县城来说，没有市区，只有城区和县城建成区，二者之间的差额为县城郊区面积。

根据《中国城乡建设统计年鉴》和《中国城市建设统计年鉴》的统计口径，所谓"市区面积"指城市行政区域内的全部土地面积（包括水域面积）；地级以上城市行政区不包括市辖县（市）。也就是说，地级以上城市的郊区不包括所辖县或者县级市。所谓"城区面积"指城市的城区面积，包括：①街道办事处所辖地域；②城市公共设施、居住设施和市政公用设施等连接到的其他镇（乡）地域；③常住人口在3000人以上独立的工矿区、开发区、科研单位、大专院校等特殊区域。其中的"连接"是指两个区域间可观察到的已建成或在建的公共设施、居住设施、市政公用设施和其他设施相连，中间没有被水域、农业用地、园地、林地、牧草地等非建设用地隔断；对于组团式和散点式的城市，城区由多个分散的区域组成，或有个别区域远离主城区，应将这些分散的区域相加作为城区。所谓"建成区面积"，指的是城市行政区内实际已成片开发建设、市政公用设施和公共设施基本具备的区域面积。对核心城市来说，建成区包括集中连片的部分以及分散的若干个已经成片建设起来，市政公用设施和公共设施基本具备的地区；对一城多镇来说，建成区包括连片开发建设起来的，市政公用设施和公共设施基本具备的地区。因此建成区一般是指建成区外轮廓线所能包括的地区，也就是这个城市实际建设用地所达到的地区。

从城乡建设部门的官方定义来看，大概地说，"市区面积"和"城区面积"之差可以理解为"市郊区面积"，"城区面积"和"建成区面积"之差可以理解为"城郊区面积"。另外，县城的城关镇也有"县城郊区"。所以，中国的郊区面积应该等于这三部分之和。严格地讲，所有的建制镇也有"镇郊区"，存在一个镇区和建成区面积之差，但暂时缺乏可信的统计数据。所以，表1计算的郊区总面积略小于实际面积。

表1 2006—2016年中国各类郊区的面积

单位：平方公里

年份	城市市区	城市城区	城市建成区	县城城区	县城城区建成区	市郊区	城郊区	县城郊区	郊区总面积
2006	1944984	166533.5	33659.8	76508	13229	1778450.5	132873.7	63279	1974603.2
2007	1940993	176065.5	35469.7	93887	14260	1764927.5	140595.8	79627	1985150.3
2008	1960652	178110.3	36295.3	130813	14776	1782541.7	141815.0	116037	2040393.7
2009	1909908	175463.6	38107.3	154603	15558	1734444.4	137356.3	139045	2010845.7
2010	1899921	178691.7	40058.0	175926	16585	1721229.3	138633.7	159341	2019204.0
2011	1910939	183618.0	43603.2	93567	17376	1727321.0	140014.8	76191	1943526.8
2012	1911794	183039.4	45565.8	94834	18740	1728754.6	137473.6	76094	1942322.2
2013	1930024	183416.1	47855.3	86225	19503	1746607.9	135560.8	66722	1948890.7
2014	1986565	184098.6	49772.6	79946	20111	1802466.4	134326.0	59835	1996627.4
2015	2076198	191775.5	52102.3	75204	20043	1884422.5	139673.2	55161	2079256.7
2016	2154880	198178.6	54331.5	72591	19467	1956701.4	143847.1	53124	2153672.5

资料来源：相应年份《中国城乡建设统计年鉴》和《中国城市建设统计年鉴》，国家住房和城乡建设部官网，http://www.mohurd.gov.cn/xytj/tjzljsxytjgb/jstjnj/。

由于缺乏可靠的统计资料，我们只能知道市郊区的人口数量，而无法知道城郊区和县城郊区人口的数据。实际上，城郊区尤其城乡接合部是外来常住人口的重要居住区域，而且在以上的统计数据中，缺少北京和上海的郊区人口数据，因此中国实际常住在郊区的人口数量会明显超过 4 亿。

表2　2006—2016 年中国市区、城区、县城和市郊区的人口

单位：万人

年份	市区人口	市区暂居人口	城区人口	城区暂居人口	县城人口	县城暂居人口	市郊区人口
2006	64719.26	6106.56	33288.7	3984.1	10963	934	33553.02
2007	65088.69	5811.34	33577.0	3474.3	11581	1011	33848.73
2008	64469.58	5966.37	33471.1	3517.2	11947	1079	33447.65
2009	65373.32	6033.19	34068.9	3605.4	12259	1120	33732.21
2010	67324.79	7103.11	35373.5	4095.6	12637	1236	34959.10
2011	66123.01	7682.58	35425.6	5476.8	12946	1393	32903.19
2012	68671.18	7982.93	36989.7	5237.1	13406	1514	34427.31
2013	69632.91	8690.73	37697.1	5621.1	13701	1566	35005.44
2014	71493.69	9217.38	38576.5	5951.5	14038	1615	36183.07
2015	73283.60	10050.40	39437.8	6561.5	14017	1598	37334.70
2016	75481.60	11042.30	40299.2	7414.0	13858	1583	38810.70

资料来源：相应年份《中国城乡建设统计年鉴》和《中国城市建设统计年鉴》，国家住房和城乡建设部官网，http://www.mohurd.gov.cn/xytj/tjzljsxytjgb/jstjnj/。

从以上统计可知，中国郊区的面积占陆地面积的比例超过了五分之一，在人口集中的胡焕庸线①以东，郊区面积所占的比例更大。郊区社会的常住人口数量占到中国人口总量的 30% 左右。因此，对郊区社会的学术研究和郊区社会的振兴实践非常有意义。

二　基于"城乡关系—人口流向"的分析框架

（一）郊区社会研究的学术脉络

由于距离大学校园比较近，居住在城市里的社会学者会很自然地产生研

---

① 胡焕庸线，即中国地理学家胡焕庸（1901—1998）在 1935 年提出的划分中国人口密度的对比线，又称"黑河—腾冲线"。该线在地理学和人口学上具有重大意义：线东南方 36% 的国土上居住着 96% 的人口，以平原、水网、丘陵、喀斯特和丹霞地貌为主要地理结构，自古以农耕为经济基础；线西北方 64% 的国土上居住着 4% 的人口，人口密度极低，是草原、沙漠和雪域高原的世界，自古游牧民族的天下（根据 2000 年第五次全国人口普查资料）。因而，该线划出两个迥然不同的自然和人文地域。

究郊区社会的兴趣。学者对郊区社会的社会学研究几乎与中国的社会学研究同时起步，比如 1912 年清华大学外籍教师就主持了对北京西郊农民的生活调查，1924 年沪江大学的师生组织了对上海郊区沈家行的调查，1929 年李景汉出版了《北平郊外之乡村家庭》，1948 年杨庆堃开始了对广州郊外鹭江村的研究（李文海，2009），等等。但在整个国家救亡图存的时代，这些研究更多的是描述性的或者是问题导向型的，还来不及成为解释性的研究。随着城市化的高速发展，进入 21 世纪以来，对郊区社会的学术研究逐渐形成谱系。影响郊区社会发展的主要变量是城乡关系和外来人口的流入，既有的研究也可以说是沿着这两条线索展开的。

在城乡关系的维度上，现有的研究可以区分为注重历时性的社区转型研究和注重共时性的社会空间研究。前者的典型是李培林在 2004 年出版的《村落的终结——羊城村的故事》。这本著作可以说形成了郊区社会研究的第一个范式，它描述了这样一种变迁轨迹：乡村社区逐渐城市化，村落趋于终结（李培林，2004）。另一种不同的观点是强调郊区乡村社区在变迁中的稳定性，认为存在社区的第三种形态。这种形态首先在口语和政策实践中被称为"城乡接合部"。周大鸣和高崇在对鹭江村的 50 年后再研究中提出存在一种"城乡接合部社区"，它是不同于乡村社区和城市社区的第三种社区（周大鸣、高崇，2001）。在将郊区村落社区定义成一种新型社区方面，学者也有着更加注重社会学知识脉络的概括。2005 年蓝宇蕴在《都市里的村庄：一个"新村社共同体"的实地研究》中提出"都市村社共同体"（蓝宇蕴，2005），以区别于王颖（1996）的"新集体主义社区"，折晓叶、陈婴婴（1997）的"超级村庄"或者毛丹（2000）的"单位化"村庄，目的在于更好地研究高度城市化地区的村庄。当然，无论是注重变迁的研究还是注重稳定性或者新的形态生成的研究，相互之间并无实质的矛盾，差别主要是角度不同。注重社会空间的研究则借鉴了地理学或空间社会学的思想或者干脆就是研究城市规划的学者的偏好。这些研究会注重城市社会经济发展对郊区空间结构的影响。魏立华和闫小培（2006）认为在社会隔离和排斥过程中，郊区出现了一种社会空间的"隔离破碎化"。地理学家郑艳婷（2002）还提出一个"半城市化地区"的概念，这也是对郊区社会空间形态的一种有价值的描述方式。黄忠怀（2005）则进行了地理学和社会学的交叉研究，他认为在城市郊区，随着空间的重构和社区的再造，出现了一种新型的社区：郊区社区，以区别于农村社区和城镇社区。他认为郊区社区是一个动态的发展过程，这个动态的过程有三个层面的内涵，即社区空间及其边界重新建构过程、社区空间要素重新配置过程以及社区的社会重新整合过程。

如果说在城乡关系的维度上重点关注的是"乡村—城市"的转型过程，那么在人口流动的维度上则更多地关注了"农民—市民"的转换。在后一个维度上，可以区分出三类研究。第一类研究注重进城农民与原来乡土社会文化的关联性。典型是项飙的"浙江村"研究，他观察了流入北京的浙江人之间的血缘联系和生意交往之间的新关系（项飙，2018）。第二类研究是关于农民工市民化或者社会融入的研究，关注的是农民如何与新的社会建立新的关联。这一类研究的文献非常丰富。在这两种主要的研究之外，第三类研究关注的是"农民—市民"转换的中间状态，包括社会学家从人口流动的角度关注的"半城市化"（王春光，2006），也包括对外来务农人员或者所谓"农民农"的研究。曹东勃（2013）和马流辉（2013）等人的研究强调"农民农"是农民实现从身份向职业转型的一种特殊形态。也就是说，外来农民在城市郊区找到的未来未必就是成为市民，也可以是成为职业化的新型农民。

既有的研究无论是从"乡村—城市"的视野切入还是从"农民—市民"的视角切入，都具有浓厚的社会转型研究色彩。随着高度城市化发展到一个新的阶段，单向度的城市化方向正在受到反思，国家甚至提出乡村振兴战略。这个时候，我们有必要寻找研究郊区社会的新视野。在既有的研究中，存在一种两难：历时性的研究更加关注社会关系的变化，或者说这类研究是一种重视社会"实质"的研究，但是它们通常局限于一个社区内部；而注意社会空间的研究乐于放宽空间视野，具有跳出社区研究郊区社会的可能，但是这类研究显得缺乏实质内容，比较偏向于结构形式。乡村振兴的实践必然是既重视形式也注重内容的，因此对任何一方面的畸轻畸重都应该被扬弃。造成这种两难的根源在于，社会转型研究必须是实体主义的，转型必须是一种具有稳定特质的对象的转型，这种实体或者是一个社区，比如村落；或者是具有一种身份的人群，比如农民。这样也就限制了我们研究有更大的空间尺度。在更大的空间尺度上，我们可以辨识出一种与周围不同的社会形态或者样态，却不需要认为它就是一种具有历时稳定性的社会实体。这就需要超出村落社会学的限制，引入所谓"地域社会学"的视野（蔡骥，2010；田毅鹏，2012），将城镇与其所影响的乡村地区统一起来研究。因此，本文提出

"郊区社会"的概念，或者准确地说，本文试图将"郊区社会"这个口语化的提法变成一个学术概念。

（二）紧密型城乡关系与人口流入型社会

本文所谓的"郊区社会"，依然强调了城乡关系和人口流动这两个最重要的变量，认为当代的郊区社会是一种城乡关系相对紧密的人口流入型社会。这个定义中有两个关键词：紧密型城乡关系和人口流入型社会。如果我们跳出具体的村落，去理解这一大片包围了城市却被城市控制的区域，这两点大概是它的诸多特征中最为突出的方面。

所谓紧密型城乡关系，指的是这样一种城乡关系状态：城市政府对周边地区的控制和资源反哺两方面的力度都比较大，同时乡村居民的日常生活在城乡之间共同展开，形成了一种城乡两栖的生活形态。这种定义城乡关系的方式不同于既有的大多数研究，既有的研究往往将城乡关系看成是一个区域社会系统施展各类系统功能的通道，强调经济联系、行政管理、社会来往、基础设施、公共服务等都有一个从城市向乡村扩展的过程。但这里的定义试图将"城乡关系"本身作为一种特殊的关系形态来研究，提出城乡关系与其他社会关系相比有明显的不同：既是两大区域性利益群体之间的关系，也是两种百姓生活空间之间的关系。

所谓城乡关系紧密与否，是在不同区域之间相对而言的。如果在时间轴上看，城乡关系在各地区都是越来越紧密的。因此，提出"紧密型城乡关系"的概念，不仅可以理解区域差异，也是理解各地区乡村社会未来转型的一种共同指向。

紧密型城乡关系的提出受到吉登斯（1998）关于资源和控制的辩证法的启发，城市在控制乡村的同时，也为乡村提供了很多的机会和资源。从宏观上，在1949年以后近70年的历史中，城乡关系中的控制和资源属性是先后凸显的，最初被突出的是控制关系，所以有大量的研究分析这种控制关系。这种控制的核心是对发展权的控制，也就是工业以及发展工业的城市优先发展。为了实现这种工业或城市的优先发展，相匹配的上层建筑形成，比如集体土地所有制、人民公社制度、户籍制度和城乡二元的福利制度等（温铁军，2009；李强，2005；孙立平，2007；蔡昉，2005）。随着改革开放的深入和经济发展水平的提升，城市地区逐渐显示出可以为乡村发展提供更多机会和资源的可能性，尤其是在税费改革以后，城乡关系发生了历史性的转变。大量的研究集中在城市为乡村或农民带来的机遇方面，比如乡村地区基础设施、公共服务体系等方面的改进或者农民工的市民化等具体方面。但是，城市对乡村发展权的控制依然是存在的，"按级别发展"的模式决定了乡村难以实现自主的发展。发展权控制也会转化成上层建筑领域的控制，比如会影响社区结构。最近比较微观的研究如王春光"行政社会"的提法，认为在村庄合并后出现一种行政化的社区形态。城市对于乡村的资源反哺和控制属性始终是并存的，但很少有研究能够将这种辩证属性很好地揭示出来（王春光，2013）。张兆曙（2016）注意到中国城乡关系中存在一种复杂的辩证性，同时存在空间上的区域差异性。他试图冲破城乡二元结构的范式，把这种复杂性具象化为一种同时存在于城乡各处的"中间地带"。初步地看，他创造的概念在概括经验方面还不是很简明有力。显然，即使在计划经济时代，城市政府也有能力和必要为乡村提供某些机会和资源，这些机会和资源会首先就近给予自己的郊区。随着城市化的发展，城市对周边乡村控制和资源反哺的力度都明显加大，使控制和资源反哺的辩证性表现得尤为突出，这些地方的城市和乡村就呈现一种相对紧密的关系状态。

城市和乡村既是社会系统内部分化出来的两种结构，也是普通百姓日常谋生的两种空间。张兆曙（2018）从百姓日常生活的角度来研究城乡关系，既揭示了城乡关系这种生活空间属性，也区分了城乡关系紧密程度的区域差异。他关注的角度是"农民"的日常生产和日常消费，本文更强调将"农民家庭"作为研究这种生活空间互换的单位。我们会注意到，越是大城市中的居民，他们的家庭成员越容易都相聚在同一个城市里，呈现"同城家庭"生活形态；而越是远离中心城市的地方，家庭成员越是分离在不同地区中，呈现"分离家庭"生活形态。而在郊区社会中，城乡之间的"两栖家庭"生活形态非常普遍。在一种常态的社会中，人们都会在城乡之间来回穿梭，以获取所有可能获得的生活资源。靠近城市的百姓从来都是会"近水楼台先得月"，更容易得到城市的好处。随着交通条件的显著改善，传统社会中要花半天才能到达的地区，现在半个小时就能够到达，因此在郊区社会很自然地出现了一种城乡两栖的生产生活形态，非常多的家庭在空间上分成城乡两处乃至多处，并保持着紧密的联系。这种情况在全国各地的乡村非常普遍，大量的农民家庭在生产上半工半耕，在生活上亦城亦乡。不过，在郊区社会中，人们在城与乡之间的空间转换会更自由，城市与郊区之间的人员来往、物质交换或精神联系会更密集。

如果说紧密型城乡关系的概念揭示的是郊区社会作为一种区域社会系统的特殊内部结构，那么人口流入型社会的提法展示的是这个区域社会与其他区域社会之间的外部关系，尤其是人口从别处流入此地带来的影响。一般来说，只有"人口流入地区"或者"人口流入型地区"的提法，没有"人口流入型社会"的概念。在人口流入（型）地区的提法中，隐含的依然是这些外来人口只是暂居在这里，不会明显改变此地的社会形态。但事实上，大量外来人口流入且成为常住人口，客观上已经深层次地改变此地的社会属性。土客混居的社会具有特殊的社会结构，其中一个表现就是社会组织化程度的提高。相比较而言，在人口流出地区，随着精英的流出，乡村社会组织很容易处于瘫痪状态，难以重新组织起来。

外来人口的流入形成了本地居民和外地居民之间的关系，这种关系历史上被称为所谓的土客关系。这种土客关系通常伴随着紧张和冲突，在这种紧张关系中，本地人和外地人都可能团结起来。从这个角度来理解所谓宗族发生机制的弗里德曼（2000）问题将获得一个新的视角。弗里德曼（2000）用"边陲社会"的概念来解释中国的宗族为什么主要在东南地区发展。王铭铭（2005）批评这种视角对中国国家—社会关系的理解过于简单，认为应该更多地考虑基层政权和地方社会、大传统和小传统之间的互动关系，以及中国社会权力构造本身的复杂性。王铭铭淡化了从空间结构来理解宗族现象的意义，但是，如果我们撇开具体的社会组织原则，就会发现宗族发达的地区一般也都是人口流入的东南地区。在广东，很多人发现了客家人的流入对当地社会构造的影响，可以说宋代以后的广东地区也是一个人口流入型社会。因此这里提出的一个更为一般性的解释是，当大量的外来人口流入一个本来人口稠密的地区时，会引发一个社会再组织化的过程。今天我们在郊区社会中看到的所谓"新集体主义"或者"都市村社共同体"现象，也可以看成是这种一般性机制的当代具体表现。

在国家法治力量不足的传统社会中，人们必须紧密地团结起来才能保护自己，而在今天，这种自发团结的必要性有所降低，但尚没有消失。在当代的农耕社会中，如果发生了外来人口的大量流入，同样会产生本地人或外地人组织强化的现象。我们在河南的调研中发现，配合丹江口水库建设形成的移民在搬迁之前抓紧编修了家谱，而流入地社区为了做好移民安置工作也会强化当地基层组织的班子建设。在今天城乡关系紧密的地区，更多的社会再组织现象发生在本地社会中，而不是在外地人中间。本地人的团结更多的是为了维护自己的经济利益，为了更好地分享外地人流入之后带来的财富增值。为了应对外地人流入产生的社会治安或者环境卫生等方面的压力，地方政府代表本地居民极大地强化了社会治理体系和能力，这种变化可以看成是地方社会的一种组织强化。

进一步说，紧密/松散的城乡关系与人口流入/流出型社会构成了理解中国区域社会形态差异的两个维度。长期以来，人们对乡村社会区域差异的理解主要是地理或文化的差异或者经济发展水平的差异，前者注重南中北的不同，后者强调东中西的区分（贺雪峰，2017）；或者从政治权力体系的角度区分为核心地区和边缘地区（唐亚林，2006）。在城市化的时代，从城乡关系的角度来理解区域差异变得越来越有意义。

在图1的谱系图中，我们可以区分出三种乡村社会形态：郊区社会、城市群腹地的乡村社会和普通农业乡村地区。其中，城市群腹地的乡村社会虽不位于大中城市或者县城的郊区，城乡关系却相对紧密，人口的流入态势比较明显。普通农业乡村地区一般远离市区。以上的每一种社会都有一个谱系，所以图1中的每一个图标都是带状而不是点状的，而且是有宽度的带状，且存在交叠。比如郊区社会就有一个谱系。一方面由于规模不同，各个城市对郊区的控制或者资源导入的能力不同，吸引人口流入的能力也不同；另一方面在同一个城市的郊区社会中也要区分近郊社会和远郊社会，在远郊社会甚至可能出现一种城乡关系不甚紧密而人口流入型社会特征也不明显的情况。最为典型的郊区社会出现于图1右上角的小方框区域。

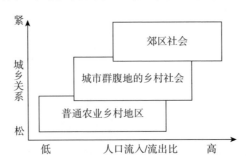

图1　"城乡关系—人口流向"框架中的三种乡村社会形态

注：人口注入/流出比＝当地流入的常住人口数量/本地流出的户籍人口数量。

　　紧密型的城乡关系和人口流入型社会，在数年以前还不是郊区社会的普遍特征，这两个特征的普遍化是高速城市化的结果。典型的如安徽省省会合肥市。在主要依靠工业发展城市的时代，合肥市对周边地区的带动能力严重不足，辖区内的长丰县甚至长期被评为国家级贫困县。但在进入快速城市化的时代，合肥市的城市属性和郊区社会属性发生了重大改变。为了满足合肥市对周边发展空间的需求，2011 年，安徽省推进了地市级层面的行政区划大调整，拆分了地级巢湖市，将庐江县和县级巢湖市划入合肥市，使合肥从一个江淮之间的区域属性模糊的内陆城市，成为泛长三角地区坐拥整个巢湖的"大湖名城"。与此同时，长丰县也在 2012 年脱掉了贫困县的帽子，甚至在 2016 年翻身成为全国综合实力百强县。2008 年，合肥市市区面积 838 平方公里，市区人口 203 万，市区暂居人口 30 万；到 2016 年，合肥市市区面积扩大到 1312 平方公里，市区人口 260 万，市区暂居人口达到 196 万。在快速的城市化过程中，合肥与周边地区的联系明显紧密起来，吸纳外来人口的能力也大大增强，郊区社会的形态也越来越典型。当然，相比于国内多数城市的郊区社会，上海的郊区社会依然是最为典型的一个例子。

　　以下以上海为例来说明郊区社会的典型特征。上海作为一个特大城市，它的郊区具有最为典型的郊区社会形态。截至 2017 年底，上海 16 个区共有 105 个街道、107 个镇和 2 个乡，其中崇明、宝山、嘉定、青浦、松江、金山、奉贤和浦东这八个郊区范围比较大的区有 101 个镇。这 101 个镇的镇辖区面积平均为 55.7 平方公里，2016 年底的常住人口平均为 12.3 万人①。上海郊区各区之间存在清晰的区域差异，但总体上来看，上海的郊区多数是比较典型的城乡关系紧密的人口流入型社会。

三　上海郊区社会的特征之一：紧密型的城乡关系

　　上海的城乡关系非常紧密，这与它的发展空间不足有关。如果比较城市辖区的面积，上海市的辖区面积排名全国第 29 位，只是杭州市辖区面积（16853.57 平方公里）的一个零头。如果比较城市市区的面积，上海市的市

---

① 数据来源：《上海统计年鉴 2017》。

区面积是 6341 平方公里，在省会和直辖市中排第 11 名。按市区面积计算，上海市的人口密度在副省级或者直辖市中仅次于郑州与深圳，排全国第三。在城市经济发展和生活品质都高度依赖土地要素的时代，上海的城市发展越来越受到空间狭窄性的制约，这反过来迫使城市政府强化内部的管控和治理。

城市对郊区乡村的管控是全方位的，这里选择最为关键也最为直观的方面举例，比如人口控制、土地控制和发展机会控制这三个方面，其背后的核心制度基础分别是户籍制度、集体土地所有制和政府主导的经济发展体制。

（一）郊区的人口控制

在计划经济时期，郊区的主要功能是为城市提供农副产品。这样的郊区需要用尽可能少的人口生产出尽可能多的农副产品，因此必须进行有力的人口控制。上海郊区的计划生育工作在全国可能是开始最早的。以松江区为例，早在 1963 年为了贯彻中央《关于认真提倡计划生育的指示》，当时的松江县设立了专门机构，提出"一个太少，两个不多，三个正好，四个不需要"的口号，要求干部带头推广节育手术，并组织节育手术队到公社卫生院协助工作。1965 年，中共上海市委在松江召开计划生育现场会，提出"全党动手，全民动员，开展计划生育"的号召。1963 年至 1966 年 5 月，有 5000 余名男性、2000 余名女性做了结扎手术，5000 余名女性放了避孕器。"文化大革命"初期，计划生育工作停顿。1969 年 3 月，周恩来总理在全国计划生育座谈会上强调"要计划生育"，松江县计划生育工作再次启动。1974 年，中央提出"晚、稀、少"的计划生育号召，要求一对夫妇只生两个孩子，间隔最好为 4 年，松江县计划生育工作全面展开。

上海郊区的计划生育工作开展得早，力度大，见效很明显。图 2 中对比了长三角地区外围的安徽省广德县和上海三个郊区县家庭人口规模的历史变迁，可以直观地看到 1970 年以后上海郊区家庭人口规模的变化轨迹与更具有全国一般特点的参照地区相脱离，迅速转向下行。

（二）郊区的土地使用权控制

上海位于长三角地区的东端，三面环海，难以拓展发展空间，因此高度

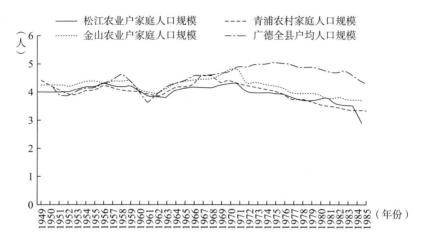

图2　1949—1985年上海郊区的计划生育工作对农村家庭人口规模的影响

资料来源：《松江县志》《青浦县志》《金山县志》《广德县志》。

重视对郊区土地资源的精打细算，强化对集体地权的控制。这种控制最直观地表现为对农民建房行为的限制和对承包地地权的上收。

1985年，松江提出三个集中，包括农民住宅的集中；1995年，上海市在市级层面提出"三个集中"；2003年，上海市政府再次大力提出"三个集中"的系统战略。由于种种原因，"三个集中"的系统战略没有得到全面的贯彻，集中居住推进缓慢。与此同时，农民自主建房的行为也受到限制。从图3可以

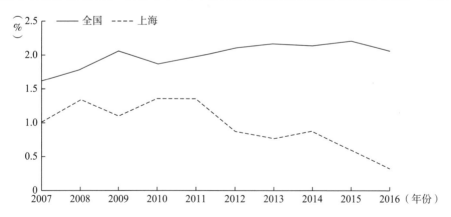

图3　2007—2016年村庄内竣工建筑面积占当年末村庄实有建筑面积的比例：
全国与上海的对比

资料来源：相应年份《中国城乡建设统计年鉴》。

直观地看到，2011—2016 年，上海市郊区村庄内竣工建筑面积占当年末村庄实有建筑面积的比例明显下降，与此同时，全国相应比例的总体趋势是上升的。由此形成一个直观的结果是上海市郊区农村建筑物看上去比周边地区农村建筑物破旧得多，国际大都市的郊区乡村呈现一种"景观滞后"的奇特现象。

土地控制的另一个主要表现是对农户承包地地权的上收。为了降低城市化征占耕地的成本，城市郊区往往容易出现一种上收承包地地权的过程。上海市郊区的集体土地尤其是承包地的所有者是谁？从实地访谈的情况来看，人们在地权认知上是模糊的，农民更愿意认为承包地是村民组的，或者就是自己的，而干部更愿意认为是村集体的。无论如何，上海市郊区的集体土地所有权在事实上更像是村集体或镇集体的。不过，这个事实得到文件的确认经历了一个过程。

上海市政府 1996 年发布的《上海市撤制村、队集体资产处置暂行办法》确立了一个集体土地（包括承包地）被征用之后的土地补偿费的分配原则，即 334 原则："撤制队依法取得的土地补偿费，40% 划归队集体经济组织所有，30% 上缴村集体经济组织，30% 上缴乡、镇集体经济组织。"进而，"撤制村依法取得的土地补偿费，50% 划归村集体经济组织所有，50% 上缴乡、镇集体经济组织"。也就是说，这个文件首先承认了土地补偿费依法归撤制生产队所有，但是，又规定生产队只能得到 40%，村集体得到 15%（即 30% 的 50%），乡、镇集体经济组织可以得到 45%（30% 加上村集体所得 30% 的另 50%）。这种分配方法的依据是"三级所有、队为基础"，特别是它在同一块地上设定了三个主体，这与全国多数地区的通行做法很不同。到 2001 年，上海市政府办公室发布了《关于上海市农村集体土地使用权流转的试点意见》，明文规定"明确农村集体土地所有权的主体为村集体经济组织或村民委员会"。在 2009 年的土地确权过程中，上海市各区广泛采取了确权确利不确地的做法，也就是将部分乃至全部承包地的收益权量化到个人，但不将经营权明确到具体的地块上。为了遏制土地自发流转中出现的层层发包等乱象，上海市开始鼓励村民将承包地委托给村集体经济组织再流转的做法。2008 年开始，上海市试点在奉贤、金山、浦东、崇明 4 个区县各建一个"农村土地流转服务中心"。到 2016 年，上海市已建成 74 个乡镇土地承包经营权流转管理服务中心，基本实现了涉农地区承包地流转与服务的全覆盖。这个做法的要点是农户将承包地委托给村集体流转，流转的合同、价格和过程都受到镇级土地流转服务中心的监管。这种制度建立以后，农民自发流转的比例不断下降，委托流转的比例不断上升。农民的经营权和流转决策权等相关地权都被上收了。2013 年底，上海市郊区农户承包地面积 180.5 万亩，已委托流转面积 118.8 万亩，占比为 65.8%。闵行、嘉定、宝山和松江四个经济发达区的委托流转率在 2013 年底已经达到 99% 以上。随着 2014 年以后社会治理力度的加大，上海市强力推行委托流转，至 2016 年底已流转承包地委托流转率达到 97.8%。

（三）郊区的发展机会限制

随着城乡关系越来越紧密，城市不仅限制郊区人口和住房的发展，在一定阶段之后，也会限制农村集体和农户的经济发展机会。郊区乡镇集体企业的发展离不开城市的带动，但乡镇集体企业的发展对于整个城市的发展是利弊参半的。20 世纪 90 年代后期的集体企业改制，有力地改善了工业经济发展在空间上过于分散的局面。2002—2004 年的镇村合并，又减少了有能力推动发展的集体组织，进一步促进了郊区聚落的集中化。除工业经济的发展，农业也在受限制之列。2010 年前后，开始推行将鱼塘复耕还田的行动。2014 年开始，在强化社会治理的过程中加大了对"违规种养业"的打击。实际上，只要是规模化的养殖业，除了少数大型企业，无论违规与否都被列入清除的范围。同年，上海开始全面落实建设用地"负增长"目标，大力实施"198 区域"低效建设用地减量化[①]，将大量手续不全的集体建设用地上的厂房拆除。与此同时，期待中的郊区第三产业暂时没有出现全面繁荣的局面。由此形成了一种所谓的"一产只能种，二产不能动，三产空对空"（方志权，2013）的现象。

---

① 2009 年，上海开展了"两规合一"工作，开始对工业区块的布局进行梳理。这次规划共形成了"104 工业区块"、"195 区域"和"198 区域"。"104 工业区块"，共 764 平方公里，分布在 104 个地块，以空间优化、结构调整、绩效提高和能级提升为主，着力构建战略性新兴产业引领、先进制造业支撑、生产性服务业协同的新型工业体系，巩固提升工业园区产业集聚优势，增强城市综合功能。"195 区域"指规划工业区块外、集中建设区内的现状工业用地，因实际面积约 195 平方公里而得名。"195 区域"着力推进存量工业用地整体转型，转型方向以研发用地、住宅用地、公共服务用地和公共绿地为主，或开展零星开发试点工作，促进存量工业用地盘活利用。"198 区域"指规划产业区外、规划集中建设区以外的现状工业用地，面积大约为 198 平方公里。"198 区域"着力推进现状低效工业用地减量化。

（四）较大的反哺力度

与这种强力控制相适应的是城市对乡村的发展带动和反哺力度比较大。实际上，当初乡镇集体企业的大发展也是这种发展带动的一个生动体现。在这种发展带动停滞之后，政府加大了对农民的社会保障力度。2004年，上海市全面推进小城镇保障制度时采取的"土地换保障"的做法，标志着这个城市对乡村的回馈方式从发展带动向福利反哺转型。2007年，党的十七大提出要探索集体经济的有效实现形式。2008年，党的十七届三中全会明确提出到2020年农民人均纯收入要比2008年翻一番。在集体经济发展的困局中，上海市区两级政府加大了对农民集体和农民的财政保障力度。这使郊区经济薄弱村的经济实力明显增强，也使上海农民的收入结构发生了重要的变化。在上海农民的收入结构中，出自政府财政的转移性收入占比明显高于全国平均水平，也高于周边地区（见图4）。

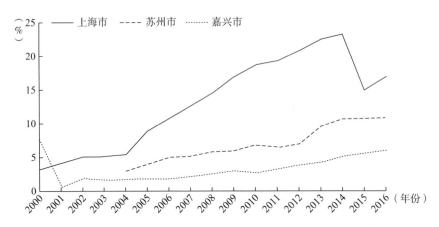

图4　上海、苏州与嘉兴三地农民人均可支配收入中转移性收入①占比
资料来源：上海、苏州、嘉兴三地相应年份统计年鉴。

---

① 转移性收入的内容很丰富，主要指国家、单位、社会团体对住户的各种经常性转移支付和住户之间的经常性转移收入。在发达地区，转移性收入最主要的部分就是养老金或离退休金。在苏州，2016年养老金或离退休金的占比达到87%。2015年起，上海采取的是"农村常住人口"的统计口径，即居住在农村地区的常住人口（包括外来常住人口）的人均可支配收入。由于外来常住人口的收入和本地常住人口的收入差距比较大，同时采取了城乡可比的统计口径，因此图中出现一个明显的变化，以后的数据和此前的数据不可比较。而苏州自2007年起采取了"农村常住户"的统计口径，包括在本地居住一年以上的外来家庭。

四 上海郊区社会的特征之二：人口流入型社会

伴随外来人口的大量流入，强化自身的组织是本地社会系统条件反射式的反应，希望借此管控人口流入给百姓生活和系统整体带来的风险。这种社会的再组织化可以体现在很多的层面，比如推动了农村耕地的规模化流转，将承包地地权从外来人口手中收回来；又如维持了集体经济组织的福利功能；再如强化了对外来人口的管控，乃至推进了人口结构的调整；还全面强化了基层的治理体系和治理能力。

（一）承包地地权的回收

改革开放以来，随着城镇化和老龄化的深化，上海郊区的农民逐渐退出对承包地的直接经营，其经营权逐渐转移到外来务农人员的手中。外来务农人员（或在政策中被称为来沪人员）从改革开放之初就开始进入上海市郊区，在20世纪90年代初期形成规模。1997—1999年推进第二轮承包合同延包时，出现了本地农民大量放弃承包权的情况，由此引发了农地规模化经营的高潮。规模化的形式主要有两种：流转给本地的主体，包括创办村级农场；出租给外来务农人员。在近郊地区，耕地主要用于种植高附加值的蔬菜或葡萄等经济作物，劳动力密集程度更高，外地人经营的情况更普遍；在远郊地区，本地人经营的情况要普遍一些。在经济比较发达的嘉定区，1990年时外来户承包粮田的面积达到174165亩，到2005年，外来户经营粮田的面积占比达到77.19%[①]。即使在远郊，外来务农人员经营耕地的现象也很普遍。2009年时，远郊的金山区至少有74000亩耕地流转给了外来务农人员，占金山区承包地总面积的14%以上。随着城市化建设的推进，大量农地变成建设用地，外来务农人员的经营地点也从近郊向远郊推移，郊区承包地经营权在空间上成梯次地逐步转移到外来务农人员的手上。

外来务农人员经营郊区耕地的情况引发了当地政府的警惕，因为这使本来简单的农村生产关系和利益关系变得复杂化，直接增加了城市化征地的难度，也增加了社会治理和农业治理的成本。各区纷纷采取措施限制来沪人员

---

① 数据来源于钱文荣等（2007：186–215）。

的农业经营行为。松江区做得最为成功，在 2007 年来沪人员承租承包地的情况还没有普遍出现的时候，松江区就主动推进了承包地的整村流转和内部发包，将纯农区的几乎所有耕地都流转到村集体，然后再发包给本村的农户规模化经营，建立了著名的松江家庭农场制度。各区也因地制宜地采取措施推动承包地经营权的回收，鼓励农民将土地交给村集体进行"委托流转"。2012 年，上海市农委发布了《关于切实加强土地流转管理工作的通知》，明确提出"加大推进当地农民从事粮食生产，积极推广家庭农场、粮食专业合作社等成功做法，发展以流转、入股等形式的当地农民粮食生产规模经营"。这个做法意味着要以牺牲农业多种经营为代价，将农地经营权回收到本地农户手中。2014 年，上海市政府提出人口结构调整的任务，减少外来务农人员成为这个任务的重要内容。各区都采取了强力的措施，将自发流转给来沪人员的农地经营权收归村集体经济组织。当前，在全部承包地中，已经有 75% 左右的耕地是通过委托流转经营的。

郊区社会的政府既限制本地农户的地权，也限制外来务农人员的地权。前者是在紧密型城乡关系逻辑下的地权上收，后者是人口流入型社会中的地权回收。承包地地权从来沪人员手中回收与从本地农户手中上收是两个联系在一起的不同过程。回收是通过上收实现的，也就是说通过将农户的承包地流转到村集体来实现从来沪人员手中回收。但上收之后依然可能继续流转给外来的经营主体，尤其是出租给外来的农业企业。或者即使流转给了本地经营主体，比如农业合作社，合作社的经营者也可能被允许或者私自将耕地再转包给来沪人员。

（二）福利性的村集体经济组织

随着集体企业的改制，农村集体经济趋于衰落，但是，上海市政府并没有放任集体经济组织的衰落，而是努力维持集体经济组织的运转。之所以这样做，一是因为集体经济的发展有助于乡村社区治理体系的完善；二是因为要维持既已存在的村集体福利制度。维持村集体福利制度的意义越来越突出。

在 20 世纪 90 年代末期集体企业普遍改制之后，上海市郊区的集体经济发展陷入困境，越来越依靠上级政府的转移支付。在村干部的认识中，各村的集体收入主要有三部分：经营性收入、资产性收入和转移性收入。①在集体企业改制之后，各村集体经济组织自身的经营性收入主要是房屋租赁和建设用地土地使用费。这部分收入的多寡主要和改制的方式有关，尤其是集体的厂房是卖掉的还是租出去的。如果是租出去的，集体经济组织可以持续地收到较多的租金。如果是卖掉的，那么只能收到少量的土地使用费，比如一亩 2500 元。这部分收入在 2014 年以后启动的"198 区域"地块减量化的过程中大幅度减少了。在经营性收入中，有一部分是土地发包的收入，但如果村集体没有机动地或者开发后留置的地，所有的发包收入理论上都应该返还给承包户。②资产性收入主要是城市开发征用土地形成的集体土地补偿费，这一费用按照"334"的原则在三层次的集体之间分配，村队集体应该可以得到 55%，但这部分通常被镇集体留用，要到撤制村队的时候才能返还。镇集体或者镇政府会为这部分钱支付利息，成为村集体的收入。③转移性收入包括对村委会的转移支付和对村集体的补助。这部分收入本来包含了招商引税的奖励收入，它其实是一种税收的返还，与有关法规精神是违背的，且招引的企业绝大部分是上海本地的企业，实际上是帮助企业完成了对税负的逃避。至少从 2008 年起，上海市就提倡取消村级招商引税，但由于经济实力不等，各区这个工作做得不平衡，但到 2016 年前后，各区基本上都不再将招商引税工作纳入各村的考核体系中。那么，各村也不再积极地推进这项工作。同时，政府加大了对村委会或村集体的转移支付，重点在于帮扶经济薄弱村。2013 年，上海市委、市政府高规格地发布了《关于上海市加强农村综合帮扶工作的若干意见》，提出一个 5 年帮扶计划。对村委会的补助重点是基本运转经费，市级财政资金对 2012 年村集体组织可支配收入低于人均 400 元的 395 个行政村，按每年 40 万元/村的标准予以补助，从 2013 年起连续补贴 5 年。除了保障基本运转费用，各区还积极增加对村集体经济组织的转移支付。最典型的是奉贤区的上海百村实业有限公司，将 100 个经济薄弱村集体经济组织联合起来成立一个新的公司，在城区投资有关项目。在 2017 年底时，这 100 个村分别可以得到 70 万元左右的收益。

　　村级社区治理需要花钱，村集体福利也需要花钱，这两部分钱都必须保障。上海的做法可以理解成通过财政来保障村级社区治理的开支，借此缓解社区治理开支对村集体福利的压力，以确保村集体福利得到维持。这个做法的前提是村级组织的政经分离，也就是将负担村集体福利的村集体经济组织从村委会中分离出来。第一步是推进村集体经济组织产权制度改革，建立集体成员权基础上的村集体资产股份合作社，将集体资产的收益权量化到个人。这个股份合作社也成为村集体经济组织的代表。这个改革在 20 世纪 90 年代就随着撤制村队的进程零星地出现，到 2007 年底时，上海市只有 19 个村实行了村集体经济股份合作制改革，这些村集中在高度城市化地区。2012 年，上海市出台文件要求加快村集体经济组织产权制度改革的步伐。2014 年，上海市明确提出到 2017 年要基本完成这项改革。2014 年底时，上海市有 784 个村完成了改革，占比 48%。到 2017 年 11 月，上海市村一级的产权制度改革完成了 97%，镇一级的改革完成了 40%。第二步是将村委会和村经济合作社分账管理。2014 年，金山等区率先开始对村委会和村经济合作社实行分账管理，2015 年后在各区全面推广。分账管理之后，形成了村党支部、村委会和村经济合作社三块牌子一套人马的组织架构，也形成了村社区成员权和村集体成员权的明确划分。分账管理之后，在村党支部的领导下，村委会依然可以从村经济合作社支出，但要通过一个民主程序来授权。

上海的村集体经济组织及其福利制度功能的实现越来越依靠财政资金的补助。根据实地调研的情况来看，当前一个户籍人口 3000 人的村每年的基本开支或者刚性支出通常在 300 万元左右，其中主要包括：老年人的福利；村干部的工资；保洁员、放水员、小组长，乃至开会产生的误工补贴类费用；公共维修费用；等等。其中仅老年人的福利人均就需要 1000 元左右一年，按照 30% 的户籍人口老龄化计算，一个 3000 人的村老年人有 900 人，则一年需要福利支出 90 万元左右。这会用掉很多村集体经济组织经营收入的全部。另外，村两委还要努力为村经济合作社的社员创造年终分红。在确保村集体成员福利的前提下，村干部的工资高度依赖于财政转移补助，比如，2011 年时，村集体负担村干部收入的比例，崇明县平均只有 7%，金山区和青浦区平均为 23%—25%，浦东新区和松江区平均为 40%—45%，闵行区是 86% 左右，只有嘉定和宝山基本达到 100%[①]。随着村级管理人员队伍的扩大和工资待遇的上涨，村级管理支出不断增加。因此，如果没有上级的转移支付，上海的村集体经济组织会发生大面积的破产，村集体福利制度也不得不瓦解。实际上，这一综合帮扶计划维持村两委运转的主要目标是促进农民增收。《上海市市级农村综合帮扶专项资金实施办法》明确这个政策

[①] 数据来源于苏平等（2013：121 - 129）。

的目标是：进一步促进本市经济相对薄弱地区经济社会发展，加快构建能带来长期稳定收益的"造血"机制，提高经济相对薄弱村村民特别是低收入农户的生活水平。因此，在很大程度上，上海市村集体经济组织已经成为城市政府保障农民集体福利的一种制度安排。

（三）基层社会治理体系的全面强化

从基层治理精细化的目标来看，2014 年堪称上海市基层治理新时代的元年。随着城市社会转型的深化以及人口结构的变化，上海市不断地探索社会治理之道。2009 年发布的《中共上海市委、上海市人民政府关于进一步加强社会建设的若干意见》是一个重要的文件，它突出了社会建设的思路。2014 年，上海将"创新社会治理、加强基层建设"列为市委"一号课题"，广泛调研后形成了著名的"1 + 6"系列文件。创新社会治理和加强基层建设成为此后若干年上海社会治理的基本主线。这场变革对于郊区来说最明显的改变是网格化治理体系的完善和社会治理权能的下沉。现在看来，网格化治理体系设计中希望突出的协调功能并不突出，因为会遭遇派单难，难以准确派单，而且会遭遇不执行。网格化治理逐渐蜕变成一种基于现代监控和信息技术的快速回应机制，加快了问题的发现和处置速度。真正有意义的改变是各种机构或者权能向街镇下沉，它使普遍存在的基层"位卑权轻责重"的被动局面有所改变。

基层治理的一个重点是对外来人口的治理。上海市对外来人口的治理思路一直在调整优化，有一个从欢迎向限制的逆转。从有关外来人口的居住政策来看，在 2004 年以前上海市还有蓝印户口政策，表明了上海对外来人口的欢迎。但在 2014 年以后，提高租房的资格门槛成为上海市各区的普遍做法。除了严厉打击群租现象，有的区还提出"一家一户"的农民出租房政策，规定每一户本地农户只能租房给一家外来人员。外来人口子女的就学政策也是上海外来人口治理思路的一个直观的观察点。民办学校是农民工子女就学的重要去处，对民办学校的态度直观地反映了上海市政府对外来人口的态度。2005 年，上海市政府召开第一次民办教育工作会议，此后市财政每年拿出 4000 万元来补助民办学校。2010 年，上海市教育委员会、上海市财政局发布了《关于加强扶持民办中小学发展的通知》，再次明确了市级财政每年安排一定数量的专项资金，用于扶持民办中小学，比照公办学校的额度为民办学校补助生均办学经费。但是，在2014年以后，上海市调人口结构的一个基本办法就是关闭民办学校，提高入学门槛。同时，在就业政策上，上海市大幅度收紧：在农村，集体建设用地的减量化使大量农村地区的企业被拆除；在城市，大批无证照的小店铺被关闭。这些都增加了外来人口就业的难度。

无论如何，上海还是需要外来人口的。如何治理必需留下的外来人口，在当前似乎还没有成熟的思路，但一个总的倾向是希望将他们纳入某种组织。比如曾经受到关注的外来人口党建工作，为外来人口建设阳光公寓的政策，建立外来人口自我管理机制，等等。在郊区农业区域，最重要的做法是发展合作社。在委托流转替代农民自发流转之后，农民的承包地被集中起来规模化经营，本来分散自由经营的外来务农人员，不得不加入这些新型的规模化经营组织，或者从中转包土地继续家庭经营，或者成为农业工人被雇用。多数情况下，他们采取了转包土地继续家庭经营的做法。如此一来，这些合作社也就成为将外来劳动力和本地土地及政策等各种资源结合起来的一个经济机制，也成为治理外来务农人员的一种机制（叶敏等，2016；马流辉，2016）。

五 上海郊区社会的乡村振兴议题

通过以上分析，我们很自然地提出一个疑问：这样的郊区社会还能振兴吗？在一个城乡关系紧密的人口流入型社会，"治理"往往会超越"发展"，具有压倒性的重要性。城乡关系紧密限制了郊区社会的发展空间，人口流入型社会则要求突出治理的主题。在集体企业改制之后，上海郊区社会被纳入高强度的治理框架，村级组织的政经统一关系被打破，各项制度越来越细密，村级组织的自主能动性和自主权都大大地减弱。实际上，村级组织越来越不是一种有能力在市场竞争中谋发展的组织。在党的十九大提出乡村振兴战略之后，这种治理至上的郊区社会形态需要被重新定位。问题是，一直在淡化发展导向的郊区社会还能重新找回发展的能力吗？

（一）发展能力的减退

在通常的看法中，城市是经济发达地区，它对周边的带动能力强，城市郊区必然也是富庶的地区，尤其是被征地拆迁的农民往往会一夜暴富。这在靠近城市的城郊区应该是比较真实的，但在市郊区就会十分不同。实际上，反而可能存在两种重要反差。

第一个反差：越是城市化程度高的地区，城乡差距可能越大。比如，上海市的城乡差距在长三角地区是偏高的。

出现这种悖论的主要原因在于，在经济发达且城市化程度高的地区，社会精英阶层的收入是在更大区域范围内看齐的，而当地低阶层的收入不得不和远处低阶层的收入看齐。因此，越是在城市化程度高的地区，越容易出现一种"头在天上，脚在地上"的悬殊的社会分层结构。中国特殊的土地制度、户籍制度和发展体制，又使这种悬殊的社会分层结构更加明显地被空间化，展现为城乡收入差距。这其中有两种情况。一种是类似于合肥市这样的经济欠发达的行政中心城市，它带动周边发展的能力不足，整个城市的上层建筑建立在全省经济体系的基础上，因此城市社会精英的收入远超当地社会低收入者。所以，合肥市的城乡收入差距曾经长期是安徽省最大的地区。另一种是类似于上海这样经济比较发达的市场中心城市，它的居民收入水平不完全是在国内比较，其中一部分精英的收入参与到国际比较中，但是，它的郊区农民的收入只能以国内其他农村地区为参照系，因为蓝领劳动力市场是全国统一的。即使城市政府有能力，也不能过快地提高农民的收入水平。

第二个反差：特大城市郊区农民的收入甚至低于周边地区农民。比如，2010—2016 年，上海市农村居民家庭的人均可支配收入就低于苏州和嘉兴（见图 5）。

这应该是由于上海市的城乡关系过于紧密，尤其是控制属性过强，而资源属性发挥不充分，城市对郊区乡村的带动和反哺不足。这个形势在近 10 年中变得比较明显，背后的原因之一是城市发展空间的不足逐渐显现。

（二）新配套发展之路

在以上两个重要反差之下，一个需要提出的问题是，郊区社会乡村振兴的出路在哪里？这个问题十分重要，但限于篇幅这里只能概要地进行分析。以上虽然从农民收入的角度来揭示问题，但是我们不能局限于农民增收的角度来解决问题。上海郊区社会发展的核心问题不是将农民的收入提高多少，而是如何切实走出一条适合郊区社会的新发展模式。一个基本的判断是，郊区社会的乡村振兴必须在城市总体规划体系中走通与城市"配套发展"的道

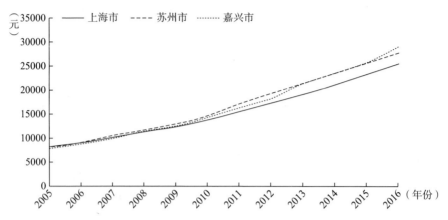

图 5　上海、苏州与嘉兴三地农村居民家庭人均可支配收入的变化

资料来源：上海、苏州、嘉兴三地相应年份统计年鉴。

路。"配套发展"是城乡融合发展在郊区社会中的一种突出内涵。城乡融合发展必定有很丰富的内涵，有多个层面和侧面，其中包含在功能定位上的配套，这种功能定位的配套色彩在郊区社会中体现得尤为突出。

郊区社会是一个城乡关系紧密的人口流入型社会，它的发展路径与其他乡村社会有所不同。通常来说，我们会强调乡村地区的自主发展，强调乡村地区的农民组织起来或者依靠能人带动实现自主发展。但是在紧密型的城乡关系中，乡村自主发展的外部空间十分狭窄，自身条件也明显不足。在郊区社会，城市化的影响比普通乡村地区更为深刻，不仅农村经济能人被城市吸纳干净，甚至村干部也不得不越来越依靠外派。集体经济组织的性质也发生了重要的变化，村集体经济组织普遍采取了股份合作制的组织制度。这种组织制度在中国农村的改革史上一再被证明，不是一种适合激烈市场竞争的组织形式。

郊区乡村的发展更适合走一条"被领导"的配套发展道路。如果城市和乡村不是一个利益共同体，郊区社会的"被领导"与"发展"之间就会有很大的冲突。但在一个城市内部，郊区的"被领导"与"发展"之间是一种既有冲突性也有统一性的关系，而且统一性很明显。因此，郊区是城市自己的郊区，城市政府守土有责。郊区是城市政府的责任范围，在主观上，城市政府肯定希望积极发展好郊区。实际上，当初的苏南和上海郊区的集体经济大发展既是自主能动性充分发挥的结果，也是配套发展模式的成功典范。集体企业依靠为城市工业企业做配套，获得了稳定的技术支持和销售渠道，因此我们能理解苏南模式为什么是别处难以模仿的。这种配套式发展是有领导的，是在地方政府和基层组织的领导下推动的。在这种"被领导"的发展模式下，从城市流出的优质资源首先配备在镇级层面，因此在苏南和上海郊区，镇级集体经济强于村级集体经济（潘维，2003）。

作为中国受城市化影响最深的地区，上海郊区社会一直在走一种配套发展的道路。当前的上海郊区是1958年从江苏省划入的，最初的定位就是作为上海城市的农副产品基地；改革开放以后，集体企业的异军突起使郊县成为农村工业化的桥头堡，这是郊县彰显自主发展能力的时代；集体的改制终结了郊县的自主发展时代，使之成为城市用地的蓄水池，在等待中出现了景观滞后和发展滞后的问题。现在，在城乡关系空前紧密的时代，郊区乡村将迎来一个历史性的巨变。或者说，上海郊区的乡村振兴将要走出一条"新配套发展之路"。《上海城市总体规划（2017—2035年）》为上海的城市发展勾画出一个很有前瞻性的战略图景，它在全球体系和长三角一体化中定位上海，继而在这个定位下定位郊区。在这个图景中，郊区乡村地区的聚落将被大规模地归并，在为城市发展提供更多土地的同时，实现自身的全面转型。转型之后的乡村将彻底地成为上海这个城市的一部分。在2004年以前，上海市政府每年召开上海市农村工作会议，此后召开的是上海市郊区工作会议。这意味着郊区农村已经长入城市，在结构上成为城市网络化的多中心的空间体系的有机组成部分，在功能上将更加彻底地成为全球城市的配套功能区。

（三）走通新配套发展之路的关键议题

新配套发展之路会更加注重整体规划，但郊区社会的未来并不能彻底地依赖规划。规划即使真的能够落实，也不能回答所有的问题，未来的道路还是需要探索。通过实地调研，我们体会到，在新的配套发展的总体思路中，还需要回答以下四个基本问题。

第一，究竟怎样的郊区生活才是更美好的？在多方杂处和土客替代的基本人口格局下，在全球城市的图景中，郊区文化形态或者生活形态呈现一种茫然和紊乱。究竟上海郊区的生活形态要变成怎样的？没有人能够预先回答。一般来讲，这种新的郊区生活形态应该包含两种"融合"——城乡融合与土客融合，既要优化紧密型城乡关系中的两栖家庭生活模式，实现深度的和更高水平的城乡生活融合，也要结合集体和社区这两种组织形式，协调好本地人的集体和常住人口的社区之间的关系，实现户籍人口社区向常住人口社区的有序转型。

第二，究竟怎样的农业组织形式才是更合理的？当前，上海郊区农业生产关系还没有理顺，在将承包地地权从农户手中上收以及从外来农户手中回收之后，究竟要发展怎样的组织形式，这样的组织形式又要发展什么产业？这样的基本问题亟须在探索中得到解答。郊区的农业组织形式必须解决两个基本问题。其一，如何将外来劳动力和本地土地及政策资源更加紧密地结合起来。当前在农业合作社内部存在大量将土地转租给外来户家庭经营的情况，合作社与外来户之间缺乏紧密的利益连接。其二，如何不断地提高本地农民从耕地承包权和宅基地使用权中得到的收益？当前上海郊区的财政支农力度很大，在全国排前列，但相对而言，本地农民实际获得的比例还不够高。

第三，究竟怎样的集体经济组织更具有发展能力？在新配套发展之路中，集体经济组织必将担负枢纽性的功能。多种所有制的经营主体需要与集体经济组织合作，才能对接村集体的土地和房屋等资源，将资源变资产；政府和村两委也需要通过集体经济组织将新的发展红利转化成农民的收入，提高农民的财产性收入。在当前的组织架构中，集体经济组织普遍实行了股份合作制的改造，且是作为集体福利制度存在的。这意味着它不能承担任何的市场风险，那么，这样的组织如何才能适应乡村振兴的要求呢？

第四，究竟怎样的战斗堡垒更坚强？农村基层党组织是郊区经济发展和社会治理的战斗堡垒。配套发展是一场深刻的发展转型，需要有坚强的领导。在郊区社会中，这个领导者在基层只能是基层党组织。当前，上海郊区基层治理体系还有待强化和优化，一种生动活泼的基层党建格局还有待形成。

如果上海郊区社会的发展能够有效地回答这四个基本问题，并将配套发展的道路走通，将为全国郊区社会的乡村振兴提供先行先试的重要经验。

参考文献

蔡昉，2005，《民生经济学："三农"与就业问题的解析》，社会科学文献出版社。
蔡骥，2010，《地域社会研究的新范式——日本地域社会学述评》，《国外社会科学》第

2 期。

曹东勃，2013，《适度规模：趋向一种稳态成长的农业模式》，《中国农村观察》第 2 期。

方志权，2013，《上海村级集体经济发展现状问题和对策研究》，《科学发展》第 3 期。

弗里德曼，莫里斯，2000，《中国东南的宗族组织》，刘晓春译，上海人民出版社。

贺雪峰，2017，《论中国村庄结构的东部与中西部差异》，《学术月刊》第 6 期。

黄忠怀，2005，《空间重构与社会再造：城市化背景下特大城市郊区社区发展研究》，博
　　士学位论文，华东师范大学。

吉登斯，安东尼，1998，《社会的构成：结构化理论大纲》，李康、李猛译，生活·读书·
　　新知三联书店。

蓝宇蕴，2005，《都市里的村庄：一个"新村社共同体"的实地研究》，生活·读书·新
　　知三联书店。

李培林，2004，《村落的终结——羊城村的故事》，商务印书馆。

李强，2005，《"丁字型"社会结构与"结构紧张"》，《社会学研究》第 2 期。

李文海，2009，《民国时期社会调查丛编（二编）·乡村社会卷》，福建教育出版社。

马流辉，2013，《"农民农"：流动农民的异地职业化——以沪郊南村为个案的初步分
　　析》，《中国农村研究》第 1 期。

马流辉，2016，《间接驱逐与身份改造——大都市郊区农业规模经营的治理逻辑》，《中
　　国农业大学学报》（社会科学版）第 6 期。

毛丹，2000，《村落变迁中的单位化——尝试村落研究的一种范式》，《浙江社会科学》
　　第 4 期。

潘维，2003，《农民与市场：中国基层政权与乡镇企业》，商务印书馆。

钱文荣等，2007，《上海推进农业规模化经营问题研究》，载袁以星《上海"三农"决策咨
　　询研究——2006 年度上海市科技兴农软课题研究成果汇编》，上海财经大学出版社。

苏平等，2013，《关于本市村干部报酬情况调研报告》，载孙雷《上海"三农"决策咨询
　　研究——2011 年度、2012 年度上海市科技兴农软课题研究成果汇编》，上海财经大
　　学出版社。

孙立平，2007，《对社会二元结构的新认识》，《学习月刊》第 1 期。

唐亚林，2006，《从边缘到中心：当代中国政治体系构建之路》，华东理工大学出版社。

田毅鹏，2012，《地域社会学：何以可能？何以可为？——以战后日本城乡"过密—过
　　疏"问题研究为中心》，《社会学研究》第 5 期。

王春光，2006，《农村流动人口的"半城市化"问题研究》，《社会学研究》第 5 期。

王春光，2013，《城市化中的"撤并村庄"与行政社会的实践逻辑》，《社会学研究》第
　　3 期。

王铭铭，2005，《社会人类学与中国研究》，广西师范大学出版社。

王颖，1996，《新集体主义与乡村现代化》，《读书》第 10 期。

魏立华、闫小培，2006，《大城市郊区化中社会空间的"非均衡破碎化"——以广州市为例》，《城市规划》第 5 期。

温铁军，2009，《"三农"问题与制度变迁》，中国经济出版社。

项飙，2018，《跨越边界的社区：北京"浙江村"的生活史》（修订版），生活·读书·新知三联书店。

叶敏、马流辉、罗煊，2016，《驱逐小生产者：农业组织化经营的治理动力》，《开放时代》第 6 期。

张兆曙，2016，《中国城乡关系的"中间地带"及其"双重扩差机制"——一种"空间—过程"的分析策略》，《兰州大学学报》（社会科学版）第 5 期。

张兆曙，2018，《农民日常生活中的城乡关系》，上海三联书店。

折晓叶、陈婴婴，1997，《超级村庄的基本特征及"中间"形态》，《社会学研究》第 6 期。

郑艳婷，2002，《半城市化地区城市管治及其行政区划问题研究——以广东省东莞市为例》，载《地理教育与学科发展——中国地理学会 2002 年学术年会论文摘要集》。

周大鸣、高崇，2001，《城乡结合部社区的研究——广州南景村 50 年的变迁》，《社会学研究》第 4 期。

综合土地整治和乡村振兴：平台、工具和关键因素[*]

——以四川省 D 镇综合土地整治项目为例

饶　静　郭鸿雁　董晓婕[**]

　　全球人口从乡村地区转移到城市的剧烈转变，带来了史无前例的巨大变化（Wood，2008）。日益提高的全球城市化发展水平不可避免地伴随着乡村的衰落，这种变化已经席卷发展中国家与发达国家（Liu and Li，2017）。如何应对乡村衰败这一全球性问题？一些研究做出启示性的思考。①全球性乡村。伍兹对全球化背景下农村地区的重塑进行了研究（Woods，2007）。他通过研究地方和全球行动者的互动、人与物种的互动以及由此产生的新的混合形式和关系，探讨了全球化对于乡村重新振兴的推动。全球化成为恢复乡村活力的机会，全球性乡村成为分析农村复兴的理论和工具。②土地整治项目。帕斯卡尼斯和马里希的研究表明，过去 20 年，中欧和东欧国家的农村社会和经济衰退加剧，土地整治是在统一的土地整治项目中实现多重目的的农村发展项目的绝佳工具（Pašakarnis and Maliene，2010）。龙花楼认为要重构农村生产生活空间和生态空间，为建设新农村搭建新平台，实现中国城乡一体化发展，土地整治是必由之路（Long，2014）。③强调自下而上的科学规划。刘彦随等提出振兴世界乡村的四项农村优先政策，包括政府需要在城市化发展的同时促进农村化，必须鼓励自下而上的举措，必须承认有些不宜居住地区的村庄必须搬迁，需要有一个科学的规划来指导复兴进程（Liu and Li，2017）。

　　中国同样面临乡村衰败的问题。中国城市化率从 1949 年的 10.6% 上升

---

　*　原刊于《中国农业大学学报》（社会科学版）2018 年第 4 期。

　**　饶静，中国农业大学人文与发展学院副教授。郭鸿雁，中国农业大学人文与发展学院硕士研究生。董晓婕，中国农业大学人文与发展学院硕士研究生。

到 2017 年的 58.52%，农民向城市大规模迁移持续了近 40 年。农村人口的流动导致了中国农村经济和社会功能的全面退化（饶静，2013）。快速的工业化和城市化引发了"农村空心化"现象（Long et al.，2012）。村庄向心力与离心力失衡，快速的经济发展与落后的意识形态失衡，房屋建设加快与行政管理薄弱等问题导致了"农村空心化"和乡村衰败（王成新等，2005）。中国政府一直努力通过均衡城乡发展来改变乡村衰败现象，其中包括土地整治在内的一系列制度和政策。中国的土地整治是对农用地、建设用地和未利用地的全域土地整治，是对低效利用、不合理利用和未利用的土地进行综合治理，对生产建设损坏和自然灾害损毁的土地进行恢复利用，提高土地使用效率和效益的活动。中国的土地整治具体分为农用地整治、农村建设用地整治、城镇工矿建设用地整治、土地复垦、宜农未利用土地资源开发五种类型（吴海洋，2014）。1986 年开始，中国在全国大规模推行土地整治。随着不同城乡发展阶段的特征和要求发生变化，土地整治的内涵和成效也发生着较大的变化。土地整治工程和项目能否帮助农村地区恢复活力，成为助力乡村振兴的工具和平台？其中的影响和关键因素有哪些？为了解答上述问题，本文首先梳理了不同城乡关系阶段下的土地整治内涵和目的，构建了土地整治作为平台和工具助力乡村振兴的传导机制，然后以四川省金堂县 D 镇为案例，在土地整治助力乡村振兴的传导机制框架下对案例社区的土地整治实践及影响进行了研究，从而总结和分析土地整治助力乡村振兴的关键因素。

一　不同阶段土地整治的内涵和目的

（一）1949—2000年："农村支持城市"

1949 年开始，由于普遍存在的资源稀缺问题，中国农业农村政策非常重视农业生产。在实现农业基本稳定后，中央政府开始实施工业优先发展的战略。在 1956—2000 年长达 40 多年的时间内，在财政支出总额中，包括农田水利等在内的农业农村支出占比维持在较低的水平。

20 世纪 70 年代末期，农村改革的启动使工业化、城镇化快速推进，生产建设占用耕地数量快速增加，耕地面积持续减少。为了保证粮食安全，确保相当数量的耕地面积，中央决定大规模开展土地整治。在《土地管理法》

《土地复垦规定》和《土地管理法实施条例》等法律法规的保障下，1986—
2000 年，土地整治主要是农用地整治。农用地整治是指在以农用地（主要
是耕地）为主的区域，通过实施土地平整、灌溉与排水、田间道路建设、农
田防护与生态环境保持等工程，增加有效耕地面积，提高耕地质量，改善农
业生产条件和生态环境的活动。农用地整治的目的，一方面是改善现有耕地
的生产条件和提高耕地质量；另一方面是补充耕地，以实现耕地的占补平
衡。省级人民政府对本行政区域内的耕地保有量和基本农田保护面积负责。
土地整治的主要投入来源于在耕地占用税基础上建立的国家土地开发建设基
金和土地出让金（即国有土地使用权出让金征收上缴的财政资金）。从1986
年开始进行土地整治到 1997 年底，中国有 400 多个县开展了一定规模的土
地整治。这一时期，土地整治是为维持耕地总体动态平衡，以农用地为主的
土地整治（见表1）。土地整治对乡村发展的影响和传导机制主要体现在农
业生产方面，即保证耕地保有量，提升耕地质量，提升农民生活和收入水
平，保证粮食安全。

表 1　不同城乡关系阶段下土地整治的内涵和目的

时间阶段	城乡关系	内涵和目的
1949—2000 年	农村支持城市	以农田整治为主，增加有效耕地面积的农用地整治
2000—2013 年	城市支持农村	农用地、建设用地和未利用地的全域土地整治
2013 年至今	城乡融合	耕地面积增加，耕地质量提高，建设用地总量减少，明显改善农村生产生活条件和生态环境，优化城乡用地结构和布局，促进公共资源在城乡之间均衡配置，推动城乡融合的综合土地整治

（二）2000—2013年："城市支持农村"

20 世纪末期，长期实行农村支持城市的城乡二元体制，使中国的农业、
农村问题日益严重。2000 年以来，中央政府对城乡发展政策进行了一系列重
大调整，采取"多予、少取、放活"的政策以应对农村衰败带来的问题，促
进农村发展。2006 年，在"社会主义新农村建设"政策指引下，农村社会
和基础设施建设等支农财政资金大幅度增加。

这一时期，土地整治也得到更多财政资金的支持，开始真正在全国范围
内大规模开展，主要有两方面特点。①继续支持农用地整治，以保证耕地数
量，提高耕地质量。2017 年，国土资源部、国家发展和改革委员会发布的

《全国土地整治规划（2016—2020年）》显示，2001—2010年，通过土地整治，中国新增耕地276.1万公顷，建成高产稳产基本农田超过1333.3万公顷（国土资源部土地整治中心，2014）；2011—2015年，中国整治农用地5.3亿亩，建成高标准农田4.03亿亩，补充耕地2767万亩，建成田间道路886.8万公里，修建排灌沟渠867.4万公里，种植农田生态防护林1.1亿株，治理水土流失面积413万亩。有关研究表明，2006年和2007年分别有62.90%和58.34%的土地整治项目有效提高了生产率，而56.51%和52.56%的项目有效稳定了生产率（Du et al.，2018）。②开始进行建设用地整治。中国经济社会持续较快发展，对建设用地的需求越来越高。严格的耕地红线以及土地用途管制，使建设用地供应在一些地区出现了很大的短缺。2000年以来，农村建设用地整治逐渐成为土地整治的重要组成部分。农村建设用地整治是指对农村地区散乱、废弃、闲置和低效利用的建设用地进行整治，完善农村基础设施和公共服务设施，改善农村生产生活条件，提高农村建设用地节约集约利用水平的活动。《全国土地整治规划（2016—2020年）》显示，2011—2015年，全国共整治农村闲置、散乱、粗放建设用地233.7万亩，复垦历史遗留工矿废弃地936.6万亩，改造开发城镇低效用地150万亩。农村建设用地整治是协调农村人口流动和农村宅基地增加的一种创新方式，从而保护农田和确保粮食安全，增加城市建设用地配额，改善中国农村生态环境（Fang et al.，2016）。这一时期，土地整治实现了农用地、建设用地和未利用地的全域土地整治，其对乡村发展的影响和传导机制主要体现在保证耕地数量和质量、改善农村生产生活条件、提高土地集约节约利用水平和美化城乡环境等方面。

（三）2013年至今："城乡融合"

2013年，党的十八大报告中提出城乡一体化，强调打破城乡二元体制，提出必须健全体制机制，形成以工促农、以城带乡、工农互惠、城乡一体的新型工农城乡关系，让广大农民平等参与现代化进程、共同分享现代化成果。土地整治目标也从实现耕地保有量和调控建设用地，转变为增加耕地面积、提高耕地质量、减少建设用地总量、明显改善农村生产生活条件和生态环境、均衡城乡发展。2013—2018年，中央政府持续加大投入和政策支持力度，通过土地整治，共建成高标准农田4.8亿亩，新增耕地2400多万亩，新增粮食产能约440亿公斤。同时，通过土地整治优化城乡用地结构和布局，促进公共资源在城乡之间均衡配置，促进生产要素在城乡之间有序合理流动，推动城乡一体化和城乡融合发展。2017年，习近平总书记在党的十九大报告中提出乡村振兴战略，指出要坚持农业农村优先发展，按照产业兴旺、生态宜居、乡风文明、治理有效、生活富裕的总要求，建立健全城乡融合发展体制机制和政策体系，加快推进农业农村现代化。上述战略和政策的变化，深刻影响了土地整治项目。土地整治应如何助力乡村振兴，成为各方关注的热点问题。从有关土地整治成效的研究成果来看，土地整治对城乡发展产生着重要的经济影响（Wu et al.，2005；Hiironen and Riekkinen，2016）、生态影响（Sklenicka，2006；Mihara，1996）、社会影响（杨庆媛等，2006；鲁春阳等，2010；饶静，2017）以及综合影响（Cay et al.，2010；Coelho et al.，2001）。这也意味着，在乡村振兴战略总体要求的产业兴旺、生态宜居、乡风文明、治理有效、生活富裕五个方面，综合土地整治产生了重要影响。综合土地整治作为平台和工具，通过整理复垦开发农用地、建设配套农业基础设施、建设生态整治工程、整治复垦城镇工矿建设用地、改造空心村，可以为产业兴旺、生态宜居、乡风文明提供基础条件，并通过工程建设加强基层组织资源，促进乡村治理。在产业发展的前提下，农户生计多元化可助力生活富裕。其具体传导机制见图1。

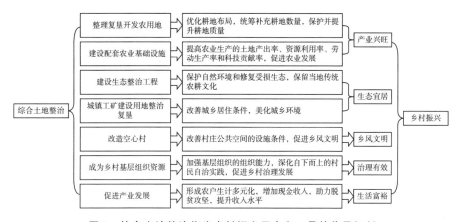

图1 综合土地整治作为乡村振兴平台和工具的传导机制

二　案例研究

四川省成都市金堂县 D 镇地处金堂县域中部，坐落在沱江上游。该镇东南部为河流冲积平原和阶地浅丘，西北部为深丘山区。全镇面积 109.47 平方公里，辖 3 个社区、21 个行政村。2017 年，全镇总人口 77519 人，其中农业人口 60856 人，粮食种植面积 58063 亩，粮食总产量 16458 吨，果园种植面积 7543 亩，种植果树 13047 株。传统粮食作物以水稻、小麦、玉米、薯芋、豆类为主，经济作物以四季优质水果、苗木、蔬菜、花生为主。G 村是 D 镇的一个行政村，面积 7.5 平方公里，耕地面积 6000 亩，林地面积 4500 亩；总人口 2678 人，共 899 户，共 23 个农业生产小组。

（一）D 镇综合土地整治的规划和实践

《2006—2020 年金堂县 D 镇土地整治规划》主要安排农用地整理和建设用地整理两个方面。其中安排农用地整理规模为 5455.25 公顷，新增耕地 473.97 公顷；安排建设用地整理 249.43 公顷，可节约建设用地 227.07 公顷。

1. 农用地整治实践

2009—2017 年，D 镇开始启动农用地整治项目，项目总投资约 7900 万元，施工费约 6700 万元，整理规模 4.9 万亩，其中坡改梯 1.3 万亩，旱地整理 1.7 万亩，最终获得新增耕地 5400 余亩。工程量方面，新建配套沟渠 1.1 万米，蓄水池 300 余口，整治山坪塘 20 座，改建田间道路 6.9 万米。新增耕地的旱地质量为 9 等，水田质量为 8 等。以 G 村为例，截至 2017 年，G 村累计投入资金 3000 多万元，对全村约 6000 亩耕地进行了整治，修建了田间道路和水利灌溉设施，改善了田间运输交通和水利灌溉条件，改变了靠天吃饭的状况。以水稻产量为例，每亩产量提高 100—200 斤。在田间耕作条件提升的同时，地块细碎化问题得到一定解决。G 村处于丘陵地区，土地细碎化非常严重，6000 亩耕地在土地整治后有 1200 亩可以实现机械化操作。另外，土地整治进行的坡改梯工程使耕地的水土流失问题得到一定的解决，提升了农田的生态功能。

2. 建设用地整治实践

D 镇建设用地整治是在"增减挂"政策下执行的。以 G 村为例，拆旧的

房屋 680 户，拆旧占地面积达 1.4 万平方米，复垦面积为 370 亩。截至 2017
年 12 月，G 村村民集中居住节约 370 亩建设用地面积。这 370 亩建设用地成
为建设用地指标，在村内复垦 370 亩耕地占补平衡验收成功后，预计能在成
都市农村产权交易所以约 4.8 万元/亩的价格成交。成交后，资金将全部返
回 G 村，用于拆旧补偿和建新补偿。在资金到位前，县政府先垫付资金进行
农民集中居住房建设。农民集中居住房用地由镇政府协调，处于新发展的镇
区，用地性质为农村集体建设用地，农民购房后获得农村不动产的确权证。农
民集中居住房建设由村业主委员会牵头，在镇政府指导规范下报县发改委报
批、招标和建设。业主委员会是一个参与建设用地整治的由村民组成的农民
组织。

（1）在 G 村的建设用地整治过程中，有三种方案供村民选择：集中居
住在乡镇高层公寓小区；集中居住在村内独栋房屋小区；不参加建设用地整
治，保持现有住房原状。经过建设用地整治后，多数农户迁入 D 镇集中居住
的高层公寓小区。具体情况见表 2。

表 2　G 村建设用地整治后的农民居住方式

单位：户，%

	居住方式	户数	占比
整治前	农村传统院落	899	100.0
整治后	乡镇高层公寓小区	630	70.1
	村内独栋房屋小区	50	5.6
	不参与建设用地整治，保持现有住房原状	219	24.4

（2）G 村的建设用地整治方案包括：A. 拆旧补偿。根据房屋结构和建筑
面积来进行补偿。砖混结构房屋为 70 元/米^2，砖木结构房屋为 50 元/米^2，
简易结构为 30 元/米^2。拆旧补偿资金由"增减挂"资金补贴。B. 购买。公
寓楼由村民以人均 <30 米^2 价格 1100 元/米^2，超出 30 米^2/人购房价格则为
2200 元/米^2 的价格购买。村内独栋的价格则为 3000 元/米^2。这些价格均低
于当地商品房价格，建房资金由"增减挂"资金补贴。

（3）农民集中居住房建设主要遵循了三大原则：A. 先建房，再拆房，
农民拿到新房钥匙后，再拆除原有旧房；B. 自愿先拆房的，可以拿到租房补
贴；C. 由农民自行设计建设用地整治方案，让农民自主选择自家住宅的安

排。一旦选择后签订合同，则不能反悔。

（二）综合土地整治对乡村发展的影响

1. 产业兴旺：产业发展影响

农业经营形式变化：土地整治之前，G 村以小农户家庭经营为主，户均6.6亩。但土地处于丘陵地区，地块分散。土地整治之后，60%耕地的使用经营权从农户手中以 380—800 元/（亩·年）的价格流转给了农业公司。农业公司获得土地后，基本种植油橄榄。土地整治之后，农业经营变成两种形式：30%的耕地为农户家庭传统经营，种植传统老品种作物，耕作条件改善，农民直接受益；70%的耕地进入公司或合作社，进行规模化现代经营，种植经济作物，农民获得土地租金，间接受益。

农业经营组织变化：在农用地整治过程中，大规模的农用地流转，资本下乡，农业公司进入乡村承包土地，推动规模农业和新品种种植。其中包括外来公司和本土农民专业合作组织。在外来公司中，JFG 公司承包流转了 G 村 2000 亩耕地，进行油橄榄种植；XL 农业公司流转了 1600 亩耕地，进行油橄榄种植。本土专业合作组织有：传统经济作物药材沙参专业合作社，桃园乡村旅游合作社。它们都是基于本土资源，由本村人带头组织成立，辐射 104 家农户。

农业种植品种变化：在上述土地整治工程之前，G 村以种植传统粮食作物为主，如水稻、小麦、玉米、薯芋、豆类等。在土地整治之后，G 村改变了作物种植品种，开始种植经济作物油橄榄，改种面积达到原有耕地面积的三分之二（见表3）。

表 3　G 村土地整治的产业发展影响

单位：% ，元

	耕地面积	主要种植品种	经营形式	小农户家庭经营比例	流转给新型农业经营主体比例	土地使用经营权流转年均亩均市场价格
整治前	6000 亩	水稻、小麦、蔬菜等	兼业农户家庭经营为主	80	20	0—300
整治后	6370 亩	油橄榄、沙参、水稻	公司经营、合作社经营、农户家庭经营	30	70	380—800

2. 生态宜居：居住空间影响

G 村共有 899 户，23 个村民小组。土地整治前，村民住房以村民小组为中心分散在公路和浅丘之间。建设用地整治后，村民居住空间发生了巨大的改变。630 户农户选择 D 镇集中居住公寓，50 户农户选择集中居住在村内独栋房屋小区，219 户农户没有参加建设用地整治，保留原有住宅。拆旧的房屋 680 户，拆旧占地面积达 1.4 万平方米，复垦面积达 370 亩。630 户村民的居住空间彻底发生改变，他们从农村平房院落搬到城镇高层公寓小区居住。新建设的集中居住区配套建有健身器材和广场、图书馆、篮球场、公共厕所、日间照料中心等基础设施。由于地处城镇，这些高层公寓小区的医疗、教育、交通和购物等公共服务水平高于乡村，但是生活居住空间变小，副业生产空间消失，农居文化消失。其他没有集中居住的农户在乡村道路、用水、用电、卫星电视、网络等方面已经实现了与城市均等化的水平，但粪便处理等方面还没有改造提升，距离医疗、教育、交通和购物等优质公共服务设施较远（见表 4）。

表 4　G 村土地整治引起的居住变化

单位：%

	居住方式	空间特征	比例	居住条件
整治前	村内传统院落	大空间，私人庭院，规划不好，凌乱	100	距离市政中心远，交通、饮水、排水和厕所条件差
整治后	城镇公寓	小空间，共有庭院，规划良好	70	在距离市政中心近的城镇，距离医疗、教育、交通和购物等公共服务设施近，饮水、排水和厕所均为市政统一提供
	村内独栋	比较大的空间，没有庭院，规划良好	5.5	距离市政中心远，交通、饮水、排水和厕所条件好
	没有参加整治，保持原有村内传统院落	大空间，私人庭院，没有规划，凌乱	24.5	距离市政中心远，交通、饮水、排水和厕所条件差

土地整治提高了农用地质量，加快了土地流转，减少了建设用地面积，促进了农民集中居住。有充分非农就业机会的农民，往往选择集中在城镇居住。他们的社会保障仍然属于农村社会保障体系，他们仍然保留农用地的承包权以及农村集体经济组织成员的身份，同时他们在教育、医疗以及市民化

生活等方面的城镇生活需求在城镇集中居住中得到满足。他们虽然需要放弃独户住宅，但可以保留村庄成员身份，在今后可以申请建设独栋住宅。集约利用出来的农村建设用地可以为乡村发展提供新的规划空间。这实现了一种"你中有我，我中有你"的新型城乡融合，是一种特殊的就地城镇化，使城乡关系得以重组，使城乡要素得以合理流动，进而实现城乡均衡融合发展。

案例1：蒋××，39岁，耕地6亩，家中5口人，有母亲、夫妻俩和两个孩子，一个9岁，一个5岁。他们搬去镇上居住，主要出于三个方面的考虑。A.孩子上学问题。村内没有学校，而镇上学校很集中，9岁的孩子在镇上上小学。B.老人就医问题。家里有一个老人，63岁，患有糖尿病，需要经常看病或住院治疗。C.家庭生计问题。耕地面积少，农业效益低，无法支持家庭支出。而镇上工作机会更多，总体来说比农业经营收入高。

3. 乡风文明：村庄公共空间影响

土地整治不仅改善了村民的居住条件和方式，也改变了村庄的公共活动空间。村民的生活更加城镇化，更加集中。村民互动增加，邻里关系也变得更紧密。村里建立了村民活动中心、日间托儿养老中心等社区服务设施。相较于传统散居的山区居住方式，集中居住在养老、护幼方面具有一定优势。

案例2：李××，70多岁，有4个孩子。两个女儿都在D镇置业，一个儿子在D镇打工，一个儿子在成都打工，都常年在外。家中有承包地6亩。村内宅基地户头有3个，分别是自己和两个儿子的。2017年，考虑到家庭基本情况（家中劳动力都在外，李××年纪也大了），该家庭开会研究决定全部集中居住到城镇。他们将耕地流转了，也交了钱住上了新房。李××告诉调查员，女儿们买的D镇的商品房4800元/米^2，而村内安置房只要1100—2200元/米^2，便宜一半多，觉得很多人辛苦打一辈子工就是要去城镇买一套房子，而现在这个愿望很容易就实现了。在D镇居住生活，各方面都很便捷。孩子们也在镇上居住，照顾老人更加方便。老人年岁已高、劳动能力很弱，独居在山上不是长久之计，搬到D镇居住是很好的选择。

4. 治理有效：乡村治理影响

土地整治使农村治理水平得到提高。在建设用地整治过程中，G村业主委员会成立。作为自治性组织，业主委员会由参与建设用地整治的全体村民组成。它负责建设用地的整治方案设计、拆旧工作、复垦工作以及建新工作。业主委员会拥有上述方案的决定权，但要遵守法律法规的约束和政府的工作流程安排。业主委员会的成立，体现了村民自治实践的深化，使村民在整治规划到实践过程中，锻炼了公共事务的商议和决策能力。业主委员会成为参加土地整治的农户参与决策土地整治项目的平台。在动员农民参与土地整治过程中，县、乡、村三级组织提升了组织动员能力。乡村干部对村民自治和乡村治理有了更深刻的认识，获得了能力的提升。入户调查农户对乡村干部工作的满意度达到99%。

5. 生活富裕：农民生计影响

在土地整治之前，G村的农田平均每户6.6亩，主要种植传统粮食作物和经济作物。G村以传统小农户家庭农业种植和家庭养殖为主，到周边城镇打工的兼业型小农户生计模式为普遍形式。他们一边经营土地，一边外出打工或在周边做零工。也有少部分小农户将土地流转给邻居，但基本没有流转租金收入，也没有正式的合同。对于这些土地，他们随时能要回来，属于非正式的互助型的土地流转。在农用地整治后，100%农户的承包耕地获得了质量提升，70%以上农户将其承包耕地全部或大部分流转出去，流转租金价格为380—800元/（亩·年）。流转土地，是在"三权分置"的框架下，农户保有土地承包权，集体享有土地所有权，流转方获得土地使用经营权。

数据显示，将耕地流转的农户与集中居住的农户重合度为90%，即选择集中居住的农户中有90%将土地流转。这部分农户约占全村农户的63%。流转耕地的农户，其生计结构发生巨大的改变。土地整治前，其收入以城镇非农务工、经商以及种植和养殖收入为主，辅以种地补贴和耕地保护基金为主的农业补贴收入，同时，他们享受全县统一的农村社会保障。近年来建立的农村社会保障（农村养老保险、农村合作医疗和农村最低生活保障等）为农户家庭生计提供了基本保障。土地整治后，他们流转了土地，停止了农业生产。他们的副业因为集中居住而没有了场地也不再可能，其生计收入变成以城镇非农务工、经商、农业公司务工、土地流转租金收入为主，农业收入变成零。种地补贴和耕地保护基金为主的农业补贴收入和全县统一的农村社会保障与整治前一致，不会因为土地流转而改变（见表5）。停止农业生产使农民有更多的时间务工，这一变化只有在城镇务工充分、农民务工能力有保障的情况下，对提高农民收入水平才是有益的。

表5　土地整治对土地流转农户生计的影响

	务工经商以及资产性收入	农业收入	农业补贴	社会保障
整治前	约占全部收入的70%	约占全部收入的30%	种地补贴，按国家标准和农户家庭承包耕地面积计算；耕地保护基金，按国家标准和农户家庭承包耕地面积计算	全县统一的农村合作医疗、农村低保、农村养老保险
	城镇非农务工、经商	种植水稻、小麦、蔬菜；家庭副业：圈养猪、鸡、鸭		
整治后	占全部收入的100%	无	与整治前相比无变化	与整治前相比无变化
	城镇非农务工、经商、农业公司务工、土地流转租金			

（三）综合土地整治成为乡村振兴平台和工具的关键因素

乡村振兴能否实现，影响因素有很多。以上案例研究表明，综合土地整治要成为乡村振兴的平台和工具，有以下几点关键因素。

1. 综合土地整治应有助于城乡要素良性互动，构建新型的城乡融合关系

D镇G村案例研究表明，农用地整治和建设用地整治给农村和城镇建设带来巨大的变化，引发农村社区中产业发展、农民生计来源、农村组织发展、农民居住空间等方面的变化，深刻影响了城乡关系，促进了城乡发展。长期以来，城乡二元关系使农民可以流动到城市谋取生计。然而，农民因为没有城市户口，子女不能在城里上学，生病就医难，在城市留不下。他们又因为农村承包地、宅基地以及农村集体经济福利和农村社会保障而不愿意彻底离开农村。这造成了乡村衰败以及农村空心化等一系列问题。而G村综合土地整治实现了城乡之间资源和要素的重新分配，以及新型的城乡融合。这种新型城乡关系，是"你中有我，我中有你"的城乡融合，即城乡各种要素融合在一起。居住在城镇的农民，既可以享受城镇教育、医疗、养老基础设施的便利，又能享受农村集体经济的福利，例如农村土地的承包权、新农合、农村低保、粮食补贴、耕保基金、集体经济收益权等。同时，农村的土地要素和资源进行了集约节约利用，农民的相关权益仍然保留。这打破了之前城镇化的线性框架，不再简单区分城市和乡村，不再遵循城镇化的固定模

式——提高城镇化率，就是要使农民居住城镇化、农民就业非农化、农民社会保障福利市民化，以及将农民的土地收归集体等。G村通过土地整治创新地进行了"你中有我，我中有你"的城乡融合，实现了城乡要素的良性互动，构建了新型的城乡融合关系，有利于乡村的发展和活力的恢复。

2. 综合土地整治应贯彻"以人民为中心"的发展理念，自下而上

2017年，习近平总书记提出"以人民为中心"的发展理念，并将其贯彻到中国的日常政治生活中。首先，G村成立了业主委员会，充分讨论和决定农村建设用地的整治方案，让农民有权自愿选择是否去城镇居住，选择是否将承包地的使用权流转。这使土地整治较好地契合了农民的发展需要。其次，"增减挂"政策提供了资金，用来支持农民集中居住用房建设和村内基础设施建设。有了资金，农民建设新居所的负担下降。这使农民获得实惠，幸福感和获得感增强。G村实践表明，让农民有充分选择权和决定权的土地整治，即"以人民为中心"的土地整治，是实现上述城乡融合和乡村振兴的关键因素。实行"增减挂"政策①的农村建设用地整治，由于涉及新增建设用地指标而提高了政府的积极性以及农村建设用地带来较大的增值收益，自推行以来引起社会和学术界的广泛关注。社会和学术界普遍认为强调社区为基础、民主协商的农村建设用地整治项目比自上而下、公众参与程度低的农村建设用地整治项目更容易成功。李玉恒等的案例表明，根据当地实际情况，基于社区的农村居民点整治可以增加耕地面积，发展现代农业，为促进新农村建设提供一个综合平台，从而振兴空心化的村庄（Li et al.，2014）。龙花楼等通过对山东省桓台县的个案研究，讨论了该方案的实施情况，并提醒注意其竞争性和偶然性。土地整治只有得到地方行动者的支持和许可，才可能对农村地区进行重构（Long et al.，2012）。这项政策是一种自上而下的对农村结构进行调整的方式，必然需要当地相关人士的支持。不管公众对农

---

① 增减挂政策是指将城镇建设用地增加和农村建设用地减少相挂钩，依据土地利用总体规划，将若干拟整治复垦为耕地的农村建设用地地块（即拆旧地块）和拟用于城镇建设的地块（即建新地块）等面积共同组成建新拆旧项目区，通过建新拆旧和土地整治复垦等措施，在保证项目区内各类土地面积平衡的基础上，最终实现建设用地总量不增加，耕地面积不减少、质量不降低，城乡用地使用更合理的目标。也就是首先将农村地区的建设用地进行整治，将多余的建设用地面积整理复垦为耕地，然后将多余的建设用地指标在全国建立的平台上交易，形成市场，获得收益，回哺农村。城市则可以用购买来的建设用地指标进行第二、三产业的建设和发展。

村建设用地整治具体项目的兴趣如何，如果没有相关村民的合作，其实施就不会成功。农村建设用地整治应该采用试错法以及村民必须有真正的机会参与影响其未来的决策过程（Fang et al.，2016）。因此，如何在农村建设用地整治中保证农民的充分参与和决策权利，土地增值收益能否全部返回乡村社区是重要的问题。案例研究显示，土地整治应在政府引导下，由农民充分参与决策。

3. 综合土地整治应符合当地经济发展实际

在城市和经济发展为导向的发展战略下，城乡建设用地增减挂钩曾引起征地拆迁、失地和"被上楼"后的"三农"状况担忧（叶敬忠、孟英华，2012）。G村"你中有我，我中有你"的新型城乡融合以及较为充分的"自下而上"的整治方案，使"被上楼"的矛盾得到解决。G村土地整治是按照村民充分讨论的方案进行的，农民自愿选择。但光有"自下而上"的政策途径，还不足以吸引农民参加项目。要获得农民的支持，必须适应当地经济发展状况。D镇发展迅速的工业园区和环成都地区的经济增长预期，提供了大量稳定的非农就业岗位。这成为以非农就业为主要收入来源的村民的定心丸。如果农民没有充分的非农就业，没有居住在城镇的需求，就不可能满意城镇集中高层居住的整治方案。因此，土地整治促进城乡融合，助力乡村振兴，不仅要有"以人民为中心"的决策过程，还应适应当地经济发展，要让农民自己权衡到城镇集中居住的利弊，来选择是到城镇生活和流转耕地，还是继续保留农耕生活。只有这样，才可以构建这种新型的城乡融合关系，使乡村振兴得以可能。

4. 综合土地整治应注意防范社会风险

在推动城乡融合发展的过程中，综合土地整治引起的变化和调整对农民个体和乡村发展影响巨大。短促和剧烈的变化存在一定程度的社会风险，需要注意防范。

（1）土地整治后，农用地质量提升，规模农业、现代农业开始发展。在公司经营农业模式下，农产品种植的大部分为外来经济品种，呈现高技术含量、高附加值和高回报的特点。它改变了传统农业种植结构，也改变了农村的图景。赚取利润是资本家的天性，一旦种植的经济作物遭遇市场风险，资金和人力将撤出，乡村再次恢复产业活力将需要较长的过程，乡村衰败也可能再次发生。因此，应在乡村振兴的过程中，推动产业发展，注意壮大本土种植大户和本土精英农民的力量，使他们成为农村产业的核心，激发村庄的内生动力，避免产业发展过多被外来资本牵制。

（2）通过土地整治重建村落后，农民的生计来源发生变化。对于非农就业能力不强、非农就业没有那么充分、非农收入没有那么稳定的农户，他们还需要农业作为口粮的保障。但如果居住地集中，他们可能会远离土地，只有放弃农业生产，向非农部门谋取生计。这部分农民在大趋势带动下"离农离乡"，如果非农就业出现问题，将会遭遇贫困风险。因此应注意加强这部分农户的贫困评估和社会保障工作。

案例3：龚××，42岁，家里一共4口人，两个孩子，一男一女，男孩16岁，女孩1岁多。儿子在邻近乡镇上职业高中，学汽修专业，学费一年6000多元，生活费每月200—300元。土地整治前，家里的收入以种植和养殖为主，偶尔打工。家里一共有3亩多地，地里主要种植蔬菜、玉米、豌豆等。家里养了10多头猪、7—8只鸡、10多只鸭。龚××在村干部的游说和劝说下参加了建设用地整治，在我们采访时还没有搬走。对未来的打算，龚××认为新居住区离土地很远，他会将土地流转出去，不再种地。但是去镇上打工，打工是否能够得到保障，生活来源是否能够得到保障，而且搬到集镇后家庭消费支出会提高，这些都是需要考虑的问题。

三 结论和讨论

通过回顾不同城乡关系阶段的土地整治特点，我们认为，城乡关系从单纯的"农村支持城市"和"城市支持农村"走向新型的"城乡融合"，土地整治的内涵和目的也随之发生变化：从20世纪80年代末期开始保证耕地数量、质量的"农用地为主的土地整治"，到2000年以来以促进乡村发展，改善农村生态、生产和生活条件为目的的"全域土地整治"，再到2013年开始以促进城乡融合为目的的"综合土地整治"。2017年乡村振兴战略提出以来，土地整治被要求进一步融入乡村振兴。

通过实地案例研究，我们认为D镇综合土地整治为产业兴旺提供了土地供给侧的保障；改变了农户生计，提升了农民的现金收入水平，使农民生活富裕；改变了村庄的居住空间，助力生态宜居和乡风文明；有效地提升了基层治理水平，推动了治理有效的实现；形成一种新型的城乡融合互动关系，促进了城乡之间要素的流动。

但巨大的调整也对当地农民的生活形成冲击和影响。综合土地整治是否能成为实现乡村振兴的平台和工具，是否能够贯彻执行"以人民为中心"的发展理念、是否适应当地经济发展状况、是否能够防范社会风险、是否有助于实现城乡融合是其中的关键因素。在非农就业不充分的地区，不应该驱动农民大规模搬到城镇高层集中居住，农民也不会愿意搬到城镇高层集中居住。只有在非农就业充分发展，农民有搬到城镇高层集中居住需求的地区，才可能实现农民满意。只有充分地、自下而上地让农民参与并制定土地整治决策，贯彻执行"以人民为中心"的发展理念，注意防范其中的社会风险，土地整治规划和实践才能够适应当地经济发展状况，才能在调整城乡要素流动和资源配置过程中实现一种"你中有我，我中有你"的新型城乡融合，成为恢复乡村活力、实现乡村振兴的平台和工具，从而为应对乡村衰败这一全球性问题提供中国方案和经验。

参考文献

国土资源部土地整治中心，2014，《全国土地整治规划》（上、下册），地质出版社。

鲁春阳、黄天林、顾金领，2010，《土地整理项目社会评价研究》，《农村经济与科技》第 9 期。

饶静，2013，《如何应对空心化问题?》，《农民日报》6 月 4 日，第 3 版。

饶静，2017，《土地整治社会评价内涵、原则及框架方法》，《中国土地科学》第 12 期。

王成新、姚士谋、陈彩虹，2005，《中国农村聚落空心化问题实证研究》，《地理科学》第 3 期。

吴海洋，2014，《土地整治理论方法与实践》，地质出版社。

杨庆媛、张占录、杨华均，2006，《土地开发整理项目社会影响评价方法探讨》，《中国土地科学》第 3 期。

叶敬忠、孟英华，2012，《土地增减挂钩及其发展主义逻辑》，《农业经济问题》第 10 期。

Cay, T. , T. Ayten, and F. Iscan. 2010. "Effects of Different Land Reallocation Models on the Success of Land Consolidation Projects: Social and Economic Approacches." *Land Use Policy* 27: 262 – 269.

Coelho, J. C. , P. A. Pinto, and L. M. da Silva. 2001. "A Systems Approach for the Estimation of the Effects of Land Consolidation Projects (LCPs): A Model and Its Application." *Agricultural*

Systems 68: 179 – 195.

Du, X. , X. Zhang, and X. Jin. 2018. "Assessing the Effectiveness of Land Consolidation for Impro-
ving Agricultural Productivity in China. " *Land Use Policy* 70: 360 – 367.

Fang, Y. G. , K. J. Shi, and C. C. Niu. 2016. "A Comparison of the Means and Ends of Rural Con-
struction Land Consolidation: Case Studies of Villagers' Attitudes and Behaviours in Chang-
chun City, Jilin Province, China. " *Journal of Rural Studies* 47: 459 – 473.

Hiironen, J. , and K. Riekkinen. 2016. "Agricultural Impacts and Profitability of Land Consolida-
tions. " *Land Use Policy* 55: 309 – 317.

Li, Y. , Y. Liu, H. Long, et al. 2014. "Community-based Rural Residential Land Consolidation and
Allocation Can Help to Revitalize Hollowed Villages in Traditional Agricultural Areas of Chi-
na: Evidence from Dancheng County, Henan Province. "*Land Use Policy* 39: 188 – 198.

Liu, Y. , and Y. Li. 2017. "Revitalize the World's Countryside. "*Nature* 548: 275 – 277.

Long, H. , Y. Li, Y. Liu, et al. 2012. "Accelerated Restructuring in Rural China Fueled by ' In-
creasing vs. Decreasing Balance' Land-use Policy for Dealing with Hollowed Villages. " *Land
Use Policy* 29: 11 – 22.

Long, H. 2014. "Land Consolidation: An Indispensable Way of Spatial Restructuring in Rural Chi-
na. " *Journal of Geographical Sciences* 2: 211 – 225.

Mihara, M. 1996. "Effects of Agricultural Land Consolidation on Erosion Processes in Semi-Mountainous
Paddy Fields of Japan. "*Journal of Agricultural Engineering Research* 64: 237 – 247.

Pašakarnis, Giedrius, and Vida Maliene. 2010. "Towards Sustainable Rural Development in Central
and Eastern Europe: Applying Land Consolidation. " *Land Use Policy* 27: 545 – 549.

Sklenicka, Petr. 2006. "Applying Evaluation Criteria for the Land Consolidation Effect to Three
Contrasting Study Areas in the Czech Republic. "*Land Use Policy* 23: 502 – 510.

Wood, R. E. 2008. *Survival of Rural America: Small Victories and Bitter Harvests* (Lawrence: Uni-
versity Press of Kansas).

Woods, M. 2007. "Engaging the Global Countryside: Globalization, Hybridity and the Reconstitu-
tion of Rural Place. "*Progress in Human Geography* 31: 485 – 507.

Wu, Z. , M. Liu, and J. Davis. 2005. "Land Consolidation and Productivity in Chinese Household
Crop Production. " *China Economic Review* 16: 28 – 49.

第六部分

脱贫攻坚与乡村振兴的有效衔接

1

乡村振兴与脱贫攻坚的有机
衔接及其机制构建[*]

豆书龙　叶敬忠^{**}

　　为解决发展不平衡不充分的矛盾，顺应工业化和城镇化发展规律，中国在积极借鉴新农村建设和美丽乡村建设经验的基础上，将实施乡村振兴战略作为实践新发展理念和实现"两个一百年"奋斗目标的重大举措，并对其指导理念、总体目标和实现路径做出具体安排。乡村振兴战略以坚持农业农村优先、实现城乡融合发展为指导理念，总体按照"产业兴旺、生态宜居、乡风文明、治理有效、生活富裕"的目标，具体在农业、农村、农民和农地四个维度进行制度设计。与此同时，党的十九大将脱贫攻坚列为实现全面建成小康社会的三大攻坚战之一。2018年1月，《中共中央、国务院关于实施乡村振兴战略的意见》正式提出"做好实施乡村振兴战略与打好精准脱贫攻坚战的有机衔接"的工作。2018年6月，《中共中央、国务院关于打赢脱贫攻坚战三年行动的指导意见》再次提出"统筹衔接脱贫攻坚与乡村振兴"的要求。2018年9月，《乡村振兴战略规划（2018—2022年）》进一步提出"推动脱贫攻坚与乡村振兴有机结合相互促进"的要求。可见，乡村振兴与脱贫攻坚有机衔接问题在政策的顶层设计层面越来越趋于明晰化。未来两年，中国将进入乡村振兴与脱贫攻坚叠加推进的时期。在此背景下，探讨乡村振兴与脱贫攻坚的关系及其衔接问题十分必要。

　　在理论探讨层面，当前学术界对乡村振兴与脱贫攻坚的关系及其衔接路径的探讨日趋热烈。一是关于乡村振兴与脱贫攻坚之间关系的研究。归纳起来，主要存在"互斥性"和"过渡性"关系的论争。"互斥性"关系

---

　　*　原刊于《改革》2019年第1期。

　　**　豆书龙，中国农业大学人文与发展学院博士研究生。叶敬忠，中国农业大学人文与发展学院教授。

强调乡村振兴与脱贫攻坚的差异性：一方面，两者目标不同，乡村振兴主要为实现第二个百年目标打基础，而脱贫攻坚主要为实现第一个百年目标打基础（刘奇，2018）；另一方面，两者侧重点不同，乡村振兴重在顶层设计、整体规划，脱贫攻坚重在具体对待、微观施策（朱羿，2018）。"过渡性"关系强调乡村振兴是关涉决胜全面建成小康社会和社会主义现代化国家实现的重大战略，具有战略指引的合法性，而脱贫攻坚只是乡村振兴的部分内容和重要方面，属于决胜全面建成小康社会的底线任务（龚亮保，2017；韩俊，2018；周宏春，2018）。二是关于乡村振兴与脱贫攻坚衔接机制的研究。"互斥性"关系的理解由于强调差异性而失去了衔接机制研讨的基础；"过渡性"关系的理解则由于过于强调二者之间的"过渡性"线性关系，在衔接机制探索方面仅仅强调在未脱贫地区乡村振兴战略对脱贫攻坚的借鉴和影响，其功能体现在对贫困内涵的重新理解（徐虹、王彩彩，2018）、扶贫开发战略的转型（王曙光，2018）、金融精准扶贫的重构（李创、吴国清，2018）和乡村振兴战略对精准扶贫提出更高的要求（管前程，2018）等方面。实际上，脱贫攻坚对未脱贫地区和已脱贫地区的乡村振兴均有可借鉴之处。综上，当前学术界对二者有机衔接的必要性、可行性、存在的问题以及衔接路径缺乏系统而深入的研究，而对这些问题的深入研究恰恰是实施乡村振兴战略和脱贫攻坚行动的关键。据此，本文在厘清乡村振兴与脱贫攻坚衔接必要性和可行性的基础上，系统分析乡村振兴与脱贫攻坚有机衔接过程中存在的问题，进而提出二者有机衔接的路径。

一 乡村振兴与脱贫攻坚有机衔接的必要性

乡村振兴与脱贫攻坚是关涉中国农业农村发展的重大决策部署，虽然侧重点有所差异，但均是系统性的国家工程，具有广阔的衔接空间。二者衔接的必要性主要体现在基层实践的现实需要、制度衔接的理论诉求与社会主义的本质要求三个层面。

（一）基层实践的现实需要

第一，脱贫攻坚与乡村振兴"两张皮"运作的现象日益凸显。虽然乡村振兴战略已被写入地方政府的政策文件，但是在实践中如何将脱贫攻坚所累积的经验服务于乡村振兴战略的实施，以及如何利用乡村振兴战略所提供的政策和支持服务于脱贫攻坚，都还没有清晰而成熟的思路和做法。不少地方政府仍然没有形成因地制宜、协调推进乡村振兴与脱贫攻坚的规划（何绍辉，2018）。

第二，脱贫攻坚与乡村振兴"两张皮"运作具有区域差异性。乡村振兴与脱贫攻坚的性质和地位的异质性，进一步增加了二者衔接的困难。乡村振兴是具有战略指引权威性的长期战略，而脱贫攻坚是必须实现的短期性的政治目标。在压力性体制下，容易出现运作"两张皮"的现象。其中主要可能表现为：对于经济欠发达地区和未脱贫地区，主要还是就脱贫攻坚谈脱贫攻坚；对于经济发达地区或已脱贫地区，则主要是就乡村振兴谈乡村振兴。

第三，衔接实践探索呈现零散化和碎片化特征，缺乏系统性的衔接设计。在基层实践中，既要警惕简单地把脱贫攻坚理解为乡村振兴，盲目扩大精准扶贫的目标、内容和标准，导致扶贫不精准；又要预防把乡村振兴理解为可以覆盖脱贫攻坚的所有要求，因而只落实乡村振兴战略或者脱贫攻坚政策（姜列友，2018）。如果不能理解和处理好二者之间的关系，"扶贫能让穷人致富吗"这类"实践迷惑"将不免再次发生（李小云，2018）。目前，大多数基层政府开始根据当地已有的工作实践，从某个层面探讨二者之间的联结，例如甘肃省庆阳市通过"三变"改革聚焦脱贫攻坚，助力乡村振兴（高红霞，2018）；河南省台前县将"扶贫车间"打造成为实现乡村振兴和脱贫攻坚的重要载体（孙志平、王林园，2018）；河南省商丘市示范区探索了"基层党建、脱贫攻坚、乡村振兴"齐驱并进模式（马晓伟，2018）；等等。在实践层面，如果不能实现乡村振兴与脱贫攻坚系统而有效的机制衔接，不仅会导致重复建设和资源浪费，而且可能会给农业农村工作带来较大的问题。

（二）制度衔接的理论诉求

对乡村振兴与脱贫攻坚关系机理的理解，决定了衔接机制的探索。与"互斥性"和"过渡性"关系的阐释不同，"互涵式"关系强调乡村振兴与脱贫攻坚有机统一的互动关系。"互涵式"关系为二者之间的有机衔接实践奠定了理论基础。具体而言，"互涵式"关系体现为内容的共融性、作用的互构性和主体的一致性三个方面。

就内容的共融性而言，一方面体现为打好脱贫攻坚战是实施乡村振兴战略的内在内容。《中共中央、国务院关于实施乡村振兴战略的意见》中的第八项主要内容便是"打好精准脱贫攻坚战"，因此脱贫攻坚本身是乡村振兴战略中的重要组成部分。另一方面体现为乡村振兴与脱贫攻坚均属于系统性的国家工程，在诸多内容上具有同质性。实施乡村振兴战略的主要内容包括质量兴农战略，农村一、二、三产业融合发展体系，小农户与现代农业发展有机衔接，乡村绿色发展，繁荣兴盛农村文化，构建乡村治理新体系和提高农村民生保障水平，与产业扶贫、小农扶贫、生态扶贫、文化扶贫、党建扶贫和社会保障兜底扶贫等脱贫攻坚方式具有内在一致性。

就作用的互构性而言，一方面体现为脱贫攻坚为乡村振兴奠定了坚实的物质基础和组织前提；脱贫成效的显著极大地减轻了乡村振兴的压力，而脱贫攻坚所形塑的组织载体和运作经验可为乡村振兴提供借鉴（谢撼澜、谢卓芝，2017）。另一方面体现为乡村振兴为脱贫攻坚提供了动力和保障；乡村振兴所规定的标准、目标、思想与原则可以优化充实到脱贫攻坚的行动中，而乡村振兴所匹配的政策、资源和项目均可为决胜脱贫攻坚提供物质保障，从而有利于将乡村振兴与脱贫攻坚有机结合起来，打好"组合拳"。

就主体的一致性而言，两大战略无论是在目标群体、制定主体、实施主体层面，还是参与主体层面均具有共通性。党和政府是乡村振兴与脱贫攻坚相关制度和政策的供给方和实施主体，其最终目标是服务于广大农民群众的利益，因此需要坚持农民的主体地位，而在具体实施过程中均需要动员全社会各方力量。脱贫攻坚形成了专项扶贫、行业扶贫、社会扶贫三位一体的大扶贫格局，形成了"脱贫攻坚，没有一人是旁观者"的局面，取得了积极的扶贫绩效；乡村振兴战略的实施同样需要多方主体共同参与，形成各方协作、共促振兴的局面。

（三）社会主义的本质要求

社会主义的本质是解放和发展生产力，消灭剥削，消除两极分化，最终实现共同富裕（邓小平，1993：373）。因此，社会主义的最终目标是实现共同富裕，其实现途径是通过发展生产力，消除两极分化。当今中国较为突出的社会问题是贫富差距和城乡差距的不断扩大，而脱贫攻坚和乡村振兴的相继提出正是为了缩小贫富差距与城乡差距，维护农民群众的根本利益。因此，二者均充分体现了社会主义的本质要求。伴随着社会主要矛盾的转移，当前中国最大的不平衡是城乡发展不平衡，最大的不充分是农村发展不充分（韩长赋，2018）。乡村振兴作为解决社会主要矛盾的整体性战略，具备内容综合性和体系设计系统性的特征。中国的区域发展差距较大，未脱贫地区与已脱贫地区、经济欠发达地区与经济发达地区的并存决定了乡村振兴的目标不应过于理想化。党的十八大以来，脱贫攻坚成效显著、经验丰富，如何利用脱贫攻坚所累积的经验服务于乡村振兴战略，应该成为现实关注的重点。农村贫困作为发展不充分和不平衡问题的充分体现，长期以来是中国政策层面关注的重点和解决"三农"问题的突破口。目前中国脱贫攻坚已进入"攻坚克难"的决战时期，依然面临深度贫困地区何以脱贫、贫困农户如何确保可持续脱贫和已脱贫农户如何确保不返贫等问题。以解决"三农"问题为意旨的乡村振兴战略的实施，无疑为脱贫攻坚战取胜和绝对贫困问题的解决提供了契机。因此，如何利用乡村振兴战略所提供的政策和支持服务于脱贫攻坚也是要重点考虑的现实问题。因此，从某种程度上讲，乡村振兴与脱贫攻坚有机衔接也是社会主义本质的充分体现和必然要求。

综上所述，乡村振兴与脱贫攻坚"两张皮"运作的实践倾向与衔接实践零散化的困境构成了乡村振兴与脱贫攻坚衔接机制设计的直接原因，以内容共融、作用互构和主体一致为特征的互涵式关联是衔接机制设计的重要原因，而以缩小贫富差距和城乡差距为目标的脱贫攻坚和乡村振兴战略的有机衔接，实质上体现了社会主义的本质要求，成为衔接机制设计的根本原因。

二 乡村振兴与脱贫攻坚衔接实践的可行性

乡村振兴与脱贫攻坚存在以内容共融、作用互构和主体一致为表征的互涵式关联，为二者的衔接实践奠定了理论可行性。在具体的衔接实践层面，一方面，乡村振兴可以借鉴脱贫攻坚的有效经验实现稳健推进；另一方面，脱贫攻坚能够利用乡村振兴机遇实现成果巩固和纵深发展。

（一）乡村振兴借鉴脱贫攻坚的有效经验实现稳健推进

1. 产业奠基：脱贫攻坚与乡村的产业振兴

在脱贫攻坚实践中，70%的扶贫资金用于产业扶贫（李博、左停，2016），且带动的脱贫人数最多（林晖，2016）。因此，将产业与扶贫融合起来，借助产业带动贫困户，成为中国特色扶贫的主要经验。具体而言，一是立足于贫困地区的独特资源禀赋，发展特色产业扶贫。因特色产业具备差异化和不可复制属性（朱启臻，2018），故而具备较强的市场竞争力。二是开展由规模化和组织化经营主体带动的产业扶贫，通过合作社、龙头企业、社会化服务组织、村集体与贫困农户，建立联动发展的利益联结机制，实现脱贫。三是立足于贫困农户自身生计资源和贫困地区生态资源，发展多样化的小农扶贫，实现小农产品与消费市场的固定对接。政府组织开展贫困地区农产品定向直供直销学校、医院、机关食堂，以缓解产业扶贫面临的市场风险。

产业扶贫不仅取得了卓越的减贫成效，而且实现了贫困地区产业的初步发展，为产业振兴的实现发挥了奠基性效能。该效能主要体现为三个方面。首先，特色产业的发展为品牌农业等高端农业的发展奠定了基础，顺应了农业供给侧结构性改革的要求，提升了农业竞争力。其次，在组织化经营主体带动的产业扶贫中，农户通过与经营主体的互动，提高了自组织水平和能力，进而为实现农户组织化的产业发展奠定了基础。最后，多样化的小农产业扶贫，充分挖掘和开拓了农业和农村的多种功能和价值，使多种功能和要素相互配合。

2. 人才储备：脱贫攻坚与乡村的人才振兴

为脱贫攻坚提供强大的人才保证，是中国特色扶贫的重要经验，其机理在于始终坚守"脱贫攻坚与锻炼干部、人才培养有机结合"，将"脱贫攻坚"视为锻炼干部的"炼钢炉"和识别人才的"筛选器"。具体表现为：锻炼干部层面，脱贫期间保持党政干部职位稳定，实现扶贫绩效考核与职位升迁相挂钩；创新基层干部选用制度，贫困地区优秀村干部通过选拔可以被录用为乡镇公务员。人才培养层面，建立乡土人才塑造与外部人才吸纳双重机制。深度贫困县实施"一村一幼""一村一医""一乡一全科""一村一农技员""一户一能手"等培训机制，培育乡村人才（李琼会，2018）。将扶贫绩效优秀的大学生村官、"三支一扶"人员吸收为公务员，实现人才外部引进。上述机制的落实，不仅为脱贫攻坚提供了巨大智力支持，而且为乡村振兴提供了"人才库"。在脱贫攻坚战中表现优异的领导干部和乡土人才均可以直接投入乡村振兴战略实施中。同时，在经验借鉴层面，要构建领导干部与乡村振兴绩效考核联结机制，调动其积极性；要依托新型经营主体培育工程和乡土人才培训进行人力资本开发，实现内部人才重塑，通过推行"定制村官"试点和新乡贤吸纳实现外部人才的引进，进而在实践乡村振兴的征途中培养更多的懂农业、爱农村、爱农民"一懂两爱"人才。

3. 文化引领：脱贫攻坚与乡村的文化振兴

脱贫攻坚坚持以人民为中心的发展理念，坚持农民主体地位，激发了贫困户的内在动力。贫困户由此实现了"要我脱贫"到"我要脱贫"的思想转变。其原因在于脱贫行动坚持"扶贫同扶志扶智相结合"的原则，具体实施机制包括：一是典型引领，通过突出自强不息、自力更生脱贫致富的先进事迹，示范带动贫困群众；二是扶志教育，通过创办脱贫攻坚"农民夜校"，弘扬自尊、自爱、自强精神，抵制"等靠要"不良风气；三是创新机制，通过加大以工代赈实施力度，推广"以表现换物品"的爱心超市自助模式。上述措施的落实，不仅激发了贫困户的内生动力，而且实现了乡村文化的改善。为此，要借鉴相关经验，发挥文化引领功能（叶敬忠等，2018）。具体而言，一是要通过宣传乡村自组织实现振兴样本点，进行引导示范；二是要通过创办乡村振兴"农民讲习所"，弘扬积极进取的传统优秀文化，增强农民的主体意识；三是要通过创新乡村振兴项目和资源输入机制，例如将乡村振兴项目控制权进一步下放到社区层面，将自上而下的项目资源与自下而上的农民主动性相结合，激发村庄自组织和农民的参与意识和主创精神，进而实现农民从"要我振兴"到"我要振兴"的思想转变，提升农民乡村振兴的主体地位和责任意识。

4. 生态修复：脱贫攻坚与乡村的生态振兴

由于连片特困区与生态脆弱区存在地理空间上的高度重叠，具有实现生态保护与扶贫开发双重目标的生态扶贫便成了脱贫攻坚战中的重要内容。因成功实现生态治理与贫困治理的有机耦合，生态扶贫构成了中国特色扶贫的重要经验。就理论层面而言，生态扶贫以"两山"思想为指导，将生态保护与扶贫开发融合在一起，推动生态资源向资产与资金的有序转化（雷明，

2017）。就实践层面而言，形成了生态移民搬迁、生态建设项目扶贫、生态资源市场化扶贫、生态服务消费扶贫和生态补偿扶贫等多层次生态扶贫体系（沈茂英、杨萍，2016）。根据不同贫困区的资源禀赋和生态差异，可采取差异化的生态扶贫手段。对于资源富足型贫困地区，应侧重市场化的生态扶贫手段，如资源市场化和资源服务消费扶贫；对于资源匮乏型贫困地区，应侧重项目扶贫和生态补偿等政策性扶贫手段。在上述机制作用下，生态扶贫可打破"资源诅咒"，实现脱贫与生态修复的统一，也为生态振兴打下坚实基础。生态扶贫的基础性作用主要体现在：理念继承层面，生态振兴更加需要以"两山"思想为指导，与产业振兴融合起来，实现双赢；实践经验借鉴层面，可因地制宜采取多样化的生态振兴手段。对于农业绿色发展和耕地休耕、轮作，应更多采取政策补偿性的生态振兴手段；对于生态资源富集地区，应采取生态旅游、碳汇交易等市场化的生态振兴手段。生态振兴要以实现人的能力的提升和主体意识的复归为目标。无论是农村人居环境整治，还是美丽乡村建设，都应创新机制，让农民参与进来。

5. 组织平移：脱贫攻坚与乡村的组织振兴

脱贫攻坚具备强大的组织动员能力，其中党建发挥了关键性功能。因此，考察党建与扶贫的关系成为解锁中国扶贫成功经验的一把钥匙。脱贫攻坚战略实施以来，"以党建促脱贫"凸显了中国共产党在反贫困斗争中的政治定力（孙兆霞，2017），农村基层党组织与脱贫攻坚有机结合成为脱贫攻坚的核心引擎。以党建促脱贫攻坚，主要表征为三个层面。一是五级书记一起抓，其机理是通过纵向党组织联结横向的行政系统和事业单位，形成强大的贫困治理动员能力。二是通过构建驻村扶贫工作队和"第一书记"制度，实现对贫困村外部组织和资源的注入，以反贫困正义逻辑实现村庄治理的重塑。三是通过党建扶贫的"溢出效应"，实现对社会和市场的联结，从而建构起政府、社会与市场的"大扶贫"格局。因此，"以党建促脱贫"不仅在治理贫困层面取得了较大成效，而且实现了社会治理与乡村治理的重塑，理应成为组织振兴的"平行经验"。

"以党建促脱贫"可转变为"以党建促振兴"。具体而言，一要强化党建引领，及时落实五级书记齐抓振兴机制，强化组织保障和动员能力；二要将扶贫驻村工作队和扶贫第一书记逐步转变为乡村振兴驻村工作队和乡村振兴第一书记，创新驻村工作机制与帮扶制度，探索组建由政府部门、企事业单位和社会组织参与的乡村振兴驻村工作队，优化配合机制，精准助推乡村振兴。同时，根据村庄村情与政府部门性质，依据"党群机关扶弱村、经济部门扶穷村、执法部门包乱村、专业部门包专业村"的原则进行分类帮扶（赴延边州调研组，2018）。同时，加强县级涉农项目的整合，将项目实施与村庄自组织能力提升融合起来，提升村庄治理能力。

（二）脱贫攻坚利用乡村振兴机遇实现成果巩固和纵深发展

1. 配置型资源下移：脱贫攻坚持续性的延长

脱贫攻坚虽取得了巨大减贫绩效，但已脱贫地区和已脱贫人口由于以下原因还存在较大的返贫风险。一是产业发展基础亟待巩固。由于脱贫攻坚以消灭绝对贫困为目标，以2020年为终结点，因而在选择扶贫产业时，容易选择短期减贫效果明显的产业。短期减贫效果明显的产业并不意味着长期市场竞争力的保持。刚脱贫地区的产业发展历史较短，缺乏经验积淀，再加上产业结构单一，面临较大的自然风险和市场风险，因此容易遭遇困境，需要巩固产业发展成果。二是基础设施和基本公共服务有待完善。脱贫攻坚以实现贫困户精准脱贫为重点，对村庄基础设施和公共服务的关注相对较少。三是农户可持续脱贫能力有待提升。脱贫攻坚决战时期，如何预防绝大多数已脱贫人口返贫和巩固脱贫成果，越来越成为亟待解决的重要问题。而乡村振兴战略的实施为预防绝大多数已脱贫人口返贫和巩固脱贫成果提供了大量配置性资源和政策支持，有助于实现脱贫攻坚持续性的延长。已脱贫乡村和贫困人口应当成为乡村振兴战略的支持重点（吴国宝，2018）。"农业农村优先发展"的实施原则确保了配置性资源大量下移的可能性，增加了已脱贫农户由贫困迈向富裕的可能性，有助于实现脱贫效果的巩固和延长。

2. 权威型资源供给：脱贫攻坚综合性的增强

深度贫困成为当前决胜脱贫攻坚的关键。深度贫困具有绝对贫困底线特征，表征为"两高、一低、一差、三重"（习近平，2017）。深度贫困的形成在于薄弱的产业基础、落后的文化观念、脆弱的生态环境和涣散的村组织等多重因素的叠加（李俊杰、耿新，2018），因而深度贫困的破解需要采取综合性措施以消除其产生的根源。综合性措施的供给需要强大的权威型资源的输入。所谓权威型资源，是指为实现权力目标可供选择的制度控制与组织资源（张明皓、豆书龙，2017）。乡村振兴无疑为深度贫困问题的解决提供了契机。在脱贫攻坚期内，贫困地区乡村振兴的主要任务是脱贫攻坚，但同时赋予脱贫攻坚以新的综合性内涵，即按照乡村振兴总要求，有机融入深度贫困地区脱贫。产业扶贫方面，采用特色农业扶贫、小农产业扶贫和组织化的产业扶贫方式，充分挖掘农业的多功能性，打造"六次农业"。生态扶贫方面，因地制宜采取生态移民搬迁、生态资源市场化扶贫和生态补偿扶贫等多种方式，重点发展生态旅游和碳汇产业。文化扶贫方面，创办"农民夜校"宣传优秀传统文化，创新自助式扶贫方式，激发贫困户内生能力。党建扶贫方面，将扶贫驻村工作队和扶贫第一书记直接转变为乡村振兴工作队和乡村振兴第一书记，通过党建引领加强村两委和村内组织的向心力和凝聚力，提高村民自组织能力，为承接脱贫攻坚或者乡村振兴的政策、项目与资金奠定组织基础。

3. 扶贫规则变迁：城乡一体化扶贫治理模式的开启

乡村振兴通过配置型资源下移和权威型资源供给，实现脱贫攻坚持续性延长和综合性增强。随着"农业农村优先发展"和"城乡融合发展理念"的提出，扶贫规则也开始发生变迁。在传统扶贫时期，扶贫规则以保护型贫困治理模式为主（李小云，2013），典型代表便是农村"五保"和低保政策。脱贫攻坚实施以来，政府在保留保护型扶贫的基础上，更加注重市场导向型的开发性扶贫，即通过将贫困户引入无限市场或有限市场的方式，激发贫困户的内生动力和主动意识，典型代表是一般化农业产业化扶贫模式或小农产业扶贫模式（郭牧龙，2018），由此形成了以保护型治理和开发型治理为表征的复合型扶贫治理。保护型治理强调保护贫困群体的利益和权利，维护底线公平；开发型治理则强调以市场化的手段带动贫困户，创造贫困户从贫困到富裕的可能性。伴随着以实现城乡融合发展为主旨的乡村振兴战略的提出，扶贫治理愈来愈被纳入城乡一体化扶贫治理轨道。例如在保护型贫困治理方面，农村"五保"已经实现向特困人口供养政策的转变，城乡低保政策也开始得以建立；在开发型贫困治理模式层面，2020年后的精准扶贫将进入以消除相对贫困为特征的新阶段（叶兴庆，2018）。扶贫政策与低保政策进行合并，不仅是乡村振兴与脱贫攻坚有机衔接机制构建的需要，而且是后全面小康时代扶贫治理的必然趋势。伴随着乡村振兴战略的持续推动以及城乡公共服务和公共基础设施均等化的实现，城乡一体化扶贫治理模式将得以开启。

综上所述，二者衔接的实践可行性主要表现为两个方面：一方面，乡村振兴可以借鉴脱贫攻坚的有效经验实现稳健推进，具体表现在脱贫攻坚通过扮演产业奠基、人才储备、文化引领、生态恢复和组织平移角色，为乡村产业振兴、人才振兴、文化振兴、生态振兴和组织振兴的顺利实现提供经验借鉴和实践指南；另一方面，脱贫攻坚可以利用乡村振兴机遇实现成果巩固和纵深发展，具体表现在脱贫攻坚可以利用乡村振兴所带来的城乡融合发展机遇及政策与资源下乡的机会，实现脱贫攻坚持续性延长、综合性增强和城乡一体化扶贫治理模式开启。

三 乡村振兴与脱贫攻坚衔接面临的障碍

自 2018 年中央一号文件正式提出"做好实施乡村振兴战略与打好精准脱贫攻坚战的有机衔接"的要求以来，无论是顶层设计层面还是学术理论层面均取得了积极进展，为二者衔接实践提供了政策遵循和理论指导。同时，各地因地制宜，一方面在落实乡村振兴战略时，充分利用脱贫攻坚所奠定的基础，扎实推动乡村振兴工作；另一方面在开展脱贫攻坚过程中，融入乡村振兴理念，充分利用各种政策和资源优势，巩固脱贫攻坚成果。总体来看，虽然在促进二者有机衔接方面取得了积极进展，但是在体制机制衔接、产业发展升级和内生动力激发方面仍面临一些障碍。

（一）体制机制衔接不畅

脱贫攻坚已经实施多年，已然形成较为完善的体制机制与运作体系。而乡村振兴战略目前正处于由顶层设计、整体规划转向具体对待、微观施策的过渡期。因此，在实践中乡村振兴与脱贫攻坚协调推进的体制机制往往衔接不畅，导致二者在衔接度、同步度上出现不同程度的断链（胥兴贵，2018）。具体体现在三个方面。一是衔接政策匮乏。虽然地方政府层面已经开始制定乡村振兴规划实施方案和脱贫攻坚行动方案，但是政策衔接方面还没有一个地方政府专门出台乡村振兴与脱贫攻坚有机衔接细则及实施方案。政策方案的缺失导致各地衔接实践的零散化和随意化，难以达到有机衔接的效果。二是组织衔接难。脱贫攻坚组织保障健全，中央统筹层面有国务院扶贫开发领导小组议事协调，专门机构则由国务院扶贫开发领导小组办公室主导负责。

而乡村振兴在组织保障方面虽然也建立了乡村振兴领导小组进行协调，但负责机构大多基于产业、生态、文化、组织、人才五大内容进行部门划分①，加剧了组织协调困境。三是项目规划协调难。在具体的财政项目投入方面，脱贫攻坚主要按照"保基本"的原则，实现广大贫困户绝对贫困问题的解决。目前无论是项目规划，还是项目实施方面，都没有完全做到乡村振兴项目与脱贫攻坚项目的有效衔接、统一部署。

（二）产业发展升级困难

产业发展是实现贫困户可持续脱贫和贫困地区振兴的核心引擎，也是实现从产业扶贫到产业兴旺的关键。然而，在脱贫攻坚中扶持起来的产业很难实现升级迭代，难以实现产业的有效对接。具体原因如下。一是产业本身发展困难。诸多实践表明，发展产业往往投入多、周期长、见效慢，并且需要各种先进生产要素的投入。因此，产业发展本身就非常困难。二是扶贫产业不可持续性强。由于产业扶贫将政治逻辑、市场逻辑和贫困户生存逻辑融为一体，在脱贫攻坚压力下，一些地方的产业扶贫行动多只重视前期投入，而缺乏后续保障，以致可持续性较差（宫留记，2016）。三是扶贫产业发展中农民的主体性缺失。贫困农户缺乏资本投入、能力不足，参与扶贫产业的意愿不强。为了尽快完成贫困户短期脱贫的目的，政府越来越多地采取"资产收益扶贫"的方式进行扶持，即通过对新型农业经营主体的资金和项目投入，保持每年给贫困户一定比例的分红收入。这种方式虽然在短期内能取得较好的扶贫绩效，但是贫困农户并没有真正参与到产业发展中来，而任何排斥农民的产业发展，都与产业兴旺相悖（朱启臻，2018）。四是深度贫困地区陷入"贫困陷阱"，难以与产业发展对接。深度贫困地区主要分布在地理位置偏远、生态环境恶劣、公共服务供给不足和市场伦理发育不足的区域，与按照自由市场规律运行的产业发展尚不具有自洽性（张明皓、豆书龙，2018），因此，要想实现产业兴旺，将会十分困难。

---

① 2018年8月1—15日，笔者曾参与山东省某市乡村振兴规划，观察到该县级市即按照振兴内容进行部门划分。具体分工如下：产业振兴由农业局负责；生态振兴由环保局负责；文化振兴由宣传部门负责；组织振兴和人才振兴由组织部门负责。

（三）内生动力难以激发

农民是乡村振兴与脱贫攻坚的主体。在推动乡村振兴和脱贫攻坚过程中，理应激发农民的积极性。然而，在衔接过程中，农民的内生动力难以激发，其原因主要包括三个方面。一是农民异质性增强，调动全部农户的积极性较难。随着"半工半耕"生计模式的日益普及，大量青壮年劳动力外流，农户结构已然分化为兼业农户、退出型农户和纯农业户三类。前两类农户收入来源于农业和务工收入，或者单纯来源于非农收入，且在农业收入所占比重日益降低的事实下，他们与村庄社会关联的黏性降低，其积极性难以调动。就留守在农村的纯农业户而言，其劳动力欠缺，原子化程度较高，而且由于村集体经济资源和权威资源的欠缺，难以实现组织化动员。二是政府主导与农民主体关系难以协调。乡村振兴需要在政府主导下发挥农民主体作用，但目前不少地方是政府在唱"独角戏"，广大农民群众参与度不高。例如在某市乡村振兴规划编制过程中，为了迎合政府的政绩导向，打造乡村振兴样本，编制专家在该市经济条件较好的四个乡镇分别打造四大亮点工程即"田园综合体""康养谷""慢生活体验区""文化小镇"，然而在具体的项目规划过程中，编制专家只是向政府主要负责人或有关企业法人征求意见，而没有农民参与，忽视了广大农民的诉求①。三是乡风文明亟待培育。部分贫困户自我脱贫意愿不强，且部分农户对乡村振兴的文件精神理解不深，仍然存在较为严重的"等、靠、要"思想。

四　乡村振兴与脱贫攻坚有机衔接的路径

实施乡村振兴战略与打好脱贫攻坚战事关全面建成小康社会的实现，未来两年既是决胜脱贫攻坚的关键期，也是乡村振兴战略的起步期。在这一特殊历史背景下，做好乡村振兴战略与脱贫攻坚有机衔接工作，显得尤为重要。针对二者衔接实践面临的主要障碍或显要问题，在新时代背景下应该着力在体制机制统筹落实、产业发展多元鼓励和主体意识积极培育方面精准发力，推动乡村振兴战略与脱贫攻坚的共生式发展。

---

① 资料来源于2018年8月1—15日笔者参与的山东省某市乡村振兴规划编制调研。

（一）统筹落实体制机制

针对乡村振兴与脱贫攻坚体制机制衔接不畅问题，应该统筹落实相关体制机制。具体而言，应做到以下几个方面。一是做好政策衔接，根据当地实情，制定乡村振兴与脱贫攻坚有机衔接细则及实施方案，解决现有规划内容冲突问题，指导二者衔接工作。二是强化基层政府组织保障，成立由县主要负责人任组长，县级各部门和乡镇负责人为主要成员的乡村振兴暨脱贫攻坚领导小组，下面分设乡村振兴领导小组和脱贫攻坚领导小组，合理分工，统筹推进乡村振兴与脱贫攻坚工作。三是落实项目统筹机制，将脱贫攻坚所需要升级的各类项目，纳入乡村振兴规划和实施方案，同时根据乡村振兴的项目资金标准和要求充实到脱贫攻坚项目中。为解决涉农项目碎片化问题，有必要通过整合机构、项目和人员方式推动项目管理体制改革，比如在县级层面成立涉农项目管理办公室，以提高项目绩效。四是落实考核评价机制，借鉴脱贫攻坚所形成的较为成熟的评价机制对衔接效果进行考核。据此，通过政策衔接、组织保障、项目统筹和考核评价机制的落实，实现乡村振兴与脱贫攻坚体制机制的有效衔接。

（二）鼓励多元产业发展

产业发展是实现脱贫攻坚和乡村振兴的重要标志，而产业升级是实现二者有机衔接的必然要求。产业扶贫理念是通过产业将贫困户带入市场，提高贫困户可持续生计水平。然而，产业发展面临可持续性差、农民主体缺失等问题，产业升级困难。为此，应该因地制宜，鼓励多元产业发展。一是立足于贫困地区独特资源禀赋，发展特色种植养殖产业，提高产业的市场竞争力，推动贫困人口与新型农业结构相融合。二是在原有扶贫产业基础上，助推新型农业经营主体发展，通过延伸农业产业链，推动产业融合，提高产品增加值，让贫困户享受到增值收益，促进小农户和现代农业发展有机衔接。例如，四川邻水县盛世种植专业合作社通过发展农业生产性服务业，为 14 个村庄提供托管服务，除去为贫困农户提供的 6000 公斤/公顷的保底产量，超出部分由贫困农户、村集体和合作社分别按 50%、20% 和 30% 的比例提成，同时该合作社积极发展有机农业和粮油产业链，增值效益部分归贫困户所有[①]。三

---

① 资料来源于笔者 2018 年 12 月 12—13 日与该合作社理事长的访谈。

是探索小农产业发展。当前脱贫攻坚的重点是深度贫困人口,这类贫困人口以小农户为主,常规的产业扶贫难以覆盖。因此,应以农户现有的生计资源为出发点,按照小农方式进行农业生产,通过构建巢状市场①作为交易载体,直接实现与城市消费者的对接。巢状市场小农扶贫模式可通过加强贫困小农户与城市消费者之间的信任关系,实现二者"去中间环节"的对接,使贫困小农户获得稳定且较高的农业收入,使城市消费者通过较低的价格获得生态农产品。因此,这是一种较为稳定的小农扶贫模式,值得在更大范围进行推广和探索②。同时,在小农产业发展基础上,探索发展农耕文化旅游,通过村民自组织实现村庄环境整治,这也是实现乡村振兴的一条途径。

(三)积极培育主体意识

针对农民内生动力难以激发问题,应加快培育乡村振兴和脱贫攻坚的主体自觉,真正让农户"内化于心""外化于行"(徐顽强、王文彬,2018),其核心在于正确处理好政府主导与农民主体的关系。在观念引导上,政府应该采取各种措施引导农户增强主体意识。例如,应扎实做好扶贫和振兴与扶志扶智相结合工作,通过典型引领、开展乡村振兴"农民讲习所"等扶志教育以及创新自助扶贫方式等,引导农户改变观念,增强其自觉意识。同时,利用各种农业培训机会提高农户的技能,为产业发展奠定人力资本基础。在产业发展上,无论是产业规划设计阶段,还是规划实施阶段,都应该完善相应机制,创新群众交流通道,打造百姓参与平台,让农户真正参与起来。农户不仅应该成为产业发展的受益者,而且应该成为产业发展的参与者,从而实现政府主导与农民主体的有机结合。例如,河边村实验即立足于当地的自然、气候和文化特点,发展以高端会议休闲为主导产业、特色农产品为辅助性产业、种养业为基础性产业的复合型产业(严碧华,2017),探索出政府主导、公益组织参与和农民为主体的贫困治理模式,开创了由精准脱贫到乡

---

① 2010年,荷兰农村社会学家扬·杜威·范德普勒格(Jan Douwe van der Ploeg)和中国农业大学叶敬忠教授共同提出了"Nested Market"(巢状市场)的概念。巢状市场在主流的食物市场之外,通过建立生产者和消费者之间的对接和相互信任关系,实现了中间环节的剥离。巢状市场是一种形象的隐喻,象征着生产者和消费者的关系就像鸟巢一样非常紧密、互相信任,而不是主流食物市场上单纯的市场关系。

② 2010年,叶敬忠教授研究团队发起"小农扶贫"模式探索。多年的实践证明,基于小农户生产、直接对接城市固定消费者的扶贫方式,可以成为贫困小农户增收脱贫的突破口。

村振兴的可能性道路。在组织保障方面。由于村集体主导的乡村振兴方式更具韧性（唐任伍、郭文娟，2018），所以应积极探索壮大农村集体经济与提高农民组织化程度相结合的途径。例如，作为典范的"塘约道路"，在坚持"三变"改革的发展思路下，重点推进"村社合一"和"合股联营"，积极推动村集体与村民"联产联业""联股联心"，激发了村民的内生动力，成为乡村振兴的典范（彭海红，2017）。此外，还应支持和发挥合作社、社会化服务组织、供销社等组织对农民的组织和带动作用，重塑乡村主体性。

参考文献

邓小平，1993，《邓小平文选》第 3 卷，人民出版社。

赴延边州调研组，2018，《关于贯彻落实乡村振兴战略 更好推进新农村建设和脱贫攻坚工作的调研报告——赴延边州调研组》，《吉林农业》第 1 期。

高红霞，2018，《聚焦脱贫攻坚 助力乡村振兴——庆阳市推动农村"三变"改革纪实》，《发展》第 5 期。

宫留记，2016，《政府主导下市场化扶贫机制的构建与创新模式研究——基于精准扶贫视角》，《中国软科学》第 5 期。

龚亮保，2017，《从脱贫攻坚到乡村振兴》，《老区建设》第 21 期。

管前程，2018，《乡村振兴背景下精准扶贫存在的问题及对策》，《中国行政管理》第 10 期。

郭牧龙，2018，《对接城市消费 助力农户脱贫——对中国农业大学探索"小农扶贫"模式的调研》，《人民日报》7 月 4 日，第 16 版。

韩长赋，2018，《实施乡村振兴战略 推动农业农村优先发展》，《人民日报》8 月 27 日，第 7 版。

韩俊，2018，《中央农办主任解读中央一号文件：实施乡村振兴战略是总抓手》，网易新闻，2 月 4 日，http://news.163.com/18/0204/18/D9QRCOIN000187VE.html。

何绍辉，2018，《协调推进脱贫攻坚与乡村振兴》，《人民日报》12 月 24 日，第 5 版。

姜列友，2018，《正确理解和把握支持脱贫攻坚与服务乡村振兴战略的关系》，《农业发展与金融》第 6 期。

雷明，2017，《绿色发展下生态扶贫》，《中国农业大学学报》（社会科学版）第 5 期。

李博、左停，2016，《精准扶贫视角下农村产业化扶贫政策执行逻辑的探讨——以 Y 村大棚蔬菜产业扶贫为例》，《西南大学学报》（社会科学版）第 4 期。

李创、吴国清，2018，《乡村振兴视角下农村金融精准扶贫思路探究》，《西南金融》第 6 期。

李俊杰、耿新，2018，《民族地区深度贫困现状及治理路径研究——以"三区三州"为例》，《民族研究》第 1 期。

李琼会，2018，《决战决胜脱贫攻坚 人才培养宜先行》，四川在线，6 月 18 日，http：∥comment. scol. com. cn/html/2018/06/011006_1709117. shtml。

李小云，2018，《"扶贫＝致富"是个不负责任的承诺》，搜狐网，5 月 22 日，https：∥www. sohu. com/a/232527040_232950。

李小云，2013，《我国农村扶贫战略实施的治理问题》，《贵州社会科学》第 7 期。

林晖，2016，《产业扶贫助力 3000 万贫困人口"摘帽"》，中国财经，10 月 16 日，http：∥finance. china. com. cn/roll/20161016/3941363. shtml。

刘奇，2018，《动能转换，乡村振兴怎样实现"聚变"？》，新华网思客，4 月 2 日，http：∥sike. news. cn/statics/sike/posts/2018/04/219530707. html。

马晓伟，2018，《示范区："基层党建、脱贫攻坚、乡村振兴"齐驱并进》，《商丘日报》3 月 12 日，第 3 版。

彭海红，2017，《塘约道路：乡村振兴战略的典范》，《红旗文稿》第 24 期。

沈茂英、杨萍，2016，《生态扶贫内涵及其运行模式研究》，《农村经济》第 7 期。

孙兆霞，2017，《以党建促脱贫：一项政治社会学视角的中国减贫经验研究》，《中国农业大学学报》（社会科学版）第 5 期。

孙志平、王林园，2018，《扶贫车间成乡村振兴重要密码》，《半月谈》第 5 期。

唐任伍、郭文娟，2018，《乡村振兴演进韧性及其内在治理逻辑》，《改革》第 8 期。

王曙光，2018，《乡村振兴战略与中国扶贫开发的战略转型》，《农村金融研究》第 2 期。

吴国宝，2018，《将乡村振兴战略融入脱贫攻坚之中》，光明网，1 月 2 日，http：∥theory. gmw. cn/2018－01/02/Content_27246458. htm。

习近平，2017，《在深度贫困地区脱贫攻坚座谈会上的讲话》，《人民日报》9 月 1 日，第 2 版。

谢撼澜、谢卓芝，2017，《中国特色扶贫开发道路研究》，《探索》第 5 期。

胥兴贵，2018，《以"五大结合"促乡村振兴与脱贫攻坚有效融合》，《农民日报》8 月 18 日，第 3 版。

徐虹、王彩彩，2018，《乡村振兴战略下对精准扶贫的再思考》，《农村经济》第 3 期。

徐顽强、王文彬，2018，《乡村振兴的主体自觉培育：一个尝试性分析框架》，《改革》第 8 期。

严碧华，2017，《李小云：创新深度贫困综合治理》，《民生周刊》第 18 期。

叶敬忠、张明皓、豆书龙，2018，《乡村振兴：谁在谈，谈什么？》，《中国农业大学学报》（社会科学版）第 3 期。

叶兴庆，2018，《新时代中国乡村振兴战略论纲》，《改革》第 1 期。

张明皓、豆书龙，2017，《农业供给侧改革与精准扶贫衔接机制研究》，《西北农林科技大学学报》（社会科学版）第6期。

张明皓、豆书龙，2018，《深度贫困的再生产逻辑及综合性治理》，《中国行政管理》第4期。

周宏春，2018，《解读中央一号文件：乡村振兴须优先打好脱贫攻坚战》，中国发展门户网，2月9日，http://cn. chinagate. cn/news/2018 – 02/09/content_50463007. htm。

朱启臻，2018，《乡村振兴背景下的乡村产业——产业兴旺的一种社会学解释》，《中国农业大学学报》（社会科学版）第3期。

朱羿，2018，《乡村振兴是精准扶贫的2.0版》，《中国社会科学报》3月23日，第7版。

2

梯度推进与优化升级：脱贫攻坚与
乡村振兴有效衔接研究[*]

左　停　刘文婧　李　博[**]

党的十八大以来，中国政府深入推进脱贫攻坚，农村贫困发生率大大降低，从1978年的97.5%降到2018年的1.7%，实现了全国范围内的大规模减贫。脱贫攻坚阶段出台的一系列方针政策主要聚焦在"两不愁三保障"目标上，针对贫困地区的特定人群解决其基本需求。党的十九大指出我国社会发展的主要矛盾已经转化为人民日益增长的美好生活需要和不平衡不充分的发展之间的矛盾（习近平，2017）。当前我国的城乡差距大是"不平衡不充分的发展"的重要体现，乡村振兴战略提出的"产业兴旺、生态宜居、乡风文明、治理有效、生活富裕"的总要求则是对脱贫攻坚的进一步深化。随后2017年中央农村工作会议、2018年中央一号文件和《乡村振兴战略规划（2018—2022年）》等相继对乡村振兴战略做出具体的部署，不仅对消除绝对贫困、缩小地区发展差距有重要意义，也为新时代农业农村农民的可持续发展指明了方向。脱贫攻坚与乡村振兴作为不同发展阶段的战略任务并不是相互孤立的，而是紧密相连、各有侧重。要统筹协调好两者之间的关系，既要打好脱贫攻坚的基础，又要抓住乡村振兴的发展机遇。

一　脱贫攻坚为贫困地区的发展打下基础

摆脱贫困是实施乡村振兴战略的前提和基础。根据国家统计局公布的

---

 * 原刊于《华中农业大学学报》（社会科学版）2019年第5期。

** 左停，中国农业大学人文与发展学院教授。刘文婧，中国农业大学人文与发展学院博士研究生。李博，西安建筑科技大学公共管理学院/西北乡村振兴研究中心讲师。

数据，截至 2018 年末，全国农村贫困人口 1660 万人，与 2012 年末的 9899 万人相比，累计减少 8239 万人，各省农村贫困发生率下降至 6% 以下，贫困地区农村居民人均可支配收入 10371 元，脱贫攻坚力度之大、规模之广、影响之深，前所未有。党的十八大以来，为了确保实现"两不愁三保障"的目标，国家相继出台了一系列扶贫政策，对精准扶贫的"五个一批"进行了具体的工作部署，通过加强基础设施建设，使贫困地区生产生活条件得到明显改善；通过发展特色产业，确保贫困地区人口持续稳定增收。同时，脱贫攻坚也为贫困地区创造了益贫式的社会发展环境，使贫困地区面貌发生了显著的变化。以上做法为新时代的"三农"发展奠定了扎实的基础，也为下一步扎实推进乡村振兴战略积累了一定的工作经验。

（一） 脱贫攻坚改善了基础设施和公共服务条件

基础设施供给的数量和质量对贫困地区的发展与贫困人口的收入至关重要。长期以来，基础设施滞后是阻碍贫困地区发展的一个重要因素。特别是深度贫困地区，由于自然地理条件恶劣、生态环境脆弱等原因，基础设施建设成本较高、难度较大，基本公共服务供给短缺成为制约当地经济社会发展的一个主要短板。党的十八大以来，国家通过出台专项扶贫、行业扶贫政策，加大扶贫资金支持力度，以增加公共服务供给，大力推进交通基础设施建设、水利基础设施建设、电力网络建设、信息基础设施建设以及教科文卫等方面的民生工程，明显改善了贫困地区的基础设施条件，为贫困地区的发展提供了基本的民生保障。2013—2017 年贫困地区农村基础设施和公共服务情况见表 1。由表 1 可知，2017 年贫困地区农村所在自然村通公路、通电话、能接收有线电视信号、进村主干道硬化、通宽带的农户比重比 2013 年有了较大幅度的增长，2013—2017 年所在自然村能乘坐公共汽车、垃圾能集中处理、上幼儿园和小学便利的农户比重持续提高。精准扶贫实施的 6 年多来，国家对贫困地区基础设施的投入和建设，不仅提高了贫困地区人群抵御风险的能力，而且使贫困地区自身发展的脆弱性和风险大大降低，还为贫困人口提供了更多的发展机会。

表1　2013—2017 年贫困地区农村基础设施和公共服务情况

单位：%

	2013 年	2014 年	2015 年	2016 年	2017 年
所在自然村通公路的农户比重	97.8	99.1	99.7	99.8	99.9
所在自然村通电话的农户比重	98.3	99.2	99.7	99.9	99.8
所在自然村能接收有线电视信号的农户比重	79.6	88.7	92.2	94.4	99.9
所在自然村进村主干道硬化的农户比重	88.9	90.8	94.1	96.0	97.6
所在自然村能乘坐公共汽车的农户比重	56.1	58.5	60.9	63.9	67.5
所在自然村通宽带的农户比重	—	—	71.8	79.9	87.4
所在自然村垃圾能集中处理的农户比重	29.9	35.2	43.3	50.9	61.4
所在自然村有卫生站的农户比重	84.4	86.8	90.4	91.4	92.2
所在自然村上幼儿园便利的农户比重	71.4	74.5	76.1	79.7	84.7
所在自然村上小学便利的农户比重	79.8	81.2	81.7	84.9	88.0

资料来源：《2018 年全国统计局农村贫困监测调查报告》。

（二）脱贫攻坚以产业扶贫为抓手，提升了贫困地区的发展能力

中国传统的扶贫模式包括救济式扶贫和开发式扶贫。前者通过资金和物质的帮扶，在一段时间内使贫困得以缓解。然而，这种"输血式"的救助方式难以实现可持续发展，还有可能使贫困人群陷入"福利陷阱"。后者则是通过引导贫困人口参与到市场机制中，发挥贫困人口的主体作用，培养他们自力更生、自我发展的技能，从而激发贫困地区的内生动力。把"发展生产脱贫一批"摆在"五个一批"之首，体现了产业扶贫在脱贫攻坚中的重要地位。习近平总书记指出："发展产业是实现脱贫的根本之策。要因地制宜，把培育产业作为推动脱贫攻坚的根本出路。"因此，因地制宜地发展贫困地区的特色产业，是确保贫困地区实现经济可持续发展的有效途径。经济增长的减贫作用体现为两方面效应：为贫困人群提供就业和创收机会的直接效应；增加税收并通过财政转移使贫困户受益的间接效应（汪三贵，2008）。

各地在脱贫攻坚的工作中，一直把发展当地特色产业放在突出重要的位置。

扶贫车间作为产业扶贫的一个新的发展模式，已在全国范围内得到广泛推广。截至 2017 年，中国中西部 22 个省（区、市）共建立了 2 万多个扶贫车间，吸纳贫困人口 14.9 万人（新华网，2017a）。扶贫车间既为有劳动能力的贫困人口提供了就近工作的机会，也为贫困人口实现稳定脱贫提供了保障。扶贫车间模式积极促进农村产业优化升级，促使农业与旅游、养老、餐饮、文化等产业结合，开展新型农业经营活动。近年来，家庭农场、农民合作社、生产大户、专业户、农业龙头企业等各种新型农业生产经营主体发展迅速，并逐步成为产业扶贫的主要力量。不少贫困地区通过"企业 + 基地 + 合作社 + 农户"的经营模式，对贫困户起到积极的辐射带动作用。

（三） 脱贫攻坚为贫困地区创造了益贫式的发展环境

精准扶贫关键在"精"，并贯穿"精准识别、精准施策、精准帮扶、精准脱贫"的整个过程，其核心突出以人为本，关注贫困地区和贫困人口的发展情况，并为其提供公平的发展机会。在新时代，中国的扶贫模式已转变为坚持开发性扶贫和综合性保障扶贫并重。保障性扶贫类似具有"托底"功能的社会保障，主要通过外部的投入来满足贫困人口的基本生存需要和保障其基本尊严（孙久文、张静，2019），更加突出对贫困地区弱势群体的政策保障。除了实行政策低保兜底扶贫，保障性扶贫在健康、养老、教育、医疗和住房安全等方面也实行全覆盖。对于有生产能力的贫困人口，在硬件方面，关注他们本身的发展，即通过教育精准扶贫，提升贫困人口能力，为贫困地区积累人力资本；在软件方面，结合其所在的外部环境，加强基本公共服务体系建设。公共服务减贫路径不仅可以提升贫困个体的发展能力，也可以为贫困个体进一步发展提供坚实的后备保障和良好的外部环境（左停等，2018）。2018 年出台的《关于打赢脱贫攻坚战三年行动的指导意见》提出，到 2020 年实现贫困地区基本公共服务主要领域指标接近全国平均水平（中共中央、国务院，2018）。提高贫困地区公共服务的供给水平，特别是弥补深度贫困地区的公共服务缺口已成为脱贫攻坚的工作重点。

贫困概念从最初只考虑经济维度的收入贫困，开始向考虑发展能力的贫困，进而向考虑权利贫困转变（左停，2017a），贫困呈现多维的特征。作为脱贫攻坚主战场的深度贫困地区，其收入水平、健康水平、教育水平、人力资本发展水平均低于全国平均水平，其长期陷入贫困与当地独有的贫困亚文化现象密切相关。例如，有些偏远的深度贫困地区，由于历史、地理等原因，长期封闭、与主流社会脱节，久而久之在这种环境下滋生的"等、靠、要"的消极思想会传递给下一代，进而制约当地居民减贫发展的动力和能力。在脱贫攻坚中，教育精准扶贫在扶志和扶智上下功夫，通过提高贫困人口的认知和思想水平来激发其主动的脱贫意识，同时动员贫困人口积极参与各种类型的产业帮扶项目。在提高经济效益的过程中，脱贫攻坚还能培养贫困人口的发展能力和自信心，破除贫困亚文化的环境限制，塑造有助于贫困人口自力更生的良好的发展环境。

（四）　脱贫攻坚促进了乡村治理体系的完善和创新

脱贫攻坚不仅致力于解决贫困问题，减贫成效显著，也促进了国家治理体系的改革和创新，特别是进一步完善了乡村治理体系。针对新时期扶贫开发的复杂性和艰巨性，中国的反贫困治理体系进行了以下创新。一是将国家治理重心下移，把为人民服务的宗旨落在实处。精准扶贫体现了"精细化"治理的工作理念，选派"第一书记""驻村工作队"等干部驻村方式更加贴近群众、帮扶措施更加精准。二是形成乡村协作治理框架。政府体系内跨部门领导小组及多部门参与反贫困，逐渐形成了多层级、跨部门的多维贫困治理网络（左停等，2017）。同时，将贫困县涉农资金在县级层面进行整合，对涉农资金进行有效的管理和规范。三是促进多元主体参与。传统的单一主体的反贫困治理模式呈现越来越强的不适应性。政府职能的转变推动了治理方式的变革，特别是不同利益主体的参与，包括事业单位、社区组织、合作社、第三方机构、企业主体的参与。多元主体协同推进的反贫困治理模式不仅有效地满足了困难群众的需求，而且有助于实现减贫效应最大化。脱贫攻坚中治理体系的探索，有利于形成一个有效的乡村治理体系，而这是乡村振兴的重要组成部分和基础条件。

二　乡村振兴有助于巩固提升贫困地区的脱贫质量

随着贫困发生率不断降低，贫困人口的规模不断缩小，脱贫难度逐渐加大，贫困问题也逐渐聚焦，主要集中在集中连片特困地区和深度贫困地区。

这些地区长期以来受自然条件制约，基础条件较为薄弱，脱贫难度和压力较大。脱贫攻坚作为一个阶段性的战略任务，旨在规定的期限内实现脱贫目标，但是贫困地区家庭和个人的风险具有脆弱性和不确定性，难免会出现有些脱贫户返贫的现象。与此同时，对脱贫不久和将要脱贫地区来说，扶贫产业刚刚步入正轨，经济发展的基础较为薄弱，公共服务和基础设施依然存在不足。因此，脱贫之后需要建立一个长效稳定的机制来巩固和提升脱贫攻坚的成果，而乡村振兴战略正是对脱贫攻坚成果进行有效巩固的重要战略，也是确保脱贫质量的一项长效机制。

（一）乡村振兴有利于贫困地区产业扶贫的提质和成果的巩固

乡村振兴战略是一项长期的历史任务，也被列为决胜全面建成小康社会需要坚定实施的七大战略之一，对贫困地区乃至全国农村的可持续发展具有重要的意义。乡村振兴战略的五句话、二十字的总方针是对农村生产、生活、生态、文化等方面的全面升级，是对脱贫攻坚的进一步升华和改造。产业兴旺是乡村振兴战略的基本前提和物质保障。在产业扶贫的基础上围绕促进农村一、二、三产业融合，发展彰显地域特色的产业，通过拓展农业的产业链条，引导资本、人才、技术等生产要素实现城乡之间的自由流动，将为现代农业农村的发展注入新动能，实现贫困户持续稳定的收入。从贫困户可持续脱贫的视角来看，产业发展是促进贫困户稳定增收和提升自我发展能力即造血能力的有效措施。通过近几年脱贫攻坚的推进，贫困地区的产业扶贫初见成效，很多地区结合自身区位条件和农业发展特色探索出各种有效的产业扶贫模式。这些扶贫模式已经成为实现贫困户稳定脱贫的有效模式。而乡村振兴战略中"产业兴旺"的提出将在沿袭脱贫攻坚中产业扶贫的基础上，一方面实现贫困地区产业扶贫的提质，另一方面有效巩固脱贫攻坚过程中产业扶贫的成果，使贫困地区的产业发展在做大的基础上进一步做强，从而最终实现脱贫攻坚中的产业扶贫和乡村振兴中的"产业兴旺"有效衔接。

（二）乡村振兴有利于化解贫困地区与其他地区发展的非均衡性矛盾

与脱贫攻坚的目标对象不同，乡村振兴面向的是全国范围内的农村地区和广大农民，在保障贫困地区基本生存需要的基础上，更加重视满足各地区农民多元化的发展需求，是解决发展不平衡和不充分问题的根本之策。2018

年，中国城乡居民人均可支配收入之比是 2.69∶1，城乡收入依然存在差距，而且东部与中西部地区的农村发展水平差距较大，中西部的人才流出较多。因此，实施乡村振兴战略是一个艰巨而繁重的任务。减少地区之间和城乡之间的差距并不是一蹴而就的事情，必须设立长远的可持续发展目标。这需要更大的耐心投入更多的精力和责任，为全国农民提供基本的生产生活保障，循序渐进地加快推进农业农村现代化。就农村发展的现状来看，在处理"锦上添花"和"雪中送炭"的关系上，国家对绝大部分农村地区的政策导向更多地要注重"雪中送炭"。而乡村振兴战略的提出将在"雪中送炭"的基础上有效地实现"锦上添花"，即实现脱贫攻坚与乡村振兴的有效衔接。作为一项重要制度，乡村振兴战略对于贫困地区的发展来说，又将是一场变革。乡村振兴过程中各项政策的实施将有效地缩小城乡之间的差距，特别是缩小中西部贫困欠发达地区和东部发达地区在发展质量上的差距。从地区发展之间和城乡发展之间的关系来看，乡村振兴首先将解决地区之间发展的非均衡性，通过对贫困地区基础设施和公共服务、产业发展、治理能力的改善和提升来实现贫困地区的整体性发展。与发达地区相比，贫困地区和欠发达地区更具一定的发展潜力，同样的资源投入带来的边际报酬较高。乡村振兴过程中大量人力、物力、财力的投入将在脱贫的基础之上实现这些地区经济和社会发展的再一次腾飞，对于破解贫困地区和其他地区发展的非均衡性矛盾可以发挥一定的作用，也可以对巩固和提升贫困地区的脱贫质量发挥有效的作用。

（三） 乡村振兴有利于建立稳定脱贫的长效机制，实现可持续脱贫

农村绝对贫困人口的消除意味着脱贫攻坚的结束，但是必须清醒地认识到脱贫攻坚的结束并不代表贫困的终结。建立稳定脱贫的长效机制，有效避免返贫现象发生是实现可持续脱贫的最有效方式。在当前的贫困地区，尤其是深度贫困地区，仍有部分农村人口长期徘徊在贫困线周围，即所谓的边缘贫困人口。这一部分人生计脆弱，一旦遭遇天灾、人祸，极易陷入贫困。所以，在脱贫之后建立相应的返贫防范机制显得尤为重要。而乡村振兴战略的提出将从生计保障、公共服务建设、产业发展等多方面给予贫困地区和贫困人口支持和帮扶，从而实现贫困人口的可持续发展，尤其是对于边缘贫困人口发挥较强的作用。从乡村振兴与脱贫攻坚二者之间的关系来看，乡村振兴

的一系列措施将为建立稳定脱贫的长效机制提供有效的保障，奠定坚实的基础，对有效防止返贫和实现可持续脱贫发挥有效的作用。乡村振兴的一系列政策与脱贫攻坚的相应措施具有一定的契合性，乡村振兴将在脱贫攻坚的基础上实现脱贫成果的有效巩固和脱贫的可持续性。在乡村振兴中加大对刚脱贫人口和即将脱贫人口与地区的支持，从政策和制度方面给予相应的倾斜，对于在脱贫攻坚之后巩固脱贫成果和提升脱贫质量将发挥有效的作用。

三　做好脱贫攻坚与乡村振兴衔接的对策

"三农"问题长期以来是全党工作的重中之重。党的十九大强调大力实施乡村振兴战略，坚决打好脱贫攻坚战。两者有机统一、相辅相成并具有紧密的实践逻辑关系：脱贫攻坚的短期目标是确保贫困地区的贫困人口在2020年实现如期脱贫，其长远目标是以高质量的发展实现乡村振兴。在实践中既要总结并推广脱贫攻坚时期积累的工作经验，又要把乡村振兴的战略思想融入脱贫攻坚的工作中去。

在当前两者交汇的特殊时期，做好打赢精准脱贫攻坚战与实施乡村振兴战略有效衔接，是贫困地区面临的一个现实问题。要根据不同地区社会经济发展的现实情况，既抓好梯度跟进，又抓好优化升级。所谓梯度跟进策略，主要是着眼于脱贫攻坚政策措施的延续，继续做好"量变"发展工作，以巩固脱贫成果为重点。对于一些深度贫困地区，梯度跟进仍然是主要任务。所谓优化升级策略，是利用脱贫攻坚形成的坚实基础，积极促进乡村经济的"质性"转化和发展。中部和西部基础条件较好的贫困地区，应该积极协助小农户融入市场经济和城镇化的发展进程中，实现乡村振兴。做好脱贫攻坚与乡村振兴的衔接应重点关注以下五个方面的对策。

（一）继续总结、运用并推广脱贫攻坚的经验和做法

乡村振兴战略从提出到落地需要建立系统长效的保障机制。自脱贫攻坚以来，中国政府进行了积极的探索并积累了一系列经验做法，有以下几点。

第一，权责明确的责任体系。中央出台脱贫攻坚责任制实施办法，强化"中央统筹、省负总责、市县抓落实"的扶贫管理体制，构建起责任清晰、各负其责、合力攻坚的责任体系（刘永富，2017），各级政府（中央、省、

市、县、乡）严格实行党政一把手负责制，构建五级书记一起抓扶贫的工作格局，为脱贫攻坚的顺利完成提供了强有力的领导力量和组织保证。这种做法符合中国特色社会主义的基本国情。考虑到乡村振兴战略的目标对象更为广泛、任务更为严峻，广大农民是乡村振兴的主力军，因此，乡村振兴的具体任务要进一步下放到各行政村。这需要各级政府加强农村基层党组织建设，同时进一步细化各责任人的职责。第二，全面的监督考核机制。为了实现 2020 年如期脱贫的目标，确保小康路上"一个都不掉队"，国家制定了从贫困县、贫困村到贫困户的严格考核机制，同时为了保证脱贫质量、增强脱贫绩效的公正性，引入第三方评估，由社会专业组织作为独立的第三方对扶贫脱贫工作进行客观评估，丰富了评估的形式，也使评估更加有效。基层政府还将以上考核结果与干部的综合考核挂钩，并作为干部选拔和调动的一个重要衡量标准。实施乡村振兴战略重在落地落实，借鉴脱贫攻坚阶段形成的严格考评方式，发挥考评监督机制的激励和鞭策作用。第三，多元主体参与的社会动员机制。政府培养了一大批优秀干部（如"第一书记"）进驻贫困村并取得了显著的脱贫成绩，也动员了社会多方面的力量投身到脱贫攻坚的工作中去，如社会组织、企业和个人进行对口帮扶。多元主体参与也是乡村振兴战略实施的现实需要。农民是乡村振兴的主体，要重视新型农业经营主体中新型农民的作用。脱贫攻坚阶段的做法为乡村振兴提供了优质的"样本"和参考系，乡村振兴战略要在借鉴以上工作经验的基础上，探索出适合不同地区农村的发展模式与乡村振兴的有效途径。

在实施乡村振兴战略助力脱贫攻坚的同时，还应该清醒地看到，乡村振兴战略是一个系统性工程，其目标是彻底消除城乡、工农发展的二元结构矛盾（张红宇，2018a）。这需要长远的规划和可持续发展目标。根据以上总结的脱贫攻坚工作经验，要科学把握各地区的差异和特点，因地制宜、循序渐进，不能搞"一刀切"，如当下东北地区的乡村振兴应关注粮食安全问题，而北京、上海农村地区乡村振兴的重点是城乡融合问题，深度贫困地区的乡村振兴重点是绝对贫困人口的脱贫。同时，在脱贫攻坚与乡村振兴的交汇时期，应该抓主要矛盾，分清轻重缓急，两手都要抓，两手都要硬。

（二）推进产业扶贫的优化升级，做好做强产业扶贫

产业扶贫是贫困地区如期脱贫的有效手段。近年来产业扶贫把贫困地区规模较小、组织化程度较低、市场竞争力较弱的产业发展壮大，并结合当地情况探索出多种模式来带动贫困户增收脱贫。党的十九大报告将产业兴旺列为乡村振兴战略的五个要求之首，明确了产业兴旺是乡村振兴之基的重要地位。产业兴旺是实现农业强、农村美、农民富的物质基础，也可以为现代农业农村发展注入新的内生动力和能力。产业兴旺作为后脱贫时代产业扶贫的升级版，要顺势而为在巩固脱贫攻坚成果的基础上进一步把农村产业做好做强。在脱贫攻坚时期，政府通过提供扶贫资金、技术、优惠政策等，帮助很多贫困地区的产业从无到有地逐渐发展起来。有的产业已步入正轨，有的刚刚起步，政府在其中起到主要作用。这里值得注意的是，从乡村振兴战略的目标来看，必须正确处理好政府与市场的关系，切忌只关注政策导向。要重视并遵循市场自身的规则和规律，充分发挥市场在农业资源配置中的决定性作用。政府的作用就是在相关的政策执行、市场监管等方面提供公共服务，这样也体现了"产业＋扶贫"和"产业＋振兴"的应有之义。一方面，要注重发展现代农业，推进一、二、三产业融合发展。国务院办公厅于 2015 年发布了《关于推进农村一二三产业融合发展的指导意见》，首次提出"推进农村一二三产业融合发展"，这是构建现代农业体系的必然趋势。农业产业融合，可以发挥产业融合的乘数效应，是拓宽农民增收渠道、推动农业高质量发展、实现乡村产业兴旺的重要途径（张红宇，2018b）。在乡村振兴背景下，要重点关注农业中不同类型产业之间如何融合，如有机循环农业，或者是与农业相关的二、三产业之间（如农业＋旅游、农业＋互联网服务等）进行融合，同时注意拓展农业产业链，实现产业的优化升级。可以结合产业的发展状况，将传统的农业产业链向前端产前和后端产后的加工、运输等环节延伸，也可以将农业的上下游产业联系起来，优化产业结构，增加农业的价值。另一方面，要坚持适度规模经营，发挥新型农业经营主体的带动作用。新型农业经营主体包括家庭农场、专业合作社、龙头产业等，是推进脱贫攻坚的主力军。截至 2016 年底，全国纳入农业部门名录的家庭农场有44.5 万户，依法登记的农民专业合作社有 179.4 万家，各类农业产业化龙头企业有 13 万个，各类农业社会化服务组织有 115 万个（新华网，2017b），近年来，新型农业经营主体发展壮大，既具有农业现代化的经营理念，也是实现小农户与现代农业有机衔接的纽带，更是落实乡村振兴战略的主力军。

（三） 提供高质量的金融供给服务，满足农户的多样化需求

金融扶贫作为精准扶贫"五个一批"中的一项重要的惠民工作，在脱贫攻坚中发挥着不可或缺的重要作用。农村的道路、电力、农田水利、危房改造等与农户的生产生活息息相关。这些基础设施和公共服务都属于公共产品或准公共产品，具有很强的外部性。脱贫攻坚虽取得了一定的成绩，但依然存在地区间基础设施覆盖率失衡的问题，有许多投资缺口迫切需要弥补。乡村振兴战略更需要金融服务的支持和保障。农村金融服务不仅有市场性，而且肩负着社会责任。2018 年，第一产业的固定资产投资增长幅度超过二、三产业，金融服务在其中发挥了重要的作用。然而，目前仍有很多地区的金融服务欠缺，有些地区农民金融服务的可及性和便利性不足。现阶段，普惠金融具有包容性，乡村振兴就是要在此基础上"补短板""强弱项"。考虑到作为第一产业的农业具有自然和市场双重风险，未来金融工作的重点应该是为农村金融创造一个良好的制度、市场和信用环境。

2019 年 1 月，中国人民银行等五部门联合发布《关于金融服务乡村振兴的指导意见》，提出金融资源的倾斜领域有对贫困户的扶持、对新型农业经营主体和小农户的金融服务、对农村产权制度改革的金融服务等几个方面。由此来看，农村金融服务的涉及面较广，不同地区、不同经营主体以及不同产业类型对金融服务的需求各不相同。在乡村振兴战略背景下，更要充分提升金融服务的有效性，注重加强金融体系制度化建设，完善金融服务体系。制度化的金融体系是农村金融高质量发展的基本前提。应建立健全规范的市场准入、信用评估及风险管理制度，并把普惠金融融入乡村振兴战略，进行金融服务模式的探索和创新，扩大农村金融服务覆盖范围，提升各地农村金融服务供给的配置效率，更好地满足农村不同主体多样化的金融需求。同时，也要注意发挥不同金融主体的作用。中国农业发展银行是中国唯一的农业政策性银行。除了要发挥政策性银行的作用，积极引入商业银行及发挥民间资本的作用也是金融服务于乡村振兴的重要举措。

（四） 提高农村治理能力和水平，构建新时代的乡村治理体系

基层民主自治制度是中国特色社会主义民主制度的充分体现。然而，长期以来，村委会在村民自治的过程中更像是乡镇政府意志的表达机构，其行

政化色彩较为浓厚，使村民自治陷入"内卷化"的状态，加之其提供的公共物品和公共服务水平不高，农民参与农村治理的积极性不高，村两委的工作效益呈边际效益递减的趋势。在脱贫攻坚时期，国家先后出台了《关于做好选派机关优秀干部到村任第一书记工作的通知》和《关于加强贫困村驻村工作队选派管理工作的指导意见》，选派了优秀的干部队伍深入一线贫困村，紧密配合当地村委会进行基层党建、社会稳定、经济发展、提供农村公共服务等方方面面的建设来实现精准脱贫，增强了与人民群众的交流和联系，健全了村民自治体系，提高了村两委的公共服务水平和工作效率，在扎实推进贫困户脱贫、贫困县摘帽的过程中发挥了积极的作用。

当前既要夯实脱贫攻坚的基础，也要继续总结驻村工作队的宝贵经验和工作方法，将乡村振兴工作重心下移到农村，将选派干部组建驻村工作队这种密切联系群众的工作方式制度化、常态化，建立乡村振兴驻村工作的长效机制。事实上，这种基于群众路线的干部驻村机制早在解放战争时期就被中国共产党倡导和运用（李鑫诚，2017）。所以说，精准扶贫期间的驻村干部选派并不是运动式的治理方式，如今驻村工作队的工作理念实现了从"行政化"向"服务型"的转变。党的十九大报告将"治理有效"作为实施乡村振兴战略的总要求之一，在推进乡村振兴战略的过程中，可以建立乡村（社区）服务站，有针对性地为农业、农村、农民的发展提供公共物品和公共服务。乡村振兴工作队可以通过密切与群众交流，及时了解农民对公共服务的诉求，并与农民之间形成良好的沟通机制，从而激发农民参与乡村事务治理的积极性。因此，在有条件的地区推进乡村振兴工作队与村两委"互补"的治理模式，有利于村民自治的规范化、制度化建设。此外，为了保证驻村工作队更好地发挥作用，打造一支高素质的乡村振兴工作队，要建立健全选拔、考核以及保障等方面的机制。

（五）深化对脱贫攻坚的思想认识，加大对弱势群体的社会保障力度

三年脱贫攻坚任务与 2020 年"两不愁三保障"脱贫目标的完成，意味着绝对贫困的消除，但必须认识到贫困是一种常态化的社会现象，相对贫困将长期存在，也要注意一部分脆弱的脱贫户因不可抗拒的外力因素而返贫的现象。"社会保障兜底一批"作为精准扶贫"五个一批"中的重要组成部分，针对的是基本丧失和完全丧失劳动能力而无法参与到经济发展中的人

员。随着经济、社会、政治、文化的发展，人们的生活需求日益多元，并且长期以来的城乡二元结构导致地区之间发展不平衡，导致城乡之间存在较大的差距。因此，接下来的工作要继续加强面向弱势群体的社会服务，加大社会保障力度。从基本特征来看，弱势群体具有经济上的低收入性、生活上的贫困性、政治上的低影响力性和心理上的高度敏感性（钱再见，2002）。应进一步完善低保制度，一方面根据地区发展情况，科学地调整低保标准；另一方面从对困难群体的帮助主体来讲，我们国家的基本制度设计应该是"家庭—集体—国家"，即首先要发挥家庭的基本功能，在家庭、集体经济等都无力帮助时，再由国家的低保政策予以兜底救助（左停，2017b）。目前在人口老龄化的社会背景下，农村地区的老年人口数量增速较快，很多地区的养老服务和资源供需失衡。因此，要重点提升农村养老服务供给、提高敬老院的养老服务水平，将农村养老服务作为乡村振兴战略中的重点任务来抓。由于农村人口外出务工的数量较多，留守儿童长期是农村的重点问题。应通过建立留守儿童关爱体系，时时关注留守儿童的动态，防止因学致贫的现象发生。

参考文献

李鑫诚，2017，《乡村权力下沉治理模式的运行策略及其反思》，《湖北社会科学》第4期。

刘永富，2017，《不忘初心 坚决打赢脱贫攻坚战——党的十八大以来脱贫攻坚的成就与经验》，《求是》第11期。

钱再见，2002，《中国社会弱势群体及其社会支持政策》，《江海学刊》第3期。

孙久文、张静，2019，《论从开发式转向开发与保障并重的新扶贫模式》，《西北师大学报》（社会科学版）第1期。

汪三贵，2008，《在发展中战胜贫困——对中国30年大规模减贫经验的总结与评价》，《管理世界》第11期。

习近平，2017，《决胜全面建成小康社会 夺取新时代中国特色社会主义伟大胜利——在中国共产党第十九次全国代表大会上的报告》，《学理论》第11期。

新华网，2017a，《国务院扶贫办：将扶贫车间作为精准扶贫重中之重》，11月10日，ht-tp://news.cnr.cn/native/gd/20171111/t20171111_524021112.shtml，最后访问日期：2019年5月23日。

新华网，2017b，《我国全力培育新型农业经营主体》，12月15日，http://www.xinhuanet. com//fortune/2017 – 12/15/c _ 1122118917. htm，最后访问日期：2019 年 5 月 23 日。

张红宇，2018a，《坚持走中国特色社会主义乡村振兴道路》，《经济》第 5 期。

张红宇，2018b，《坚定不移实施乡村振兴战略》，《理论参考》第 4 期。

中共中央、国务院，2018，《关于打赢脱贫攻坚战三年行动的指导意见》，《人民日报》8 月 20 日，第 1 版。

左停、金菁、李卓，2017，《中国打赢脱贫攻坚战中反贫困治理体系的创新维度》，《河海大学学报》（哲学社会科学版）第 5 期。

左停，2017a，《贫困的多维性质与社会安全网视角下的反贫困创新》，《社会保障评论》第 2 期。

左停，2017b，《进一步明确低保兜底的定位和对象》，《中国民政》第 9 期。

左停、徐加玉、李卓，2018，《摆脱贫困之"困"：深度贫困地区基本公共服务减贫路径》，《南京农业大学学报》（社会科学版）第 2 期。

3
脱贫攻坚与乡村振兴有效衔接的
现实难题和应对策略*

左　停**

脱贫攻坚即将取得决定性的胜利。脱贫之后需要建立一个长效稳定的机制来巩固脱贫攻坚的成果，而乡村振兴战略正是对脱贫攻坚成果进行有效巩固的一个重要战略。乡村振兴是今后一定时期党和国家农业农村工作的总抓手。脱贫攻坚与乡村振兴有效衔接，涉及工作人群目标衔接、工作任务目标衔接、治理体系衔接、经济产业体系衔接、社会支持体系衔接等诸多方面，需要我们本着问题意识、大局意识，认真研究并克服脱贫攻坚与乡村振兴有效衔接中存在的一些现实难题，实现脱贫攻坚和乡村振兴的有效衔接。

一　脱贫攻坚与乡村振兴有效衔接的现实难题

（一）与脱贫攻坚相比，乡村振兴工作目标人群数量更多，差异更大

脱贫攻坚工作主要涉及贫困地区贫困人口，主要是要瞄准贫困县、贫困乡、贫困村，特别是贫困户，要精准到户。中国建档立卡贫困人口最多时不到1亿人口，仅涉及农村的一少部分人。从空间区域上看，国家层次的脱贫攻坚工作集中在中西部22个省（区、市），东部没有国家扶贫任务，而脱贫攻坚的难点是"三区三州"和中西部地区169个深度贫困县，这些地方是中央确定的深度贫困地区。而乡村振兴涉及所有省（区、市）、所有农村、所有农民、所有农业，所以它的人群目标范围是全局性、整体性的。从东部一

　*　原刊于《贵州社会科学》2020年第1期。

　**　左停，中国农业大学人文与发展学院教授。

些省份来说，这些年的工作重心其实已经是乡村振兴，2020 年前后工作对象的范围变化不大。对中西部地区来讲，脱贫攻坚期间主要聚焦贫困村、贫困户，2020 年以后乡村振兴的工作面会扩大。工作面的扩大肯定会带来一些难题（包括工作方法和工作能力上的难题），比如脱贫攻坚工作中形成的一些到村到户的精准工作方式能否继续坚持下去。

老弱病残等特殊困难群体是脱贫攻坚的主要目标群体，也应该是乡村振兴工作的主要目标群体。对这个群体的关注，应该是两项工作有效衔接的基础部分。脱贫攻坚期间对老弱病残群体的帮助都比较具体到位，市场经济下"弱"的群体问题在乡村振兴工作中会成为突出问题，欠发达地区家庭和个人面临的风险具有脆弱性和不确定性，难免会出现有些脱贫户返贫乃至产生新的绝对贫困户现象。在乡村振兴工作的目标群体设定中，如何解决好"面"与"点"的平衡问题是一个现实问题。"贫困边缘人群"是脱贫攻坚后期提出的另一个目标群体，这一群体收入状况略好于建档立卡群体，但得到的支持很少，而且确实存在一定的现实困难，在乡村振兴工作中，应该成为重要的目标群体。

（二）与脱贫攻坚相比，乡村振兴的工作任务目标在区域之间有更大的不平衡

乡村振兴是一个中长期的、全国性的宏大战略，其任务目标包括产业兴旺、生态宜居、乡风文明、治理有效和生活富裕等多个方面。脱贫攻坚作为一个阶段性的战略任务，其核心任务是实现"两不愁三保障"等民生方面的目标。尽管脱贫攻坚也包括贫困地区区域性发展方面的一些任务，脱贫攻坚过程中也提出扶志扶智的要求，但应该看到脱贫攻坚任务总体上是对贫困户、贫困村的生计进行改善和支持，也应该清醒地看到，各地尽管实现了脱贫攻坚，但脱贫攻坚以后的现实状况是不一样的，这种现实状况与乡村振兴的目标距离也不一样。

乡村振兴包含文化、生态、治理等多方面任务。脱贫攻坚是乡村振兴工作的一个基础部分，乡村振兴更全面、层次更高，应该说要伴随农业农村现代化的整个过程。与脱贫攻坚相比，乡村振兴工作目标的区域差异更大，或者说欠发达地区的压力更大。脱贫攻坚的工作目标也存在区域差异，但中央反复强调既不降低标准，也不吊高胃口，而是要紧扣"两不愁三保障"，因而各地的工作目标基本一致。乡村振兴工作的起点因全国农村的区域差异而存在很大差别，东部地区早已起步，西部地区刚刚脱贫，如何合理地设定不同地区乡村振兴的工作目标，是一个重要的政策和实践问题。乡村振兴不可能像脱贫攻坚一样设定全国统一标准，理想的做法应是按照全国农村的不同类型设定"相对的"乡村振兴任务目标，这样既能引领各地工作，又能测度各地的工作进展和成效。

（三）脱贫攻坚与乡村振兴不同的治理体系之间存在转换难题

顺利打赢脱贫攻坚战得益于全国脱贫攻坚治理体系的建立。脱贫攻坚首先成功地达成了社会共识。从任务目标来说，脱贫攻坚话语体系是与小康社会相联系的，小康路上"一个也不能掉队"的话语表述容易达成社会共识。脱贫攻坚是在6—8年时间内的短时期的资源调动，是一场攻坚战。为了打赢这场攻坚战，全国上下建立了一个脱贫攻坚治理的响应体系，包括脱贫攻坚统揽经济社会发展的理念、五级书记抓扶贫和跨党政军的党政主要领导负责的领导小组制度、定点扶贫和东西对口扶贫制度、各个部门形成的行业扶贫计划、财政涉农资金县级整合制度、最后一公里的"第一书记"和驻村帮扶制度，以及最严格的考核制度。这一系列专门的贫困治理制度安排，保证了脱贫攻坚工作的主流化和顺利实施。

一个现实的问题是脱贫攻坚中形成的治理框架，能否转换成为或者经过一定的再创新服务于乡村振兴的治理体系。乡村振兴不同于脱贫攻坚，其几个中心治理目标之间的关系是平行的，部门之间的动员难点较多。农业部改为农业农村部并不能形成类似"大扶贫"格局一样的"大乡村振兴"格局。2019年中央一号文件提出的"五级书记抓乡村振兴"是一种扶贫治理方式的平行转移，从这一转移中也许能看出一些端倪，但完全的平行转移难度很大。这些制度安排问题，不仅是涉及乡村振兴将来时的问题，也是涉及脱贫攻坚成果工作完成时的问题，这些问题也是贫困地区非常关心的问题。在具体的制度安排方面，迫切需要研究哪些好的脱贫攻坚政策值得复制与推广，哪些好的暂时性政策需要机制化、制度化，又有哪些好的做法需要主流化。

（四）贫困地区脱贫前后经济发展政策存在不平衡难题

经过几十年的快速发展，脱贫攻坚的对象本质上具有"贫中之贫"的特征。为了解决他们的发展问题，脱贫攻坚战采用了一些超常规的帮扶举措，如金融扶贫、产业扶贫、易地扶贫搬迁等。在当前的氛围下，这些措施（包括一些辅助性手段，如电商扶贫、消费扶贫等）产生了一定的帮扶效果，但长远来看，他们稳定、高质量的脱贫仍需面对市场经济中必然存在的障碍和风险。在讨论脱贫攻坚与乡村振兴有效衔接这一话题时，短板或者核心的关切还是应该在贫困地区、贫困小农。要实现脱贫攻坚政策向乡村振兴政策平稳发展，既要抓好梯度跟进，又要抓好优化升级，利用脱贫攻坚打下的坚实基础，形成包容性的经济发展环境，积极促进乡村经济的"质性"转化和发展。

几个现实问题需要尽快出台明确的政策。一是金融扶贫政策延续与否以及拓展与否的问题。脱贫攻坚中投向贫困户的信贷金融支持已经陆续进入还贷期，是延续特惠的扶贫信贷金融支持，还是创新出乡村振兴框架下的普惠信贷金融支持？二是易地扶贫搬迁是脱贫攻坚中资金投入最大的项目，需要在"搬得出、稳得住、能致富"的目标上持续下功夫，确保后续就业支持、产业扶贫等方面的政策跟得上。三是如何让产业扶贫持续发挥效益。要在传统的对种养业产业直接支持之外，重点解决加工、销售、品牌建立、产业融合等环节发展不平衡的问题。四是光伏扶贫等资产收益扶贫项目在脱贫攻坚以后如何规范管理并产生合理的收益分配效应。乡村产业振兴要妥善解决当前贫困地区面临的几个不平衡问题：贫困户和非贫困户、新型经营主体和普通农户之间的关系不平衡问题，应聚焦解决利益联结机制创新方面的问题；贫困村和非贫困村之间的不平衡问题，主要涉及基础设施建设方面的问题。

（五）社会政策的实施无法兼顾不同群体的诉求

脱贫攻坚政策具有显著的福利性特征，重视对贫困群体生活条件的改善和发展机会的赋予。在脱贫攻坚中，为了确保解决"三保障"问题，形成了一系列面向建档立卡人口的特惠性政策。这样的政策设计在一定程度上形成了贫困户与非贫困户之间社会政策的"福利悬崖"效应。在推进脱贫攻坚与乡村振兴有效衔接的实践过程中，合理兼顾不同群体利益诉求和需求是一个现实难题，需要在普惠与特惠之间、特定瞄准与普遍福利之间、不断提高帮扶水平与防止产生福利依赖之间解决好平衡的问题。

社会政策支持上有几个难点。一是在强化社会救助的同时，如何激发被救助对象的内生动力问题。二是当前农村已经实现社会保障主要项目的制度全覆盖，但保障水平仍然不高，因病致贫等威胁始终存在，如何建立一个广覆盖的、有效的、可持续的社会保险保护网络，以有效预防贫困，是脱贫攻坚给乡村振兴留下的一个重大挑战。三是在政策选择上，既要考虑瞄准性质的社会救助政策，又要考虑普惠性质的社会福利和社会服务政策；既要考虑短期的"救急难"性质的政策，又要考虑长远的"社会投资"性质的社会发展政策。过去扶贫中的一些做法（比如"以工代赈"）和脱贫攻坚中形成的一些做法（比如"公益性岗位"），应该考虑如何从公共财政角度形成长效机制。

二 实现脱贫攻坚与乡村振兴有效衔接的应对策略

脱贫攻坚与乡村振兴有效衔接的有效性应该体现为：一方面，从全国特别是贫困地区来讲，脱贫攻坚要为乡村振兴奠定坚实的基础（既包括各种投入和基础建设，也包括治理的经验），是乡村振兴的重要前提和优先任务；另一方面，乡村振兴要在巩固脱贫攻坚成果、建立防贫反贫长效机制方面发挥持续性的作用。

（一）要坚持以人民为中心、农业农村优先发展的理念

脱贫攻坚和乡村振兴都是中国现代化建设中的重要任务，但首先需要解决理念和认识问题。要实现脱贫攻坚和乡村振兴有效衔接，首先需要各级党委和政府在工作理念和态度上一以贯之地予以重视。无论是"以脱贫攻坚统揽经济社会发展全局"还是"坚持农业农村优先发展"，体现的执政理念是一致的，也是现实的，反映了民生问题和"三农"问题等仍然是小康社会建设和国家现代化的短板。脱贫攻坚和乡村振兴有效衔接，本质上就是要解决城乡之间、区域之间和不同人群之间发展不平衡、不充分的问题。脱贫攻坚和乡村振兴有效衔接是一个发展大局问题，各级党委和政府要切实践行"以人民为中心"的发展理念，把在脱贫攻坚期间形成的各种好的做法运用到乡村振兴和经济社会发展全局之中。

（二）尽快考虑村社治理的结构创新问题，形成长效机制

在脱贫攻坚中，各类扶贫政策、资源、项目的下达，以及第一书记或驻村工作队队长、帮扶干部的下派，带来了政府工作中心和重心下移的态势，能够更加贴近受众并及时回应和了解农民的切实需求。然而，在积极发挥第一书记（驻村工作队队长）、帮扶干部作用的同时，要始终注重把村两委主要领导作为脱贫攻坚中主要的领导者和践行者，充分培养、调动村集体领导班子的主观能动性，促进乡村干部的能力建设和乡村队伍建设，打造一支"本社区化"的乡村基层治理队伍，提升村社治理水平。同时，可以在村一级设立一个隶属于政府的综合服务办公室，承担村一级的部分基本公共服务。这样也能促使有关政府服务部门把工作重心下移，更加贴近受众。关于村社治理创新，目前各地已经有一些探索，要加快研究总结。

（三）加大农村社会事业发展力度，补齐幼儿养育和敬（养）老机构建设的短板

在人口老龄化的社会背景下，农村地区的老年人口数量增速较快，很多地区的养老服务和资源供需失衡，农村老人容易成为后扶贫时代的易贫群体。建议面向农村老人群体建立经济困难补贴制度，鼓励乡镇敬老院向社会人士有偿开放，使老人在家庭照料客观缺失的情况下有保障晚年基本生活的途径。要重点增加农村养老服务供给，提升敬老院的养老服务水平。同时，还可以鼓励基层医疗服务机构和人员与敬老院合作，探索医养结合的模式。或者开拓基层老年医疗服务，针对农村老人照料缺失和基层医疗服务对象减少的问题，探索"基层医疗＋养老"模式。这样既可以缓解农村老人缺乏照料的困境，又可以增加基层医疗服务内容和收入来源。由于农村人口外出务工的数量较多，留守儿童长期是农村的重点问题。建议将以救助为导向的教育帮扶政策转变为一项基本的国民人力投资制度，提升学前教育的保障水平。

（四）积极促进贫困地区中心集镇建设，使其成为与乡村振兴衔接的节点和载体，发展和完善服务农村产业发展的设施支持和服务体系

以农村中心集镇为枢纽，加强基本公共服务供给和产业设施支持。由国

家财政和地方政府出资设立专项基金，用于完善全产业链的基本公共服务，解决农产品储运、加工、销售的各种困难。加强农村物流网络体系建设，继续加强贫困地区的基础设施建设，降低生产运输成本和损耗，加强农产品产地批发市场建设，推进农产品流通转型升级，提升农村产业的增加值。充分发挥农民专业合作社、龙头企业和其他社会服务机构的带动作用，为农民提供全方位的社会化服务，同时加强对服务主体的监管，保护农民利益。

（五）在类型化和精准化基础上，促进脱贫攻坚与乡村振兴政策体系的衔接优化

以解决相对贫困和乡村振兴为目标，对脱贫攻坚中的一些政策支持进行优化和制度化。一是合理调整扶贫资金的适用范围。除了财政扶贫资金外，其他渠道的扶贫资金在脱贫攻坚后期应适度放宽条件，考虑支持条件较差的非贫困村和贫困边缘群体。二是及时制定管理办法，延续既有针对贫困地区的金融帮扶政策和资产收益扶贫政策，优化政策扶持对象，适当增强此类政策的经济竞争性，适度覆盖部分有经营能力的贫困边缘群体。三是把指向新型经营主体的乡村振兴政策适度下移拓展，形成包含普通农户发展的支持保护政策体系。四是推动社会基本医疗保险制度的关口前移，减少医疗报销待遇的群体差异。五是提高贫困地区、欠发达地区普惠性的福利保障和社会服务水平，普遍增强农村人口的获得感。

图书在版编目（CIP）数据

中国乡村振兴学术报告：2019—2020 / 叶敬忠，陈
世栋主编. -- 北京：社会科学文献出版社，2021.7
ISBN 978 - 7 - 5201 - 8469 - 4

Ⅰ. ①中… Ⅱ. ①叶… ②陈… Ⅲ. ①农村 - 社会主
义建设 - 研究报告 - 中国 - 2019 - 2020 Ⅳ. ①F320.3

中国版本图书馆 CIP 数据核字（2021）第 100150 号

中国乡村振兴学术报告（2019—2020）

主　　编／叶敬忠　陈世栋

出 版 人／王利民
组稿编辑／宋月华
责任编辑／韩莹莹

出　　版／社会科学文献出版社·人文分社 （010）59367215
　　　　　　地址：北京市北三环中路甲 29 号院华龙大厦　邮编：100029
　　　　　　网址：www. ssap. com. cn
发　　行／市场营销中心 （010）59367081　59367083
印　　装／三河市尚艺印装有限公司

规　　格／开本：787mm × 1092mm　1/16
　　　　　　印　张：23.5　字　数：388 千字
版　　次／2021 年 7 月第 1 版　2021 年 7 月第 1 次印刷
书　　号／ISBN 978 - 7 - 5201 - 8469 - 4
定　　价／168.00 元